中国道路丛书

厉以宁主编　程志强副主编　赵秋运主编助理

中国道路与人口老龄化

商务印书馆
创于1897 The Commercial Press

2018年·北京

序　中国道路和人口老龄化的就业对策

厉以宁

一、中国老龄化已经成为值得关注的现实问题

在20世纪80—90年代，改革开放刚启动的时期，几乎所有的经济学家、社会学家和人口学家都认为中国农村有十分丰富的劳动力资源，只要充分调动农村外出务工人员，中国在工业化过程中是不会缺少劳动力的。如果按照1982年维也纳老龄化问题世界大会确定的标准，即60岁及以上老年人口占总人口比例超过总人口比10%，标志进入

第四,老龄人口健康状况,城市一般优于农村,平原地区一般优于山区,特别是优于边远山区。如果以城市大小划分的话,可以说,特大型城市的老龄人口健康状况最好,中等城市次之,小城镇老龄人口健康状况再次,但一般优于农村。而农村老龄人口的健康状况,同样要以富裕程度的差别来区分。这是可以理解的,因为这样的划分不仅与家庭收入水平和家庭所居地区的交通便利状况、就医方便状况有关,而且也和所在地点的医院、卫生所的设备状况和医护人员的技术水平有关。尽管城乡居民的收入会提高,基层的就医便利会越来越改善,但这些差别的消失却是渐进的,不是短时间内就能看齐的。

第五,中国"空巢"家庭的户数在迅速增加,其中农村的"空巢"家庭的户数也在增多,但其势头却不及城市"空巢"家庭户数的增速。这主要有两个原因。

原因之一:"空巢"家庭的产生或由于外出务工人数众多,其中特别是某些企业接受了国外的建设工程,从国内派遣外出工作队伍,其中不少是粗工和技工,还有技术管理人员。其中,很少有带家属的。如果是家庭中的独生子女,那就会出现"空巢"家庭,即留下的是所谓"留守老人"、"留守妇女"和"留守儿童",这三类留守人员所组成的家庭可以被列入"空巢"家庭。但这种情况是暂时的,一旦企业与外方所定的合同到期或工程及时结束,人员撤回国内,大部分职工也就回家了。这样的"留守人员"是暂时的,"空巢"也就不存在了,除非紧接着企业又同外方签订了新的工程项目,从而新一轮的"空巢"家庭再度出现。这种外派劳工赴他国从事建设工作的工作人员中,技工和技术管理工作人员,以城镇招募为主,他们多半从事有技术、有专长的工作,因为建设工程中的粗工,一般可以在国外招募。外方有时也提出录取本地工人的需求。这样,企业接受外包工作的合同时,就尽可能招聘一定的本地工人。

原因之二:"空巢"家庭的产生或由于出国留学的大学生和研

究生,他们学成以后,在国外留下了,或继续做研究工作,或应聘在国外任职和任教。家庭中的老辈,成了“空巢”家庭的唯一住户。也许再过一段时间,家长退休后也迁移到国外生活。如果住房并未转让出去,也许家长们在国外住一段时间,又回国居住,仍保持“空巢”形式。形成这一类“空巢”形式的家庭,绝大多数是城市居民。农村出来考上大学的学生也有迁居国外的,但为数远远少于城市中的学生和研究生。

根据以上所提到的当前的“空巢”家庭中,无疑城市户口的大大超过农村户口的。

三、一个新的趋势:人口老龄化过程中人口质量的提升

如何应对中国现阶段人口老龄化的来临,是经济学界、社会学界和人口学界共同关心的问题。在讨论具体的应对措施之前,让我们先注意到中国社会经济中一个新的趋势,这就是人口老龄化过程中人口质量的提升。

人口老龄化过程和人口质量普遍提升过程,是2000年以后十多年间并行的新趋势:一方面,老龄人口数目不断增多,另一方面,从城市到农村,从沿海省份到内陆省份都出现了职业技术教育热、技术和管理培训班热、电脑热、上网热等现象。全国许多地方的劳动者、创业者都在努力提高自身的文化、知识、技术水平。中国的人力资本正在发生一场革命,卷入这场人力资本革命的不仅是青年人,而且也包括了中年人,甚至老年人。这是一场悄悄的革命,提高文化、知识、技术和上网水平的各个年龄段的人数数以千万计。这是许多学术界人士原来意想不到的。但大家都为此兴奋不已,感到人力资本革命已经来临。

在农村,首先应当归功于土地确权和土地转让。正由于土地确认权的改革,家庭农场出现了,农民有获得感,心定了,疑虑消失了,

他们或者充满了活力和动力，一心一意想把自家的农田办成高产高收入的农庄、农场，或者通过土地转让，走向规模经营的道路，走向农业和饲养业的产业化道路。年龄已不再是限制农民学文化、长知识、精技术的障碍。他们之中，不少人年龄已大，但学习的劲头不减。他们进培训班，或把孩子送去学习农业养殖业的技术，他们还学会了上网，从网上懂得了怎样改良品种，怎样注意环保，还懂得了怎样销售自家的农产品。在自己的家庭农场里，没有年龄的界限。老当益壮，已经成为新的风尚。

土地流转还使得一些农民离开农村去经营工商业和服务业。于是自家的农场或者合并到新型合作组织之中，按股份分红，或者租赁给其他家庭农场，取得租金。这些经营工商业和服务业的农民走上了自主经营的道路，收入增长了。农田，不会荒芜，总会有人来耕作的。什么人来种田？外省的农民转包了这些土地，成为“租地农场主”。

在一些城市和农村，还出现了“城归”这样的新名称。什么是“城归”？他们是指外出务工已经若干年的农民工。这些人在外面闯荡了好些年，学会了技术，结交了朋友，懂得了市场规则和经营方式，还积蓄了一些资金。但多年来离家外出，夫妻分居，家中老人、配偶、子女都成了“留守老人”、“留守妇女”、“留守儿童”。这种不正常的现象还能继续拖下去吗？于是在外出务工者之中，掀起了一阵阵“回乡创业热”。这些回乡创业的农民工就被称为“城归”。我们在陕西省汉中市、安康市和贵州省毕节市，专门调研了“城归”们的回乡创业，发现了一些当地“城归”们回乡后的新情况。

一是各地区有自身的特色。例如在陕西汉中市西乡县，看到当地的“城归”忙于经营富硒茶的茶园，这样就把当地的农田污染问题化解了。西乡县位于汉江南岸，那里原来以种植为主。自从南水北调工程后，在汉江下游建起了丹江口水库，南水北调由此开始。为了保证水源清洁，汉江沿岸种稻的农田一律禁止用化肥和农药。

西乡县于是改种茶树。种茶树，既不需要施化肥，又不需要打农药，而茶叶销路好，施上农家肥就行了。这样，“城归”们就解决了保持汉江水质优等的大问题。“城归”们回乡后既同家人团聚，又有谋生的机会、致富的机会。

在贵州省毕节市，我们发现这里的著名景点“百里杜鹃”，风景极美，是旅游胜地。“农家住宿”、“农家餐馆”处处皆有。“城归”们有了致富机会，生意也越来越红火。此外，毕节的外出务工者回乡后，办起了小微企业。我们在毕节市七星关区考察了一个小微企业创业园，里面全是务工者回乡建立的小微企业，有成衣店、时装生产工厂、面包房等企业。小微企业的业主十分兴奋地告诉我们：“过去没有人关心我们，现在，建立小微企业创业园之后，管委会就是帮助我们的机构，他们帮助我们发展，还组织我们学习。我们有家了。”

在毕节市的各条公路两边，建成了一些汽车修理店、摩托车修理店，它们是“城归”兴办的。由于从事汽车、摩托车修理的是技工，汽车、摩托车又在不停地增加，所以修车生意红火，师傅带徒弟的情况很普遍。这也是新现象，由此可以看出边远省份城镇近年来的变化和发展。

在国外，有时看到一些认为中国的“改革红利”已经枯竭，中国的人力资本红利已经用尽之类的文章，还看到有关中国是所谓的“未富先老”的国家之类的文章或评论。实际上，这些都是不了解中国实际而发表的肤浅之谈。中国是一个发展中国家。中国自中共十一届三中全会(1978 年)算起，在将近四十年的岁月中，一直是改革开放时期，没有改革开放，中国决不是现在这种经济发展和社会稳定的格局。

中国一直坚持改革开放，新的改革开放一直没有停顿。中国的“改革红利”不仅没有枯竭，而是正不断因改革的深化和开放的扩展而继续涌现。

中国的老龄化和“农民工”数量的减少，并不意味着中国的人力资本红利已经用尽。实践明确地告诉人们,旧的人力资源红利仍在继续存在,而且无论城市还是农村、无论沿海地区还是内陆省份,人力资本正在发生一场巨大的革命,使中国的人力资本正在转型,新的人力资本必将带来新的人力资本红利。

至于"未富先老"这种评论,同样是不了解中国国情所致。"未富"是事实,不必掩饰,因为中国人口众多,尽管加大了扶贫力量,但由于底子薄,贫困地区面积大,人均 GDP 的增长并不容易。相对于过去四十年左右的努力,中国终于发展到中等收入偏上的格局,这已经是很不容易的成绩,全国上下都有再接再厉,奋发图强的决心,登上高收入国家行列已是不久的将来就可以实现的目标。

"先老"这是可变的。如果不关注人力资本革命的成效,把老龄人口仅仅看成是一个沉重的包袱,那样就有可能产生悲观的情绪,只感到人口老龄化将会带来压力。其实,从上面有关老龄化人口在力所能及的情况下,对家庭农场、农民建立的小微企业、家族原来经营的作坊等方面可能发挥的作用,往往是生产力的组成部分,不可忽视。比如说,建立家庭农场后,60 岁以上的老年人,对晚辈从事的农业、养殖业、花卉业等可能就担任了技术指导的角色,帮助晚辈走向富裕。在机器修理、汽车和摩托车修理的作坊中,经常看到有年长的退休工人,仍在作坊中帮忙,发挥作用。由此可见,"未富先老"之类的评论是不符合中国现状的。

四、再论人口老龄化和技术创新、产业升级

前面已经提到在家庭农场(或合作农场)中,老龄家长在健康状况可能的情况下,通常为家庭农场(或合作农场)出力,以尽自己的职责。前面也提到在家族兴办的企业中,老龄长辈即使已经不担任企业的具体职务,但只要自己感到身体还健康,也会为自家的企业献计献策,帮助晚辈把家族企业办好。

下面，我们准备对老龄人口中的专门科学技术人才的作用发挥问题，做进一步阐释。

要让中国经济能进入新阶段，重在经济转型，而经济转型中最重要的改革措施，是加速建立产权清晰、产权得到保护的产业主体。改革是不可停顿的，技术创新和产业升级是增长的动力，也是开拓新市场的必要措施。具体的说，技术创新和产业升级能够缓解人口老龄化所产生的问题，缓解劳动力供给、尤其是能够补充技术科研人才的不足。从世界各国的情况来看，不管现阶段老龄人口的压力多大，只要技术创新和产业升级的成绩突出，经济就会持续增长，市场就会持续扩大，依然可以以强国的姿态居在世界的前列。

由此可以断定，关键不在于一般劳动力的供给增长，而在于科学技术研究范围内人才的供给增长，也在于熟练技术工人供给的增长。这已经是世界经济发展国家在人才供给方面的效应所发挥的作用。换句话说，关键不在于一般劳动力的供给多少，而在于科学技术人才的供给够不够，在于熟练技术人才的供给能否满足经济增长的需求。

这就是说，科学技术人才的供给取决于高等教育的质量和数量，取决于科学研究机构的发展和研究水准的提高。为此，不但要大力培养科学技术人才，而且还要善于利用这些人才。爱才、聚才、用才三者是不可分的。因此，需要增加科研经费和开发经费，并且要实行人才激励制度。国外一些发达国家的经验表明，科技研究人口激励制度是十分有效的，这是调动科技研究人员积极性的手段。

就全国范围来说，60 岁退休的规定是急需调整的。对于学有专长，身体状况比较好的专家、学者的退休年龄可以适当延长，并要听取这些专家、学者本人的意见。如果专家、学者能工作到 70 岁，这是国家的福气，对国家有利。作为科研机构的领导人，至少可以延长到 65 岁，65 岁以后不担任科研机构的领导人，仍可以担任顾问之类的职务，同时仍可以带研究生。这样一来，科研队伍的实力也就相应提升了。

向全世界广泛招聘有关新学科或新领域的专家、学者，是我国开辟新学科、新领域的刻不容缓的政策。引进这些方面的杰出人才，包括我国在国外的科研机构或大学的学有所长的博士毕业生、教师或已在国外研究机构中的专家、学者，是加速国内新学科、新领域发展的重要政策，这方面有许多好的经验，要认真总结。

至于熟练技工和技师，同样应纳入专门人才的范围之内。前面已提到，目前，中国的熟练技工和技师都是短缺的。要在实践中发现人才，让他们在现有基础上继续提高。要表扬那些尽心本行业，数十年如一日辛勤劳动和作出成绩的“大国工匠”。熟练技工和技师的退休年龄也应适当延长。如果有技术专长的熟练技工和技师在十分需要他们的企业和科研单位中，愿意工作到70岁，可以参照有专长的科技研究人员的延长年龄（70岁）办理。这是有利于缓解熟练技工和技师供给不足的一件好事。

在这里，需要进一步研究的问题是：无论是科研机构或科研单位聘用（延期退休）以后的情况，还是企业或事业单位的熟练技工和技师被原企业或原事业单位聘用（延期退休）以后的情况，会不会阻碍了年轻人的就业？如果确实使年轻人的就业因此遇到了困难，又该如何解决？

对于上述问题，可以从三个不同的角度做一些探讨。

第一个角度的分析。照理说，科研机构或科研单位聘用的延期退休的专家、学者，他们学有所长，又有相当长一段的科研和开发的工作经验，他们的工作不是年轻的就业者所能替代的。但只要这些专家、学者能继续发挥所长，使科研单位、研究机构能继续发展，也将为年轻人提供更多的工作岗位。

第二个角度的分析。有些专家、学者到了该退休年龄是愿意退休的，但他们有可能进入自主创业的行列，发挥所长，成为新设科技企业的创业人，把自己的专业放在创业的平台上。这里也包括了一些到了退休年龄的熟练技工、技师愿意自创企业，在自己熟悉的行业作为企业主而发挥作用。这样，就可以使年轻人获得就业的机会。

第三个角度的分析。随着科研机构的发展和自主经营的科研性企业的增加，年轻人的就业机会增多了，这就给年轻人以新的就业机会。按照就业理论的分析，就业是靠就业扩大的，经济越活跃，就业机会就越多，这是就业的规律。因此，中国的就业前景不仅不会因延长专家、学者的退休期限而减少年轻人的就业机会，也不会因熟练技工、技师的退休期限的延长而减少年轻人的就业门路，反而会为社会的就业创造更多的机会。也许在不久的将来，中国将会涌现一个又一个新的就业高潮。

人口老龄化给社会带来新的就业机遇，是可以预料的。

五、关于社会企业的发展问题

让我们根据国外的社会企业的发展情况，对国内的就业前景作进一步分析。

社会企业最早出现于英国，大约是在 19 世纪四十年代左右。那时，英国作为第一个走上工业化道路的国家，距产业革命约已经 70 年了。工业化给英国的利益已十分明显，而工业化给英国带来的问题也越来越突出。在这种情况下，在英国兴起了社会企业这一特殊企业。

什么样的企业被称为社会企业？大体上有如下的界定：这是社会所有的企业，服务于社会利益，采取企业化经营。社会企业允许有微利，但没有股东，也不缴纳税负，它雇佣一些从事管理工作的人员，薪酬比较适中。

社会企业不是营利组织，而是公益性的企业。它们得到利润后，全部归企业，再投入社会公益事业之中。企业可能越做越大，但受益者却是社会。

到了 20 世纪中期以后,社会企业这种形式开始在西欧其他国家和美国被仿效和推广。社会企业主要分布在养老、医疗、保健、护理等行业。从组织形成上看,20 世纪中期以后欧美国家的社会企业同过去的英国社会企业有如下三个区别。

第一,尽管刚建立的社会企业是社会投资或政府投资,并以公益事业为目标,但目前在欧美国家,社会企业达到一定规模时,是可以向社会融资的。这样,社会企业的规模和经济实力都增强了,从而可以进行更多的公益投资。

第二,越来越多的社会企业为了自身的发展,倾向于到一定规模后放弃政府的补贴,而依靠自己的积累,自行发展。在这些社会企业看来,放弃政府补贴后可能从民间得到更多的资金,对自己的发展更加有利。

第三,社会企业从西方经济发展的实践中懂得如下的道理,有三条路可以为社会企业筹到资金:一是社会捐赠,包括最初的建设资金在内。二是政府的补贴,但政府进行补贴后社会企业会认为这是利弊俱存的。利是指可以从政府那里得到补贴,弊在于社会企业受到政府的检查多了,企业运行不如过去方便,而且接受了政府的补贴后社会捐献会相应地减少。三是利用资本市场,以公益事业的名义,使社会企业成为上市公司,受到社会的注意。于是社会企业的股份化成为社会企业自谋发展的一条新路。这也是目前社会企业同过去的社会企业的最大区别。

欧美国家的社会企业的经验是可供我国参考的。由于社会企业的目标不是赢利性的,而是公益性事业,因此既可以动用社会捐献的资金,又可以依靠政府的补贴,还可以在有一定的业绩和规模的基础上改制为股份制,从而上市。这些做法都是可行的。

在当前,老龄人口的养老、医疗和护理等行业中,筹募资金可以参考国外社会企业的做法。这将有助于人口老龄化压力的减轻。

更值得注意的是:社会企业的发展毕竟是增加就业的新路,这对于化解城乡就业压力是有好处的。养老业、医疗业、护理业的发展需要不同的工作者,这就拓宽了就业的问题。而且,随着社会企业服务工作的发展,社会企业自身规模的扩大和服务工作的精细化,它们还会增加工作人员。可见养老、医疗、保健、护理等行业的就业人员仍有潜力。这包括这些行业的服务范围将随着业务的扩大而扩大。

在中国,社会企业在从事公益事业投资的过程中,有责任传承中国文化的优秀传统,如尊老、敬老、帮老、助老。社区和家庭都能够发挥更好更多的作用,使养老、医疗、保健、护理等服务事业能更健康地发展。社会企业的服务工作如果能够进一步同文化产业结合起来,做到"老有所养"(指老龄人口得到良好的照顾)、"老有所为"(指老龄人口在体力还能支持的条件下发挥余热,认真工作)、"老有所乐"(指老龄人口能得到家庭团聚、亲属团聚、以及文化享受的可能),可以进一步推进家庭和谐、家族和谐、社区和谐、城乡和谐,最终实现社会和谐。社会就业也将在城乡和谐和社会和谐得以实现。

总之,从人口老龄化本身来说,的确是现阶段中国社会经济生活中的现实问题。我们一方面要认真地细致地分析人口老龄化会给中国社会经济带来什么样的压力或不利影响,但另一方面也要了解到,人口老龄化既然已经来临,我们不能消极地看到这一现象,而应寻找有效的对策,变被动为主动,不可错过人口老龄化所提供的机会。

本文正是以人口老龄化为契机进行分析。人口老龄化与人力资本革命的并行就是当前中国所面临的契机之一,它使我国社会进一步懂得提高劳动者知识和技术的迫切性。

本文还探讨了由于人口老龄化的来临会引发高级人才(包括从事科学技术创新创业研究的专家、学者、熟练工人和技师)的供给不足所带来的问题，主动延期这些高级人才的退休年限，让这些高级人才延长工作年限以促进他们的供给，化解人口老龄化的压力，同时还建议鼓励和扶植这些愿意退休的高级人才自主创业，自主经营，以促进经济的发展。

中国的年轻人如何就业，也是在讨论人口老龄化过程中不可回避的问题。本文从现代就业理论出发，坚持“以就业增加就业”的规律来缓解社会就业问题，这样，就业问题将在经济增长中逐渐解决，从而证明人口老龄化并不一定会导致失业人数的不可控制。这里充分反映了“事在人为”的力量。

本文最后部分阐述了人口老龄化过程中加强国民文化修养、道德素质的重要性。社会最大的红利是社会和谐红利，即来自社会和谐的红利。要重视文化产业的作用，关注全民道德素质的提高。当社会上越来越多的人懂得尊老、敬老、帮老、助老的深远意义，当“老有所养”、“老有所为”、“老有所乐”得以落实的时候，全民道德素质将转化为社会和谐的氛围，人口老龄化将不再成为社会的压力，而会转化为一种新的社会建设、经济建设和文化建设的成果。

目录

理论篇

实 践 篇

理论篇

中国人口老龄化的演变与对策：改革开放四十年的经验

程志强

一、引言

20 世纪初以来，工业化国家的人口结构开始打破了多年保持的稳定状态，随后发展中国家的人口结构也发生了类似的变化，人口增长率下降和人均寿命延长导致的人口老龄化现象成为世界范围内的普遍现象。我国在改革开放以来的 40 年间，实现了发达国家用一个世纪甚至更长时间才完成的人口再生产类型的转型，完成了人口结构的转变，步入了低生育水平国家的行列。

人口老龄化是指老年人口在总人口中

所占比例不断增加，社会人口结构呈现老年状态。按照联合国《人口老龄化及其社会经济结果》确定的划分标准，当一个国家或地区60岁以上老年人口占人口总数的10%，或65岁以上老年人口占总人口的7%，则表明这个国家或地区步入了人口老龄化阶段。1982年第三次人口普查显示，0—14岁人口比重为34%，15—64岁人口比重为61%，65岁及以上老年人口比重为5%；1990年第四次人口普查显示，0—14岁人口比重为28%，15—64岁人口比重为67%，65岁及以上老年人口比重为5.6%；2000年第五次人口普查显示，0—14岁人口比重为22.89%，15—64岁人口比重为70.15%，65岁及以上老年人口比重为6.96%；2010年第六次人口普查显示，0—14岁人口比重为16.60%，15—64岁人口比重为74.53 %，65岁及以上老年人口比重为8.87%。从历次人口普查结果来看，改革开放后我国的人口结构由成年型向老年型转变，人口老龄化速度加快，人口老龄化程度也日益加深。

表1　中国六次人口普查年龄分布

普查年份	0—14岁(%)	15—64岁(%)	60岁及以上(%)	65岁及以上(%)
1953	36.28	59.31	7.15	4.41
1964	40.69	49.17	6.08	3.56
1982	33.59	61	7.63	4.91
1990	27.69	67	8.58	5.57
2000	22.89	70.15	10.47	6.96
2010	16.60	74.53	13.4	8.87

资料来源：中华人民共和国国家统计局，历年《中国人口普查资料》。

改革开放以来，我国的经济发展取得了巨大的成果，经济增速与经济总量均创造了世界发展历史上的奇迹，人口结构与社会经济结构也发生了根本性的变化。当前，我国正处于社会结构转变、深化改革的关键时期，人口老龄化对经济社会的影响将是全面的、深层次的，既包括人口老龄化对经济增长、劳动力供给、社会医疗保障体系、代际关系的挑战,也提供了进行社会医疗保障体系改革、发展老龄产业、改变国内消费结构的机遇。值改革开放40周年与全面深化改革之际,系统分析中国人口老龄化的现状、特征与趋势,弄清中国人口老龄化快速发展的原因,研究人口老龄化带来的经济、社会后果及其作用机制,并采取相应的措施应对已经到来并不断深化的老龄化社会,对实现我国人口、社会、经济与资源环境的可持续发展,具有重要意义。

二、中国人口老龄化的现状、特征及趋势

(一)中国人口老龄化的阶段演变

改革开放以来的40年间,我国经历了80年代初期与80年代后期的人口增长高峰后,人口出生率与自然增长率持续下降,人口结构从成年化阶段步入老年化阶段。从图1中可以看出,改革开放后,中国经历了剧烈的人口出生率转变,由于人口惯性的存在,

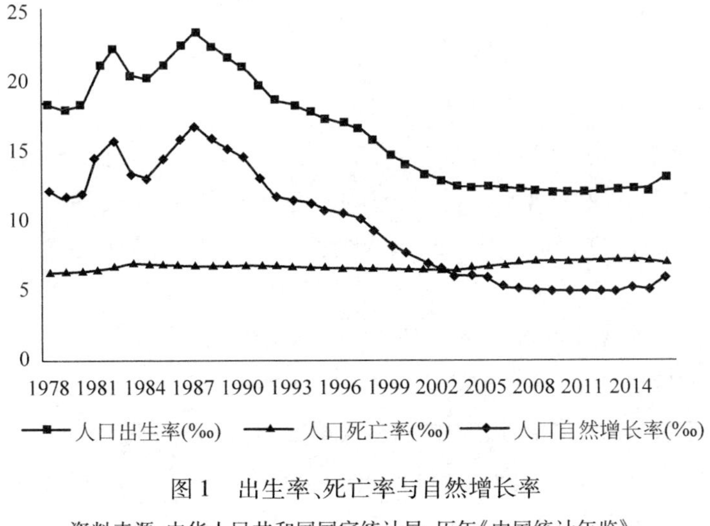

图1　出生率、死亡率与自然增长率

资料来源:中华人民共和国国家统计局,历年《中国统计年鉴》。

80 年代经历了两次人口出生的高峰后，我国的人口出生率与自然增长率不断下降，人口死亡率维持在较低水平，人口结构发生了根本性的转变。从图 2 中可以看出，步入 20 世纪 90 年代后，我国 65 岁以上的老龄人口数量与老年人口抚养比呈不断上升趋势，少儿人口抚养比则不断下降。

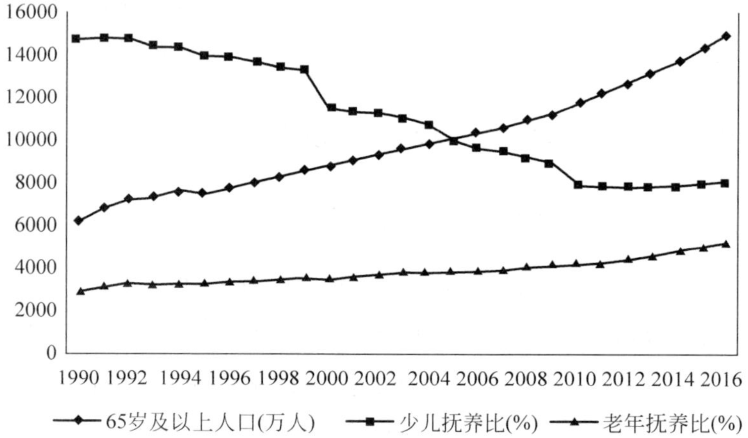

图 2　中国人口抚养比变化

资料来源：中华人民共和国国家统计局，历年《中国统计年鉴》。

1. 成年化阶段(20 世纪 70—80 年代)

70 年代初，我国开始实行以控制人口增长为目标的计划生育政策，中国的生育率经历了急速的转变。1971 年我国的总和生育率为 5.44，1977 年下降为 2.84，此后至 80 年代末，总和生育率维持在 3 以下，并呈下降趋势。生育率下降降低了少儿人口，同时 70 年代前高生育率下出生的人口成为劳动年龄人口，人口年龄结构向成年化阶段转变。1982 年的第三次人口普查结果显示，0—14 岁的人口比重较 1964 年下降了 7%，15—64 岁的人口比重较 1964 年上升了 11%，而 65 岁以上的人口比重较 1964 年上升了 1.3%，变化幅度相对较小。1990 年的第四次人口普查结果显示，0—14 岁的人口比重较 1982 年下降了 5.9%，15—64 岁的人口比重较 1982 年上升了6%,65岁以上的老龄人口比重上升至5.6%。少儿人口比重的逐渐减少和劳动年龄人口比重的逐渐增加表明我国的人口金字塔出现了底部收缩的趋势,人口结构步入成年化阶段。

2. 老龄化形成阶段(20世纪90年代)

20世纪90年代以来,我国的总和生育率进一步下降。1990年我国的总和生育率为2.31,1995年下降为1.99,在90年代中后期,总和生育率维持在1.8左右,低于2.1的生育更替水平。在此期间,我国的人口结构继续呈现少儿人口比重下降,劳动年龄人口和老龄人口比重上升的变化特征。2000年第五次人口普查显示,0—14岁少儿人口比重下降为22.89%,15—64岁劳动年龄人口比重上升为70.1%,60岁以上人口比重超过10%,65岁以上老龄人口为6.96%,分别超过与接近10%和7%的国际通行老龄化标准,相较于1990年第四次人口普查增加了1.4%,这说明进入20世纪90年代后,我国的人口老龄化速度加快,人口结构开始转变为老年型人口,并逐渐步入了老龄化社会。

3. 老龄化加速阶段(21世纪初期)

2000年以来,我国的总和生育率不断下降。2000年的总和生育率为1.22,2005年1%的抽样调查结果为1.34,远低于2.1的更替水平。2010年的第六次人口普查结果显示,0—14岁少儿人口的比重为16.6%,15—64岁劳动年龄人口的比重为74.53%,60岁以上人口的比重为13.4%,65岁以上老龄人口的比重为8.87%,60岁以上的老龄人口和65岁以上的老龄人口的比重较2000年分别增加了3%和1.7%。这说明进入21世纪后,我国的老龄人口及其比重的增长速度高于改革开放的前30年,人口老龄化处于加速阶段。

4. 老龄化高速阶段(2010年以来)

2010年我国的总和生育率为1.18,其中城市的生育率为0.88,农村的生育率为1.44。而根据《世界人口数据表》的统计结果,2010年全球平均生育率为2.5,发达国家为1.7,欠发达国家为

2.7,最不发达国家为4.5。中国的总和生育率低于世界平均水平的一半,而且低于发达国家的平均水平。2014 年放开单独二孩的生育政策出台后,2015 年 1% 的人口普查结果仍显示,中国的总和生育率下降为 1.047,远低于 1.8 的政府鼓励水平。陆杰华、郭冉(2016)将我国的人口老龄化分为快速发展阶段(2010—2022 年)、急速发展阶段(2023—2035 年)、缓速发展阶段(2036—2053 年)与高峰平台阶段(2054—2071 年)。他们认为在快速发展阶段,中国老年人口将出现第一个增长高峰,人口老龄化水平提升至 18.5%,但仍属于轻度老龄化阶段;在急速发展阶段,老年人口将出现第二个增长高峰,老龄化水平提高为 29%,老年抚养比超过少儿抚养比,进入中度老龄化阶段;在缓速发展阶段,老年人口将出现第三个增长高峰,老龄化水平为 35%,处于重度老龄化阶段,并将超过发达国家的平均水平;在高峰平台阶段,人口老龄化速度降低,老龄化水平将稳定在 34% 左右,形成一个稳定状态。

(二)中国人口老龄化的现状

中国人口老龄化的一个基本现状是:人口生育水平不断下降、预期寿命显著提高。截至 2017 年年底,中国 60 岁以上的老龄人口为2.41 亿,占总人口比例的 17.3%,65 岁以上的老龄人口为 1.58 亿,占总人口比例的 11.4%,中国已成为世界上老年人口最多的国家。下面分别从中国人口预期寿命、人口总和生育率水平两个方面对中国老龄化的现状进行分析。

1. 预期寿命

根据联合国人口司的估计,中国人口预期寿命由 20 世纪 70 年代的 66 岁左右一直上升至 2016 年的 76 岁左右。这说明改革开放以来随着经济发展、医疗卫生事业的进步与完善,中国人口的预期寿命不断增加,增加了中国老年人口的比例。

表 2 中国人口预期寿命

年份	预期寿命(岁)	年份	预期寿命(岁)
1950—1955	44.59	1985—1990	68.92
1955—1960	45.01	1990—1995	69.95
1960—1965	43.97	1995—2000	70.86
1965—1970	59.42	2000—2005	73.41
1970—1975	64.58	2005—2010	74.44
1975—1980	66.29	2010—2015	75.68
1980—1985	67.71	2016	76.25

资料来源:United Nations (Population Division, Department of Economics and Social Affairs), 2018, *World Population Propects*, the 2017 Revision。

2. 总和生育率

根据联合国人口司的估计,中国人口的总和生育率自 20 世纪 70 年代至 2016 年呈现不断下降的趋势。改革开放至 2000 年间,中国人口的总和生育率从 3.0 下降至 1.56,下降速度较快;2000 年至今,中国人口的总和生育率保持在 1.5—1.6 之间,呈现比较稳定的发展趋势。联合国人口司的统计结果高于我国第六次人口普查结果 1.18,这主要是因为我国人口普查统计中存在着出生人口漏报的情况,但从总体上来说,中国的人口总生育率低于人口正常替代率,在世界范围内处于低水平。

表 3 中国人口总和生育率

年份	总和生育率	年份	总和生育率
1950—1955	6.11	1985—1990	2.87
1955—1960	5.48	1990—1995	2.05
1960—1965	6.11	1995—2000	1.56
1965—1970	5.94	2000—2005	1.55
1970—1975	4.77	2005—2010	1.63
1975—1980	3.01	2010—2015	1.60
1980—1985	2.69	2016	1.62

资料来源:United Nations (Population Division, Department of Economics and Social Affairs), 2018, *World Population Propects*, the 2017 Revision。

（三）中国人口老龄化的特征

1. 人口老龄化规模大且速度快

2000—2017年间，我国65岁以上的老龄人口由8811万增加至1.58亿，占总人口的比例由6.96%上升至11.4%，我国的人口老龄化呈现出规模大、速度快的特点。根据资料统计，我国的人口老龄化速度大大快于欧美等国，我国老龄人口（65岁以上）的比重从4.91%上升到7.0%仅仅花了18年的时间，而瑞典老龄人口的比重从5.2%上升到8.4%花了340年的时间，法国老龄人口的比重从7%上升到14%花了115年，美国花了66年，这充分显示了我国人口老龄化的速度之快是前所未有的。从表4中能够看出，我国老龄人口从7%上升到14%的速度与日本相当，日本是世界上老龄化最严重的国家之一，这也反映了我国的老龄化程度加剧。

表4　若干国家人口老龄化速度

国家	65岁以上人口比例达到的年份		所需时间（年）
	7%	14%	
日本	1970	1996	26
英国	1930	1975	45
德国	1910	1975	65
瑞典	1890	1975	85
法国	1865	1980	115
中国	2000	2025	25

资料来源：邬沧萍等：《社会老年学》，中国人民大学出版社1999年版，第160页。

2. 高龄化趋势显著

改革开放后的40年中，随着人口老龄化进程的推进，我国老年人口自身的老龄化程度也在加剧。1981年我国的人口预期寿命为67.77岁，2015年人口预期寿命为76.34岁，人口预期寿命增加了近 10 岁。根据老年人口的细分标准,60—69 岁为低龄老年人口,70—79 岁为中龄老年人口,80 岁以上为高龄老年人口。根据人口普查数据计算,1982 年我国 80 岁以上的高龄老年人口为 505 万,占老龄人口总数的 6.59%;1990 年我国 80 岁以上的高龄老年人口为 768 万,占老龄人口总数的 7.92%;2000 年我国 80 岁以上的高龄老年人口为 1 199 万,占老龄人口总数的 9.23%;2010 年为 2 099 万,占老龄人口总数的 11.82%。当生育高峰人口步入 80 岁,高龄人口将进一步增加,我国的人口老龄化将面临着老龄人口高龄化的趋势。高龄人口相较于中低老龄人口,具有更高的疾病风险和更高的社会保障和医疗需求,老龄人口高龄化将为我国的养老保障体系与医疗卫生体系带来严峻的挑战。

3. 未富先老

我国人口老龄化是上世纪 70 年代实行计划生育政策控制人口增长所迅速形成的结果,且在经济不发达的条件下迎来了人口老龄化,属于典型的未富先老型国家。2000 年我国人均 GDP 为 856 美元,而一些欧美国家如法国、德国、美国和瑞典在 1900 年时,人均 GDP 分别为 2 849 美元、3 134 美元、4 096 美元和 2 516 美元,我国的人口老龄化程度远超于社会经济发展水平。从表 5 中可以看出,中国迈入老龄社会时的人均 GDP 仅为 1 749 美元,2010 年的人口老龄化水平相当于日本 1980 年的水平,而中国 2010 年的人均 GDP 水平仅为日本 1980 年的一半。也即如果以老龄化阶段作为比较标准,中国的经济发展水平严重落后于发达国家在同一老龄化阶段的经济发展水平。

表 5 不同国家老龄人口比例和人均 GDP 对比

国家	65 岁及以上人口占比(%)			人均 GDP(2010 年不变美元价格)		
	1980 年	2000 年	2010 年	1980 年	2000 年	2010 年
日本	8.91	17.2	23.0	9 333	40 167	43 118
德国	15.65	16.3	20.8	12 091	36 517	40 164
法国	13.92	16.01	16.82	12 709	22 262	40 629
意大利	13.33	18.3	20.3	8 431	34 832	33 761
美国	11.56	12.4	13.1	12 458	43 890	46 616
中国	4.70	7.0	8.9	307	1 740	4 434

资料来源:United Nations (Population Division, Department of Economics and Social Affairs), 2018, *World Population Propects*, the 2017 Revision; World Bank Data。

4. 城乡差异显著

我国城市的经济发展状况、医疗卫生条件优于农村地区,城市的人口预期寿命高于农村。一般地,城市的老龄化程度应高于农村地区,然而经济发展的差距不仅造成了我国劳动年龄人口在城乡间的流动,也使得农村滞留人口多为老龄人口,城市人口老龄化降低的同时农村的人口老龄化程度却提高了。从表 6 城乡人口年龄结构的对比中可以看出,城市的人口生育率低于农村地区,而劳动年龄人口所占比例高于农村地区。城市的老龄化率低于农村地区,2000 年农村的老龄化率为 7.5%,比城镇老龄化率高 1.08 个百分点,2010 年农村的老龄化率为 10.06%,比城镇老龄化率高 2.26 个百分点,城乡间的老龄化差距呈不断扩大的趋势。

表 6 城乡人口年龄结构对比

年份	0—14 岁人口比例(%)		15—64 岁人口比例(%)		65 岁及以上人口比例(%)	
	城镇	农村	城镇	农村	城镇	农村
2000	18.42	25.52	75.16	66.98	6.42	7.50
2005	16.60	21.95	74.91	68.50	8.49	9.55
2010	14.08	19.16	78.12	70.78	7.80	10.06

资料来源:第五、六次全国人口普查数据;2005 年全国 1% 人口抽样调查数据。

5. 地区发展不平衡

根据第六次人口普查统计,2010 年中国人口老龄化程度最高的五个省份分别为重庆、四川、江苏、辽宁与安徽,而这五个省份在第五次人口普查时老龄化水平的排名分别为第 7 名、第 10 名、第 3 名、第 8 名和第 9 名。除江苏省外,其他四个省市在改革开放后都属于劳动力人口输出大省,劳动力外出务工加快了本省的老龄化程度。而北京、上海等经济发达省市,则因吸收了大量的外来劳动年龄人口,人口老龄化的速度与程度都较第五次人口普查时降低。2000 年北京、上海、浙江的人口老龄化排名分别为第 4 名、第 1 名和第 2 名,而 2010 年三省市的人口老龄化排名则下降至第 12 名、第 6 名和第 9 名,这得益于较快的经济发展速度与较高的经济发展水平吸引了大量的劳动年龄人口,缓解了当地的人口老龄化程度。

6. 性别差异明显

我国女性人口的平均预期寿命高于男性,因此女性的人口老龄化程度也高于男性。从表 7 不同性别老龄人口比例的对比中可以看出,改革开放以来的 40 年间,我国 65 岁以上的女性老龄人口及 80 岁以上的女性高龄人口多于男性老龄人口与男性高龄人口。其中,在 65 岁以上的老龄人口中,男性老龄人口所占比例不断上升,性别比例差异不断降低,1982 年性别比例差异为 11.36%,而 2010 年仅为 3 个百分点;在 80 岁以上的高龄人口中,男性高龄人口所占的比例持续上升,但性别比例差异仍较大。

表 7　不同性别老龄人口比例对比

年份	65 岁以上人口比例(%)		80 岁以上人口比例(%)	
	男性	女性	男性	女性
1982	44.38	55.62	34.97	65.03
1990	45.50	54.50	35.31	64.69
2000	47.25	52.75	37.92	62.08
2010	48.1	51.9	41.81	58.19

资料来源:历次中国人口普查数据。

（四）中国人口老龄化的趋势

根据中国老龄委的预测报告，按照我国人口老龄化趋势，从2001年到2100年的100年间，可以划分为快速老龄化、加速老龄化、重度老龄化三个阶段。从表8中可以看出，我国未来的老龄化形势非常严峻，这将为我国的养老保险制度及各类社会管理体系带来巨大的挑战。

表8　21世纪中国人口老龄化发展趋势

时间段	发展阶段	老年人口最高峰度值	80岁以上的人口
2001—2020年	快速老龄化	2.48亿	3067万
2021—2050年	加速老龄化	超过4亿	9448万
2051—2100年	重度老龄化	峰值4.37亿	7500万至1.2亿

资料来源：李通屏：《人口经济学》，清华大学出版社2008年版，第107页。

三、中国人口老龄化产生的原因及影响

（一）中国老龄化产生的原因

1. 老龄化是人口结构转变的必然结果

人口由高生育率、高死亡率向低生育率、低死亡率转变是人口结构转变的必然规律。生育率与死亡率由高水平向低水平转变受到经济发展、社会文化、资源环境的影响，人类社会在向工业化过渡的进程中，随着生活水平的提高与医疗技术的提高，人口死亡率降低。而人口死亡率降低带来的人口增长将加大家庭维持生存的压力、降低生育意愿，从而导致生育率水平的降低。改革开放以来，我国的经济建设取得了长足的进步，医疗卫生条件得到了极大的改善，人口死亡率持续下降并保持在低水平。20世纪80年代初及末期的高生育期出生的人口在此后生育率较低时期逐渐步入老年，老年人口规模扩大，人口金字塔顶端膨胀，进一步提高了中国的老龄

人口比例。

2. 计划生育政策加快了人口老龄化的速度

人口生育率转变虽是社会经济发展的结果,但中国的特殊性在于计划生育政策的实施加速了人口老龄化的到来。计划生育政策实施后,中国经历了一个人口出生率急剧下降的时期,1970—1979 年间,人口出生率从 33.43‰下降到 17.82‰,少出生了近 2 亿人口。陶涛、杨凡(2011)的研究表明,如果 20 世纪 80 年代以来不强制实施计划生育政策,中国 2010 年 60 岁以上人口的比例将是 11.39%,比 2010 年实际比例降低 1.87 个百分点。这说明计划生育政策使得中国人口年龄结构改变日益加快,缩短了人口结构转变的时间,加快了中国人口老龄化的步伐。

3. 人口性别不平衡对人口老龄化产生推动作用

根据人口普查数据,1982 年我国的出生人口性别比为 108.47,1990 年上升为 111.14,2000 年上升为 116.86,2004 年达到历史最高水平 121.18,2010 年下降为 117.94。我国的出生人口以男性居多,人口性别结构失衡导致部分适龄人口难以婚育,这对人口老龄化产生推动作用。

(二)中国老龄化的影响

1. 人口老龄化影响经济增长

人口老龄化的推进意味着我国劳动力丰富的人口红利将逐渐消失,而人口红利消失将阻碍经济的持续增长。劳动力人口短缺将提高劳动成本,老龄人口增加将降低总的储蓄水平与投资水平,影响资本积累与经济增长潜力。陆杰华、郭冉(2016)认为人口老龄化通过劳动力供给格局、经济运行成本、消费需求结构的影响进而影响金融系统稳定与经济增长潜力,不利于宏观经济的平稳较快增长。郑伟等(2014)基于人均 GDP 分解法和反事实分析法测算了人口老龄化对中国经济增长的潜在影响,研究表明中国老龄化对经济增长潜在负面影响的强度远远高于世界平均水平和 OECD 国家平均水平。

2. 人口老龄化影响劳动力市场

人口老龄化对劳动力市场的影响主要表现在两个方面:一是老龄化将改变劳动力市场的供给水平与劳动生产率;二是老龄化将改变劳动力的需求状况与劳动力成本。首先,人口老龄化减少了劳动力供给的数量,导致劳动力供给相对不足甚至短缺;人口老龄化提高了劳动力的平均年龄,造成劳动力老龄化;人口老龄化对劳动生产率的影响与技术进步和行业分类、资本密集度相关。其次,人口老龄化通过影响消费结构和产业结构作用于劳动力需求结构,一方面,人口老龄化将提高社会平均消费倾向、促进社会总消费增长;另一方面,人口老龄化将为老年产业带来新的机遇,这两者都会提高对劳动力的需求。人口老龄化改变了劳动力市场的供需结构,从而影响劳动力成本。

3. 人口老龄化影响社会保障体系

人口老龄化水平提高意味着总人口中老龄人口的比重日益增大,退休人口与在职人口的比例即老年赡养系数逐渐提高。我国传统的养老保险制度在资金筹集方面采取现收现付制,即根据当年所需支付的养老金额来决定当年所需要筹集的资金数量。在这种模式下,当养老基金收支平衡时,个人账户没有任何结余。但随着人口老龄化进程的加快,社会统筹部分的基金积累无法满足养老保险的支付需要,这要求现行的现收现付制逐步向社会统筹与个人账户积累相结合的基金模式转变。人口老龄化、老龄人口高龄化将对医疗保障体系产生巨大压力,并进一步增加对老年医疗服务的需求。就医次数增加、治疗成本上升将对医疗公共卫生服务、医疗保障基金与政府公共财政支出产生较高需求。

4. 人口老龄化影响城乡统筹发展

我国的人口老龄化与城市化进程交替进行,城市化水平的提高拉动了农村劳动力向城市的转移,为城市人口结构的变化提供了大量的劳动年龄人口,提升了城市经济的发展水平,但这反过来加剧了农村人口的老龄化,进一步拉大了城乡人口结构、社会保障水平与经济发展水平的差距,不利于农民生活条件改善、农村产业发展与农业生产效率的提高,阻碍城乡统筹发展。

5. 人口老龄化影响家庭结构与代际关系

20 世纪 70 年代实行的计划生育政策改变了我国传统的家庭结构,使得户均人口规模缩小并逐渐演变为"4—2—1"的家庭模式。在这种家庭模式下,家庭中可照料老人的成员减少,家庭的养老功能弱化;家庭养老负担较重,生活、医疗、教育成本较高,年轻人生育的意愿降低,大多数年轻人选择少生或晚生;家庭赡养结构发生变化,劳动年龄人口面临较重的养老负担,这容易引起全社会范围内的代际冲突与矛盾,影响社会结构的稳定与代际关系的和谐。

四、中国人口老龄化的应对对策

中国的人口老龄化进程仍处在一个动态的变化过程中,老龄化程度提高、少儿人口与劳动年龄人口下降是其发展趋势。因此,针对中国人口老龄化的特征以及演变过程中出现的问题,应该采取多方面的措施,积极有效地应对中国人口老龄化。

(一)树立科学的人口发展观,制定合理的人口发展规划

当前我国步入了人口老龄化程度不断增加的阶段,人口出生率较低,人口增长速度较慢。树立科学的人口发展观就是坚持人口数量和结构与社会经济发展阶段相一致,当前我国应适时地对计划生育政策进行调整,放松对人口增长的严格控制,从有条件地放开二孩生育政策逐步向生育权回归家庭过渡,使每个家庭的生育决策符合家庭经济情况与自身需要,提高我国的人口生育率水平,进一步

释放人口红利,缓解人口老龄化问题。

(二) 建立健全养老保障体系和医疗服务体系

社会养老负担随人口老龄化程度的加深而增加,现收现付的养老金制度难以满足我国现阶段的养老需要。当前应重新审视社会保障的规模,建立与健全覆盖城乡居民的养老保障制度与养老服务体系,城市要逐步完善社会统筹与个人账户相结合的基本养老保险制度,构建多层次的城镇养老保障体系,加强养老基金投资管理、拓宽投资渠道,政府逐步放开对社会保险基金投资运营的限制,使养老保险基金在政府严格监管下有计划、有步骤地投入资本市场尤其是股票市场运营,实现保值增值,为今后应付人口老龄化高峰打下好的资金基础。我国的农村人口老龄化程度增加,农村家庭养老保障功能弱化,而农村养老保险体系尚未得到完全建立,需要建立和完善农村养老保险制度,解决农村养老问题。当前我国的医疗服务体系尚不完善,城乡之间、地区之间还存在着较大的差异,老龄化社会的到来使得我国对医疗服务的需求激增,建立完善的医疗服务体系,缩小医疗服务的地区差距与城乡差距,是应对人口老龄化的重要对策。

(三) 大力开发老龄市场,发展老龄产业

人口老龄化产生一系列挑战的同时也为我国的经济发展带来了新的机遇,老年娱乐、教育、医疗保健行业的兴起能够在很大程度上进一步打开国内市场,扩大总的消费需求,激发经济活力。在老龄产品和服务的提供上,要坚持以市场为主体,发挥政府的有效调控和社会公众的积极参与,大力开发老龄市场的同时促进我国产业结构的整体转型升级。

(四)积极开发利用老年人力资源

劳动年龄人口的平均年龄随着人口老龄化的推进不断增加,劳动力市场可能会出现结构性短缺。开发利用老年人力资源,可从以下三个方面进行:一是提高退休年龄,延长工作年限,逐步将男性退休年龄由现在的60岁提高到65岁,将女性退休年龄由55岁提高到60岁;二是实行弹性退休制,但要严格控制提前退休,鼓励根据个人意愿延迟退休,并精确计算提前退休减少领取的养老金数量与推迟退休增加领取的养老金数量;三是直接利用老年人力资源,鼓励低龄、健康的老龄人口开展志愿性或经营性的养老服务活动,将其转化为社区养老服务资源。

参考文献

1. 李通屏:《人口经济学》,清华大学出版社2008年版。
2. 陆杰华、郭冉:“从新国情到新国策:积极应对人口老龄化的战略思考”,《国家行政学院学报》2016年第5期。
3. 陶涛、杨凡:“计划生育政策的人口效应”,《人口研究》2011年第1期。
4. 邬沧萍等:《社会老年学》,中国人民大学出版社1999年版。
5. 郑伟、林山君、陈凯:“中国人口老龄化的特征趋势及对经济增长的潜在影响”,《数量经济技术经济研究》2014年第8期。

(程志强,北京大学光华管理学院)

人口老龄化与社会保障体系的建立

高尚全

国际经验表明,人口老龄化为社会保障体系带来沉重压力,随着人口老龄化比例的逐渐提升,社会保障的各项支出如医疗保险金等项目支出将会迅速增加,这在我国这样人口基数大的国家问题尤为突出。我国出现人口老龄化趋势主要原因有两个,一是随着医疗水平和生活水平的逐步提高,我国人均寿命普遍提高,因此老龄化人口占比逐渐增多;二是由于长期推行计划生育政策,我国生育率呈下降趋势,婴儿出生率低于死亡率,新增劳动力人数逐年下降从而导致了老龄人口的比重逐渐上升。

一、我国人口老龄化的问题与趋势

按照联合国定义,一个国家中65岁及以上的老年人口占总人口比例高于7%,人口年龄中值超过30岁,老年人口与少儿人口比例在30%以上,则这个国家进入了老年型社会。从数据指标的定义来看,人口老龄化是一种动态概念。

表1 联合国对人口年龄类型的划分标准

	年轻型	成年型	老年型
年龄中位数(岁)	20以下	20—30	30以上
65岁以上人口比重(%)	4以下	4—7	7以上
0—14岁人口比重(%)	40以上	30—40	30以下
老少比(%)	15以下	15—30	30以上

数据来源:联合国。

根据我国2000年第五次人口普查数据,我国已经进入老年型社会,人口老龄化问题较为严重。与其他国家相比,我国人口老龄化具有自身的特征,主要包括如下五个方面:

(1)老年人口基数大。2004年60岁及以上老年人口为1.43亿,2014年约为2亿,2026年将达到3亿,2037年超过4亿,2051年到达最大值。因此中国将是世界上老年人口数量最多的国家。

(2)老龄化速度加快。1953年到1995年,老龄人口占比平均增长率为0.04%,1996年到2005年平均增长率为0.14%,2006年到2015年平均增长率为0.29%,因此从数据可以看出我国65岁及以上老年人口占总人口比重增长率在加快,这导致了老年人口规模的快速扩大,也为社会保障体系带来了巨大压力。

(3)人口老龄化地区发展不平衡。我国老龄人口与地区发展具有密切关系,人口老龄化程度从东部到西部呈现依次降低的趋势,东部沿海发达地区的人口老龄化程度明显较高,并且速度快于西部经济欠发达地区。这与地区家庭观念和生育观念有重要联系,

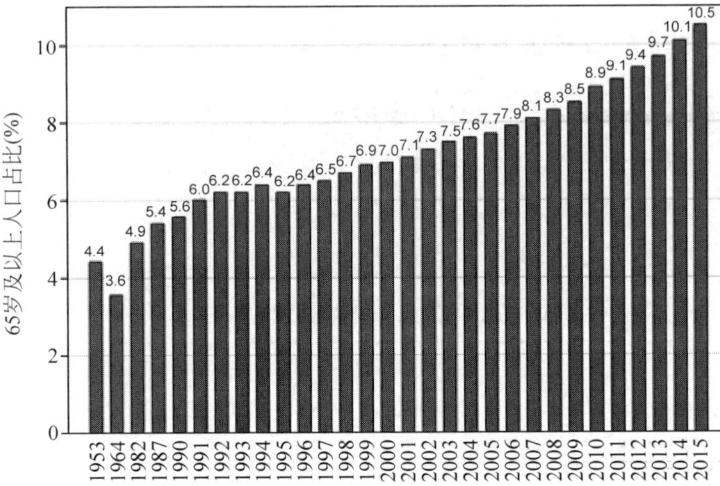

图1　人口老龄化趋势:老年人口比重加速增长

数据来源:《中国统计年鉴》。

发达地区抚养孩子成本较高,家庭婴儿出生率较低,人口老龄化速度较快。

(4) 人口老龄化呈现城乡倒置的特征。根据国际经验表明,城市人口老龄化水平高于城镇和农村,中国则呈现出相反的规律,农村人口老龄化比例高出城镇约1.24%,这与我国城乡二元结构经济有关,农村留守老人较多,年轻劳动力外出务工。

(5) 我国人口老龄化速度快于现代化。西方发达国家都是进入高度现代化社会的阶段出现人口老龄化,而我国是在尚未实现现代化的阶段出现了较为严重的人口老龄化问题。

人口老龄化的压力逐渐显现,首先体现为养老保障体系的负担逐渐加重。2004年我国养老保险支出比2000年增加了65.6%,中央财政对基本养老保险的补贴和支出逐渐增加,政府、企业、社会在养老保险方面的负担压力逐渐加重。其次是老年人医疗卫生支出压力也逐渐加大。根据研究数据,老年人医疗卫生资源为其他资源的3到5倍,随着我国人口老龄化水平逐渐提高,我国基本医疗保险基金的支持增长速度正在加快,为财政带来了重大压力。再次是养老服务需求大幅攀升。随着经济飞速发展,老年人的服务水平相对滞后,养老院等福利机构的床位和设施等需要大量投入,同时老年人的精神健康也需要关注,家庭养老功能的弱化和社会服务需求的提高对社会保障体系提出了新的挑战。最后,农村老龄化造成社会问题需要国家关注,农村养老体系和设施相对落后,医疗、娱乐等方面服务有待提高,国家在扶贫的同时也要关注老年人的健康和生活状况。

正是由于人口老龄化问题的日益加重,这对我国社会保障体系的建设提出了更高的要求,加快社会保障体系的改革和健全相关法律法规对于应对人口老龄化问题具有重要意义。

二、社会保险制度改革的意义和必要性

(一)社会保险制度改革是实现社会安定、经济稳定的需要。

社会保险制度改革是经济体制改革的重要组成部分,它能及时地为那些最需要帮助的人们,如老年退休者、失业工人、伤残职工及死亡者的遗属等,提供基本的生活必需保证,因而具有较强的社会稳定器的功能。

(二)社会保险制度改革是缓解人口老龄化压力的需要。

目前,我国正面临着日益严峻的人口老龄化的挑战。一是老龄化发展速度快;二是与经济发展水平比较,我国人口老龄化进程超前。到2000年,我国经济发展尚处于小康阶段,但人口年龄结构却已开始进入老龄化阶段,每个劳动者赡养老人数目已相当于发达国家1980年的水平。我国2000年进入老年型社会时,仅退休养老费用就达到1 000多亿元,财政不堪负担。现行的退休基金是现收现付制,缺乏长期积累的储备基金,不适应老龄化的需要。因此,我们

必须抓紧时间,尽快制定一套行之有效的社会保险制度,建立养老储备基金制度,避免或减少大量老龄人口迅速出现所带来的多种社会及经济问题。

(三)社会保险制度改革是正确引导消费方向、增加生产建设资金投入的需要。

根据人社部数据显示,截至2017年年底,我国参加基本养老保险的人数已经达到91 548万人,年末养老金累计结存50 202亿元。这样一大笔基金的筹集及合理使用,对于调整消费结构、延缓消费支出、抑制通货膨胀、缓解建设资金不足的矛盾、增加有效投资和有效供给,具有重要的现实意义。

(四)社会保险制度改革是深化企业改革和调整产业结构的需要。

企业经营自主权的确定,企业破产法的贯彻实施,各种经济成份的存在和稳步发展,劳动力的合理流动以及治理整顿的推进等,都迫切要求尽快建立起与之相适应的养老、失业、医疗、工伤等项社会保险制度。我国产业结构、产品结构和企业组织结构极不合理,重复建设、重复生产现象十分严重。目前市场疲软,正是调整结构的极好机会,但因社会保障改革不配套,调整结构步履艰难。我国企业破产法早已公布实施,但真正破产的寥寥无几,其主要原因是破产以后职工待业保险没有跟上。

三、当前社会保险制度改革的情况和存在的主要问题

我国社会保险制度的改革,是从1984年在国营企业职工中推行养老保险社会统筹开始的。这种职工退休费用的社会统筹,初步缓解了新老企业之间退休费用负担畸轻畸重的矛盾,保证了退休职

工的生活，促进了社会的安定团结。在一些地方还进行了待业保险和医疗保险的试点。

农村养老保险尚处于试点阶段，只在很小的范围内进行，但凡参加养老保险的老年农民的养老问题已初步得到解决。不仅对引导消费、稳定人心起了积极的促进作用，而且正在使养儿防老这个传统的养老方式发生变化。

但是，从总体上看，现行的社会保险制度基本上还是传统的社会保险制度，还不能适应改革开放、发展有计划商品经济和对付老龄化压力的要求。现行的社会保险制度存在的主要问题是：

（一）筹资模式问题。

我国现行社会保险制度的筹资模式具有以下几个特点：一是以支定筹，现收现付；二是不同范围的社会统筹，省、地、县各级的统筹均有，并以后者为主；三是除合同制工人象征性地交纳一部分保险金外，受保者个人一般不交纳任何社会保险金，其全部资金来源于国家和企业。

现在，我国社会保险制度的筹资模式需要考虑以下四个方面的问题：其一，继续实行现收现付制，还是基金积累制？其二，实行社会统筹保险，还是法定个人储蓄基金保险，或者是社会统筹保险和法定个人储蓄基金保险相结合的模式？其三，资金来源，受保者个人是否也应交纳一定比例的保险金？其四，以何种形式筹措资金？采取社会保险税的形式，还是仍维持目前交纳的形式？

以上四个问题，有些已比较清楚，人们的认识也比较一致。例如个人交纳问题，现在只是一个实施形式和时间问题。但有些问题，特别是前两个问题，争论较大，一时很难选择决断，因为在某种意义上，我们正面临着两难的境地。例如，就养老保险而言，一方面，我们正面临着人口老龄化的压力，而退休养老保险实际上是一个长期支付项目。资金的支付既然是长期的，其收入也宜采取预筹积累的方式，这样做有利于长期均衡负担，国家不会背上沉重的财政包袱，从而缓解人口老龄化的压力矛盾。但另一方面，预筹积累制所要求的一系列前提必要条件我们还未完全具备，这包括各方面的承受能力，以及通货膨胀、价格和利率水平、投资市场、投资政策、管理水平等等。

筹资模式中另一难题是选择实行一体化的社会统筹保险，还是法定个人储蓄基金保险，或者是两者的结合，即社会统筹保险和法定个人储蓄基金保险相结合。社会保险的主要目的是为那些曾经有正常收入，但目前由于一些非个人所能控制和抵御的因素所引起的暂时性或永久性丧失工作能力的社会劳动者提供某种收入（货币的或非货币的）保障，以保证其个人及家庭的正常生存。因此，社会保险的基本目标就是社会安定和社会公平。而基金的筹集、对收入进行社会调节分配、费用和风险的分担，是实现这个基本目标的主要手段。具体而言，它包括纵向和横向两个方面的收入调节和风险共担，也就是劳动者个人一生全部收入的调节与风险分担，以及社会劳动成员之间的收入调节和风险分担。社会统筹保险制是西方国家养老保险的传统模式，符合横向社会成员之间收入调节和风险分担，但在老龄化面前尚未找到出路。特别是现收现付式统筹制，保险金是从在职职工收入分配中筹措，在老龄化过程中将使社会、经济矛盾渐趋激化。假如从现收现付统筹扩大到基金积累统筹，社会成本代价很高。

法定个人储蓄基金保险，典型的是中央公积金制度，起源于东方发展中国家。新加坡中央公积金制是在 1955 年经济很困难的情况下开始建立的，由雇主和雇员双方交纳并以个人账户存储保险基金。公积金制对一个劳动者而言，年轻时劳动的全部收入中要储存一部分调节到退休时享受，但社会成员之间收入调节和风险分担即互助互济的功能弱。在一些福利国家中，社会统筹养老保险金面临收不抵支和老龄化威胁等困难，社会统筹式基本保险受社会、经济因素的制约，因而个人储蓄式的基金保险（公积金）有发展的趋势。在退休养老职工所得中公积金占有相当比重。美国中等以上收入者各类私人年金已构成他们退休收入的大部分，美国私人年金存储额用于投资项目金额已超过1万亿美元。

我们国家究竟选择哪种筹资模式，目前尚在探索之中。一种意见认为，应在我国城镇建立统一的社会统筹型的基本保险；另一种意见主张选择现收现付社会统筹制与法定个人账户储蓄基金制相结合的筹资模式，并认为如在全社会实行统一的社会统筹基本保险我国尚未具备条件。如果心中无数，盲目追求扩大社会统筹覆盖面，改革急于求成，则会欲速而不达。况且福利待遇具有刚性，一旦建立，退下来也难，就容易陷入进退两难的困境。要选择当前比较可行、长远风险不大的筹资模式，既要保持社会统筹具有互助互济功能强的优点，又要发挥个人自助的积极性，树立“攒钱养老”的观念，克服国家包得太多的弊病。社会保险筹资应由国家、企业、个人三者合理分担，首先是要突破个人不交纳保费的惯例，因而必须引入个人账户的储蓄基金制模式。要认真研究新加坡筹集社会保险资金的做法，结合我国情况吸取有益的经验。福建省在集体所有制企业建立以统筹式的基本养老保险与储蓄积累式的补充养老保险双层结合式的试行制度，很快将推广到全省70%的覆盖面。因此可以设想探索采取现收现付社会统筹制和个人账户的储蓄基金制结合的筹资模式，较为符合我国国情和社会保险的基本原则，充分发挥个人自助与社会互助相结合的功能。除了国营企业职工在完善社会统筹制基础上引进储蓄基金制的补充养老保险外，在城镇集体企业建立统筹制与储蓄基金制双层养老保险，农村乡镇企业职工、富裕地区农民以及城镇个体户、私营企业和“三资”企业职工一开始就建立储蓄基金制的养老保险，同时设立一笔共济基金。

（二）社会保险基金的保值增值问题。

从国际经验来看，社会保险积累基金的保值增值是一个十分棘手的问题。这是因为这种基金的投资与商业性投资不同，社会保险的目的要求这种投资必须十分安全可靠，并能保值增值。这就需要有一系列社会、政治、经济条件作为前提。这包括通货膨胀率水平，投资市场的发育状况，经办机构的投资自主权是否充分，以及投资管理水平等等。显然，我国目前以及一个时期内各方面的条件都还很难达到客观要求的水平或程度。因此，如果推行基金积累制或部分积累制的话，基金的保值增值问题将会不断地困扰着我们。

（三）社会保险的管理体制问题。

当前，社会保险管理体制存在两大问题：一是政出多门，多头管理，又缺乏宏观协调平衡机制，容易造成相互扯皮、推诿的矛盾。二是政事不分，立法监督与经办执行职能相混淆，缺乏强有力的监督管理机制。因此，必须加强领导，理顺管理体制，这是切实推进社会保险制度改革的关键一步。

除了以上三大问题外，在推进社会保险制度改革的进程中，我们还必须注意以下三个问题：第一，保险体制的选择必须持慎重态度。在决策之前，一定要多听各方面的意见，特别是反对意见。要把各种可能发生的情况和困难都估计进去。第二，社会保险制度的改革和完善是一项长期的事业，不能急于求成。我国十年改革的经验也告诫我们要稳扎稳打，逐步地推进社会保险制度改革。第三，即使是进行个别试点，也需注意试点与未来总体制的衔接。从目前情形看，今后一个时期内，我国社会保险体制不太可能是一个统一的模式，但总体方向、目标应是一致的，相互之间的差异也不宜太大，否则不利于劳动力的流动。

四、社会保险制度改革的思路与对策

（一）逐步扩大社会保险的覆盖面。目前，社会保险制度的覆盖面小，城镇、区、县以下小集体企业，近几年新发展的集体企业、“三资”企业、私营企业，个体工商业者以及乡镇企业的从业人员尚未建立退休养老保险制度；农村推行家庭联产承包责任制以来，老年保障也受到影响。因此，要逐步地把以工资收入为主要生活来源的城镇社会劳动者，都纳入不同形式的社会保险的制度范围内，包括集体所有制职工、“三资”企业中方职工、私营企业和城镇个体工商从业人员等。同时，要逐步地把农村老年保障制度逐步建立起来，首先在少数富裕起来的农村中建立起来。

（二）社会保险制度改革的重点。从我国情况看，首先应考虑建立的是养老、医疗、失业、工伤保险等，其中以养老保险和失业保险为重点。

（三）实行部分积累的筹资模式。从人口老龄化趋势、推迟部分消费和改革由国家、企业统包养老费用的要求看，养老保险是社会保险改革中应首先进行的一项。但是，建立一个什么样的养老保险制度，什么样的筹资模式比较适合我国国情和商品经济的发展，看法不一。比较起来，实行部分积累，采取现收现付统筹制与法定个人储蓄基金相结合的筹资模式比较有利。我们设想，这一制度可先在全民单位以外的社会劳动者中试行，这包括“三资”企业职工、乡镇企业职工、个体劳动者及沿海富裕地区的农民等。这样对财政也不会产生太大的影响。当然，这一制度比较适合于青年人。对于中老年职工，还需要另行制定过渡办法。至于全民单位究竟采用什么样的养老保险筹资模式，怎样转换成个人与单位交纳保险金为主的方式，应继续研究探讨。但有一点应是明确的，即现行的退休统筹办法必须进一步改革完善，其中包括逐步实行个人交纳部分保险金等。

（四）社会保险基金的保值增值。目前，对实际积累基金的保值增值缺乏明确的政策管理和必要的措施与手段。如果今后实行基金积累制或部分基金积累制，社会保险积累基金的保值增值将更为紧迫，特别是在通货膨胀、国内投资市场不发育、各方面的经济承受能力较低、管理水平有限的情况下，更应注意保值增值。因此，必须研究社会保险资金的提取比例、积累幅度以及保值增值等一系列宏观政策和措施。

（五）切切实实地抓好改革试点。国家已确定在深圳、海南进行社会保险制度综合试点改革工作，在丹东等地进行医疗保险改革试点工作，在大连等地进行农村养老保险试点工作。当前，应集中力量，抓紧做好数据测算、方案制定、论证咨询和实施等，切切实实地推进改革试点工作。

（六）组织各种形式的人员培训。管理社保系统的人员培训与职能部门的培训应有所区别，当前似应更侧重宏观的、政策性的管理能力的培训。

（七）加强领导，改革社会保险的管理体制。把社会保险的立法、执法、监督职能分开，形成相互支持又相互监督制约的管理机制，建立与此相适应的管理机构。

参考文献

1. 高尚全："计划与市场相结合是现代社会化大生产的内在要求"，《学习与研究》1991 年第 2 期。
2. 高尚全："进一步研究计划经济与市场调节有机结合的问题"，《中国物价》1991 年第 1 期。

（高尚全，中国经济体制改革研究会）

构建养老保障体系的『第三支柱』——商业养老保险的政策选择

郑拓　刘伟

从现在到21世纪中期,中国的人口结构将急剧老龄化。假如按照中等条件估计,衡量人口结构老化的指标将陡直上升:65岁及以上人口比例从2010年的8.8%上升至2055年的28%以上;老年抚养比从2010年的11.9%上升至2055年的50%以上;年龄中位数从2010年的34.6岁上升到2037年的超过45岁。而且,人口老龄化的恶化趋势将长期持续。

人口的深度老龄化必然给养老保障体系带来巨大的冲击。按照当前的制度框架,在基准情景假设下,现收现付制的城镇职工养老保险将面临不可持续、替代率下降的困境。就我国现状而言，当前的制度抚养比（指劳动人口数量与要经济供养的少年与老年人口之和之比）是3∶1，2030年代将下降为2∶1，至21世纪中叶更将降至1∶1。这样的人口结构形势根本上使得我国当前依赖现收现付制为主要筹资模式的养老保障模式收支失衡。

实际上，在发达国家（我国已是中等收入国家，并正在向高收入国家迈进）中，只有美国和法国等少数发达国家因为有移民进入并且移民群体生育率高等因素而保持了替代水平（总和生育率2.1左右）的生育率水平。随着生育率下降和预期寿命的延长，发达国家普遍出现了人口结构老龄化，其现收现付制的养老金制度均面临可持续性挑战，而不得不对养老金制度进行改革，发展成为多支柱的养老保险体系。

与这些发达国家相比，我国面临的养老金制度挑战更为严峻。一方面，我国仍是发展中国家，人均收入水平仍低于发达国家；另一方面，由于各种因素，我国的人口结构老化较之其他国家更急更深。而我国当前的社会养老保险虽然名义上采用的是社会统筹和个人账户结合的“统账结合”模式，但由于制度建立初期历史负债等因素，个人账户“空账”运行，实质上是一个纯粹的现收现付制度。

当人口急剧老龄化时，现收现付制不可持续，转变为基金积累制就是必然的路径。但转变为积累制要付出巨大的转轨成本。如果不能将制度转轨的成本分散到一段较长的时间内，其成本就将集中在当代人身上，令其难以承受。

所以，中国的养老金制度由“单一支柱”转变为“多支柱”势在必行。在未来很长一段时间内，中国人的养老依然要主要依赖“第一支柱”——社会养老保险，制度改革的重心在于分散现收现付制向积累制转轨所产生的冲击，使过渡尽可能平滑。政策路径可以采用郑秉文等学者所主张的“名义账户”制（NDC），以平滑地向积累制过渡。如此一来，社会养老保险的替代率不可避免地会下降，所以需要“第二支柱”和“第三支柱”来弥补。

在形式上,我国已经建立了多层次的养老保障体系。按约定俗称的分类,“第二支柱”是企业年金和职业年金,“第三支柱”为商业养老保险。但现实中,当前的养老保障却几乎完全依赖现收现付的社会养老保险,职业年金仅限于体制内群体,企业年金的发展停滞不前。而商业养老保险的税收优惠政策多年未能落实。

2018 年 4 月初,财政部等部门联合印发了《关于开展个人税收递延型商业养老保险试点的通知》(下称《试点通知》),在上海等三地展开试点,标志着中国养老保险体系“第三支柱”的构建正在进行路径探索。

针对中国养老保险体系的现实问题,本文主要是结合发达国家商业养老保险发展的经验教训,分析我国商业养老保险发展的可能政策路径选择,以为政策制定和制度设计提供建议。

一、商业养老保险制度的国际比较

现代养老保险理论和政策一直在不断地发展和改革。从 1889 年德国颁布《残障和老龄保险法》(*Gesetz Betreffend Die Invaliditatsund Altersversicherung*)起,经历了国家干预主义与自由主义的理论之争,达成了社会保障体系必要的共识,并不断地与新的经济、社会和制度因素相适应。

但是从 20 世纪 70 年代开始,发达国家逐渐面临着养老保险持续运营的压力。这种压力主要来源于两个方面。其中之一就是我国也正在经历着的人口老龄化问题。在第二次世界大战之后,各国普遍迎来了婴儿潮。然而随着时间的推移和生活水平的提高,主要发达资本主义国家的生育率逐渐下降,抚养比逐渐降低。世界银行预测 2030 年 OECD 国家 60 岁以上人口将会占其总人口的 16%[1]。

---

〔1〕 World Bank, *Averting the Old Age Crisis*, p. 10.

养老金收支失衡的问题将会进一步加剧。另一方面则是资本主义生产方式带来的内部危机。经历了资本主义的黄金时期之后,上世纪70年代开始,西方发达资本主义国家陆续陷入滞胀经济的危机中。利润率持续下降,福特制生产方式被淘汰,政府和市场同时失灵。工会力量的壮大和企业盈利能力薄弱的矛盾集中爆发,倒逼西方发达国家的养老机制进行市场化、私有化改革。逐步形成了政府主导的国家养老保险兜底、政府引导的企业年金为补充、个人参与的商业养老保险为附加的三个层次的"三支柱"养老保险制度。

社会保障体系,特别是养老保险,在促进经济发展、提高劳动生产率方面也会起到巨大的作用。不少研究结果表明,如果社会保障体系能够健康运转并维持在对于社会的最优水平上,可以显著促进劳动生产率和经济的可持续发展。国际劳工组织第89次会议报告中指出,养老保险从一个侧面保证了劳动力市场的健康发展。高龄职工没有后顾之忧地正常退休,年轻的劳动力有序进入劳动力市场,就可以使劳动生产率一直保持在一个较高的水准。

第三支柱,也就是商业养老保险,在繁荣劳动力市场中能起到更加独特的作用。就中国的现状而言,不论是国家养老保险还是企业年金保险,其费用的缴纳通常基于劳动者与用工单位签订的劳动合同。当劳动者需要更换单位或者跨地区移动时,传统的养老保险机制的转移接续问题始终没有得到解决。商业养老保险则有显著不同。有着基金积累制内在的商业养老保险本质上是一种储蓄保险,计入个人账户的部分携带性有着充分的保障。因此第三支柱的发展更能活络劳动力市场。

在西方发达国家中,美国、德国和日本的养老保险制度,特别是对第三支柱商业养老保险的制度,值得我们研究和借鉴。

(一)美国商业养老保险

在众多西方发达资本主义国家中,美国的养老保险体量最大,市场化程度最高。商业养老保险占据了重要地位,其中年金保险近些年来的增长势头迅猛,个人退休账户发展平稳,承保 34% 的美国家庭,拥有 30% 的养老资产,与社会保险、个人储蓄共同组成美国保险的三个部分。截止到 2016 年年末,美国养老资产总规模达到 24.7 万亿美元[1]。在我国实行个税递延型商业养老保险的过程中,如何高效安全地管理巨额养老资产,如何合理恰当地促进商业养老保险产品的发展与活跃,美国的经验是值得吸取的。

美国投资公司发布的官方最新数据显示,到 2016 年年底,美国养老保险体系中,个人退休账户(IRAs)和确定缴费型雇主支持养老金计划占比最大,分别达到 7.9 万亿美元和 7.0 万亿美元[2]。作为一种自愿参加的养老金计划,IRAs 包含三种类型:传统的个人退休账户(IRA)、罗斯个人退休账户(罗斯 IRA)和雇主支持的个人账户计划。由于我国准备实行的商业养老保险的特殊性,在此主要分析相似程度较高的传统 IRA 和罗斯 IRA。

传统 IRA 是一种储蓄计划,但其在缴费环节和投资环节实行税收优惠政策,直到领取环节才缴纳个人所得税(EET 税收优惠模式)。罗斯 IRA 也是一种储蓄计划,但其在缴费环节和投资环节都缴纳税款,给付环节实行税收优惠,免除个人所得税(TEE 税收优惠模式)。不论哪种计划,在有应纳税薪酬的前提下,每年每个年龄不足 70.5 岁的人可以最多缴纳 5 500 美元(约 34 800 元人民币)IRA 费用并申请免税。当缴费人年龄超过 50 岁时,还可以每年多缴纳 1 000 美元(约 6 300 元人民币)。

两种计划的退休金领取方式也有差异。一般情况下,传统 IRA 投保人将从 70.5 岁当年的 4 月 1 日至第二年的 12 月 31 日开始,按

---

〔1〕 Investment Company Institute, *2017 Investment Company Fact Book-A Review of Trends and Activities in the Investment Company Industry*, Ch. 7.

〔2〕 同前。

时领取退休金。而罗斯 IRA 存在投保人和账户所有人不同的特例，此时投保人直到账户所有人去世之前都不能领取。通常情况下(即投保人和账户所有人为同一人)，账户持有人在 59.5 岁之前，除非有永久失能、已故所有者受益人、购买首套房产等特殊情况，提前领取养老金要额外支付 10% 的附加税。没有或者不足额领取养老金，未领部分也要在支付 50% 的附加税(即遗产税)后，由已故所有者受益人代领。

为了保证商业养老保险的正常有序运营，美国政府出台了一系列的法案和规定。其中的主要依据是 1974 年订立的《雇员退休收入保障法案》(ERISA)。为了防范养老金欺骗、盗用和管理不善的问题，该法案由美国劳工部(退休金福利管理委员会，PWBA)、美国国税局(IRS)、年金保险公司委员会(The Committee of Annuity Insurers)和司法部门共同解释和监督施行。随着监督部门和监督机制的完善，私人养老金市场渐渐成熟。大部分个人退休账户的拥有者也变得更愿意承担风险来获得投资收益。主要的投资机构选择也从之前的银行和人寿保险公司转变为了共同基金公司，使得 IRAs 比 401(k)企业年金享有更大的缴费和支取自由度。

(二) 德国商业养老保险

我国养老保险制度的设计很大程度上借鉴了德国的制度。就养老保险的结构而言，我国和欧洲部分国家的状况类似，都面临着“三支柱模式”的失衡问题。由政府承办的养老保险第一支柱一家独大，企业年金和商业保险发挥作用十分有限。在德国养老保险体制改革前，退休人员的总收入超过 80% 都来源于法定养老金。在人口老龄化的挑战下，德国作为老龄人口占比 21%[1]、世界第三的国家，法定养老保险制度陷入困境。在德国政府进行了 2001 和

[1] World Bank, https://data.worldbank.org/indicator/SP.POP.65UP.TO.ZS.

2004 年养老保险体制根本性的改革后,2005 年正式转变为法定养老、企业补充、个人储蓄互相补充的三层次模式。德国的改革对我国现在大力推广发展第三支柱商业养老保险有着启示作用。

德国现行的社会养老保险制度起始于俾斯麦时代,到今天已有近 130 年的历史。但在改革前,制度一直遵循的是现收现付制,这也正是养老金困境的由来。改革后,法定养老金只起到最基础的角色,基于基金积累制的第二、第三层次是保证更高的老年生活水平的必要补充。而德国的第三支柱——商业养老保险主要由里斯特养老金组成。

里斯特养老金(Riester-Rente)是 2001 年德国养老保险改革缩减法定养老保险下的产物。该计划是享受国家直接补贴和税收优惠双重制度支持的商业养老保险。不论是财政补贴还是免税额,在改革的过程中都在不断提高,以提升里斯特养老金的吸引力。对于一个家庭,目前每人每年的基础补贴是 154 欧元(约 1 180 元人民币),2008 年之前出生的子女,每人每年 185 欧元(约 1 420 元人民币),2008 年之后出生的子女,每人每年 300 欧元(约 2 300 元人民币)。为了获得这些补贴,参保人应当使用上年收入的 4%,最高 2 100 欧元(约 16 100 元人民币)购买里斯特保险产品,并且这笔保费免征个人所得税。

同时,德国联邦金融服务业检察署(BaFin)会审查保险公司、银行和基金公司提供的里斯特养老金产品是否符合政府制定的相关标准,并颁发证明。其要求包括:保证本金安全,允诺终身年金,签约费用分五年平摊,最早 62 岁开始领取养老金,可以附加伤残保险和遗嘱保险,并且必须以书面形式将保费使用情况予以告知。投保人只有购买通过审查的保险产品才能获得国家资助。

里斯特养老金的推出获得了市场的认可,占据养老资金份额逐年增加,但也受到了不少批评。首先,该制度设计十分复杂,管理费用和营销费用高昂,最终这些成本都将转嫁到参保人身上,加重参保人负担。另一方面，里斯特养老金也有着商业保险的通病，销售误导、合同规制的问题在保险产品中都不同层次地存在。最后，里斯特计划的出发点虽然是好的，但是并没有达到收入再分配的目的。虽然税收递延的制度设计使得低收入者得到的税收优惠比例比高收入者更高，但从积累的绝对值上考量，低收入者所获得的补贴依然低于领取社会平均工资者，对积极找工作的劳动者产生负面效应。

（三）日本商业养老保险

作为国土面积十分有限的人口大国，日本面临着全球最严重的人口老龄化问题。在1948年颁布的《优生保护法》的影响下，日本生育率低下。随着时间的推移，老龄人口在社会总人口中的比重持续上升。作为世界上最早面临人口老龄化问题的国家，日本在2016年世界银行的人口统计中，老龄人口的比例远超德国、瑞典等欧洲高福利国家，达到了27%[1]。日本作为东亚国家，有着与我国相近的文化氛围。同样的改革方向，同样实行政策，不同的民族文化会产生不一样的反响，在不同的国家会有不一样的效果。与美国、德国等传统西方国家相比，日本养老保险改革的政策推行的结果，对我国应对人口老龄化、公共养老金收支失衡有着更为重要的借鉴意义。

日本养老保险制度的雏形甚至可以上溯至明治维新时期的“恩给”制度，但真正的现代养老保险体系的建设则是起源于1954年。在这之后，日本政府先后建立了厚生年金和共济年金体系，并于1961年颁布《国民年金法案》，确立了“国民皆年金”的积累制政府主导年金制度。自此之后，政府主导的公共养老金就是日本养老保险体系中占比最大、也是最重要的组成部分。根据日本厚生劳动省

---

〔1〕 World Bank, https://data.worldbank.org/indicator/SP.POP.65UP.TO.ZS.

的统计数据,公共年金占老龄家庭收入的70%以上[1]。但是日本年金的广覆盖和高福利得益于日本战后经济的迅速发展,同一时期出现的商业养老保险“个人年金”由于公共年金的替代效应步入低潮,日本20世纪60年代后持续的高通胀率也使得个人年金吸引力不足。1980年之后,通货膨胀率趋于平稳。在人口老龄化和经济增长放缓的双重压力下,公共年金财政趋紧,养老金替代率相对较低的问题凸显。日本政府被迫调整其公共年金制度,一方面逐步提高国民年金和厚生年金的保费,进行开源;另一方面延迟退休年龄,缩减60—65岁人群的养老金,进行节流。

在这种大环境下,日本的个人年金业务迎来了发展良机。为了保证更加富裕的老年生活,在世界银行的倡导下,人们意识到了多支柱养老保险体系的必要性。日本政府在1984年税制修改中,对个人年金的保费扣除做出了规定。其后多次修改,直至2010年新税法落地。个人年金保险保费每年所得税扣除政策见表1:

表1 日本个人年金保险保费每年所得税扣除政策

<table>
<tr><th>支付保费额</th><th>扣除金额</th></tr>
<tr><td>20 000日元(约1 160元人民币)</td><td>全部保费</td></tr>
<tr><td>20 001—40 000日元(约1 160—2 320元人民币)</td><td>10 000日元(约580元人民币)+总保费的1/2</td></tr>
<tr><td>40 001日元以上(约2 320元人民币)</td><td rowspan="2">20 000日元(约1 160元人民币)+总保费的1/4</td></tr>
<tr><td>最高限额80 000日元(约4 640元人民币)</td></tr>
</table>

资料来源:日本所得税法,https://www.mof.go.jp/english/tax_policy/。

在政府的政策引导下,包含银行、信托、保险在内的多方机构先后进入个人年金市场,提供了多样化的年金产品。“储蓄型”年金与老年人生死无关,而是把储蓄年金和利息以年金的形式领取,金

[1] 日本厚生劳动省,http://www.mhlw.go.jp/toukei_hakusho/。

额和期限相对灵活，可以满足不同人生活的需要。“保险型”年金则可保障“长寿风险”，在生存期内投保人都可以领取年金。1986年之后，“保险型”年金更进一步发展为变额保险。“终身型”变额保险具有终身保障的效果；“有期型”变额保险期限在十年以上，除有覆盖整个投保期的保障外，期满生存的还可以领取满期保险金。

二、构建基于个人养老账户的“第三支柱”

根据《试点通知》，其制度安排为“对试点地区个人通过个人商业养老资金账户购买符合规定的商业养老保险产品的支出，允许在一定标准内税前扣除；计入个人商业养老资金账户的投资收益，暂不征收个人所得税；个人领取商业养老金时再征收个人所得税。”

其中，个人商业养老资金账户“是由纳税人指定的、用于归集税收递延型商业养老保险缴费、收益以及资金领取等的商业银行个人专用账户。该账户封闭运行，与居民身份证件绑定，具有唯一性。”

同时，“试点结束后，根据试点情况，结合养老保险第三支柱制度建设的有关情况，有序扩大参与的金融机构和产品范围，将公募基金等产品纳入个人商业养老账户投资范围。”

这些安排与郑秉文等学者建议的制度安排相同。个人商业养老资金账户具有良好的便携性，不会妨碍人力资源的自由流动。而且，此账户兼具保险性和投资性的双重功能，既可作为购买保险产品的交易型账户，也可作为投资的资本化账户，可适用于不同层次的社会需求和不同群体的风险偏好。

试点方案的主要激励机制在于税收优惠，其方式类比美国传统IRA的激励机制（EET税收优惠模式），允许一定标准的免税额度、对投资收益“暂不征收个人所得税”和领取时缴税的设计可以适当平滑劳动者一生的收入曲线，达到用减免个人所得税来激励试点政策落地的效果。

但税收优惠激励的发挥有赖于税制的改革。例如,因为我国当前并没有建立课征资本利得税的统一税制,所以对投资收益免税在当前并无激励作用。且个人所得税的起征点不断上调,纳税人群规模缩小,激励作用随之减弱。

个人商业养老保险的发展尤其应当注重其与企业年金的关联。同样具有税收优惠的年金虽经多年发展,依然规模小,覆盖面窄,集中于垄断性的国有企业,远未发展成有力的“第二支柱”。在有些情况下,反而有可能对个人商业养老保险产生“挤出效应”。

“第二支柱”和“第三支柱”本就不是泾渭分明。拿西方发达资本主义国家举例,美国的商业养老保险除了我国借鉴的 IRAs 以外,还有雇主支持的个人账户计划。德国的吕路普养老金(Rurup-Rente)更是将商业养老保险和政府法定养老保险相混合。针对我国小微企业较多的现实情况,可以参照美国 SIMPLE IRA(Savings Incentive Match Plan for Employees)的经验。该制度的设计更有利于公平性和人的自由流动,有利于微小企业就业人员。此外,针对一直以来“第二支柱”徒有其表的症结,可以将个人商业养老资金账户与年金的过渡账户对接。当个人因工作变动,雇主不再代扣代缴年金时,可将其中资产转入个人账户。甚至可以将个人养老账户与企业年金连通,将两者税收优惠的比例或额度统一,即将两者的税收优惠合并,来加强税收优惠的激励政策,助力现收现付制向基金积累制的转轨。

“第三支柱”的构建同时也需要保险和资本市场的发展,提供开放成熟的市场环境。中国的金融市场开放和成熟程度不足,缺乏有吸引力的养老保险产品,所以中国家庭偏爱不动产和存款。

应清醒地认识到,建立“第三支柱”的政策目的并不是将居民的银行存款转移到个人养老储蓄账户,以实现机构化运营,保值增值,并用于养老。中国家庭将大部分资产配置为不动产和存款是理性选择,在土地等制度理顺之前,几乎不可能改变。而且,“第三支柱”是否能够弥补社会养老保险的替代率下降也存疑。毕竟,在市场环境成熟的美国,401(k)和IRA历经40余年才发展到今天的规模,而中国的老年抚养比在40年后将恶化至1∶1。

更为重要的是,对于养老金,应该摆脱制度持续和技术参数改进的“工具理性”束缚,回到社会目的。当前养老金制度面临的两大根本性问题,一是历史负债,二是人口结构老化。前者终究只是阶段性问题,后者才是社会(而不只是养老金制度)可以持续发展的关键。

即便养老金制度改革为完全积累制,深度老龄化的社会也会陷入经济发展停滞,养老储蓄的保值增值难以实现。所谓全球配置资产会有巨大的不确定性,也就是风险。而大规模引进移民,对于我国而言又难以接受。

除非生物医学技术能改变人类衰老或生育的过程,针对人口结构老化需要提出根本的解决之道:调动政策工具激励生育,将总和生育率维持在一定水平。其关键在于社会再分配的系统性变革。例如,我国当前的税制不是以家庭为单位(不因是否抚养未成年子女而有区别),商业养老保险的税收优惠对于生育意愿仍是负激励。我国首胎生育率持续下降,二孩需求接近释放完毕的问题依旧无法解决。

三、政策建议

福利经济学派代表人物庇古在其代表作《福利经济学》中系统阐述了收入分配调节的理论。他提出,所有社会成员效用的总和构成了社会福利,而国民收入总量的多少和国民收入分配的平均程度是影响经济福利的两大因素。根据边际效用递减规律,庇古认为,将富人手中的一英镑转移支付给穷人,富人损失的效用要小于穷人增加的效用,社会总的经济福利增大。在此之上,萨缪尔森等人加入社会福利函数、补偿原理、帕累托最优等分析工具，说明资源的最适配置下，经济是有效率的，社会福利达到最大化，形成了新福利经济学。这个学说可以说是为社会保障制度奠定了理论基础。

瑞典学派又称斯德哥尔摩学派，推行充分就业和收入均等化的政策。他们认为资本主义的生产制度可以促进资源的最优化配置和增加效率，是优越的。但资本主义的分配制度会带来贫富悬殊、阶级对立，是有缺陷的。因此只有强调收入再分配，加大转移支付，建设完备的社会保障体系，才能弥补初次分配中的不平等，从而增加社会总效用。

马克思在《哥达纲领批判》中对于社会主义的社会保障体系也有论述。他认为社会主义初级阶段必须建立保险制度，且这项基金是社会总产品的一种扣除。马克思指出，“如果我们把‘劳动所得’这个用语首先理解为劳动的产品，那么集体的劳动所得就是社会总产品。现在从它里面应该扣除：第一，用来补偿消费掉的生产资料的部分。第二，用来扩大生产的追加部分。第三，用来应付不幸事故、自然灾害等的后备基金或保险基金。……剩下的总产品中的其他部分是用来作为消费资料的。在把这部分进行个人分配之前，还得从里面扣除：第一，和生产没有关系的一般管理费用。……第二，用来满足共同需要的部分，如学校、保健设施等。……第三，为丧失劳动能力的人等等设立的基金，总之，就是现在属于官办济贫事业的部分。”社会保障基金正是通过两次扣除的再分配原理实现的。这个思想就是社会主义国家建立社会保障体系的理论基石。

这些理论表明，我国不可能放弃当前的普惠养老保险体系，将养老的重担完全地推给社会和个人。原有制度运行中的问题，只能通过不断的深化改革，释放改革红利来解决。只有这样，才能达成习近平总书记提出的“两个一百年”奋斗目标，才能贯彻协调和共享的理念。同时，也不应该将改革的成本完全压在某代人或者某部分人身上，而是要按照习近平总书记在十九大报告中所提的，按照兜底线、织密网、建机制的要求，全面建成覆盖全民、城乡统筹、权责清晰、保障适度、可持续的多层次社会保障体系；全面实施全民参保计划；完善城镇职工基本养老保险和城乡居民基本养老保险制度，尽快实现养老保险全国统筹；促进全国人民共同迈入全面小康社会。

基于这些理论，结合西方发达资本主义国家的历史经验和上述对中国养老保险体系现实的认识，提出如下政策建议：

（一）将当前的社会养老保险的社会统筹部分转轨为“名义账户”制，将由现收现付制向积累制转轨产生的冲击分散到较长的一段时间内，以期平滑地向多支柱体系过渡。

（二）针对社会养老保险替代率下降的问题，应发展“第二支柱”和“第三支柱”来弥补。鉴于中国当前的就业和人力资源流动，以及不同人群之间替代率差异的现实，应加快试点进程，大力发展基于“个人商业养老资金账户”的“第三支柱”，使其与年金连通，利用税收优惠激励迅速推广。

（三）养老金体系的根本问题不在于养老保险制度内部，而在于人口结构。应调动政策工具激励生育，将总和生育率维持在一定水平。与美国和法国不同，中国不是移民国家，需要更多地依赖公共政策来拉升生育率。公平合理的二次分配体系是其中的关键。税制改革和公共财政支出是两大重要的改革方向：在税制改革的宏观框架下，以商业养老保险的 EET 为开端，应加大对养育孩子的家庭进行税费减免的补贴力度；同时，大幅增加对妇女、儿童的社会保障，提供更多的公共支出和公共服务，以减少抑制生育率的社会经济因素影响。

参考文献

1. 陈谊娜：《老龄化背景下中国养老保险研究》，博士学位论文，天津大学，2012 年。

2. 程博、郑建辉:“我国基本养老保险基金的困境分析与出路探讨”,《人力资源管理》2011 年第 10 期。
3. 孟庆平《养老保险市场化改革:国际经验与中国政策选择》,博士学位论文,山东大学,2008 年。
4. 日本财务省:“日本所得税法”,https://www.mof.go.jp/english/tax_policy。
5. 郑秉文:《中国养老金发展报告 2015——“第三支柱”商业养老保险顶层设计》,经济管理出版社 2016 年版。
6. 中华人民共和国中央人民政府:“关于开展个人税收递延型商业养老保险试点的通知”,财税〔2018〕22 号。
7. Arel Borsch-Supan, Christina B. Wilke, “The German Public Pension System: How It Was, How It Will Be”, NBE Working Paper, 2004(5).
8. International Labour Office, “Social Security: Issues, Challenges and Prospects”, International Labour Conference 89th Session, Report VI, 2011.
9. Investment Company Institute, “2017 Investment Company Fact Book-A Review of Trends and Activities in the Investment Company Industry”, 2017.
10. Alain Jousten, “Public Pension Reform: A Primer”, IMF Working Paper, 2007(2).
11. World Bank, *Averting the Old Age Crisis*, Oxford University Press, 1994.

(郑拓,中国人民大学;刘伟,中国人民大学)

人口老龄化与产业升级

龚六堂　赵玮璇　马　骁

根据十二届全国人大内司委公布的数据，在1999年我国60岁以上的人口占总人口比重的10%，已经进入了老龄社会。到2017年年底，该占比已经提高到17.3%。同时，在规模方面，2017年年底60岁以上的人口达到2.4亿人，65岁以上的人口达到1.58亿人。2016年新增60岁以上的人口首次超过1 000万[1]。中国人口老龄化的速度之快、规模之大，在世界上前所未有。

---

〔1〕 详见2018年3月12日十三届全国人大一次会议新闻中心记者会上十二届全国人大内司委委员郑功成的发言。

由于人口老龄化会带来社会负担的增加，加大老年人医疗卫生消费支出的压力，减少劳动力供给，直接影响到经济发展，所以我国人口老龄化问题受到包括我国政府和学界等社会各界的高度关注。但在同时，人们也逐渐开始发现一些伴随人口老龄化时代到来的机遇，尤其是人口老龄化对我国产业升级的积极作用。正如习近平总书记在党的十九大报告中提出的“积极应对人口老龄化，构建养老、孝老、敬老政策体系和社会环境，推进医养结合，加快老龄事业和产业发展”的要求，人口老龄化既是当前我国社会的一个重要特征，也是我们在制定国家发展战略时必须加以考虑的一个重要因素。只有我们认清人口老龄化对产业升级的正面作用及其中的机制，才能正确引导产业去充分利用人口老龄化带给我国经济发展的机遇，积极进行产业升级，从“被动”转变为“主动”，从而更加有效地减轻人口老龄化对我国经济转型和发展的阻碍作用。

一、我国文献研究综述

21 世纪以来，国内部分学者通过建立模型针对人口老龄化对经济增长的影响进行了理论研究。李军（2006）将人口老龄化因素变量引入到索洛增长模型中，在理论上证明了人口老龄化因素对经济增长存在正、负或零等不同的作用效应，而相关的政策选择将影响人口老龄化的作用效应。彭秀健（2006）运用“可计算一般均衡模型”对中国人口老龄化的宏观经济后果进行量化分析，结果显示中国人口老龄化将通过劳动力的负增长以及由此导致的物质资本的低增长减缓中国经济增长的速度。徐达（2012）以索洛模型与道格拉斯生产函数为基础，将人口老龄化因素引入经济增长模型，指出人力资本存量是人口老龄化影响经济增长的重要因素。

近年来人口老龄化实证方面的研究也迅速丰富起来。我国学者利用数据充分探究了人口老龄化影响经济增长的不同机制，从而形成了储蓄率、劳动供给、人力资本、消费、技术等一系列角度。在需求端，消费水平是许多学者研究人口老龄化影响的重要对象。王宇鹏（2011）对2001—2008年中国城镇居民消费行为进行了实证研究后发现，老年人口抚养比越高，城镇居民平均消费倾向越高。谭江蓉、杨云彦（2012）利用中国1%人口抽样调查和人口普查的省域数据，实证证明了农村人口老龄化对农村居民消费倾向具有显著的正向影响。万克德等人（2013）以山东省第六次人口普查数据为基础得到相反的结论，即人口老龄化的加剧会引起消费规模的降低，在一定程度上抑制居民的消费能力。最近的研究开始从消费转向对储蓄率的思考，胡翠、许召元（2014）基于中国居民收入分配课题组的调查数据，利用混合截面和虚拟面板进行实证研究的结果表明，人口老龄化对城镇和农村家庭储蓄率的影响呈现显著差异。汪伟、艾春荣（2015）运用分省份面板数据进行实证研究，发现预期寿命延长对储蓄率的上升有显著的影响，但老年抚养比对储蓄率的影响并不显著。王沫凝（2016）利用1990—2014年中国30个省份的面板数据使用系统GMM的方法进行了实证检验，结果表明老年抚养比与居民储蓄率显著负相关。在供给端影响方面，人口老龄化最直接的作用是对劳动力的影响，例如童玉芬（2014）就采用联合国人口基金最新预测结果进行研究，并发现老龄化虽然将会引起劳动年龄人口规模的下降，但在2030年之前下降比较缓慢。刘文和张琪（2017）利用个体固定效应模型，对中日韩三国1971—2013年的面板数据进行研究，发现人口老龄化对人力资本投资具有“倒U”影响效应。科技创新作为经济发展的核心力量，也会受到人口老龄化的影响。姚东旻等人（2017）基于2003—2012年的中国省际面板数据，采用动态面板模型和系统GMM方法证明了老龄化对科技创新水平有显著的负效应。

其实在我国开始迈入老龄化阶段时，就已经有学者开始思考人口老龄化与产业结构的关系。鲁志国和黄赤峰(2003)提出人口老龄化社会对产业结构调整有负面影响,建议对老年人力进行分类管理与利用并大力发展老龄产业。钟若愚(2005)则在综述老龄化影响经济的现有理论研究基础上,分析了人口老龄化影响产业结构调整的传导机制。伴随着中国经济进入转型关键期,关于我国老龄化对产业结构影响的研究取得了一些进展。陈颐和叶文振(2013)利用1981—2011年台湾地区的相关数据和向量误差修正模型,估算台湾地区人口老龄化与产业结构发展的长期关系,研究发现台湾地区人口老龄化与产业结构二者之间的动态影响是相互的。倪红福等人(2014)利用投入产出模型从比较静态的角度分析,发现人口年龄结构变化通过消费需求结构渠道对产业结构产生了显著影响。汪伟等人(2015)通过构建多维产业升级指标并运用中国1993—2013年的分省份面板数据进行了实证研究,发现人口老龄化不仅促进了中国第一、二、三产业间结构的优化,还推动了制造业与服务业内部技术结构的优化。刘玉飞和彭冬冬(2016)利用中国1993—2013年的省级面板数据构建空间计量模型进行了实证研究,研究结果表明,中国的产业结构升级和人口老龄化均表现出较强的空间正相关性,人口老龄化非但不会阻碍产业结构升级,反而可以促进产业结构向更高级的方向转变。钟水映和余远(2017)以中国各省份2001—2015年面板数据为基础,从全国层面研究发现,人口老龄化对产业升级有正向促进作用并且正向空间外溢效应显著。

综上可见,我国的学术研究已经开始着眼于人口老龄化对产业结构的影响,其中部分实证研究也已经证实人口老龄化对产业结构升级具有积极作用。本文将对具体的影响机制进行进一步的梳理,并结合中国经济数据进行说明,最后对如何更好地发挥人口老龄化对中国产业结构升级的积极作用提出相应建议。

二、人口老龄化催生银发产业的发展

从需求端角度分析，随着我国消费水平的不断提升和老年人占总人口的比例不断增加，老年人作为一个越来越大的消费群体，为我国消费市场注入了一股“银发动力”，进而影响供给端的产业发展。

1. 人口老龄化带动养老产业的发展

由于身体的衰老和自我保健意识的不断增强，老年人需要更多的医疗保健产品的消费，从而带动了医药产业的发展。医药产业以创新研发为发展核心力量，具有高附加值，显著区别于传统制造业，是我国产业升级的重要目标之一。除此之外，针对老年人的服务业也随之蓬勃发展，例如养老院、医院、看护院，还有养老地产、家政和寿险等服务。2013 年国务院下发《关于促进健康服务业发展的若干意见》，明确提出到 2020 年，基本建立覆盖全生命周期、内涵丰富、结构合理的健康服务业体系，健康服务业总规模达到 8 万亿元以上，成为推动经济社会持续发展的重要力量。同年下发的《关于加快发展养老服务业的若干意见》也提出，到 2020 年，全面建成以居家为基础、社区为依托、机构为支撑的，功能完善、规模适度、覆盖城乡的养老服务体系。2014 年 5 月全国老龄办受国务院委托发布《中国养老产业规划》，提出到 2030 年，我国养老服务业的总产值要突破 10 万亿元。

随着我国消费水平的不断提高，加之人口结构的老龄化，消费支出方面展现出新的特征，其中包括人均医疗保健支出的不断增加。从图 1 和图 2 可以看出全国居民人均医疗保健支出逐年增加，同时在总支出中的占比也越来越大。其中城镇居民贡献了主要的消费力量，人均医疗保健支出 2017 年达到了 1 777 元的水平，同比增速相较 2016 年的 13% 有所下降，但仍处于 9% 的较高水平。如今我国越来越多的青年人的医疗保健意识有所增强,但更多的医疗保健消费支出还是来自于老年人,而人口老龄化进一步扩大了这种需求。

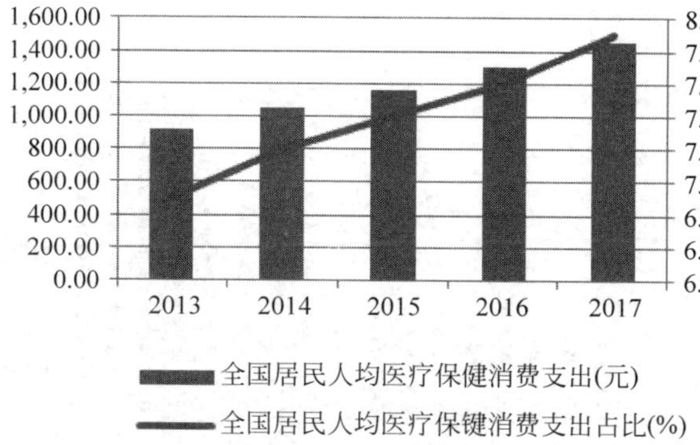

图 1　全国居民人均医疗保健消费支出

数据来源:国家统计局。

图 2　城镇居民人均医疗保健支出

数据来源:国家统计局。

具体到产业,近年来我国医药产业飞速发展。由图 3 和图 4 可知,2017 年中西药零售额和医药制造业利润总额分别达到了 9 481.5 亿元和 3 314.1 亿元。在 2007 年医药行业回暖反弹后,中西药零售额同比增速到 2012 年一直保持在 20% 以上,近几年医药行业增速虽然放缓，但面对高基数，中西药零售额和医药制造业利润总额同比增速都能保持在12%左右，可见人们对医药品的需求十分旺盛，而其中人口老龄化必然是重要的推动因素之一。

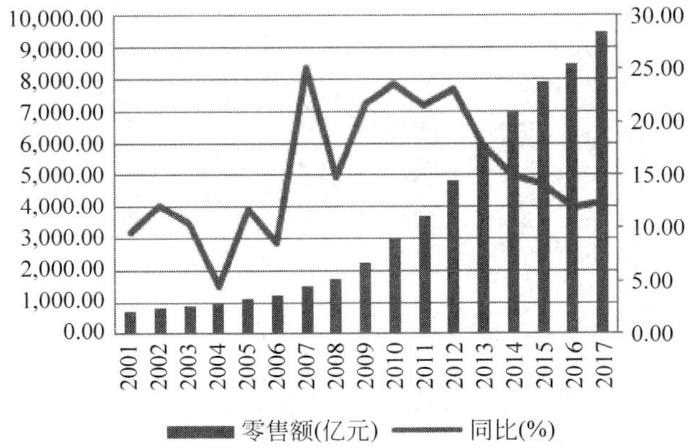

图3　中西药品类零售额

数据来源：国家统计局。

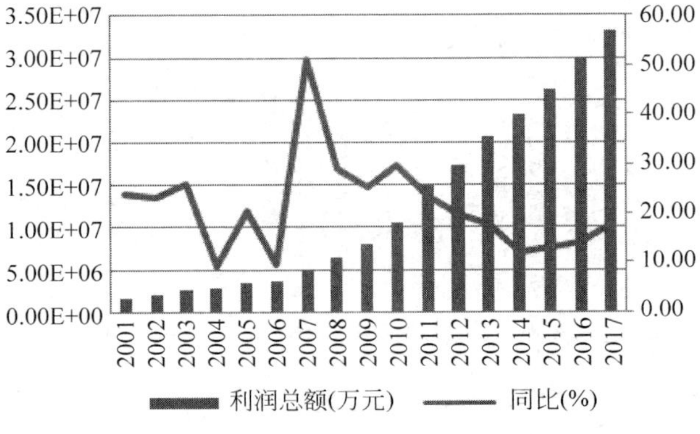

图4　医药制造业利润总额

数据来源：国家统计局。

服务业数据也能反映出我国人口老龄化的影响。就民政部公布的养老服务业的数据来看，伴随我国人口结构的老龄化和社会福利体系的完善，养老服务床位数显著增加，尤其是21世纪以来，养

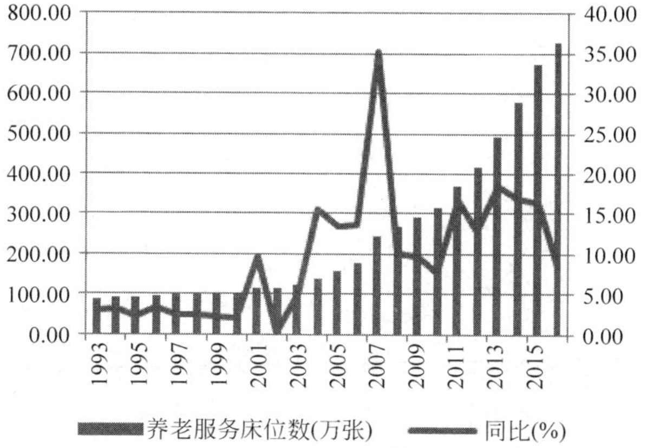

图5　养老服务床位数

数据来源：民政部。

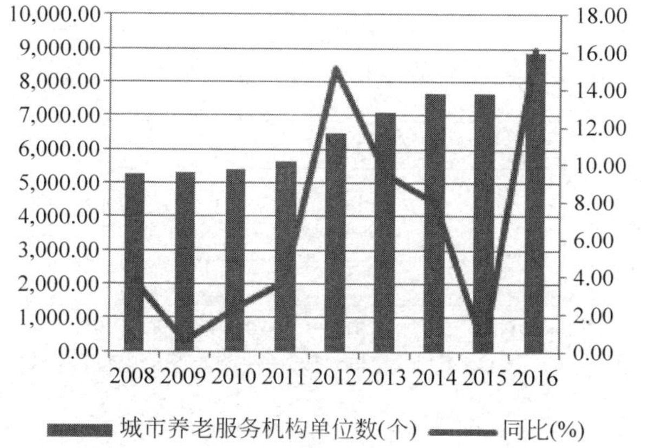

图6　城市养老服务机构单位数

数据来源：民政部。

老服务床位数同比增速基本保持在8%—20%之间，而城市养老服务机构单位数更是由2008年的5 264家增加到了2016年的近9 000家。养老服务体系的不断完善推动了第三产业的发展，随着人们对养老质量的追求，预计未来针对老年人的服务产业还会有更加广阔的发展空间。

2. 人口老龄化推动旅游、教育产业的发展

除了自身体质下降的特点外，大部分老年人还拥有大量空闲的时间。在满足生存和基本生活需求外，我国老年人对休闲娱乐的需求也随着物质水平的提高而逐渐增强。老年旅游、老人学校的发展丰富了老年人的生活，同时也进一步推动了产业结构的升级。2017年3月，国务院印发了《"十三五"国家老龄事业发展和养老体系建设规划》，明确表示支持养老服务产业与健康、养生、旅游、文化、健身、休闲等产业融合发展，丰富养老服务产业新模式、新业态，鼓励金融、地产、互联网等企业进入养老服务产业，到2020年基本形成覆盖广泛、灵活多样、特色鲜明、规范有序的老年教育新格局，全国县级以上城市至少应有一所老年大学。

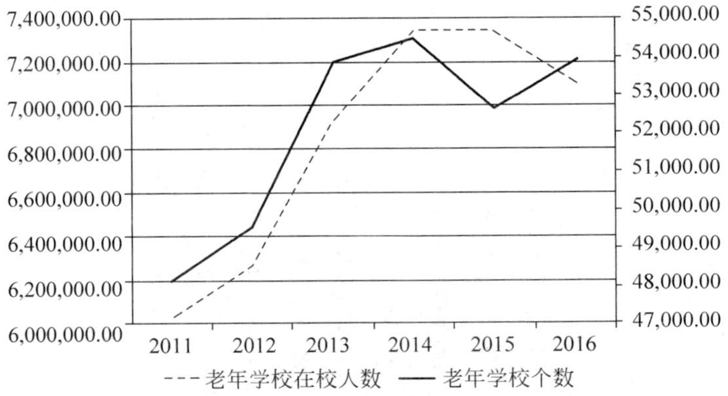

图7　我国老年教育事业蓬勃发展

数据来源：民政部。

老年学校是适应社会老龄化、建设终身学习的学习型社会以及和谐社会的需要而发展起来的时代产物。民政部公布的数据显示，2010年后我国老年教育事业蓬勃发展，尤其是2011年至2014年间，全国老年学校个数、在校人数显著增加，目前已基本保持稳定。老年学校的增加既能反映出政府对空巢老人的关怀，同时也体现出了我国老龄化为教育产业的发展提供了新的发展空间与动力。

需要强调的是,人口老龄化需求层面的产业结构升级效应的大小主要依赖老年人的消费能力与消费意愿,如果老年人的消费能力不强或消费意愿较弱,老龄化的产业升级的需求效应就会减弱,而这又与一个国家的经济发展水平以及社会保障的完善程度有关。近年来,随着我国人均 GDP 的增长、居民可支配收入的提高以及社会保障体系的不断完善,老年人对银发产业的需求愈发旺盛,使得需求端对产业升级的推动力量也愈发强大。

三、人口老龄化“倒逼”产业转型

人口老龄化最直接的作用对象是劳动力,而劳动力作为重要的生产要素会影响到产业的生产力和发展方向。近年来,随着我国人口结构不断老龄化,劳动力供给逐渐减少,劳动成本持续上升,“人口红利”的消失加速了刘易斯转折点的到来。以低工资吸收剩余劳动力的时代一去不复返,依靠大量廉价劳动力的低端制造业和粗放式生产模式已经失去了优势,劳动力成本的上升使得劳动密集型产业发展空间被压缩,很多工厂无法忍受上涨的工人工资,从我国迁移到东南亚其他劳动成本低的地区。另外一些企业则开始加大产品的研发力度,提高自动化程度以代替劳动力投入,提升生产效率。企业通过技术创新来增加产品的附加价值,从而增强自身产品的竞争力。于是,我国廉价青壮年劳动力的日益稀缺“倒逼”了经济发展从“劳动追逐资本”转向“资本追逐劳动”,促使产业结构从劳动密集型升级为资本密集型。

1. 人口老龄化加速刘易斯转折点的到来

求人倍率为岗位需求人数与求职人数的比率,可以较好地反映出劳动力的供求关系。根据中国人力资源市场信息监测中心的数据可以发现,除受 2008 年金融危机的影响外,2001 年以来求人倍率基本呈现上升趋势。以 2010 年为分界线,劳动力经历了由供大于

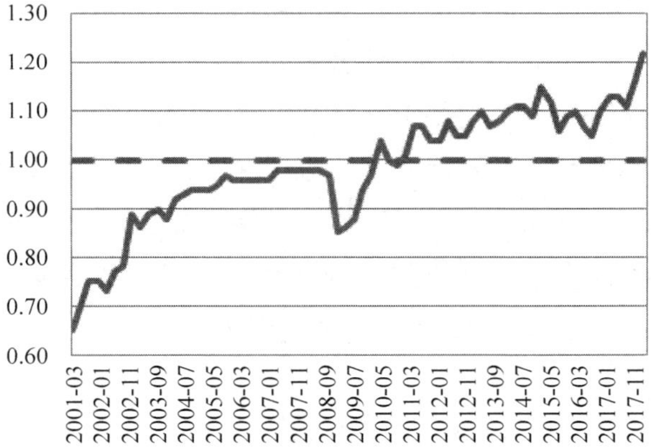

图 8　全国职业求人倍率

数据来源：中国人力资源市场信息监测中心。

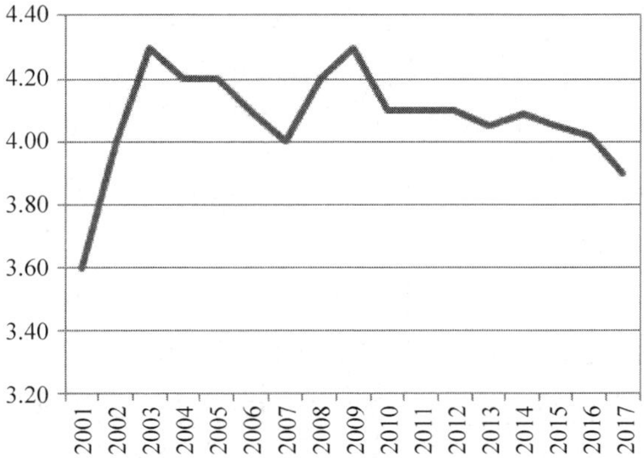

图 9　城镇登记失业率

数据来源：国家统计局。

求向供不应求的转变。更直接地，城镇登记失业率同样在金融危机之后，由 2009 年的 4.3% 下降至 2017 年的 3.9%。另一方面，从农民工的年龄构成方面，也可以看出 2008 年以来 40 岁以上的农民工占比逐年增加，2011 年 41 岁至 50 岁农民工占比超过 31 岁至 40 岁占比，2016 年统计数据更是显示 41 岁至 50 岁农民工占比达到

27%,接近21岁至30岁群体的占比。无论是求人倍率的逐年上升,还是农民工年龄构成的改变,都表明中国正在经历“人口红利”的消失,人口老龄化造成劳动力,特别是青年劳动力的减少,加速刘易斯转折点的到来。面对劳动力成本的上升,中国企业除将工厂迁入尚存“人口红利”的其他国家外,只能努力转型,提高产品附加值和科研创新能力,积极向“资本密集型”和“知识密集型”企业转变。

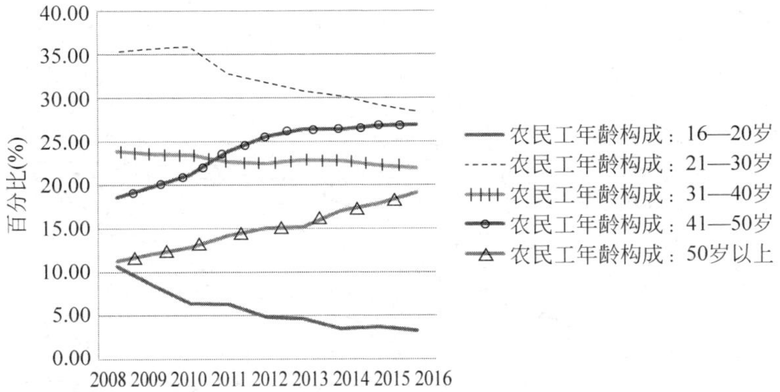

图10　农民工年龄构成

数据来源:国家统计局。

2. 中国劳动力成本的上升

劳动力供给减少的直接影响是劳动力成本的上升,而劳动力成本的上升又是形成“倒逼”产业转型的直接因素。分析国家统计局的数据可知,无论是整个社会就业人员的平均工资,还是更能反映劳动密集型产业劳动力成本的农民工平均收入,都显示近年来劳动力成本逐年增加,并且制造业和服务业部门都无法再享受由人口红利带来的低成本优势。这一方面是随着经济发展,劳动人民对物质生活需求提高的必然要求,另一方面也显示由于人口老龄化造成的劳动力供给减少的成本效应。

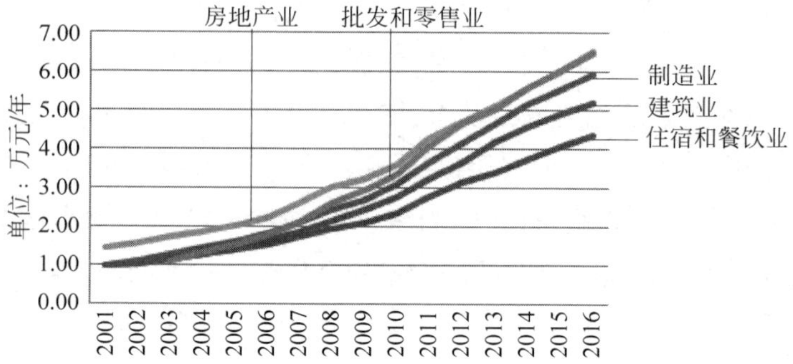

图 11　就业人员平均工资

数据来源：国家统计局。

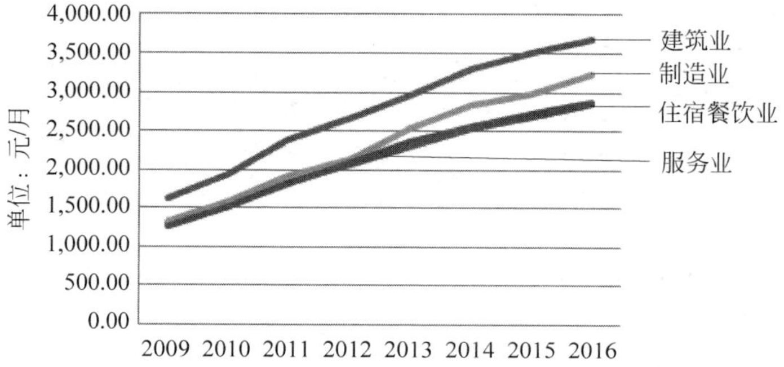

图 12　农民工月平均收入

数据来源：国家统计局。

四、人口老龄化深化人力资本

与“倒逼”产业转型不同，人口老龄化对供给端除了存在减少劳动力、增加劳动成本等消极影响外，还存在深化人力资本的积极作用。由于人口老龄化的不断加剧，一方面，拥有丰富工作经验的成熟劳动力和高级技术工人占比会增加，另一方面，预期寿命的延长也使得受教育的收益增加，并且年轻人受教育的年限也会随之增加，从而增加了人力资本积累。不同素质或技能的劳动力决定了产业的发展方向不一致,大量低素质劳动力常常助长了劳动密集型或粗加工型产业的发展,高素质型劳动力则推动了知识密集型以及深加工产业的发展。所以人口老龄化带来的人力资本水平的提高会使得我国产业结构由劳动密集型转向技术和知识密集型,即人口老龄化通过人力资本积累效应推动了产业结构升级。

1. 成熟劳动力的增加提升了有工作经验劳动力的比例

根据之前农民工年龄构成的数据,可知近年来农民工由 40 岁以下的中青年向 40 岁以上的中老年转变。这里我们再次利用相同数据,取各年龄段平均年龄(50 岁以上按照 51—60 岁处理)并按照比例加权算出农民工平均年龄及同比增速,如图 13 所示。根据计算数据,可知虽然近几年我国农民工平均年龄增速放缓,但仍然处于上升趋势。我们有理由相信随着年龄的增长,劳动力的工作经验会更加丰富,从而增加了工作效率和质量。

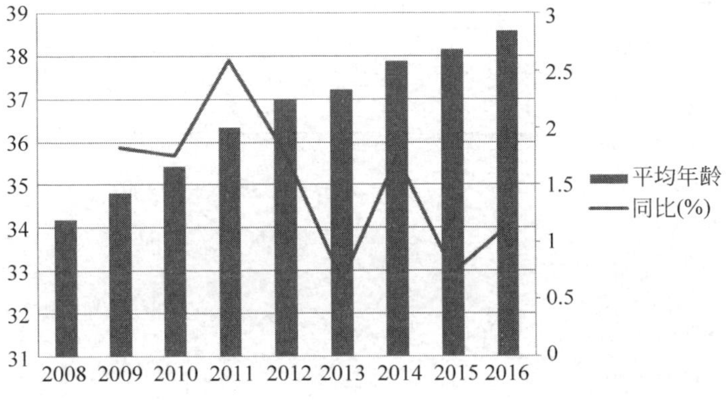

图 13　农民工平均年龄变化

数据来源:根据国家统计局数据计算得到。

2. 预期寿命的延长增加了劳动力的受教育年限

除工作经验外,受教育程度也是人力资源的重要衡量指标。通过国家统计局第三次到第六次全国人口普查的每十万人拥有的各种受教育程度人口数据和预期寿命数据,可知随着平均预期寿命的不断增加,受教育年限逐渐增长,1990 年后每十万人拥有的小学教育程度人口开始减少,尤其是 2000 年至 2010 年十年间,小学教育程度人口占比由35.701% 下降至 26.779% 。与此相对应,初中及以上教育程度人口占比一直处于上升趋势。除此之外,从近年来农民工文化程度构成也可以了解劳动力教育水平明显改善,无论是本地农民工还是外出农民工,高中及以上文化程度占比都逐年增加。这一方面得益于义务教育的普及,同时也是由于人口老龄化使得预期寿命增加,进而增加了人们投入教育的年限长度。除此之外,随着人口老龄化,生育率的降低将会使不断增加的教育与健康投资分散到更少的劳动力中,从而同样有利于深化人力资本。

结合人口老龄化"倒逼"产业转型,人力资本的深化也会进一步增加劳动力的成本。拥有较高教育程度和丰富工作经验的劳动力会要求更高的工资,从而加重了由于劳动力不足带来的对产业转型的"倒逼"压力。

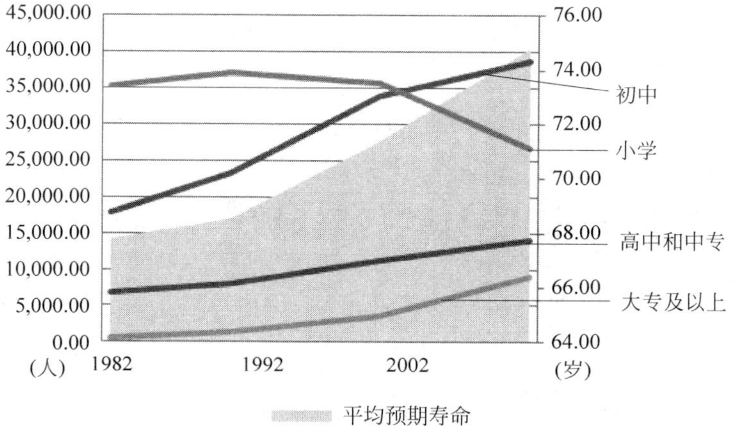

图 14　每十万人拥有的各种受教育程度人口

数据来源:国家统计局。

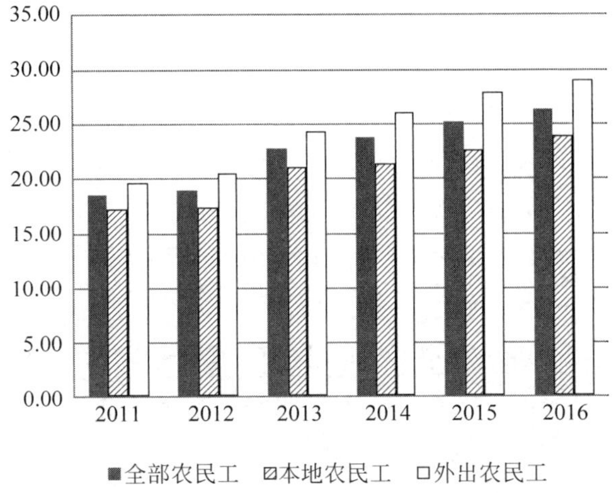

图 15 农民工高中及以上文化程度占比(%)

数据来源:国家统计局。

五、如何更好地发挥人口老龄化对中国产业结构升级的积极作用

1. 进一步完善社会保障体系,利用互联网持续释放消费潜力

正如前文强调的,人口老龄化需求层面的产业结构升级效应的大小,主要依赖于老年人的消费能力与消费意愿。进一步提高老年人消费能力,将会为银发产业的发展与创新提供广阔的市场空间。近年来随着我国经济快速发展和物质生活水平的不断提高,人们的消费能力和意愿有了显著提高。但是老年人作为特殊的消费群体,仍然保留有较大的消费潜能。进一步加强老年人消费需求效应对产业升级的作用,首先应继续完善社会保障体系。只有解决了老年人生活的基本需求,才能解放其消费能力,推动老年人需求更高的生活质量。因此,中国在大力发展老龄产业的同时,应将收入分配、养老、医疗等宏观改革政策与产业发展政策相互配合与协调。第二,应进一步丰富老年人的休闲娱乐生活。利用市场化改革的趋

势，继续为老年人提供更多优质且形式多样的服务与产品，是符合产业升级和物质需求发展趋势的。除此之外，由于信息化时代的到来，互联网飞速发展，可以通过推进互联网、物联网等信息技术在养老服务和社区服务领域的广泛应用，扩大和升级信息消费，持续释放内需潜力。同时，网购等新型消费形式也是增强现代消费力量的重要因素，而老年人学习利用互联网进行消费和享受服务的过程较慢，如今仍然有较大的发展空间。积极引导老年人使用信息化设备，消费互联网产品，能够为老年人消费注入一股新的力量。

2. 充分发挥老龄人力资本的潜能，建立终身学习型社会

由于人口老龄化加速刘易斯转折点的到来，中国“人口红利”逐渐消失，经济发展首先面临的问题就是劳动力不足。但是，相较之青年廉价劳动力，老龄劳动力拥有一些其他的优势，他们一般接受过更长时间的培训与教育，拥有更丰富的工作经验或者更娴熟的技艺。因此，我国可以鼓励老年人弹性就业与延迟退休，创造和提供一些适合老龄劳动力的岗位与平台，从而充分发挥老龄人力资本的价值。另一方面，高质量的产业升级实质上是劳动生产率不断提高、人力资本不断深化以及科技含量不断提升的过程。目前我国人口老龄化引发的产业结构升级尚未形成以先进制造业和现代服务业为主的升级格局，这与中国现存劳动力的低知识与技能结构特征不无关系。所以，要通过教育改革来延长接受教育的时间并建立终身学习型社会，将原有的“人口数量”优势转化为现在和将来的“人口质量”优势，降低缺乏人力资本价值的老龄化人口比重，从而在抵消年龄增长带来劳动生产率下降的同时引发“新人口红利”。

3. 加快推进城市化，助推新兴服务业发展

城市化过程本身是包括产业结构升级过程的，也可以理解为城市化建设本身有利于推动产业结构转型。但是面对人口老龄化问题，我国城市化建设存在一些新的挑战与机遇。一方面，已有研究表明人口老龄化通过“安土重迁”、“落叶归根”的心理成本和农村

家庭养老模式对城市化进程具有显著、稳定的阻碍作用(康传坤,2012),所以应加大城镇化建设力度从而降低人口老龄化的不利影响,包括大力发展服务业和中小企业,增加农民工就业机会;进一步完善户籍制度;加大农村教育投入力度等。另外,在医疗保健等需求方面,农村居民较城镇居民存在一定的差距,加快推进城市化,将有利于开发这一部分消费市场,从而为产业升级增加新的推力。另一方面,城市聚集经济在金融、医疗、教育、文娱等新兴服务方面具有较大的优势,而老龄化背景下城市服务的对象也会趋向老龄化,所以可以利用老龄化对于服务的需求,制定合理的产业规划政策,以新兴服务业的发展带动城市化建设,再通过城市聚集经济进一步诱发技术创新、知识溢出和人力资本积累,从而逐步扩散到其他产业升级的过程中去。

4. 提高创新能力,“撬动”人口老龄化的产业结构升级效应

研究表明,创新对人口老龄化的产业结构升级效应具有“杠杆”作用(卓乘风和邓峰,2018)。一方面,产业升级离不开创新,技术水平的提高可以带来更多高附加值的产品,同时提高生产效率,推动先进制造业等产业的发展,所以加大创新力度可以抵消人口老龄化带来的生产力消极影响;另一方面,加大创新投入力度有利于更加充分地发挥人力资本的价值,从而“撬动”人口老龄化通过深化人力资本对产业结构升级产生的驱动作用。因此,在人口老龄化加剧的背景下,要积极扩大对外开放,通过招商引资等方式引进先进技术;要为创新企业提供必要的政策支持,营造创新环境,搭建创新平台,提高高校和科研机构研发人员的补助津贴,通过减免税收或加大研发补贴等方式激励企业进行研发活动。

参考文献

1. 蔡昉、王美艳:“中国人力资本现状管窥——人口红利消失后如何开发增长新源泉”,《人民论坛》2012 年第 6 期。

2. 陈卫民、施美程："人口老龄化促进服务业发展的需求效应"，《人口研究》2014 年第 5 期。
3. 陈颐、叶文振："台湾人口老龄化与产业结构演变的动态关系研究"，《人口学刊》2013 年第 3 期。
4. 楚永生、于贞、王云云："人口老龄化'倒逼'产业结构升级的动态效应——基于中国 30 个省级制造业面板数据的空间计量分析"，《产经评论》2017 年第 6 期。
5. 胡翠、许召元："人口老龄化对储蓄率影响的实证研究——来自中国家庭的数据"，《经济学(季刊)》2014 年第 4 期。
6. 康传坤："人口老龄化会阻碍城市化进程吗？——基于中国省级面板数据的实证研究"，《世界经济文汇》2012 年第 1 期。
7. 李军："人口老龄化条件下的经济平衡增长路径"，《数量经济技术经济研究》2006 年第 8 期。
8. 刘文、张琪："人口老龄化对人力资本投资的'倒 U'影响效应——理论机制与中日韩比较研究"，《中国人口·资源与环境》2017 年第 11 期。
9. 刘玉飞、彭冬冬："人口老龄化会阻碍产业结构升级吗——基于中国省级面板数据的空间计量研究"，《山西财经大学学报》2016 年第 3 期。
10. 鲁志国、黄赤峰："人口老龄化与产业结构调整"，《中国经济问题》2003 年第 3 期。
11. 倪红福、李善同、何建武："人口结构变化对经济结构的影响——基于投入产出模型的分析"，《劳动经济研究》2014 年第 3 期。
12. 彭秀健："中国人口老龄化的宏观经济后果——应用一般均衡分析"，《人口研究》2006 年第 4 期。
13. 谭江蓉、杨云彦："人口流动、老龄化对农村居民消费的影响"，《人口学刊》2012 年第 6 期。
14. 童玉芬："人口老龄化过程中我国劳动力供给变化特点及面临的挑战"，《人口研究》2014 年第 2 期。
15. 万克德、宋廷山、郭思亮："山东省人口老龄化对城镇居民消费需求的影响——基于六普数据的分析"，《中国人口科学》2013 年第 4 期。
16. 汪伟、艾春荣："人口老龄化与中国储蓄率的动态演化"，《管理世界》2015 年第 6 期。
17. 汪伟、刘玉飞、彭冬冬："人口老龄化的产业结构升级效应研究"，《中国工业经济》2015 年第 11 期。
18. 王沫凝："我国人口结构与质量因素对居民储蓄率影响的研究"，《价格理论与实践》2016 年第 12 期。
19. 王宇鹏:“人口老龄化对中国城镇居民消费行为的影响研究”,《中国人口科学》2011 年第 1 期。
20. 王钰娜、雷禹:“人口老龄化对消费结构的影响及对策”,《宏观经济管理》2013 年第 11 期。
21. 徐达:“人口老龄化对经济影响的模型与实证”,《财经科学》2012 年第 4 期。
22. 姚东旻、宁静、韦诗言:“老龄化如何影响科技创新”,《世界经济》2017 年第 4 期。
23. 张斌、李军:“人口老龄化对产业结构影响效应的数理分析”,《老龄科学研究》2013 年第 6 期。
24. 钟若愚:“人口老龄化影响产业结构调整的传导机制研究:综述及借鉴”,《中国人口科学》2005 年第 S1 期。
25. 钟水映、余远:“人口老龄化、人力资本结构对区域产业升级影响的实证分析”,《统计与决策》2017 年第 16 期。
26. 卓乘风、邓峰:“人口老龄化、区域创新与产业结构升级”,《人口与经济》2018 年第 1 期。
27. B. Siliverstovs, K. A. Kholodilin, U. Thiessen, “Does aging influence structural change? Evidence from panel data”, *Economic Systems*, Vol. 35, 2011.

(龚六堂,北京大学光华管理学院;赵玮璇,北京大学光华管理学院;马骁,北京大学光华管理学院)

人口老龄化对中国经济增长的影响

罗　青　马海超　王慧男

一、我国已经进入老龄化社会

人口老龄化是伴随着人类社会发展的一个自然现象。随着人们生活水平的不断提高,医疗技术不断升级,人类的预期寿命进一步延长,与此同时,各国逐步健全的社会保障制度使“养儿防老”不再是人们生养儿女的首要目的,从而使生育率逐渐下降。以上两种因素的交织,使得老年人口在总人口中的占比不断攀升,按照联合国的标准,当一国或地区 65 岁老人占总人口的比例超过 7% ,即视为其进入老龄化社会。美国人口普查局《老龄化世界:2015 年报告》指出,2015 年,全球有 6.17 亿人口年龄在 65 岁以上,到 2050 年全球将有 16 亿老年人。届时将有 94 个国家的老龄化人口占比超过 21%,其中有 39 个国家的老龄化比例达 28% 以上。

中国人口老龄化的问题早在上个世纪就已经成为人们关注的焦点,按照当时联合国划分老龄化社会的传统标准,即一个地区 60 岁以上老人达到总人口的 10% 来测算,1999 年我国就正式进入老龄化社会。第六次人口普查公布的数据显示,2010 年我国 60 岁及以上人口总数为 1.78 亿人,占比 13.26%,比 2000 年上升了 2.93 个百分点,其中 65 岁及以上人口为 1.18 亿人,占比 8.87%,比 2000 年上升了 1.91 个百分点,我国已经成为世界老年人口最多的国家,老年人口占全球老年人口总量的五分之一。根据经济合作与发展组织(OECD)的人口发展预测,到 2030 年,中国 65 岁以上人口占比将超过日本,成为全球人口老龄化程度最高的国家。

进入 21 世纪以来,中国人口老龄化进程正在以非常迅猛的速度发展,也引发了社会的广泛关注,国家也出台相关政策:2011 年 11 月,中国各地全面实施"双独二孩"政策;2013 年 12 月,实施"单独二孩"政策。2016 年 1 月 1 日,正式实施"全面二孩"政策,这一政策变化导致 2016 年的新生儿数量比上年增加了 130 多万,达到了 1 780 万,创造了 20 年来最大的年增长率;总人口增长率 5.86‰,创下近 10 年的新高。

在这样的人口结构背景下,人口老龄化对于中国的经济增长会有什么样的影响?本文通过建立静态面板回归模型,利用 2002—2016 年的中国省级面板数据进行实证分析,以此来验证人口老龄化对于经济增长的影响。

二、人口老龄化影响经济增长的理论综述

(一) 传统经济增长理论中的人口要素

理解经济增长过程一向是经济学的重要议题。本部分主要概括现代经济学家如何看待经济增长中的人口要素,为了达到这个目的,首先描述理论框架,而后确定人口要素的地位。自马尔萨斯模型以后,两个主流的思想分别是新古典主义模型(Neoclassical Models)和内生增长模型(Endogenous Growth Models)。这两类模型对经济中的人口要素做了两项重要的假设:(1)人口增长率均是外生的;(2)劳动力被视为是同质的,即不考虑人口增长中的人口结构变化。

因此,在传统模型中,劳动力的变化过程常常被写做 $L_{t+1}=L_t(1+n)$,或其连续形式 $L_t=e^{nt}$,其中 n 代表给定增长率。这样的简单假设在很大程度上无法描述劳动力要素的特性。长期经济增长模型中争论的重点是在资本积累的边际效益上,而对劳动力的关注甚少。但考虑到人口老龄化的趋势,这至少有可能从两个角度影响劳动力的变化过程,一是人口中劳动力的占比,二是人口结构变化对劳动生产率的影响。

尽管如此,传统经济增长模型还是为我们提供了许多对经济增长的深刻见解,并成为我们思考问题的框架起点。由此,这部分对新古典主义模型和内生增长模型的框架进行简要的概括,并着重讨论其中的人口要素(或称劳动力要素)扮演的角色。

索洛(Solow,1956)和斯万(Swan,1956)的新古典主义模型假设总产出是基于生产函数:$Y=Af(K,L)$。其中总产出 Y 依赖于科技 A、资本 K 和劳动力 L,$f(.)$ 为生产函数,且相对于资本 K 的边际效益是递减的(之后将详述),这决定了索洛模型中经济增长的主要特性。

由于模型假设规模报酬不变，即人均总产出定义为 $y=\frac{Y}{L}=Af(k)$，依赖于科技 A 和人均资本 k 的累积。

另外，模型认为资本的变化由储蓄和折旧两方面决定：资本增加来自于将总产出的一部分进行再投资，这个比率叫作储蓄比例，用 s 表示，同时资本也面临另一方面使其减少的力量，即折旧，这个比率也是恒定的，用 δ 表示。从而资本积累的路径表示为：

$$K_{t+1} = K_t + sY_t - \delta K_t$$

如上所言，生产函数相对于资本是边际效益递减的，但折旧的影响是线性的，所以资本积累到一定程度，将不再增长，此时 $sY_t - \delta K_t = 0$，可以认为是资本达到一定水平之后，折旧的速度赶上了投资带来的回报，这种状态叫作稳态（Steady State）。在稳态中，资本 k^* 是恒定的，而人均总产出 $y^* = Af(k^*)$，其增长只来源于科技 A，而科技的增长又是外生给定的，和劳动力 L 无关。

这样一来，总产出和劳动力要素的关系就用规模报酬不变联系起来了，即 $Y^* = Ly^*$，而 y^* 又和劳动力要素无关，所以控制其他因素不变，如果资本累积已经达到稳态，劳动力增长对总产出增长的影响是成比例的。

以上推导是在封闭经济中进行的，模型还可以被拓展到开放经济中，但这不改变模型的主要结论。

新古典主义模型面临的最大批评是，其假设科技的增长是外生的，在稳态中，人均总产出的增长将完全依赖于对科技的假设。罗默（Romer，1986）提出一种内生增长模型，其中避免了外生的科技假设，并沿用了阿罗（Arrow，1962）的理论，认为科技是依赖于资本积累本身的，即 $A = K^{\phi}$。虽然在个体公司层面，面临资本边际效应的递减，但知识的正外部性使得在社会整体层面上，资本的边际效益可能不会递减，考虑柯布—道格拉斯形式的生产函数，模型的最简单形式如下：

$$Y = f(K, AL) = K^{\alpha}(AL)^{1-\alpha} = K^{\alpha+\phi(1-\alpha)}L^{1-\alpha}$$

若 $\phi=1$,则资本的边际效益是恒定的。而后许多经济学家从各种角度丰富了这样的结果,并从研发、教育和专利各种角度考虑这种知识的外部性,包括卢卡斯(Lucas,1988)的人力资本、罗默(Romer,1990)和艾海恩及霍威特(Aghion & Howitt,1992)对产品种类和创新的考虑(Product Variety Model)等。但模型对人口要素对经济增长的影响的进一步讨论甚少,并没有改变索洛模型的主要推论。

(二)人口结构因素对经济增长的影响

人口结构如何影响经济增长?这是人口经济学和发展经济学界最为关注的一个问题。在已有文献中,不同背景的学者从不同的角度论述了这个问题。一个重要的视角是人口红利。在传统经济学中,劳动力是至关重要的一个生产要素。根据美国等西方国家的经验数据,劳动力在总报酬中占到的比例大约为 70%,是占比最大的生产要素。人口红利现象背后折射出来的理论便是充足的劳动力人口能够很好地促进经济发展。布鲁姆和威廉姆森(Bloom and Williamson,收录于 Bloom eds.,1998)使用全世界 78 个国家和地区在 1965—1990 年的人口面板数据,研究了年龄结构对经济增长的影响。他们实证研究的结论发现,人口红利能够解释 1/3 的东亚经济(日本和亚洲“四小龙”)高速增长。具体而言,这些国家和地区 1965—1990 年间劳动力年龄人口的增长率大大超过被抚养人口,导致总抚养比的不断下降,从而推动人均收入的快速增长。马姆伯格(Malmberg,1994)通过使用瑞典 1950—1989 年的人口数据,构建包含技术和人力资本的生命周期模型,研究了人口年龄结构的转变对瑞典经济的影响。他将总人口分成了不同的年龄段,最后发现 0—19 岁、20—24 岁、25—29 岁以及 75 岁以上年龄段人口比重如果增加,会对经济增长率产生负面的影响。相反,其他年龄段人口比重上升会对经济增长产生正向影响,以 50—64 岁为最。50—64 岁年龄段的人拥有充满活力的身体状态和丰富的工作经验(人力资本),因此对经济的推动作用最大。这一发现和人口红利理论相符。

林德和马姆伯格(Lindh and Malmberge,收录于 Lindh eds.,1999)使用 OECD 国家的面板数据,也发现了相同的结论。他们在索洛模型的基础上引入人力资本,采用工具变量 GMM 等计量估计方法,发现人口年龄结构和劳动生产率之间呈现倒 U 型关系。随着西方国家人口老龄化问题的加剧,近些年来的文献更多地关注的是人口老龄化对经济增长的影响。布鲁姆等(Bloom et al.,2010)认为人口老龄化会降低劳动参与率、储蓄率,储蓄率的下降导致资本积累下滑,从而对经济造成负面影响。

关于中国的有关实证结果也非常丰富。王和梅森(Wang and Mason,收录于 Wang eds.,2007)测算了人口红利在中国经济发展中的贡献。他们的结果显示,1960—2000 年间中国人口红利对人均收入增长率的贡献为 8.3%。如果只看改革开放后的 1982—2000 年,则这个数字会上升到 15%。事实上,中国人口抚养比在 2013 年时降到了最低,即意味着最大的人口红利已经得到释放,往后随着人口抚养比的上升和老龄化的加剧,中国经济会更多地受到人口结构所带来的负面冲击。彭(Peng,2008)构建了一个 DSGE 模型来研究老龄化对中国宏观经济的冲击。模拟结果发现,人口老龄化会带来劳动力供给的减少和实际工资的上升,如果没有技术进步,这些因素会降低经济增长率。布鲁姆等(Bloom eds.,2010b)比较了中印两国的人口结构,发现随着中国人口结构日益老龄化,中国经济增长速度会越加放缓;而印度仍处在人口红利阶段,劳动人口的增加对经济发展的促进作用还在不断显现。

三、基于中国省级层面的实证研究

(一)研究假设

基于前文的理论综述和文献回顾,在本研究中提出以下假设。

假设 1:经济增长与所处的发展阶段密切相关,经济发展水平较高的地区容易出现经济增长放缓。

假设2:投资驱动和消费拉动是经济增长的重要因素。

假设3:经济增长与居民储蓄呈倒U型关系,也即在储蓄由低水平开始提高的阶段,对经济增长具有驱动效应,而储蓄过高则不利于经济增长,产生挤出效应。

假设4:人口年龄结构通过调节投资、居民消费、居民储蓄进而影响经济增长。

(二)模型设定

在理论文献中,影响经济增长的因素非常多,由于研究关注的重点不同,不同的实证研究选取不同的解释变量。同时,由于数据可得性的限制,将所有变量纳入回归模型是不现实的。因此,在任何实证研究中,遗漏变量的问题总是难以避免。好的经济理论应该追求用尽可能简洁的模型来描述复杂的经济现实,在模型的解释力与简洁性之间,实证研究者需要寻求一个平衡。

考虑到不同省市所处的发展阶段不同,发展水平较高的省市,可能已经进入了增速放缓、平稳发展的平台期,而后发的省市可能正处在增速较快、迅猛发展的加速期。因此,每年的经济增速取决于之前已达到的发展水平。在经济增长的驱动力方面,我们关注投资方面的驱动力和消费方面的驱动力,从固定资产投资和外商投资的角度来考察投资驱动力,从居民消费和居民储蓄的角度来考察消费驱动力,并包含居民储蓄的平方项,以考察经济增长与居民储蓄之间是否存在倒U型的关系。在人口因素方面,相较于人口总量因素,我们更关注的是人口结构性因素,尤其是人口老龄化导致的人口年龄结构因素。因此,我们在回归模型的解释变量中只考察人口年龄结构,纳入人口年龄结构与固定资产投资、居民消费、居民储蓄的交叉项,以考察人口年龄结构对投资驱动力、消费驱动力的调节效应。使用包含个体和时间两个维度的面板数据,构建如下的静态面板回归模型。

$$Growth_{it} = GDPPerCap_{it-p} + AssetInvest_{it} + FDI_{it} + Consum_{it} + Sav_{it} + Sav_{it}^2 + AgeStruc_{it} * AssetInvest_{it} + AgeStruc_{it} * Consum_{it} + AgeStruc_{it} * Sav_{it} + \mu_i + \lambda_t + \varepsilon_{it}$$

其中,$Growth_{it}$表示省份(直辖市)i 在年份 t 的经济增长率,$GDPPerCap_{it-p}$表示省份(直辖市)i 在年份 $t-p$ 的人均 GDP,$AssetInvest_{it}$表示省份(直辖市)i 在年份 t 的固定资产投资,FDI_{it}表示省份(直辖市)i 在年份 t 吸引的外商直接投资,$Consum_{it}$表示省份(直辖市)i 在年份 t 的居民消费,Sav_{it}表示省份(直辖市)i 在年份 t 的居民储蓄,$AgeStruc_{it}$表示省份(直辖市)i 在年份 t 的人口年龄结构,μ_i 表示省份(直辖市)i 的个体特征,λ_t 表示年份 t 的时间特征,ε_{it}表示随时间和个体而改变的误差项。

关于人均 GDP 最优滞后阶数的选择,我们遵循信息准则,包括常用的赤池信息准则(Akaike Information Criterion,AIC)和贝叶斯信息准则(Bayesian Information Criterion,BIC)。AIC 和 BIC 的选择标准都是使得目标函数最小化。分别在模型中逐步尝试加入 1 阶滞后项、2 阶滞后项和 3 阶滞后项,AIC 和 BIC 的数值如表 1 所示。

表 1　不同滞后阶数的信息准则

模　　型	观测值数量	自由度	AIC	BIC
只含 1 阶滞后项	420	10	-1 203.978	-1 163.576
含 1 阶、2 阶滞后项	390	11	-1 165.173	-1 121.545
含 1 阶、2 阶、3 阶滞后项	360	12	-1 054.381	-1 007.748

可见,包含更高阶的滞后项会使模型的 AIC 和 BIC 值逐渐增大,因此从信息准则的角度考虑,只包含人均 GDP 的 1 阶滞后项最合适。模型最终形式如下:

$$Growth_{it} = GDPPerCap_{it-1} + AssetInvest_{it} + FDI_{it} + Consum_{it} + Sav_{it} + Sav_{it}^2 + AgeStruc_{it} * AssetInvest_{it} + AgeStruc_{it} * Consum_{it} + AgeStruc_{it} * Sav_{it} + \mu_i + \lambda_t + \varepsilon_{it}$$

（三）指标数据说明

在我们的研究中，选取人均 GDP 增长率代表 $Growth_{it}$；选取人均 GDP 的对数值代表 $GDPPerCap_{it-1}$；选取全社会固定资产投资额的对数值代表 $AssetInvest_{it}$；选取外商投资企业投资总额的对数值代表 FDI_{it}；选取居民消费水平的对数值代表 $Consum_{it}$；选取城乡居民人民币储蓄存款年底余额的对数值代表 Sav_{it}，并生成平方项 Sav_{it}^2；在对人口年龄结构的测度上，我们选用基于人口抽样调查得到的老年人口抚养比指标和少年儿童抚养比指标[1]，将这两个指标相比，得到用来反映老龄化程度的人口年龄结构变量 $AgeStruc_{it}$，也即：

$$AgeStruc_{it} = \frac{\text{老年人口抚养比}}{\text{少年儿童抚养比}}$$

由计算公式可见，$AgeStruc_{it}$ 数值越大，说明人口老龄化越严重。将人口年龄结构变量分别与固定资产投资变量、居民消费变量、居民储蓄变量相乘，生成交互项变量 $AgeStruc_{it} * AssetInvest_{it}$、$AgeStruc_{it} * Consum_{it}$、$AgeStruc_{it} * Sav_{it}$。

综合考虑对象可比性、数据可得性等方面的因素，选取我国 30 个省级行政区作为研究对象（西藏、香港、澳门、台湾因数据不可得，未纳入研究范围），时间跨度为 2002—2016 年。将反映人口老龄化程度的人口年龄结构变量 $AgeStruc_{it}$ 分省市绘制出趋势图，如图 1 所示。由图中可见，在 2002—2016 年期间，绝大多数省市都表现出了明显的人口老龄化趋势。

数据包含个体、时间两个维度，每个时期的样本中个体完全相同，是平衡面板数据。由于 N 大（$N = 30$）、T 小（$T = 15$），研究样本数据属于短面板数据。全部数据均来自于国家统计局网站[2]公布

---

〔1〕 老年人口抚养比是 65 岁以上人口数与劳动年龄人口数的比值，少年儿童抚养比是 15 岁以下少年儿童人口数与劳动年龄人口数的比值。

〔2〕 网址为 http://data.stats.gov.cn。

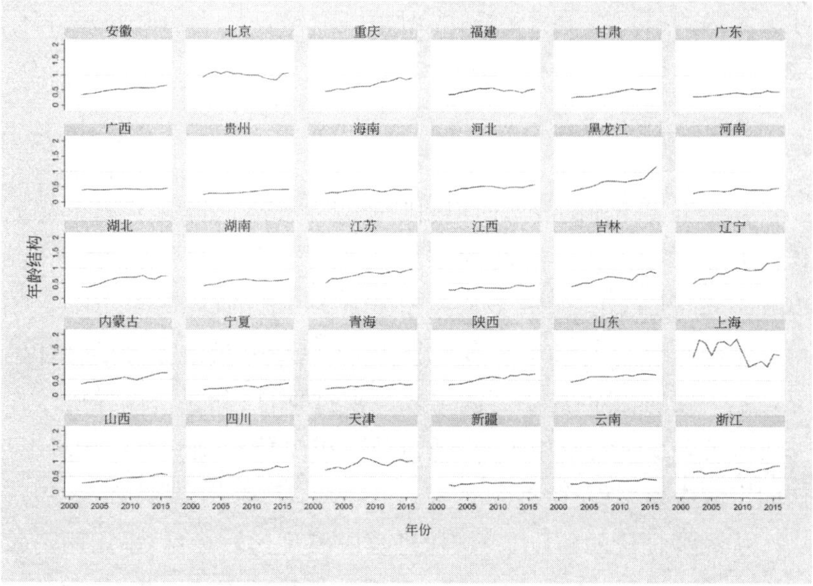

图 1　分省市人口老龄化趋势图

的官方数据，涉及价格的变量均以当年价格计。除人均 GDP 增长率、年龄结构等取值在 0 到 1 之间的变量，其他变量均以对数值表示。官方统计数据中，2010 年部分变量的数据缺失，采用线性插值的方法补齐缺失值。变量的描述性统计如表 2 所示。

表 2　变量描述性统计

变量	观测值数量	均值	标准差	最小值	最大值、
$Growth_{it}$	450	0.136	0.068	-0.223	0.370
$GDPPerCap_{it}$	450	10.109	0.753	8.089	11.680
$AssetInvest_{it}$	450	8.509	1.162	5.418	10.884
FDI_{it}	450	10.387	1.470	6.551	13.688
$Consum_{it}$	450	9.090	0.672	7.741	10.812
Sav_{it}	450	8.696	1.054	5.404	10.959
$AgeStruc_{it}$	450	0.583	0.274	0.179	1.875

为了克服变量之间的多重共线性对回归估计结果的影响，对所有连续变量（取对数后）进行去均值处理，即用变量的原始观测值

减去组内均值。对于交叉项,先对单独变量进行去均值处理,再生成交叉变量。

(四) 实证结果

基于上文构建的静态面板回归模型,进行实证分析。在静态面板模型中,根据个体效应的特征,分别有固定效应模型(Fixed Effects Model,FE)和随机效应模型(Random Effects Model,RE)。如果个体异质性 μ_i 与某个解释变量相关,则随机效应模型的估计结果是不一致的,此时应采用固定效应模型估计;如果个体异质性 μ_i 与所有解释变量均不相关,则随机效应模型能得到一致估计量,且比固定效应模型更有效。

从经济理论的角度来看,随机效应模型比较少见,采用固定效应模型总能得到一致的估计量。当对数据特征不够清楚时,通常的做法是分别用固定效应模型和随机效应模型进行估计,然后通过豪斯曼检验(Hausman Test)选择合适的模型。豪斯曼检验的原假设是"$H_0:\mu_i$ 与所有解释变量均不相关",即随机效应模型为正确模型。本研究的豪斯曼检验结果显示 $P<0.01$,应拒绝原假设,因此应采用固定效应模型。模型估计结果如表 3 所示,为克服异方差问题,估计时采用聚类稳健标准误。

表 3　静态面板基准模型估计结果

变量	(1) **RE** $Growth_{it}$	(2) **FE** $Growth_{it}$	(3) **FE Two-way** $Growth_{it}$
$GDPPerCap_{it-1}$	-0.056***	-0.213***	-0.208***
	(0.018)	(0.042)	(0.029)
$AssetInvest_{it}$	0.021**	0.113***	0.088***
	(0.009)	(0.019)	(0.013)
FDI_{it}	0.022***	0.022**	0.012
	(0.004)	(0.010)	(0.007)

（续表）

变量	(1) **RE** $Growth_{it}$	(2) **FE** $Growth_{it}$	(3) **FE Two-way** $Growth_{it}$
$Consum_{it}$	-0.001	0.059	0.002
	(0.023)	(0.044)	(0.035)
Sav_{it}	-0.046***	-0.082**	0.042
	(0.010)	(0.041)	(0.035)
Sav_{it}^2	-0.004	-0.015***	-0.004
	(0.003)	(0.004)	(0.003)
$AgeStruc_{it} * AssetInvest_{it}$	-0.024	0.030	0.049*
	(0.024)	(0.038)	(0.025)
$AgeStruc_{it} * Consum_{it}$	-0.023	-0.209***	-0.025
	(0.025)	(0.056)	(0.037)
$AgeStruc_{it} * Sav_{it}$	0.014	0.146**	-0.024
	(0.032)	(0.066)	(0.045)
year3			0.050***
			(0.010)
year4			0.025 *
			(0.013)
year5			0.020
			(0.016)
year6			0.090***
			(0.019)
year7			0.077***
			(0.024)
year8			-0.029
			(0.029)
year9			0.073**
			(0.034)
year10			0.091**
			(0.038)
year11			0.013
			(0.043)
year12			0.000
			(0.047)

（续表）

变量	(1) **RE** $Growth_{it}$	(2) **FE** $Growth_{it}$	(3) **FE Two-way** $Growth_{it}$
*year*13			-0.022
			(0.050)
*year*14			-0.049
			(0.053)
*year*15			-0.025
			(0.056)
Constant	0.007	-0.005	-0.040
	(0.005)	(0.007)	(0.026)
Observations	420	420	420
R-squared	0.342	0.426	0.779
Number of id	30	30	30

注：① *、** 和 *** 分别表示在 10 %、5%、1% 的显著性水平上显著。
② 括号中表示稳健标准误。

从表 3 中第 1 列和第 2 列可以看到，相比于随机效应模型，固定效应模型的估计效果更好（拟合优度更高）。固定效应模型估计结果显示，人均 GDP 增长率与期初的人均 GDP 水平呈显著负相关，也即人均 GDP 越高的省市，其在随后年份中的增速越慢。这说明经济增速与所处的发展阶段密切相关，随着发展水平不断提高，增长速度会逐渐放慢，研究假设 1 得到验证。模型回归结果显示，固定资产投资和外商投资都能显著地促进经济增长，而在居民消费方面，回归系数为正，居民消费对经济增长有一定的促进作用，但并不显著。这说明过去 15 年中，我国省级层面的经济增长具有较为明显的投资驱动特征，而消费拉动特征没有得到体现，研究假设 2 得到部分验证。在居民储蓄方面，储蓄和储蓄平方项均对经济增长有显著影响，且储蓄平方项的估计系数为负，即经济增长与居民储蓄之间呈现倒 U 型关系，过高的储蓄率反而不利于经济增长，研究假设 3 得到验证。在人口年龄结构的调节效应方面，通过观察三个交叉项的回归系数和显著性，发现人口年龄结构能显著调节居民消费和居民储蓄对经济增长的边际影响，研究假设 4 得到验证。具体来说，人口老龄化会显著抑制居民消费对经济增长的边际效应，会显著提高居民储蓄对经济增长的边际效应。

若生成时间虚拟变量，采用双向固定效应模型进行估计，结果如表 3 中第 3 列所示。可以看到，期初的人均 GDP 水平、固定资产投资对经济增长的影响依然显著。但是，由于显著的时间固定效应，使得部分其他变量的影响不再显著。这促使我们猜想，时间异质性或许在回归模型中扮演重要角色，在不同年份之间，随着时间的演进，模型的响应关系可能发生了结构性变化。在后文，我们将进行结构性检验，就这一问题做详细探讨。

（五）稳健性检验

为了验证模型估计结果的稳健性，我们采用变量替换的方法进行稳健性检验。具体来说，我们采取三种变量替换策略，分别替换被解释变量、部分解释变量，以及同时替换被解释变量和部分解释变量。

首先，在回归方程左手边，将衡量经济增速的变量替换，用 GDP 增长率代替人均 GDP 增长率，作为模型中新的被解释变量 $Growth2_{it}$。同时考虑到滞后影响，用滞后 1 期的 GDP 对数值 GDP_{it-1} 代替原模型中的解释变量 $GDPPerCap_{it-1}$。回归模型（Robust1）如下：

$$\begin{aligned} Growth2_{it} = {} & GDP_{it-1} + AssetInvest_{it} + FDI_{it} + Consum_{it} + Sav_{it} \\ & + Sav_{it}^2 + AgeStruc_{it} * AssetInvest_{it} + AgeStruc_{it} * Consum_{it} \\ & + AgeStruc_{it} * Sav_{it} + \mu_i + \lambda_t + \varepsilon_{it} \end{aligned}$$

其次，在回归方程右手边，将衡量人口年龄结构的变量替换，用抽样调查得出的65岁及以上人口数与抽样人口数相比，得出原模型中年龄结构变量 $AgeStruc_{it}$ 的替代变量 $AgeStruc2_{it}$，该指标直观反映出老龄人口在全部人口中所占的比例。随后，使用 $AgeStruc2_{it}$ 分别生成年龄结构变量与固定资产投资变量、居民消费变量、居民储蓄变量的交叉项 $AgeStruc2_{it} * AssetInvest_{it}$、$AgeStruc2_{it} * Consum_{it}$、$AgeStruc2_{it} * Sav_{it}$。回归模型（Robust2）如下：

$$
\begin{aligned}
Growth_{it} = & GDPPerCap_{it-1} + AssetInvest_{it} + FDI_{it} + Consum_{it} \\
& + Sav_{it} + Sav_{it}^2 + AgeStruc2_{it} * AssetInvest_{it} \\
& + AgeStruc2_{it} * Consum_{it} + AgeStruc2_{it} * Sav_{it} + \mu_i + \lambda_t + \varepsilon_{it}
\end{aligned}
$$

最后，综合以上两种变量替换方法，将衡量经济增速的变量与衡量人口年龄结构的变量同时替换。回归模型（Robust3）如下：

$$
\begin{aligned}
Growth2_{it} = & GDP_{it-1} + AssetInvest_{it} + FDI_{it} + Consum_{it} + Sav_{it} \\
& + Sav_{it}^2 + AgeStruc2_{it} * AssetInvest_{it} \\
& + AgeStruc2_{it} * Consum_{it} + AgeStruc2_{it} * Sav_{it} + \mu_i + \lambda_t + \varepsilon_{it}
\end{aligned}
$$

使用全样本分别对回归模型 Robust1、Robust2、Robust3 进行估计，结果如表4所示。

表4　稳健性检验模型估计结果

变量	(4) **Robust1** $Growth2_{it}$	(5) **Robust2** $Growth_{it}$	(6) **Robust3** $Growth2_{it}$
GDP_{it-1}	-0.214***		-0.256***
	(0.043)		(0.041)
$AssetInvest_{it}$	0.106***	0.095***	0.085***
	(0.017)	(0.017)	(0.015)
FDI_{it}	0.024**	0.017*	0.018*
	(0.010)	(0.010)	(0.010)
$Consum_{it}$	0.019	0.105**	0.082*
	(0.043)	(0.043)	(0.043)
Sav_{it}	-0.027	-0.053	-0.003

（续表）

变量	(4) Robust1 $Growth2_{it}$	(5) Robust2 $Growth_{it}$	(6) Robust3 $Growth2_{it}$
	(0.041)	(0.040)	(0.040)
Sav_{it}^2	-0.016***	-0.007**	-0.005*
	(0.004)	(0.003)	(0.003)
$AgeStruc_{it} * AssetInvest_{it}$	0.053		
	(0.036)		
$AgeStruc_{it} * Consum_{it}$	-0.172***		
	(0.053)		
$AgeStruc_{it} * Sav_{it}$	0.115*		
	(0.063)		
$GDPPerCap_{it-1}$		-0.250***	
		(0.041)	
$AgeStruc2_{it} * AssetInvest_{it}$		-2.325***	-1.905***
		(0.550)	(0.516)
$AgeStruc2_{it} * Consum_{it}$		-2.446***	-2.153***
		(0.613)	(0.583)
$AgeStruc2_{it} * Sav_{it}$		2.200***	1.551**
		(0.760)	(0.723)
Constant	-0.008	-0.008	-0.013*
	(0.007)	(0.007)	(0.007)
Observations	420	420	420
R-squared	0.453	0.475	0.499
Number of id	30	30	30

注:① *、** 和 *** 分别表示在 10 %、5%、1% 的显著性水平上显著。
② 括号中表示稳健标准误。

从表 4 中可以看到,无论采用何种变量替换策略,三种模型的估计结果和拟合优度相差不大,变量的显著性及其回归系数的符号均与基准模型保持高度一致,各项研究假设继续得到验证或部分验证。变换测度指标之后,经济增速依然与期初的经济水平呈显著负相关;固定资产投资和外商投资所代表的投资驱动效应依然显著促进经济增长;居民消费对经济增长表现出一定的拉动作用,但不是很强烈;居民储蓄平方项依然显著,且回归系数为负;对于居民消费的边际效应,人口老龄化仍然表现出显著的抑制作用;对于居民储蓄的边际效应,人口老龄化的提升作用依然显著。通过以上过程,证明我们的回归模型具有较高的稳健性。

(六)结构性变化检验

前文已经提到,当采用双向固定效应模型进行估计时,表现出显著的时间固定效应,说明时间异质性不容忽视。我国是人口大国,人口政策曾长期作为我国的基本国策实行,我们有理由进行合理的猜想,由于不同年份出台的人口政策在全国范围内造成的宏观影响,可能使回归模型的响应关系出现了结构性变动。

2011 年 11 月,中国各地全面实施"双独二孩"政策,也即如果夫妻双方均为独生子女,则可以生育第二个孩子。这为我国逐步放开"二孩"政策、鼓励生育、调节人口年龄结构拉开了序幕。为了考察"双独二孩"政策全面实施以后,是否影响经济增长与投资驱动效应、消费驱动效应、人口年龄结构调节效应之间的响应关系,我们以 2012 年为时间分界点,对回归系数的结构性变动进行检验。在具体操作中,我们采用邹检验(Chow Test)的思想:

首先,进行有约束回归,回归整个样本($2002 \leqslant t \leqslant 2016$),得到残差平方和 SSR;

其次,进行无约束回归,回归 2012 年之前的子样本($2002 \leqslant t < 2012$),得到残差平方和 SSR1;

最后,进行无约束回归,回归 2012 年及之后的子样本($2012 \leqslant t \leqslant 2016$),得到残差平方和 SSR_2。

根据似然比检验原理,相应的 F 统计量为

$$F = \frac{(SSR - SSR_1 - SSR_2)/K}{(SSR_1 + SSR_2)/(n - 2K)} \sim F(K, n - 2K)$$

我们的回归方程有 10 个解释变量(包含平方项、交叉项、截距项),因此 $K=10$。由于回归方程含有 1 阶滞后项,所以 14 期的样本量为 420,即 $n=420$。根据似然比原理计算出的 F 统计量为 35.263 335,大于 F 统计量在 1% 显著性水平上对应的临界值 $F(10,400)=2.365\ 41$,因此应拒绝“不存在结构变动”的原假设。也就是说,在我国全面实施“双独二孩”政策之后,人口年龄结构对经济增长的影响发生了结构性变化。

表 5　结构性变化检验模型估计结果

变量	(7) 2002—2016 $Growth_{it}$	(8) 2002—2011 $Growth_{it}$	(9) 2012—2016 $Growth_{it}$
$GDPPerCap_{it-1}$	-0.213***	-0.464***	-0.351***
	(0.042)	(0.052)	(0.072)
$AssetInvest_{it}$	0.113***	0.101***	0.162***
	(0.019)	(0.022)	(0.025)
FDI_{it}	0.022**	-0.006	0.020
	(0.010)	(0.011)	(0.015)
$Consum_{it}$	0.059	0.581***	0.026
	(0.044)	(0.064)	(0.047)
Sav_{it}	-0.082**	-0.170***	-0.173***
	(0.041)	(0.045)	(0.062)
Sav_{it}^2	-0.015***	-0.019***	0.032***
	(0.004)	(0.005)	(0.012)
$AgeStruc_{it} * AssetInvest_{it}$	0.030	0.032	0.031
	(0.038)	(0.052)	(0.038)
$AgeStruc_{it} * Consum_{it}$	-0.209***	-0.025	0.161**
	(0.056)	(0.064)	(0.069)
$AgeStruc_{it} * Sav_{it}$	0.146**	-0.044	-0.123
	(0.066)	(0.081)	(0.085)
Constant	-0.005	0.008	0.039***
	(0.007)	(0.008)	(0.012)
Observations	420	270	150
R-squared	0.426	0.392	0.699
Number of id	30	30	30

注:① * 、** 和 *** 分别表示在 10 %、5%、1% 的显著性水平上显著。

② 括号中表示稳健标准误。

对比表5中三列的回归估计结果,可以发现其中的区别体现在居民消费对经济的拉动效应,以及人口年龄结构如何调节居民消费对经济增长的边际影响。在整个样本期间(2002—2016),居民消费对经济增长有一定的正向贡献,但并不显著。然而,单独观察前半段样本(2002—2011),发现居民消费对经济增长的正向贡献力度更强,且非常显著;到了后半段样本期间(2012—2016),居民消费的拉动作用趋向于零,不再显著。由此说明,随着我国逐渐进入老龄化社会,近些年发生了居民消费疲软现象。结合人口年龄结构的调节作用来看,在全样本期间(2002—2016),居民消费对经济增长的边际影响受到人口年龄结构的显著抑制,但是到了近年(2012—2016),人口年龄结构的调节作用却表现为显著提升居民消费对经济增长的边际影响。这说明随着我国出台宏观政策调控人口年龄结构,全社会形成了对人口结构转变的预期,进而对居民消费起到一定的提振效果。

(七)区域差异检验

我国是一个人口众多、幅员辽阔的国家,自改革开放以来,沿海地区与内陆地区之间发展水平的不平衡导致了巨大的区域差异,形成了所谓的"三大增长极"。随着国家提出"西部大开发"战略、"振兴东北老工业基地"战略、"中部崛起"战略等,开始出现了区域间的产业梯度转移,东部、中部、西部地区的经济增速、增长模式、产业结构、人口就业出现了一些差异。从人口的视角来看,若考虑劳动年龄人口在东部、中部、西部地区之间的流动,则人口年龄结构对经济增长的影响机制或许具有地区特色。有鉴于此,我们进一步考察人口年龄结构对经济增长影响机制的区位差异。

具体来说,我们将全部30个省区市分为东部地区、中部地区、西部地区三个子样本,分别进行静态面板的固定效应模型回归,以考察区位因素是否影响经济增长模式。参考中央政策文件中的常用划分标准,30个省区市的区位分组如下表所示。

表6 省区市区位分组

区位	省 区 市	省区市数量
东部地区	北京、天津、河北、辽宁、上海、江苏、浙江、福建、山东、广东、海南	11
中部地区	山西、吉林、黑龙江、安徽、江西、河南、湖北、湖南	8
西部地区	内蒙古、广西、重庆、四川、贵州、云南、陕西、甘肃、青海、宁夏、新疆	11

表7中列示的模型估计结果,显示出较明显的区域差异。

表7 东部、中部、西部地区分样本回归模型估计结果

变量	(10) 东部 $Growth_{it}$	(11) 中部 $Growth_{it}$	(12) 西部 $Growth_{it}$
$GDPPerCap_{it-1}$	-0.367***	-0.194*	-0.117
	(0.066)	(0.101)	(0.083)
$AssetInvest_{it}$	0.143***	0.128***	0.053
	(0.025)	(0.044)	(0.070)
FDI_{it}	0.028**	0.006	0.027
	(0.013)	(0.039)	(0.019)
$Consum_{it}$	0.120**	0.146*	0.015
	(0.059)	(0.085)	(0.105)
Sav_{it}	-0.031	-0.190	-0.086
	(0.044)	(0.117)	(0.098)
Sav_{it}^2	-0.005	-0.048***	-0.028**
	(0.004)	(0.015)	(0.011)
$AgeStruc_{it} * AssetInvest_{it}$	0.012	0.450**	0.176
	(0.037)	(0.198)	(0.304)
$AgeStruc_{it} * Consum_{it}$	-0.105*	-0.516*	-0.761***
	(0.054)	(0.290)	(0.231)
$AgeStruc_{it} * Sav_{it}$	0.065	-0.202	0.353
	(0.071)	(0.318)	(0.298)
Constant	0.019	0.005	-0.029
	(0.015)	(0.056)	(0.035)
Observations	154	112	154
R-squared	0.600	0.517	0.389
Number of id	11	8	11

注:① *、** 和 *** 分别表示在10%、5%、1%的显著性水平上显著。
② 括号中表示稳健标准误。

从所处的发展水平来看，东部地区发展水平普遍较高，人均GDP水平已接近或达到国际上的中等收入水平，因此增速放缓，表现为期初人均GDP水平显著抑制经济增速。而从东部地区到中部地区，再到西部地区，这一抑制作用逐渐减弱，且变得不显著。这说明中西部地区尚处于经济发展的起步阶段，正在经历高速增长过程，因此发展后劲足、上升空间大，一定程度上具有后发优势。

从投资驱动效应来看，固定资产投资对经济增长的驱动作用在东部地区、中部地区非常显著，而在西部地区则不显著；外商投资对经济增长的驱动作用只在东部地区显著，而在中部地区、西部地区则非常微弱且不显著。这说明东部地区在政府财政预算、吸引外商投资等方面具有很大优势，而中西部地区受制于区位因素，难以吸引到外商投资，且地方政府财力有限，无法进行大规模的政府主导投资，因此投资驱动效应对经济增长的贡献有限。

从居民消费对经济增长的拉动效应来看，东部地区最显著，中部地区也呈现出一定的拉动效应，而在西部地区，居民消费对经济增长几乎没有拉动作用。结合人口年龄结构的调节作用来看，人口老龄化对消费的边际贡献均表现出抑制作用，但在东部地区最微弱，在中部地区次之，在西部地区则最为强烈且最为显著。一个合理的解释是，在同样的人口结构条件下，由于存在大量劳动年龄人口由西部地区向中东部地区迁徙务工，造成西部地区常住人口结构中青壮年“亏空”，西部地区真实的老龄化程度要比统计数字呈现出的更为严重，也即统计数字中的老龄化指标低估了西部地区真实的老龄化程度。在这种情况下，西部地区老龄化指标的回归系数的绝对值会被高估。

四、结论建议

本研究通过对我国30个省区市近15年的面板数据进行实证分析，考察了省级层面上人口老龄化对经济增长的影响机制。研究发现：

（1）总体上，投资驱动效应是经济增长的主要动力，居民消费对经济的拉动作用尚不够明显；经济增长与居民储蓄具有倒 U 型关系，过高的居民储蓄不利于经济增长；人口老龄化有抑制居民消费、促进居民储蓄的趋势，这会进一步抑制消费对经济的拉动作用，不利于经济长期发展。

（2）从时间趋势上来看，随着我国逐渐进入人口老龄化社会，消费疲软现象在近年来加剧；国家的人口政策具有宏观调控效果，2011 年全面实施“双独二孩”政策以后，缓解了人口老龄化对居民消费的抑制。

（3）从区域差异方面来看，西部地区发展后劲足、上升空间大，但受制于区位因素，在吸引外资、扩大投资方面具有较大劣势；考虑到区域之间的劳龄人口流动迁移，西部地区真实的老龄化程度要高于统计数字，应对人口老龄化的压力也更大。

基于以上发现，我们认为应对人口老龄化需从以下方面着手：

（1）大力培育国内消费市场，积极扩大内需，寻找经济增长新的源泉，跨越“中等收入陷阱”。

（2）在实现经济增长模式由投资驱动向消费拉动转型的过程中，应着力克服人口老龄化带来的阻力，培育和扶持面向老龄化社会的养老产业、医疗产业、文化产业、旅游产业，在全社会弘扬正确的消费观念和储蓄观念，引导老龄人口合理消费。

（3）国家应及时出台人口政策，积极调控人口结构，发挥宏观政策对全社会的引导作用。

（4）坚持全面、协调、可持续发展的战略，改善区域之间发展不平衡的局面，在吸引外资、加大投资、吸收就业等方面重点帮扶西部地区，积极引导农民工返乡就业、创业，改善西部地区的人口结构，预防西部地区“未富先老”。

参考文献

1. 蔡昉:“人口转变、人口红利与刘易斯转折点”,《经济研究》2010 年第 4 期。
2. 陈强:《高级计量经济学及 Stata 应用(第 2 版)》,高等教育出版社 2014 年版。
3. 程志强:“论我国东部地区经济的再发展”,《宏观经济管理》2004 年第 12 期。
4. 都阳:“中国低生育率水平的形成及其对长期经济增长的影响”,《世界经济》2005 年第 12 期。
5. 李文星、徐长生、艾春荣:“中国人口年龄结构和居民消费:1989—2004”,《经济研究》2008 年第 7 期。
6. 李杏、Luke Chan:“基于 SYS-GMM 的中国人口结构变化与经济增长关系研究”,《统计研究》2012 年第 4 期。
7. 厉以宁:“人口分析是市场分析的重要依据”,《人口与发展》1994 年第 1 期。
8. 厉以宁:《中国经济双重转型之路》,中国人民大学出版社 2013 年版。
9. 穆光宗、张团:“我国人口老龄化的发展趋势及其战略应对”,《华中师范大学学报(人文社会科学版)》2011 年第 5 期。
10. 史本叶:“我国人口结构变化对经济转型的影响”,《人口学刊》2016 年第 4 期。
11. 田巍、姚洋、余淼杰等:“人口结构与国际贸易”,《经济研究》2013 年第 11 期。
12. 汪伟:“经济增长、人口结构变化与中国高储蓄”,《经济学》(季刊)2010 年第 1 期。
13. 于婷婷、宋玉祥、浩飞龙等:“东北地区人口结构对经济增长的影响”,《经济地理》2016 年第 10 期。
14. 张川川、赵耀辉:“老年人就业和年轻人就业的关系:来自中国的经验证据”,《世界经济》2014 年第 5 期。
15. 张馨艺、张琼:“人口结构转变及其对宏观经济运行影响评述”,《中国人口·资源与环境》2012 年第 11 期。
16. P. Aghion & P. Howitt, “A Model of Growth through Creative Destruction”, Econometrica, Vol. 60, 1992.
17. Arrow, K. J., “The Economic Implications of Learning by Doing”, *The Review of Economic Studies*, vol. 29, 1962.
18. Bloom, D. E. eds., “Demographic Transitions and Economic Miracles in Emerging Asia”, *The World Bank Economic Review*, vol. 12, 1998.

19. Bloom, D. E. eds., "Implications of Population Ageing for Economic Growth", *Oxford Review of Economic Policy*, vol. 26, 2010a.
20. Bloom, D. E. eds., "The Contribution of Population Health and Demographic Change to Economic Growth in China and India", *Journal of Comparative Economics*, vol. 38, 2010b.
21. Lindh, T. eds., "Age Structure Effects and Growth in the OECD, 1950—1990", *Journal of Population Economics*, vol. 12, 1999.
22. Lucas, R. E., "On the Mechanics of Economic Development", Journal of Monetary Economics, vol. 22, 1988.
23. Malmberg, B., "Age Structure Effects on Economic Growth—Swedish Evidence", *Scandinavian Economic History Review*, vol. 42, 1994.
24. Peng, X., "Demographic Shift, Population Ageing and Economic Growth in China: A Computable General Equilibrium Analysis", *Pacific Economic Review*, vol. 13, 2008.
25. Rogers, M., "A Survey of Economic Growth", *Economic Record*, vol. 79, 2003.
26. Romer, P. M., "Increasing Returns and Long-run Growth", *Journal of Political Economy*, vol. 94, 1986.
27. Romer, P. M., "Endogenous Technological Change", Journal of Political Economy, vol. 5, 1990.
28. Solow, R. M., "A Contribution to the Theory of Economic Growth", *The Quarterly Journal of Economics*, vol. 70, 1956.
29. T. W. Swan, "Economic Growth and Capital Accumulation", Economic Record, vol. 32, 1956.
30. Wang, F. eds., "Demographic Dividend and Prospects for Economic Development in China", United Nations Expert Group Meeting on Social and Economic Implications of Changing Population Age Structures, 2007.

（罗青，内蒙古呼和浩特市委、市政府和林格尔新区党工委、管委会；马海超，北京大学光华管理学院；王慧男，北京大学光华管理学院）

人口老龄化与金融支持——基于金融机构支持老龄产业发展探析

丁志勇　马　杰　封世蓝

随着人口老龄化的持续加剧、人口寿命的不断延长和老龄化社会的到来，如何满足人口老龄化带来的各种需求，有效解决好老龄产业发展问题，已成为当今社会面临的一个重要课题。老龄产业是保障和改善民生的重点领域，是国家政策支持、社会资本关注、发展空间广阔的朝阳产业，在人口老龄化、医疗一体化、养老体系化等复杂因素推动下，老龄产业逐步进入快速发展期，投融资需求非常旺盛，孕育着万亿级的金融供给市场。

一、老龄产业发展模式比较分析

截至2017年,中国60岁以上人口数量达到2.41亿人,占比达17.3%;65岁以上人口数量达到1.58亿人,占比达11.4%。以上数据说明,中国人口老龄化的趋势越来越明显,中国已经步入了人口老龄化社会,如何有效支持中国人口老龄化产业的蓬勃发展,依托金融机构服务老龄产业的快速发展,不断提升健康养老领域的服务供给能力,已成为当前重要的课题。从全球老龄产业经营发展模式来看,主要有政府模式、市场模式、政府主导与市场融合模式等三种。政府模式是指由政府来管理老龄产业发展,公立养老机构就是典型的形式;政府负责全额拨款,任命或聘用管理人员,适合人口数量较少的国家,具有易于管理、保障有序等特点,如北欧挪威、丹麦等高福利国家大多采用政府模式。市场模式是指由市场来决定老龄产业发展,通过市场竞争来实现老龄产业的资源配置,大多适用于高端需求的老龄产业,对于中低端社会需求有可能无法满足;这种老龄产业发展模式容易导致市场失灵,不适合主流老龄产业发展。政府主导与市场融合模式是指由政府和市场互相支持,政府从宏观上给予主导和科学定位,为老龄产业提供政策支持和宏观调控,指引构建合理有序的老龄产业服务体系;市场从微观上给予老龄产业最优竞争环境,充分发挥市场机制在老龄产业发展中的作用,解决好老龄产业的公共性、福利性的需求,目前这种模式被中国乃至世界多个国家采用。

二、金融机构支持老龄产业总体定位

老龄产业是公共事业重要组成部分,老龄产业发展需要依托政府与市场两种力量的有机融合,政府从宏观层面自上而下给予政策支持和指导,市场结合老龄产业需求引导其快速发展,从而构建起政府与市场共同发力的老龄产业金融服务体系。

（一）金融机构支持老龄产业发展定位。金融机构要依托老龄产业发展机遇，加大对行业中重点领域的金融支持力度，有效发挥综合金融服务优势，多渠道支持老龄产业发展。第一，突出政府主导，发挥金融机构作用。金融机构要密切与政府合作，在源头上与政府签订战略合作协议，依托政府主导老龄产业发展规划的重要作用，加强与政府发改委、卫计委、民政局等相关部门的有效衔接，结合政府老龄产业最新发展规划，把金融机构产品融入进去，为老龄产业重大项目提供金融支持，为涉及老龄产业的优质企业提供全方位的金融服务。第二，突出战略规划，着力金融产品创新。金融机构要紧紧围绕老龄产业蓬勃发展、国家支持完善老龄产业融资机制、鼓励金融机构创新产品服务等重大历史机遇，结合中国不同区域老龄产业发展实际，确定符合中国不同区域特点的老龄产业金融支持战略、市场规划方案和客户服务策略。尤其是在老龄重点产业支持方面，要加大金融产品与服务创新力度，在管理模式、政策配套和产品创新等方面先行先试，加快金融机构对老龄产业创新发展的支持，不断提升老龄产业整体竞争实力。第三，突出产业特点，打造综合服务优势。金融机构要准确了解老龄产业改善民生、服务民生的金融需求，在全面分析产业特点、服务需求的基础上，丰富金融服务模式，加快金融业务创新，提升综合金融服务水平，科学筹划“商行＋投行”、“表内＋表外”、“企业＋居民”“银行＋保险”等一体化的综合金融服务，切实服务老龄产业的优质客户，不断拓展老龄产业的市场空间。第四，突出发展品质，构建智慧老龄产业。金融机构要密切关注老龄产业发展动态，通过建立多维度、差异化的老龄产业发展状况数据库，对老龄产业发展数据进行科学分类，合理分析老龄产业经营特点，有效把控老龄产业经营中出现的异常变化，提高金融服务的效率，把握老龄产业发展的实质风险，为老龄产业智慧化、一体化、系统化的发展提供强大支持。同时，金融机构要建立一支老龄产业专业服务团队，结合老龄产业发展实际需求，匹配灵活多样的金融产品，切实满足老龄产业的需求。

（二）金融机构支持老龄产业服务模式。根据国家健康医疗大数据应用发展规划，中国要创建国家健康医疗大数据中心和配套产业园，建立国家和省级人口健康信息平台以及全国药品招标采购业务应用平台，如何把健康医疗产业与金融资本有机融合，已成为当前关注热点。第一，促进寿险养老融合，积极开展银保合作。目前，人寿、平安、泰康等寿险公司设计了养老型保险产品，承诺提供候鸟式养老服务，已在全国广泛进行养老机构的选址和布局，金融机构要对与养老产业合作的中国人寿、平安人寿、泰康人寿、人保寿险、新华人寿等寿险公司实行差异化服务，对接大型寿险公司的实际需求，了解其对高端养老设施的收购或租赁计划，根据项目清单择优合作，并向寿险公司推荐已与金融机构开展融资合作的养老企业，促成寿险公司购买服务，降低金融机构和寿险公司各类风险。第二，拓展产业资本进入，择优开展产业合作。金融机构要认真筛选股东资质较好、医疗和养老从业经验丰富、风险可控的全国性连锁服务机构，优选中医、牙科、体检等高端医疗养老项目，特别是医养结合或与保险结合的高端养老项目，在锁定收入现金流的前提下开展融资合作；紧紧抓住老龄产业资源丰富的特征，制定专门的老龄产业服务方案，切实提高医院、养老机构金融供给能力，通过跨部门、跨层级上门跟踪维护机制，巩固金融机构与老龄产业合作关系，增加老龄产业对社会的综合贡献。第三，搭建医疗数据平台，提供一体化的服务。金融机构要积极参与国家和地方健康医疗大数据相关建设，融资支持修建健康医疗大数据产业园和入驻医药、诊疗、器械、健康、IT 等上下游企业，制定详细的金融服务方案，参与国家健康医疗大数据中心和配套的产业园，以及省级人口健康信息平台、全国药品招标采购业务应用平台等相关建设，及时对接卫计委的实际需求，做好园区和相关企业的金融服务工作。

三、金融机构支持老龄产业实施路径

（一）金融机构支持养老产业发展路径。金融机构要紧紧依托国家发展养老产业的重大机遇，积极拓展养老产业项目贷款，大力支持公立养老机构新建和改扩建项目，国家级、省级养老示范基地项目，重点支持已被列为财政部、省级财政部门的 PPP 示范项目和政府购买服务项目，结合实际需求放宽贷款期限，降低贷款利率，通过银团贷款、发行债券等多种融资方式，切实满足养老产业发展。金融机构要抓住老龄产业上市公司快速发展的机遇，开展商投互动，与有上市计划的老龄产业优质客户建立紧密的合作关系，积极参与从事老龄产业的大型医疗、保险、制药、房地产上市公司的定增、股权主理银行、产业基金、财务顾问等投行业务，并结合传统信贷、现金管理等金融服务，实现战略合作。金融机构要把互联网金融与移动医疗相结合，全面拓展银医合作，通过专项资金解决合作中涉及的资源投入问题，积极承揽优质医院的结算业务，建立科学的老龄产业金融服务体系。

（二）金融机构支持医疗产业发展路径。结合医疗、养老体制改革所带来的医疗投资集团整体需求增加的契机，加大项目贷款、流动资金贷款投放，满足分级诊疗和新农合带来的公立医院改善就医条件的金融需求。第一，积极发挥医疗产业链辐射作用。金融机构要着力进行供应链融资，积极拓展医药采购平台链、医药链和医保链三种类型医疗产业链融资。平台链是基于省级医药采购平台、医药经销商自建的电商平台，依托管理平台生成真实贸易背景及可验证的货款信息数据，金融机构要与医院、医药经销商开展供应链融资，要优选优质的医药采购平台，以及与大型医院有稳定合作关系的医药经销商自建电商平台。医药链是基于优秀甲等医院为核心企业，与上游药品和医疗器械供应商开展的供应链融资，要优选与甲等医院有合作关系、销售收入稳定、具备物流配送能力的供应商。医保链是基于医院为核心企业，与下游医保管理机构开展的保理业务，要优选医院等级、床位数、中高级医护人员数量等处于较高水平的医院进行融资，医保项下保理业务是重点。第二，积极构建老龄产业新业态体系。当前，医疗集团、医疗器械、制药、房地产等企业向产业链上下游延伸发展或跨界整合，涌现出了一些医疗养老融合的新业态。医疗集团依托自身丰富的医疗资源和病源发展医疗设备租赁，设立医养结合的养老中心，并尝试国际化的走出去战略，开展境外并购。医疗器械供应商与金融机构签订合作协议，提供合作医院需求信息，由金融机构匹配不同金融需求，三方共同开展合作。制药企业参与基本医疗体制改革，自建或收购医院，形成医药结合的完整产业链。房地产企业整合自身旅游地产、酒店等资源，发展养老产业。金融机构也不断创新金融合作模式，结合出现的新业态、新项目进行重点研究，适时推出项目贷款、并购、融资租赁、存款、结算等一揽子金融产品。

四、金融机构支持医药产业策略选择

医药产业是老龄产业发展的重点领域，金融机构如何有效支持医药产业链业务发展，已成为服务实体经济的重要课题。医药行业产业链主要包括上游的化学原料药、药用辅料、中药材等原材料，中上游的化药制剂、中药制剂、生物医药、医疗器械研发与生产等医药工业，中游的医药批发和零售等医药商业，下游的医院、药店、体检机构、健康管理咨询机构、保健品、健康养老等医药产品应用。

（一）金融机构支持医药产业发展策略。当前，中国医药工业产值快速增长，从历史发展数据、政府医改规划及药品价格信息等多个视角预测来看，未来医药产业市场发展潜力巨大，充满巨大的投融资机会。金融机构要抢抓医药产业发展机遇，加大对产业重点领域的金融支持力度，发挥金融机构综合金融服务优势。第一，重点支持医药产业龙头企业，提升综合金融服务能力。随着一致性评价、两票制等政策的推进，医药产业正经历着诸多变革，产业集聚趋势非常明显，金融机构要为产业链龙头企业等重点优质客户提供存贷款、债券发行、股权融资、投资理财、融资租赁、现金管理、国际业务、金融市场及综合服务等综合金融服务。第二，积极跟进医药产业链的延伸，合理把握商投业务机会。近几年来，医药企业在立足主业的同时，逐渐将业务延伸到产业链上下游，以实现规模经济，该趋势将为金融机构带来商投的业务机会。金融机构要结合细分行业特点及客户集群特点，围绕产业链拓展企业资源，提升整体渗透率；同时注重商投互动，通过传统信贷业务与产业基金等表外融资业务相结合的方式，择优满足符合产业链协同的龙头企业境内外并购需求，并支持具备较强研发实力、有成果进入临床试验的创新型企业。第三，着力依托龙头企业辐射能力，推动供应链融资业务发展。金融机构要优先满足大型综合性产业龙头企业的供应链融资需求，依托其上下游辐射能力，拓展线上供应链融资业务，重点关注上游医药工业订单全生命周期关键资金需求节点及下游医药商业、医院采购资金需求，重点关注正在试点的医药交易平台。

（二）金融机构支持医药企业发展路径。金融机构要对医药企业进行科学梳理，制定医药企业金融服务名单，重点将医药百强企业和医药上市公司纳入名单，同时优选园区内和新三板创新层优质企业。第一，医药百强企业。中国医药工业信息中心发布的医药工业百强榜和商务部发布的医药商业百强榜，共有近 200 家医药百强企业，涵盖了行业龙头企业，金融机构要重点关注生产经营稳定性，以及近几年产品销量有无出现断崖式下跌、有无过度投融资行为等状况，为医药百强企业提供综合金融服务。第二，A 股上市公司。2017 年中国共有 200 多家医药 A 股上市公司，这类企业已经过证监会审核筛选，多为行业龙头企业，金融机构要重点关注信用等级变化、主营业务稳定程度、管理层状况,以及近几年来医药业务收入状况,对重点发展领域、科研领域给予金融支持。第三,园区内优质企业。产业园区主要是国家级高新区、医药产业园区、生物医药产业基地等,产业园区为医药企业集聚化、特色化发展营造良好环境,金融机构要联动园区管委会,关注园区政策导向,筛选成长性较好且风险可控的优质企业,纳入重点支持企业名单。优秀企业筛选条件主要包括企业大股东是国家“千人计划”医药专家成员,企业研发与生产抗体药物、重组蛋白质药物、新型疫苗类制品、核酸药物和细胞治疗产品等生物医药产品,或临床紧缺的重大疾病、多发疾病、罕见病、儿童疾病等独家新药产品,企业拥有进入临床三期试验的重大创新药或首仿药,以及企业拥有至少 1 个销售收入超过 1 000 万元的医药单品等。第四,新三板创新企业。2017 年新三板创新企业共有 60 多家医药企业,这类企业具有较强的市场竞争力,资本市场业务需求大,金融机构要重点关注成长性,避免投资依靠“画大饼”圈钱为生的企业。第五,外包研发组织及外包加工组织。随着一致性评价、药品上市许可持有人制度的深入推进,制药企业研发和生产外包需求不断增长,CRO 和 CMO 将是医药产业重要力量,金融机构要重点关注这类企业的研发能力,选取前几名的优秀企业予以重点融资支持。

（三）金融支持产业发展协同联动机制。金融机构要与工信部、药监局、卫健委、商务部等政府部门以及相关行业协会保持密切沟通,共享医药产业信息;积极与当地政府部门对接,掌握当地医药产业政策变化,重点关注专项补贴和企业名单等信息;与区域内行业协会和研究机构开展合作,定期获取行业统计数据、市场调研报告、企业产品排名等资料,为拓展相关业务提供决策参考;为准确把握产品药效特征和市场前景,可探索外部专家和第三方评估机制。金融机构要对医药产业整体推动,做好市场研究、实地调查和预测分析,明确重点企业名单,做好与相关部门的沟通协调,建立与政府机构、重点企业、产业基金、各类医药研究院和产业机构的常态化交流机制，积极探索创新金融服务。金融机构要建立医药产业链营销团队，搭建信息交流平台，通过信息互动、培训指导等方式，开展系统推动。金融机构要加强与同业其他部门的业务协同，并做好与同业公司的融资配合，形成一体化金融服务机制。境内外金融机构之间要保持有效联动，加强对行业龙头企业跨区域、跨境布局的信息共享，构建常态化沟通机制，共同服务重点企业、重大项目。金融机构要强化风险防范与监测机制，深入分析医药企业经营情况和财务状况，严守风控底线，对纳入重点企业名单的客户，金融机构要明确企业风险防控责任人，落实业务准入及存续期管理责任，保障名单内企业的业务持续健康发展。

五、金融机构支持幸福产业对策建议

幸福产业是老龄产业的重要发展方向，包括旅游、文化、医疗、教育、养老、体育等产业，可以带动老龄产业的优化升级，增强金融机构在老龄产业新旧动能转换中的竞争发展优势。十九大报告提出，“我国社会主要矛盾已经转化为人民日益增长的美好生活需要和不平衡不充分的发展之间的矛盾，”这为幸福产业带来了重大发展机遇。幸福产业具有绿色、弱周期、稳定民生的诸多优点，越来越得到各级政府部门的高度重视，成为各级政府招商引资的重点领域。根据国家发展改革委规划，到 2020 年幸福产业占 GDP 比重将由目前的 23.5% 增长到 30% 左右，幸福产业增加值达到 35 万亿元。幸福产业将成为未来经济增长的新动能，加速经济结构优化、带动消费升级，成为有政策保障、有社会认同、有发展潜力的重点朝阳产业。金融机构要把握幸福产业发展的有利时机，加快幸福产业新动能培育，将幸福产业作为老龄产业经营转型的新引擎和重点拓展方向，坚持政府主导、服务老龄、效益最优的原则，紧密围绕医院、景区、高校、养老、体育等领域，扎实推进幸福产业全融资和全产品供给。

金融机构要选择在产业高度聚集的经济发达省份、一线城市和旅游大省等重点区域，择优拓展列入世界自然及文化遗产名录的知名景区，具有文化底蕴或独特自然景观资源的景区，以及省级文旅集团、医疗产业链、重点院校、教育培训和养老等核心板块。第一，持续加强与地方政府部门对接合作，抢占新市场、拓展制高点。金融机构要全面加强与地方发改委、文化厅、卫计委、体育局、旅发委等政府部门的对接合作，建立定期联络和会商的沟通机制，实现一揽子综合金融服务合作，从源头掌握重点企业、重大项目的投资规划和实施安排，积极争取政府主管部门的支持，并提出引导性金融需求建议，用好财政贴息、扶贫等政策，推动重大合作项目落地，保持老龄产业市场先发优势，确立市场主导地位。第二，着力建立系统推动机制，深化重点产业和重点企业服务支持。金融机构要把幸福产业拓展作为朝阳产业，结合区域发展特点，科学制定幸福产业服务目标，充分用好政府各项政策和资源，在信贷资源配置方面给予重点倾斜，因地制宜制定好服务支持方案，筛选企业名单，锁定支持项目，匹配专业团队，提高服务效率，确保幸福产业金融服务到位。第三，制定专属金融服务方案和融资指引，提升服务质量和效率。金融机构要结合区域幸福产业发展和企业需求的特点，针对重点产业实施融资指引、服务方案、案例拓展的矩阵式指导，科学定位做什么、怎么做、怎么管住风险、怎么提高整体收益，提升服务质量和融资效率。金融机构要建立涵盖不同层级、不同专业领域的幸福产业专属服务团队，通过座谈会、论坛等方式组织不同层级的辅导，解读幸福产业政策、介绍重点金融产品、剖析具体服务案例，全方位提升服务团队素质。

金融机构要结合区域资源禀赋和项目储备情况，制定幸福产业拓展目标，并以此目标为基础，确定幸福产业服务对象和发展方向，研究分析名单企业的金融服务需求，分层级、多维度明确融资事宜，匹配幸福产业专属信贷规模，制定每个企业融资服务进度表，实现幸福产业市场快速健康发展。第一，强化金融产品组合，扩大企业合作广度。金融机构要结合具体行业特点和企业需求，发挥联动优势，强化金融产品组合，依靠表内表外联动、投贷联动，探索联合拓展模式，制定整体幸福产业解决方案，积极运用项目贷款、融资租赁、供应链等融资类产品，联合幸福产业大额存单、理财、支付结算、银行卡、互联网金融等业务。同时，联动相关部门开展专项服务活动，深入推进幸福产业的融资服务，不断提升企业的综合盈利水平。第二，强化部门协同联动，提升管理效率质量。金融机构要进一步强化多部门联动，根据幸福产业有行业特色、有代表性项目的业务需求，研究幸福产业项目管理指引，明确业务服务条款，指导甄选优质项目，并定期评估项目偿债能力和现金流情况，确保企业资产质量优良。第三，强化风险管理措施，确保投融资健康发展。金融机构要不断优化幸福产业重点行业信贷政策，把好投融资企业及项目准入关，提高主题公园、旅游综合体等各类人工旅游项目服务效率，着力化解投资规模过大、定位不清晰、低水平重复建设、运营管理水平不足、房地产关联等难点，积极关注健康养老领域商业化运作模式，选择优质企业，把控实质风险，确保幸福产业持续健康发展。

参考文献

1. 80后养老事业联盟：《80后的养老事业——养老产业商业模式与跨界创新》，中国经济出版社2017年版。
2. 董克用、姚余栋、孙博等：《中国养老金融发展报告（2017）》，社会科学文献出版社2017年版。
3. 董裕平、徐枫：《“十三五”时期产业结构调整与金融支持政策研究》，中国社会科学出版社2015年版。
4. 高见：《老龄化、金融市场及其货币政策含义》，北京大学出版社2010年版。
5. 巩勋洲：《人口结构与经济增长——基于人口老龄化视角下的研究》，经济管理出版社2015年版。

6. 关博:《建立更加公平的养老保险制度理论分析与中国实践》,经济管理出版社 2016 年版。
7. 郭源生、王树强等:《智慧医疗——在养老产业中的创新应用》,中国工信出版集团 2016 年版。
8. 吉姆·穆尔:《进军养老地产》,中信出版集团 2015 年版。
9. 江生忠、薄滂沱、刘越、贾士彬、杨汇潮、江时鲲等:《商业养老保险及其产业链延伸国际比较研究》,南开大学出版社 2015 年版。
10. 李超:《中国老龄产业发展研究》,中国人民大学出版社 2015 年版。
11. 李洪心:《人口老龄化与现代服务业发展关系研究》,北京师范大学出版社 2012 年版。
12. 李仲生:《日本人口经济》,中国人事出版社 2016 年版。
13. 刘禹君:《中国老龄产业市场化发展研究》,社会科学文献出版社 2018 年版。
14. 台恩普、陶立群等:《促进老龄产业发展的机制和政策》,科学出版社 2009 年版。
15. 田雪原:《人口老龄化与"中等收入陷阱"》,社会科学文献出版社 2013 年版。
16. 吴玉韶、党俊武、刘芳、奥彤、王莉莉等:《中国老龄产业发展报告(2014)》,社会科学文献出版社 2014 年版。
17. 肖捷:《养老服务与产业发展》,湖南人民出版社 2007 年版。
18. 许江萍、张东志等:《中国养老产业投资潜力与政策研究》,经济日报出版社 2017 年版。
19. 亚·莫·卡尔-桑德斯:《人口问题——人类进化研究》,商务印书馆 1983 年版。
20. 尤元文:《老龄问题与养老工作》,中国经济出版社 2015 年版。
21. 詹姆斯·H. 舒尔茨:《老龄化经济学(第七版)》,社会科学文献出版社 2010 年版。
22. 周明明、冯喜良等:《北京养老产业发展报告(2015)》,社会科学文献出版社 2015 年版。
23. 邹文开、赵红岗、杨根来等:《养老蓝皮书——中国养老产业和人才发展报告(2014—2015)》,北京师范大学出版社 2015 年版。

(丁志勇,中国工商银行股份有限公司,北京大学光华管理学院;
马杰,中国金融杂志社;封世蓝,北京大学光华管理学院)

人口老龄化与供给侧结构性改革

窦希铭　戴　维　吴景峰

20 世纪 50 年代，人口老龄化现象在欧美发达国家率先出现，到 70 年代末覆盖大多数的发达国家，到 21 世纪初以迅雷不及掩耳之势蔓延到中国等发展中国家。人口老龄化，已然成为当今全球最重要的人口和社会现象。根据世界银行发布的数据，截止到 2016 年，全球人口老龄化率[1]为 8.48%，超过国际标准的 7%，预示世界已经迈入老龄化社会。中国在改革开放 40 年中，经济在迅速崛起的同时，人口老龄化问题也备受瞩目（陈社英等，2011）。

---

〔1〕 老龄化率：本文特指超过 65 岁（含）人数所占总人数的比例。

一、人口老龄化社会的形成、人口结构的演变与现状

（一）中国人口老龄化社会的形成

新中国成立以来，中国的人口出生率、死亡率和老龄化率，按照不同时期的变化趋势，大致分为以下四个时期：（1）1949—1958 年，中国的出生率处在 30‰—40‰的较高水平，死亡率也位于 10‰—15‰的较高水平，未有老龄化迹象。（2）1959—1961 年三年经济艰难期，出生率急剧下跌到 1961 年 18.13‰，死亡率最高攀升到 25.43‰，仍未有老龄化迹象。（3）1962—1977 年粮食产量恢复和文化大革命时期，出生率又开始回升，1963 年到达巅峰之后，开始出现一定程度的下跌，但始终保持在 20‰以上的高水平。死亡率最早开始下跌，1977 年下降到 6.91‰。（4）1978 年以来改革开放四十年期，在严格控制生育的政策下，人口出生率从 1982 年 22.28‰，下降到 2000 年的 14‰；死亡率始终维持在低于 7‰的程度；老龄化率逐步上升，开始进入到老龄化社会。参见图 1。

在新中国的前三个时期，无论出生率和死亡率怎么变动，老龄化率一直稳定在 3‰—5‰的较低水平。改革开放时期以来，老龄化率开始在低出生率和低死亡率两大因素的推波助澜下，从 1978 年的 4.46% 上升到 2016 年的 10.12%。老龄化社会形成，并逐年加剧。

（二）中国老龄化人口结构演变

在人口出生率与死亡率都高的未老龄化社会里，社会人口年龄比例结构呈现“金字塔”的形状，金字塔顶尖是老龄人口的比重，塔身是劳动力人口的比重，塔基是青少年的比重。高死亡率意味着老年人消亡的速度很快，因此形成锋利的塔尖；高出生率意味着新出生的人口速度很快，造成塔基很宽，进而呈现出“金字塔”的典型人

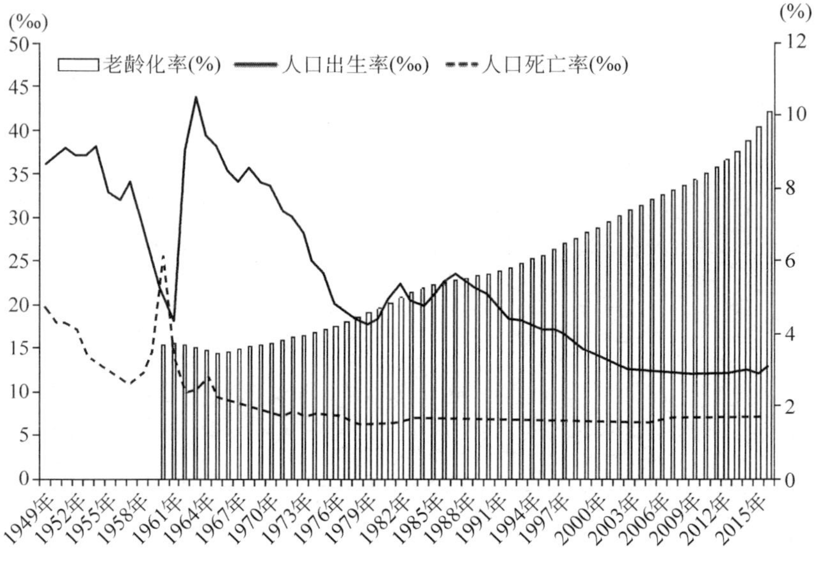

图 1　中国出生率、死亡率和老龄化率趋势图

数据来源：人口出生率和死亡率（1949—2016）来自《中国统计年鉴 2017》；老龄化率（1960—2016）来自世界银行。

口结构。随着老龄化进一步深化，在出生率和死亡率都低的老龄化社会中，老年人消亡的速度越来越慢，则塔尖越来越钝；底部的青少年人口较少，塔基逐渐收窄。人口比例的“金字塔”结构就逐渐演变成了“0”型的人口结构，见图 2。

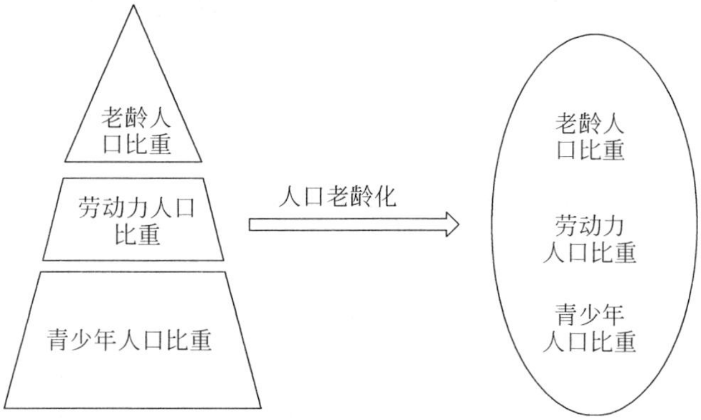

图 2　人口比例“金字塔”结构演化成“0”型结构图

从中国 1982—2016 年各年龄段人口比例组成图，我们可以看出：老年人占比越来越大，劳动力人口比重也在增长，但是增长的速度不如老年人口增长得快；同时，青少年的比重相对下降速度也很快。老年人口和劳动力人口比例的增长较快，原因就在于严格控制人口政策导致青少年比例减少较快，参见图 3。

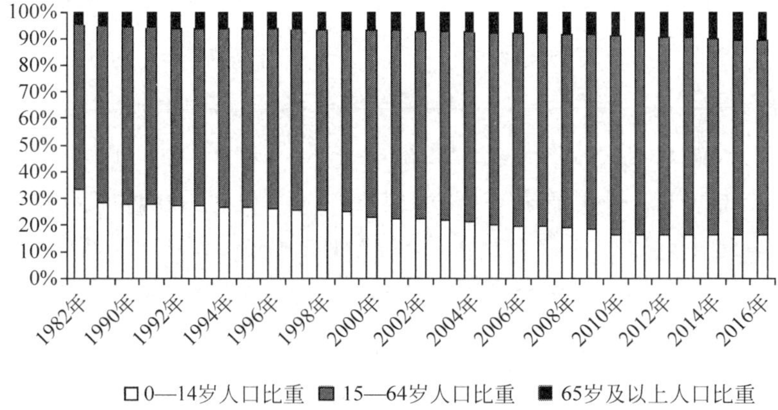

图 3 中国 1982—2016 年各年龄段人口比例组成图

数据来源：《中国统计年鉴 2017》。

（三）人口老龄化社会现状

2001 年，联合国发布了一份关于全球人口老龄化的报告，归纳起来可以总结为以下四个基本特征：(1) 史无前例，人口老龄化历来没有出现过。(2) 影响之“广”，蔓延到全球，影响到世界的每一个人。(3) 影响之“深”，对经济和社会的诸多方面都产生了巨大的负面影响。人口老龄化对经济增长、投资、消费、储蓄、劳动市场、养老金等经济领域以及家庭人口结构、迁移和住房等社会生活方面都产生了深刻的负面影响。(4) 影响之“久”，人口老龄化经过 60 多年的发展，仍在继续发酵和深化，延续至今。

中国的人口老龄化现象相比全球老龄化，具有以下三个特点：

1. 老龄人口数量多，基数大

中国65岁以上老年人口数量，从1982年的4 991万，增长到2016年的1.5亿，占总人口的10.9%。由于中国人口基数大，10.9%的老龄化率，使得中国成为世界老龄人口数量最多的国家。

2. 起步晚，增速快

中国的人口老龄化起步于20世纪80年代。1953年人口老龄化率仅为4.4%，经历了缓慢的增长。改革开放40年间才开始加速增长，从1982年的4.9%到2014年年末首次突破10%。

从纵向老龄化率平均增速来看，中国1953—2016年期间人口老龄化率平均每年增速1.4%。以推行的人口政策角度来划分，人口老龄化可以分为三个阶段：第一阶段，1953—1982年，从建国后到计划生育被定为基本国策前期间，老龄化率年平均增速较慢，仅为0.3%；第二阶段，1982—2015年，从实施计划生育到全面放开二胎期间，老龄化率年平均增速2.4%，为第一阶段的8倍；第三阶段：2015—2016年，全面放开二胎后，仅从现有2016年一年的数据来看，人口老龄化率增速为3.8%。〔1〕

从横向国际比较来看，根据世界银行统计，中国1960年老龄化率排在第75位，2016年跃升到62位。老龄化最严重的日本，人口老龄化率从5%到10%历时35年；排名第二的意大利至少用了100年；而中国只用了33年。从这个角度来看，中国是世界上老龄化增速最快的国家。参见图4。

3. 中国已全面进入“深度老龄化社会”

根据国际通用的指标，以人口老龄化的程度与速度为主要依据〔2〕，可以做出以下5个社会阶段的区分，见表1：

---

〔1〕 参见《中国统计年鉴2017》。

〔2〕 参见王志宝、孙铁山、张杰斐：“人口老龄化区域类型划分与区域演变分析——以中美日韩四国为例”，《地理科学》2015年第7期。

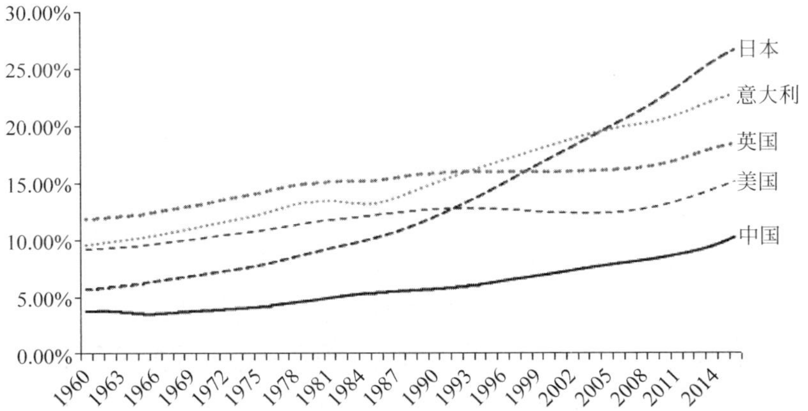

图4 日本、美国、英国、意大利和中国老龄化率发展趋势图

数据来源:世界银行。

表1 人口老龄化程度和速度分类

人口老龄化阶段	平均人口老龄化率 x(%)	速度	老龄人口年平均增长率 v_x(%)	等级
未老龄化社会(non-aging society)	$x \leqslant 7$	超慢	$v_x \leqslant 1$	1
轻度老龄化社会(aging society)	$7 < x \leqslant 10$	中慢速	$1 < v_x \leqslant 3$	2
深度老龄化社会(advanced aging society)	$10 < x \leqslant 14$	中快速	$3 < x \leqslant 4$	3
老龄社会(aged society)	$14 < x \leqslant 20$	快速	$4 < v_x \leqslant 5$	4
超老龄社会(hyper-aged society)	$x > 20$	超快	$v_x > 5$	5

按照联合国标准,一个国家(地区)超过60岁(含)人口所占的比例大于10%,或者超过65岁(含)人口所占的比例大于7%,是进入到老龄化社会的评判标准。中国老龄化率在2000年超过了7%,正式步入"老龄化社会",在2014年将进入到"深度老龄化社会"。如果继续延续过去10年的平均速度,预计在2027年将进入到"老

龄社会”,到 2047 年达到“超老龄社会”。如果不加以控制,进一步恶化,在时间上还会提前。

二、特定历史条件下中国人口老龄化成因分析

中国正处于深化改革的攻坚克难关头,为积极应对人口老龄化这一大难题和挑战,分析与探讨中国人口老龄化趋势加剧的深层次原因,进而探寻供给侧改革的现实路径迫在眉睫。

中国的人口老龄化是人口政策、人均寿命延长等多因素共同作用的后果,但是主要受人口政策的影响。众多专家学者(王献芝,1998;姚静和李爽,2000;李兰永和刘媛,2013;武赫,2017)已经从计划生育导致的低出生率和人均寿命延长导致的低死亡率的视角进行了深入的研究。但是,鲜有从中国建国后三波“婴儿潮”相继进入老龄期以及人口外流和国内人口流动的角度对中国老龄化的成因进行解释。现在我们主要从“婴儿潮”相继进入老龄期和人口外流与人口迁移这两个角度进行阐述。

(一)“婴儿潮”相继进入老龄期

中国在 1949—1958 年出现了一个人口出生波峰,1962—1973 年,期间出现了一个主波峰,1985—2000 年期间,又出现了一个次波;1959—1961 年和 1976—1982 年两次出现了低谷。新中国出现的三次大的“婴儿潮”如图 5 所示。

第一波,1949—1958 年的“战后婴儿潮”期。国内外战争结束,在“休养生息”和人民公社化运动“人多力量大”的政策下,出生率处在 30‰—40‰的高水平;这一期间出生的婴儿数量近 2.08 亿,但是由于建国后中国的医疗卫生状况较差,紧接着遇上三年经济艰难期,出生婴儿的夭折死亡率较高,“战后婴儿潮”人口没能像二战后其他国家一样成为中国的主峰婴儿潮。

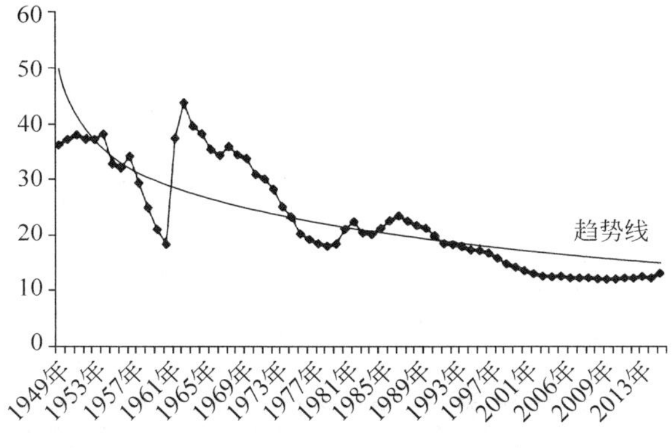

图5　中国1949—2016年出生率(‰)及趋势图

数据来源:《中国统计年鉴2017》。

第二波,1962—1972年的"主峰婴儿潮"期。这一期间发生在国内三年经济艰难之后,出生率达到30‰以上,1963年达到了波峰43.6‰,是中国史上绝无仅有,出生婴儿数量最多、影响最深刻的人口现象。主要由于粮食产量迅速恢复,人民生活条件改善,这一期间共出生婴儿近3.0亿,占目前总人口的21.7%。

第三波,1986—1990年的"回声婴儿潮"期。这是由于"战后婴儿潮"和"主峰婴儿潮"相继达到生育的年龄,产生的又一次婴儿潮。1989年前后达到波峰。这一期间出生的人数近1.23亿,占目前总人口的9.0%;因为严格的控制人口政策,这一期间的出生人数不及前两波婴儿潮。

目前"战后婴儿潮"处在60—70岁,正在进入老龄期;"主峰婴儿潮"处在45—56岁,也即将迈入老龄期,且比重巨大。正是前两波"婴儿潮"相互作用,成为当前中国老龄化加剧的重要原因。

(二)人口外流和人口迁移

根据老龄化的程度和速度区分的未老龄化(1)、轻度老龄化(2)、深度老龄化(3)、老龄社会(4)和超老龄社会(5),中国主要的省区市老龄化率分布在1、2和3等级。中国进入到"深度老龄化"省区市的有12个,其中辽宁老龄化率最高,山东和江苏分别次之。北京、上海、广东等沿海发达省市(除了上海、浙江等尚未公布相应的数据的省市外),外来迁入年轻人口较多,其老龄化的程度比人口大量外流的东北、西部、西南部省区市较轻;而东北三省的辽宁、吉林和黑龙江的老龄化程度均在级别"3"行列,成为全国老龄化率最严重的地区。中国2016年各省区市老龄化程度分布表,见表2。

表2　中国2016年各省区市老龄化程度分布表

地区	65岁及以上人口占比(%)	级别	地区	65岁及以上人口占比(%)	级别
安徽	12	3	辽宁	13.51	3
北京	10.6	3	内蒙古	0	1
重庆	12.5	3	宁夏	0	1
福建	8.6	2	青海	7.54	2
广东	8.55	2	上海	0	1
广西	9.95	2	山东	13.18	3
贵州	10.32	3	山西	9.49	2
甘肃	9.07	2	四川	0	1
海南	0	1	陕西	10.4	3
河南	9.9	2	天津	8.6	2
河北	0	1	新疆	0	1
黑龙江	12	3	西藏	0	1
湖南	11.75	3	云南	0	1
湖北	0	1	浙江	0	1
江苏	12.77	3	香港	0	1
江西	9.8	2	澳门	0	1
吉林	11	3	台湾	0	1

数据来源:《中国各省(直辖市、自治区)国民经济和社会发展统计公报2017》。

注:由于湖北、浙江和四川等省份"65岁以上占人口的比重"数据尚未公布,这里处理为0。

1. 人口流动和迁移加剧了区域间老龄化的不平衡

在不存在人口流动和迁移的情况下,针对北上广深发达城市,其出生率和死亡率都比较低,常住人口是全国老龄化最严重的地区,而中部、西部区域的老龄化现象会较轻。但由于大城市强大的"虹吸效应"——吸引了年轻劳动力进入大城市工作落户,人口流动和迁移缓解了发达城市常住人口的老龄化趋势。伴随着改革开放和城镇化的进程,数以亿计的农村年轻劳动力涌进城市工作,老人和子女留在农村,成为了"空巢老人"和"留守儿童";等到年轻人在城市立足之后,相继将老人和孩子接到城市[1]。这加速了中部、西部和东北部相对落后区域的老龄化趋势,扩大了区域间的老龄化差异,造成了区域间老龄化的不平衡。

2. 人口流动和迁移扩大了区域间的人口老龄化差距

一开始,中国人口老龄化率从低到高分为西部、中部、东部"三大板块"格局,随着中西部老龄化差距的缩小,逐步转变为中西部和东部"两大板块"格局。分析中国各地区老龄化情况,2005 年全国老龄化率为 9.07%,有 13 个省市超过平均水平,主要分布在东部 7 个省市(占 53.8%)、中部 3 个省市(占 23.1%)和西部 3 个省市(占 23.1%)。低于 9.07% 的有 18 个省区市,主要分布在西部(50.0%)、中部(27.7%)和东部(22.2%)。2016 年,老龄化率攀升至 10.9%。当前,老龄化率在东部与中部、西部区域差距悬殊,但是中部和西部相差不大,进而形成了东部与中西部"两大板块"的老龄化分布格局。

三、世界典型国家人口老龄化及改革政策措施

中国比最早进入老龄化社会的国家晚约 50 年,结合中国特定历史条件,借鉴学习世界典型老龄化国家相似背景下的应对机制,对于思考中国的人口结构现状问题以及寻找供给侧的着力点具有

---

[1] 参见厉以宁为本书撰写的序言,"中国道路和人口老龄化的就业对策"。

重要意义。

（一）英国的政策与改革措施

英国是最早进入人口老龄化的国家之一。英国人口老龄化始于20世纪50年代，老龄化过程主要经历了三个阶段：(1)20世纪50年代以前，未老龄化社会时期；(2)20世纪50年代到70年代中期，轻度老龄化社会和深度老龄化社会时期；(3)20世纪70年代中期以后，老龄社会时期，2016年人口老龄化率增长到18.36%。

为应对人口老龄化率加剧，英国在抑制提前退休、倡导社会融入、放宽移民政策等领域出台了一系列相关政策：

1. 抑制提早退休。英国在脱欧之前一直施行欧盟的统一制度，鼓励临近退休的年长劳动力提早退休，2001年欧盟退休的平均年龄是60岁，2002年欧盟成员国年长劳动力的就业率仅为40.1%。但是，随着产业向着高端服务业和高精尖技术的发展，年轻人必须获得更高的教育水平才能适应产业的需要，整个社会就业率的增长落后于劳动力的退休率，劳动力不足。如果继续沿用提早退休的政策，会造成劳动力短缺，领取养老金福利的人数增多，造成巨大的政府财政压力。

年龄超过50岁的大龄劳动力在再就业的过程中，依然面临企业招聘限年龄、歧视年龄的问题。2000年欧盟国家通过了《就业指令》，取消招聘时对超龄的限制。英国政府在2006年执行了这一法律，英国2010年年长劳动力的就业率超过了50%，成为少数的达到欧盟国家抑制提前退休目标的国家之一。

2. 放宽移民政策。从1997年开始，政府出台了一系列放宽移民的政策，增加海外移民迁入。净移民的增长不仅可以抵消一定程度的人口老龄化，同时还可以在提高人口的出生率和弥补劳动力短缺等方面起重要的作用。英国的净移民虽然不能从根本上解决老龄化问题，但是可以延缓英国人口老龄化的速度。

3. 促进就业政策。英国不仅帮助失业者找到工作,而且在失业者重新找到工作后继续追踪,给予一定的支持政策,直到完全适应工作,从而避免失业者一直被排挤在就业市场的边缘和低工资、微福利、靠领取社会救济生存的处境。同时,采取与企业合作的方式,帮助企业员工实现企业责任和家庭责任平衡兼顾的目的。

(二)日本老龄化进程和改革政策

日本人口老龄化开始于20世纪70年代,相继超过英、美等发达国家,老龄化率排名当今世界第一。其老龄化过程主要经历了四个阶段:(1)1960—1970年未老龄化社会时期;(2)1971—1994年轻度老龄化社会和深度老龄化社会时期;(3)1995—2005年老龄社会时期;(4)2006年以来,超老龄化时期。其人口老龄化率2016年增长到26.56%。

日本在宏观规划、医疗护理、就业、生育等领域出台了一系列相关政策:

宏观规划方面,日本中央和地方政府已经把养老事业作为一项长期发展的规划纳入国家发展规划。相继颁布了《长寿社会对策大纲》、《老年人保健福祉推进十年战略》和《高龄社会对策大纲》等。在医疗制度方面,日本1973年开始在老年人中推行免费医疗制度;在护理需求方面,2000年开始推行介护保险制度,强制国民从40岁开始交纳保险,65岁之后可以享受相应的护理服务。老年人就业方面,1971年颁布了《高年龄者等雇佣安定法》,企业必须选择“继续返聘退休人员”、“提高退休年龄”、“废除退休”三者之一;为促进老年人退休后再就业,推出取消企业单位对年龄的限制的制度。生育政策方面:财政政策上,从孕妇受孕到孩子出生,再到上学的过程中提供一系列的补助,减轻年轻家庭的育儿成本;休假政策上,女职工可获得产前后14周的休假并且计算工龄,同时新生儿父亲也可休产假。

四、供给侧结构性改革理论与政策研究

（一）新常态下供给侧结构性改革的理论内涵

2015 年 11 月，习近平总书记首次正式提出“供给侧结构性改革”政策：在适度扩大总需求的同时，着力加强供给侧结构性改革。中国当前的供给侧结构性改革重点在于解决目前新常态下“供给落后需求”和“供需错位”的两大问题。我们以“供给侧”和“需求侧”为侧重点，梳理改革开放 40 年以来的改革政策，将这个过程分为三个主要时期：

第一阶段，1978—1992 年，邓小平以“供给侧改革”为主导的时期。这一时期的改革主要集中在土地、国企、体制等领域，目标在于搞活、释放生产力，同时逐步实现改革开放；第二阶段，1992—2012 年，以“需求侧改革”为主导的时期。这一时期，政策导向由“供给侧”转向“需求侧”，其中市场经济体制改革成为最大的推动力，改革主要包括缓解国际、亚洲金融危机的“宏观调控”政策等。第三阶段，2015 年迄今，习近平以“供给侧改革”为主导的时期，改革政策内涵前文已阐述。主要是以前政府过度参与经济在微观层面的运行，资源错配、产能过剩、经济不重质量和资源分配的结构性扭曲等问题愈加明显，政府相机抉择从“需求侧改革”过渡到“供给侧结构性改革”。

“供给侧结构性改革”是针对目前经济新常态问题，通过经济体制机制改革优化方案，确保市场在资源分配中的决定性作用，升级产业，提供有效供给，为中国经济持续协调增长提供良好的制度环境和发展路径。

（二）供给侧结构性改革的经济学原理分析

供给侧结构性改革的原理，从经济学的角度可以通过宏观经济

中的“AS—AD”直观地进行阐述,如图 6 所示。

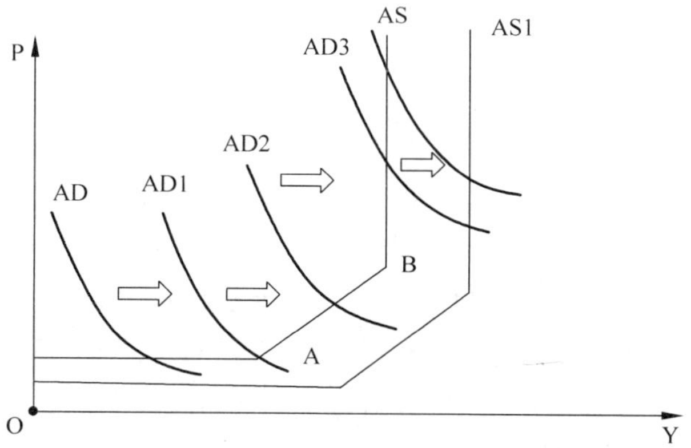

图 6　供给侧结构性改革经济学原理推演

在新中国成立初期,社会的物价水平和社会总产出很低,此时总需求曲线对应 AD,总供给曲线对应 AS。在经济增长的驱动下,总需求曲线 AD 移动到 AD1,此时,国民收入 Y 增加,物价 P 不发生改变。当总需求曲线移动超过 A 点,移动到 AD2 时,国民总收入继续增长,但是国民总产量增幅明显变小,物价开始上涨。此时,进一步的增长将使物价水平快速上涨。这一原理和发展经济学中存在的“刘易斯拐点”的理论相符(“刘易斯拐点”对应图 6 中的 A 点)。此时,继续拉动内需、刺激需求曲线,总需求曲线超过 B 点移动到 AD3,相比于 AD2 已经无法增加国民收入,无效的刺激需求只能陷入“滞胀”的困局。

此时,单向地向右移动供给曲线 AS,与扩大需求侧变量有异曲同工之妙,都可以达到国民收入增长的目标。供给侧结构性改革,就是当拉动内需、推动总需求曲线右移已经无法给经济带来增长动力时,不断突破社会生产边际临界值,实现供给侧由低端向高端的产业转移,创造性地将 AS 总供给曲线右移。总供给曲线右移,国民收入增加、物价水平小幅下降。

五、中国人口老龄化社会的供给侧问题

十九大指出,我国社会主要矛盾已经转化为人民日益增长的美好生活需要和不平衡不充分的发展之间的矛盾。面对中国老龄化的威胁,满足老年人的庞大需求将是一个严峻的社会问题。据国家统计局统计,截至 2017 年年底,中国 65 岁及以上老龄人口接近 1 亿 6 千万,占总人口的11.4%。对于养老业的投资是事关国民经济的重要分支,是影响国民消费、投资和政府开支的重要分流,老年人比例也是中国人力资本有效持续供给的重要决定因素。所以,面对当前经济增速换挡、下降,找到老龄化社会中存在的供给侧问题是实现国家经济发展和社会福利最大化的必要之需。结合中国特定历史条件以及当前国家发展“供给侧结构性改革”战略,当前国内老龄化面临的供给侧问题主要表现为:

第一,区域老龄化程度不均衡,以至于一定程度上拉大区域经济发展距离。发达地区与贫穷地区人口结构不同,一般来讲,一二线城市高速发展的虹吸效应,使得其人口结构中青年劳动力比例要高于贫穷地区,贫困地区老龄化问题突出。

第二,费孝通提出“反馈模式”,即父母抚养、培育儿女,儿女长大后供奉父母,否则会受到道德和舆论双重谴责。这种不充分、落后的传统养老方式已经不再适应当前新常态经济的发展,“三去一降一补”的战略,为这种传统养老事业的改革指明了方向道路。下面就经济金融、社会福利、社会医疗、劳动生产率等供给侧要素的几个方面进行分析,以便进一步有针对性地探索适合中国国情发展的人口老龄化供给侧改革政策。

(一) 人口老龄化加大经济金融下行压力

截止到 2015 年,中国的老年人抚养比为 19.6,且上升仍在加

速,养老问题已经成为一个严峻的政治议题。过重的养老经济压力,不可避免地给整个国民经济发展带来过重的下行压力。从宏观上讲,养老支出分流国家财政支出,影响其他行业的发展,造成经济增速下滑。从微观上讲,养老支出比例增加,家庭开支比例失衡,家庭中每个人的生活成本上升,生活质量受影响。例如,随着祖父辈的年龄增长,家庭中的老年人数增多,家庭的年轻劳动力不得不直面老人的养老问题,同时还要考虑到自己今后的养老问题,甚至还要关注孩子未来的养老问题。

(二)人口老龄化基数过大造成社会福利不均衡

根据福利经济学"公平"和"效率"原则,社会福利和社会保障将挤压一部分社会生产经济。一方面,随着老年人口的数量和比重的增大,政府和家庭在医疗健康领域的支出费用增多。随着年龄的增长,一些老年疾病将逐渐出现。另外,近来人们将社会资本投入到养老保险业的比例也在不断增加。城镇基本医疗保险基金支出、城镇职工医疗保险基金支出、城镇居民医疗保险基金支出占 GDP 比重均呈现上升趋势(见图 7),其中很大一部分是因为人口老龄化带来的医疗费用的增加。

(三)传统养老服务业升级倒逼高质量新型医疗体系的出台

随着中国老年人口数量增加及老年群体性消费能力增强,老年服务业作为一种为老龄人提供服务的新兴第三产业发展起来。但是,随着老年人收入水平的提高,老年人的需求逐渐从单一的物质需求转变为对生活照料、医疗保健和心理健康咨询医疗的多样化需求。因此,在社会老龄化服务发展的新时期,为了有效地解决中国老年服务业发展的瓶颈,应以供给侧结构转型为主要出发点,引导企业多方面高质量提供老年服务,解决老年人的供需瓶颈问题。

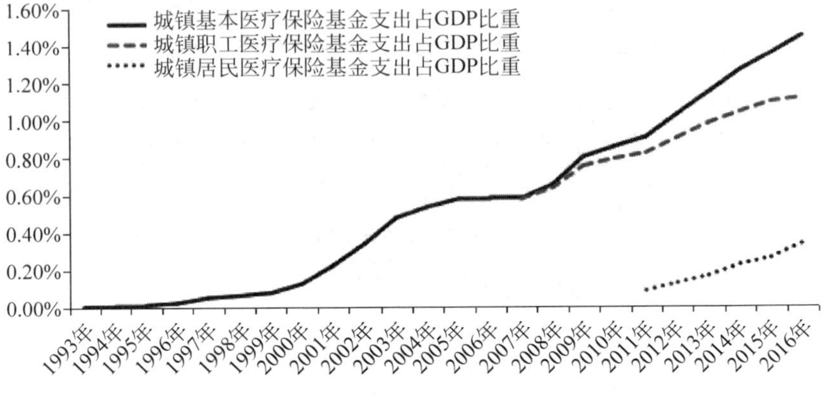

图 7　城镇基本医疗保险基金支出、城镇职工医疗保险基金支出、城镇居民医疗保险基金支出占 GDP 比重趋势图

数据来源:《中国统计年鉴 1994—2017》。

（四）人口结构失衡呼吁劳动生产率的提高

目前中国"4—2—1"家庭结构日益普遍,大部分家庭已经进入"未富先老"的困境,年轻人面临的家庭支出比例攀升的压力越来越大。发达国家进入老龄化社会时,人均 GDP 一般超过 5 000 美元,而中国在人口老龄化开始的时候,人均 GDP 刚超过 1 000 美元。面对当前有效劳动力供给短缺的结构性失衡以及养老成本的上行压力,经济发展对发展高技术、高效率、高技术产业,深化供给侧改革取代传统落后产能和企业提出了迫切需求,完成养老行业的结构性升级迫在眉睫。

六、人口老龄化背景下的供给侧结构性改革的探究

（一）大力推进"PPP"项目供给侧改革

使用"PPP"项目,在促进政府转变职能、提高企业技术和效率、带动民间资本发展的众多优势下,加速实现供给侧结构性改革。在

PPP模式中,通过库存指导,可以将许多废弃、闲置的训练中心、宾馆、医院和商业物业升级为养老服务场所,实现"去产能、去库存"的目标。

(二)医疗保健社区化,形成共享服务链

充分利用现代技术开发老年人养老产品,实现养老服务的便利性、智能性和实用性,保障老年人晚年生活的幸福。例如可以推进"小规模、多功能、服务链"的老年社区服务模式。小型多功能服务站主要为老年人提供日常服务、上门服务等多种服务,这样不仅有助于老年人保持原有的社会交往圈,而且有助于充分发挥社区提供多样服务的功能。另外,服务链模式一方面可以促进医疗中介机构的发展,另一方面可以加强养老院和医院的合作,形成养老医疗生态圈。

(三)推进符合老年人特点的咨询与教育岗位再就业

老年人积累了丰富的人生经验,在城市建立"老年人才中心"平台,提供老年人临时短期就业和再就业机会,使其在生产、生活中继续发挥余热、服务社会。老年人最重要的财富便是积累了一生的知识经验,制定适合老年人的岗位,如咨询和再教育服务业等,设立相应的咨询再教育窗口,这同时也是搭建代际沟通的良性平台。

(四)为避免"4—2—1"的困局,鼓励生育

中国过去几十年的经济获得飞速发展,但是随着当前人口老龄化加剧和出生率下降,人力成本越发上涨,国民经济发展有很大压力;旧一轮人口红利已将近耗完,鼓励生育势在必行。政府可以在生育上给予一定的补贴和支持,例如建立公立的育儿中心和托儿机构,为孕产夫妇提供更长的孕产补助,对于符合生育二孩政策的家庭予以住房、教育经费以及税费的减免和补助等。

（五）推进养老金融，将养老作为终身目标

弗朗科·莫迪利安尼提出的“生命周期消费理论”，是指养老应该作为一项长期跨期工程，即人们需要在较长时间范围内合理计划消费与储蓄，以使整个生命周期内的消费达到最优配置。目前国内养老金融市场上保险、养老公积金以及以房养老等已经成熟，但是养老证券、基金等金融方式还没有兴起。在这些方面，我们可以借鉴美国公募基金模式，搭建 REITS 架构等。涓涓细水，方能汇聚成流，整个生命阶段都应该在为养老做好储备，而不是等到年老时陷入经济及生存的困境，保持整个生命周期经济的平衡发展，对于提高个人生活质量、保障国家经济稳定运行具有重要的战略意义。

（六）推动人工智能和智能化养老

传统养老方式存在着以下问题：传统电器的设计没有考虑到身体不方便的老人的使用习惯；监控安全保护缺失，老人走失事件常有发生；发生紧急情况无法立即获得儿女和外界的援救；儿女无法随时了解父母的活动状况等。我们可以采取人工智能、智能服务的方案来解决上述问题，比如采用智能陪伴、智能检测、智能医疗机器人等。

在十九大报告中，习近平同志提出老龄化问题的针对性应对策略：实施健康中国战略，就是要求我们要积极应对人口老龄化，构建养老、孝老、敬老政策体系和社会环境，推进医养结合，以加快老龄事业和产业的结构性升级发展为目标导向，通过养老服务业结构性转型，实现精准化、目标化养老；以转型促发展，以转型促改革，这是我们推进供给侧结构性改革必须打好的攻坚战，最终实现“老有所依、老有所养、老有所乐”的健康发展模式，做到幸福一个小家，强大整个国家。

参考文献

1. 昌忠泽:“人口老龄化的经济影响——对文献的研究和反思”,《财贸研究》2018 年第 2 期。
2. 陈传书:“加强老龄工作发展老龄事业”,《求是》2010 年第 16 期。
3. 陈社英、陈潭、黄金:“21 世纪的中国与老龄化:研究与实践的挑战”,《人口与发展》2011 年第 2 期。
4. 陈湘满:“英国新移民政策下移民态势及经济影响”,《湘潭大学学报(哲学社会科学版)》2006 年第 2 期。
5. 程承坪、罗栋:“国外应对人口老龄化的政策”,《国外社会科学》2013 年第 2 期。
6. 代利凤:“人口老龄化的宏观经济社会影响——以辽宁省为例”,《中国经贸导刊》2014 第 1 期。
7. 冯德祥、张从青、戴维、陈丽娟:“供给侧结构性改革和区域经济发展”,《现代管理科学》2018 年第 8 期。
8. 何圆:“基于微观主体养老目的的生育与退休决策”,博士学位论文,东北财经大学,2015 年。
9. 洪恬恬:“我国老龄事业发展中政府的责任和作为”,硕士学位论文,复旦大学,2011 年。
10. 李兰永、刘媛:“人口老龄化:特征、成因及对策研究”,《山东社会科学》2013 年第 12 期。
11. 刘昌平、汪连杰:“老年服务业供给侧改革:研究缘起、理论逻辑与实践路径”,《河北学刊》2016 年第 5 期。
12. 刘桂华:“英国人口老龄化的特点与政策应对”,《中国社会报》2014 年 3 月 31 日。
13. 刘雄英、黄纯波:“中国人口老龄化与养老保险”,《金融理论与实践》2004 年第 12 期。
14. 马倩倩:“我国医疗保险制度运行中道德风险程度研究”,硕士学位论文,天津财经大学,2014 年。
15. 南楠、侯慧丽:“我国与 OECD 国家老龄化现状比较”,《中国国情国力》2016 年第 8 期。
16. 彭莉莉:“日本养老福利制度及服务设施运营的启示”,《湖北社会科学》2011 年第 8 期。
17. 谭月:“日美延迟退休制度比较——兼论对中国延迟退休改革的启示”,《法制博览》2015 年第 16 期。

18. 田雪原:“人口老龄化与养老保险体制创新”,《人口学刊》2014 第 1 期。
19. 王献芝:“中国人口老龄化的成因、特征及对策”,《河南教育学院学报(哲学社会科学版)》1998 年第 1 期。
20. 王志宝、孙铁山、张杰斐:“人口老龄化区域类型划分与区域演变分析——以中美日韩四国为例”,《地理科学》2015 年 7 期。
21. 乌仁格日乐:“人口老龄化对中国经济增长的积极效应”,博士学位论文,中央财经大学,2015 年。
22. 武赫:“人口老龄化背景下中国养老产业发展研究”,博士学位论文,吉林大学,2017 年。
23. 解韬:“英国应对人口老龄化的经验及对中国的启示”,《新经济》2014 年第 1 期。
24. 央广网:“习近平治国理政‘100 句话’之:推进供给侧改革要把握好‘加法’和‘减法’”,央广网 2016 年 3 月 30 日。
25. 杨晓维:“从经济新常态看供给侧结构性改革”,《光明日报》2016 年 5 月 25 日。
26. 姚静、李爽:“中国人口老龄化的特点、成因及对策分析”,《人文地理》2000 年第 5 期。
27. 姚余栋、王赓宇:“发展养老金融与落实供给侧结构性改革”,《金融论坛》2016 年第 5 期。
28. 翟振武、郑睿臻:“人口老龄化与宏观经济关系的探讨”,《人口研究》2016 年第 2 期。
29. 赵福军、吕紫剑、董丹丹:“日本应对人口老龄化的政策体系及借鉴启示”,《发展研究》2017 第 6 期。

(窦希铭,中共福建省漳州市诏安县委;戴维,北京大学软件与微电子学院;吴景峰,北京大学软件与微电子学院)

社会人口老龄化趋势下的医养结合养老模式研究

傅帅雄　黄顺魁

党的十九大报告明确提出“积极应对人口老龄化……推进医养结合,加快老龄事业和产业发展。”我国已经进入人口老龄化快速发展阶段,2012 年年底我国 60 周岁以上老年人口已达 1.94 亿,2025 年将突破 3 亿。随着我国人口结构向老龄化转变日益加快,其所带来的养老问题在社会上的关注度日益提升,特别是具有高龄、失独、空巢、失能、慢性病等特征的老年人不断增加,身体机能的下降和生理器官的衰竭退化,使其对生活照料的需求不断提升,在医疗健康、康复护理等方面的需求骤然增大,对传统的居家养老、社区养老和机构养老模式中或多或少的将生活照料和健康医疗相剥离的做法带来了新的挑战，对养老服务提出了新的要求。医养结合的新型养老服务模式便应运而生，并且取得了一定的应用成果，为我国进一步健全完善养老模式提供了好的经验和做法。

一、医养结合养老模式是我国当前社会人口老龄化趋势下的必然选择

医养结合养老模式并非单纯指医疗机构与养老机构的整合，而是医疗资源对养老的介入与融合[1]，将老年人健康与医疗服务放在更加重要的位置，有助于满足老年人医疗与养老的多重需求。医养结合养老模式的兴起和发展，是我国当前社会人口老龄化趋势下的必然选择。《"健康中国2030"规划纲要》中明确提出了医养结合的养老模式。截至目前，全国各省（区、市）几乎均制定了相应的医养结合实施意见，并取得了一定的成绩。

（一）国家机构改革为医疗体系和养老体系结合提供了基础

我国养老机构中的养和医分属民政和卫生两个管理部门，医养分离的现象十分突出。而事实上，老年人基本生活水平的保障只是基础需求，如何为老年人提供专业的医疗护理也十分必要。十三届全国人大一次会议通过的《国务院机构改革方案》提出，全国老龄工作委员会的日常工作从民政部移交给国家卫生健康委员会承担，民政部代管的中国老龄协会也改由国家卫生健康委员会代管，为我国未来养老和医疗的结合在政策和机制上提供了重要的契机，为破除医养结合养老模式的瓶颈夯实了基础。

---

〔1〕 参见赵晓芳："健康老龄化背景下'医养结合'养老服务模式研究"，《兰州学刊》2014年第9期。

(二) 社会养老机构的良好发展环境为医养结合养老模式提供了支撑

在社会人口老龄化趋势下,对国家最重要的影响是养老金的支付压力和政府养老财政负担加重的问题,鼓励社会养老机构发展成为国家的重要手段,为此出台了一系列的政策措施。2013 年 9 月,国务院颁布《关于加快发展养老服务业的若干意见》,明确提出“激发社会活力,充分发挥社会力量的主体作用,健全养老服务体系”。同时,营造公平投资环境,加大公建民营试点工作力度,支持民办养老机构承接当地养老公共服务。政府还通过投资、金融等带动社会养老模式发展。比如,国家发改委 PPP 项目中包括养老、健康养生类的项目;证券、债券市场,以及产业引导基金、信托、保险等都可作为养老机构的融资途径。最后,积极推动国家级医养结合试点,支持社会力量举办非营利性医养结合机构。

(三) 老年人的生理特性要求建立医养结合下的长期护理制度

全国 60 岁及以上老年人口 23 086 万人,占总人口的 16.7%,其中 65 岁及以上人口 15 003 万人,占总人口的 10.8%。

我国老龄化程度和速度不断加剧,高龄、失独、空巢、失能、慢性病等老年人不断增多,特别是患病、失能、半失能等老年人的治疗和服务成为养老服务中最重要的内容。截至 2016 年年底,我国 60 岁及以上老年人口占总人口比重为 16.7%,其中 65 岁及以上人口占比为 10.8%[1],预计到 2030 年我国 60 岁及以上人口比例将达

[1] 参见民政部:“2016 年社会服务发展统计公报[EB/OL]”,(2017—08—31)[2018—05—10] http://www.mca.gov.cn/article/sj/tjgb/201708/20170815005382.shtml。

25%左右,到 2050 年将达到 34%,超过全球平均水平 12 个百分点[1]。失能和慢性病老年人继续增加,据世界银行数据预测,到 2030 年,人口老龄化将使我国的慢性病负担增长 40%。失独和空巢老年人的数量也在不断增长,独居老年人占老年人总数 10%,空巢老年人占老年人总数的一半左右。80%的老年人所患疾病是不需要到大医院就诊的[2],养老机构需要承担起患病老年人疾病预防和病后康复护理的主要任务。在此大背景下,老年人对医疗健康方面的需求将会不断增加,传统的居家、机构和社区养老等模式下的医养分离都不能很好地满足老年人的需求。医疗与养老的结合,要求医疗模式从以看病治疗为主,转变为长期的跟踪、维护的家庭医生模式,推进医疗资源和养老资源的结合。

(四)养老资源和医疗资源的优化利用需要医养结合

传统的居家、机构和社区养老模式由于受到技术、资金、人力资源、设备管理等限制,大多数只能提供较为简单的日常照料服务,并不能很好地满足老年人的照料需求以及健康管理、基本医疗护理、愈后康复等特殊医疗需求。居家养老是我国"养儿防老"观念的主要体现,但随着我国家庭规模不断缩小,家庭小型化导致居家养老功能不断弱化。机构养老同时面临供不应求与资源利用率不高的问题[3],截止到 2014 年年底,我国平均每百名老年人拥有床位仅

---

[1] 参见杜鹏、翟振武、陈卫:"中国人口老龄化百年发展趋势",《人口研究》2005 年第 6 期。

[2] 参见陈元刚、唐春花、陈芳等:"我国老年人城镇社区医疗卫生服务体系构建探析",《重庆工商大学学报(社会科学版)》2013 年第 3 期。

[3] 参见穆光宗:"我国机构养老发展的困境与对策",《华中师范大学学报(人文社会科学版)》2012 年第 2 期。

3张[1]，与国际标准“平均每千名老年人占有养老床位50张”的要求相去甚远，但养老机构实际养老床位空置率却超过50%[2]，主要原因是养老机构缺乏相关的医疗服务支持，导致养老资源出现极大浪费。居家、机构和社区养老方式主要是从养老地点进行分类，并未涉及养老过程及各个环节，这三种养老方式既可以是单独的养老服务，也可以成为医养结合的养老模式。有必要积极发展医养结合型的养老机构或医疗机构，为老年人提供专业化、多样化的医疗健康服务。因此，将“医养结合，持续照顾”的理念融入机构养老，就成为了一种进步的机构养老模式，已势在必行。

医院也不能为患病老年人提供长期住院服务，医养结合有利于更加合理地利用和发挥医疗机构的优势，有利于医养衔接，实现一体化照护。在大中型医院，一些老年人为享受更优质的医疗服务，常常采取各种措施拒绝出院[3]，不仅加重老年人自身经济负担，也会给医院增加医疗压力。与此同时，大量的中小型医院则遭遇医疗资源闲置危机，特别是民办和社区医院的医疗卫生功能不断被弱化。通过医养结合，基层医疗卫生服务机构与养老机构无缝对接，为居家和社区养老的老年人提供医疗健康服务，使老年人能够就近就便获得公共卫生服务，从而有效缓解医疗资源紧张问题，同时也为基层医疗机构转型开展养老服务创造了条件，实现医疗资源的合理配置。

---

〔1〕 数据来源于2017年《中国国民经济与社会发展统计公报》，经作者计算所得。

〔2〕 参见田钰燕：“探析中国机构养老政策变迁”，《社会福利》2014年第12期。

〔3〕 参见程亮：“医养融合：养老机构发展新路径探究”，《中州学刊》2015年第4期。

二、我国目前已经在医养结合养老模式中取得了一定经验

2016年,国家发展改革委、民政部、卫生计生委等确定25个省市的50个市(区)作为第一批国家级医养结合试点单位以来,青岛、合肥、郑州等地从实际出发,在探索建立不同类型的医养结合模式、打造示范品牌案例和争取关键环节的制度突破等方面,取得了不错的成绩,积累了很好的经验。

(一)建立了多种类型的医养结合模式

目前,在各地积极探索医养结合的工作中,建立了多种类型的医养结合模式,主要包括如下几种。一是养老机构和医疗机构签订合作协议。在同一地区的医疗机构和养老机构根据各自资源和要求相互签订医疗和养老协议,相互开通绿色通道,实现资源合理利用,达到医养结合的目的。比如,北京的泰康之家·燕园复制打造高端养老社区,通过与周边医疗机构的合作,满足入住老年人的医疗和护理需求。二是养老机构自办医疗机构。一些规模较大的养老机构根据入住老年人的需求,设置老年病医院、康复医院、医务室等,以保证能够及时得到医疗救助。比如,青岛市圣德老年护理院在其内部建立医疗部门,聘请专科医生及护理人员,能够为患病老年人提供全方位一站式服务。三是医疗机构增设或者经营养老机构。通过对医院进行功能调整,整合医疗资源,在医疗机构内设置养老床位或病区,较为精准地为老年患者提供长期医疗护理等服务。比如,合肥市滨湖医院依托三甲医院优势,在医院内部建立老年病房,采用"医保住院"与"护理养老"无缝对接方式,在不挪床位的情况下实现两者之间的轻松转换,满足了慢性病患病老年人的养老需求。四是社区支撑辐射模式。社区养老服务中心和社区卫生服务机构开展合作,共同为居家老年人提供生活照料、医疗保健等

服务。比如,上海市社区卫生服务中心扮演整合医养资源、推动医疗资源辐射和周转的核心角色,由社区卫生服务中心向社区内各类老年群体提供相应的医疗服务。[1]

(二)形成了多个医养结合示范案例

2015 年,国务院办公厅转发卫生计生委等部门《关于推进医疗卫生与养老服务相结合的指导意见》,提出进一步推进医疗卫生与养老服务相结合,经两批遴选确定了 90 个市(区)作为试点地区。除了前面提到北京的泰康之家·燕园、青岛市圣德老年护理院和合肥市滨湖医院的经验做法之外,还形成了多个示范案例。一是济宁市兖州区社会福利服务中心将经营管理权全部交给兖州区中医院,医院在养老院设置医疗中心,提升整体护理专业水准,实现了护理、预防、治疗、康复的全面整合。[2]二是重庆医科大学附属第一医院投资兴建青杠老年护养中心,建立了完善的内部循环"转区机制"——"养老区—慢病康复区—医院本部—养老区"。三是郑州市第九人民医院联合河南省 36 家养老机构发起成立了河南省老年医养协作联盟,打破医疗机构与养老机构"各自为政"的格局,形成了完善的双向转诊机制。[3]四是长沙市将天心区坡子街社区居家养老服务中心与天心区人民医院的资源融合,建立了集生活照料、医疗护理、康复服务和临终关怀为一体的馨园老年人关爱中心。[4]

---

〔1〕 参见李长远、张举国:"我国医养结合养老服务的典型模式及优化策略",《求实》2017 年第 7 期。

〔2〕 参见廖芮、张开宁、王华平等:"我国健康老龄化背景下的医养结合:基本理念、服务模式与实践难题",《中国全科医学》2017 年第 3 期。

〔3〕 参见黄佳豪、孟昉:"'医养结合'养老模式的必要性、困境与对策",《中国卫生政策研究》2014 年第 6 期。

〔4〕 参见廖芮、张开宁、王华平等:"我国健康老龄化背景下的医养结合:基本理念、服务模式与实践难题",《中国全科医学》2017 年第 3 期。

(三) 探索了新型的医养结合制度基础

在部门协作方面,医疗体系、养老体系与相关部门的衔接是关键,要通过搭建医养一体化运作平台,实现医养服务机构间的沟通与协调[1]。上海市建立了医养结合工作协同推进机制,卫计部门牵头负责医疗服务相关工作,民政部门牵头协调其他非医疗服务工作,人社、财政、发展改革等部门全力配合。苏州市成立了协调推进机构,建立了联席会议制度,研究制定相关政策法规。

在医养政策衔接方面,养老保险、医疗保险与长期护理之间的支出是关键。青岛市在全国首创并实施了长期护理保险制度,首次将医疗服务和养老服务纳入到统一的制度框架下。[2]该制度以城镇职工医疗保险为平台,用人单位和个人无需另行缴纳护理保险费,基金来源于医疗保险基金、政府补贴和福彩公益金,参保人根据不同的护理需求可以申请在定点护理机构、定点医院、居家和社区,减轻了政府、老年人的支付压力。青岛市因长期医疗护理保险制度获得"中国政府创新奖"。上海市将核定的养老机构中的内部医疗机构纳入医保结算范围,结算对象包括职工基本医疗保险参保人员和城镇居民基本医疗保险、小城镇基本医疗保险、市民医疗互助帮困计划等其他参保人员,结算范围包括个人医疗账户段、个人自负段和附加基金段。[3]

---

〔1〕 参见李长远、张举国:"我国医养结合养老服务的典型模式及优化策略",《求实》2017年第7期。

〔2〕 参见陈振营:"我国长期护理保险制度优化研究——以青岛市为例",硕士学位论文,山东大学,2017年。

〔3〕 参见杨贞贞:"医养结合的社会养老服务筹资模式构建与实证研究",博士学位论文,浙江大学,2014年。

三、我国医养结合养老模式仍然存在一些问题和瓶颈

（一）政府多头管理导致政策扶持落实难

政府出台扶持政策是积极应对老年人对医疗健康服务需求的重要手段，国家明确指出要积极推进医疗机构与养老机构合作，加快发展健康养老服务，推动医养融合发展，这涉及税收减免、医院管理、人才建设、土地使用等方面。从机构管理来看，普通养老机构归民政部门审批和管理，但医养结合养老机构涉及民政、卫生、社保、财政等部门，不同部门颁布的政策之间协调性差，责任不同，管理体系比较混乱，没有形成统一有效的管理与支持，而且各部门政策“一刀切”现象严重，医疗资源和养老资源相互割离现象严重，难以形成政策合力。医疗系统与养老系统的分离，造成老年人养老的不便与高成本。虽然上海、青岛、苏州等试点城市都尝试由政府强力推动，打破行政体制壁垒，但是上级政府依然属于行政分割的多头管理体制，其结果就是行政管理体制下改上不改、改也难改。[1]比如，养老机构内部设立医疗卫生室要达到卫生部门建设医院的标准，超出了大部分养老机构开展医疗服务的能力。再比如，“医养结合”应当属于半公益性、半商业性的公共服务产品，相应的隶属关系、医保报销、药品管理、行业资质及政府投入等诸多问题尚需进一步明确，土地、税收、水电气暖、医疗等方面的优惠政策往往难以落实。

（二）资金投入较大，阻碍有序健康发展

即使有了相应的政策支持，大量的资金投入又成为制约医养结合养老服务模式有序发展的关键。比如，在养老机构中设立医疗机

---

〔1〕 参见李长远、张举国：“我国医养结合养老服务的典型模式及优化策略”，《求实》2017 年第 7 期。

构,根据卫生部2010年印发的《诊所基本标准》的规定,医务室建设面积不得少于40平方米,而且必须要设置独立的诊室、治疗室、处置室和输液观察室等场所[1],同时,也要购买设备,配备医护人员,以保证医务室24小时运营服务。在医疗机构内开展养老服务,也需要大量的改建资金和财政补贴。据中国老龄科学研究中心课题组的调研数据显示,民办养老机构中设有医务室的有56%,公办养老机构中设有医务室的有52.1%,设有康复治疗室的机构不到20%,有22.3%的养老机构既没有配备单独的医疗室,也没有专业的医疗人员[2],不能提供专业化的医疗健康服务。

由于投入资金较大,政府补贴不足以维持其运转,于是养老机构中的医疗机构均争相纳入医保定点单位,一些养老机构在某种程度上已经变为医疗机构,将一般康复护理转变为医疗服务,开大处方、营养液、中医理疗方面的药品或治疗,由医保报销相应的医疗费用,违背了医养结合养老服务的初衷,也损害了其他参保人享受医保基金的权利。可以说,资金问题已经成为医养结合养老服务模式有序健康发展的关键。

(三)医疗执业许可和医保定点资质申请难

医养结合养老服务具体运作过程中,还涉及医疗执业许可和医保定点资质的问题,而这直接影响了医疗机构能否对患者进行医疗救治以及是否能够通过医保报销。医疗机构申请执业许可时必须要满足功能分区等硬件要求,比如诊室得分类,要有抢救室、处置

---

〔1〕参见王长青、毛鹏远、陈娜等:“医养结合资源的多重整合”,《学海》2016年第6期。

〔2〕参见中国老龄科学研究中心课题组:“全国城乡失能老年人状况研究”,《残疾人研究》2011年第2期。

室、治疗室、消毒间等[1]，明显高于只提供基本医疗护理服务的养老机构的运营标准。同时，不能通过医保进行报销的话，将导致患者看病不能享受相应补贴，限制了老人在养老机构内部享受医疗服务的需求。

（四）服务收费较高且医疗服务不健全

传统的养老机构属于社会福利性机构，收费较低，利润很小，主要靠政府补助，以提供生活照料服务为主，难以做到为老年人提供有效的健康管理和上门护理服务，无法真正实现医养结合。而医养结合的养老机构则以养老和地产结合的模式为主，收费超出大多数普通收入老年人的承受能力，医养结合养老机构床位使用率不高，而普通养老机构“一床难求”。[2]另外，医养结合养老模式的关键是“医”的水平，公立医院往往更容易得到政府补助，优质的医疗资源都集中在少数几家医院，而这些医院本身患者数量多，无法投入更多资源到养老服务中。但老年人又偏向于选择这些医院，致使一些私人的医养结合养老服务机构退出市场。国家尚未正式建立长期护理保险制度，多数医养结合机构尚未被纳入医保定点机构范围，入住老年人的医、养、康、护成本难以由相应保险、基金分担。

（五）医养结合养老服务制度法规跟进不及时

西方发达国家已经建立了全面的老年照顾评估体系，包括对机构水平和老年人健康等级的评估，以使养老机构提供最适合每个老年人养老的模式。而我国医养结合养老服务中，准入标准、服务标

---

[1] 参见王素英、张作森、孙文灿：“医养结合的模式与路径——关于推进医疗卫生与养老服务相结合的调研报告”，《社会福利》2013年第12期。

[2] 参见胡茜茜：“‘医养结合’新型养老服务模式存在问题及对策”，《中国市场》2016年第34期。

准、经费筹集、补偿办法、责任认定等方面尚缺乏明确的监督主体和评估体系,[1]往往会出现既往标准不适用、无合适新标准可循等问题,导致供给不具有针对性和出现偏差,造成资源浪费或者供不"合"求。比如,医院有没有资格设立养老床位并没有明确的规定,入住老年人医保报销并没有清晰的界定,很多医院投入养老行业的积极性不高。同样,在养老机构开设医疗服务也需要相关的法律法规,建设规模和标准都需要明确规定。

四、健全完善我国医养结合养老模式的政策建议

(一)理顺行政管理体制,构建一体化的行政协调机制

一是不断完善医养结合养老服务法律法规。医养结合作为新兴的养老服务模式,既不能走政府包办一切的老路,也不能全部推向市场[2]。要尽快出台医养结合相关意见规划,提供良好的政策导向,不断完善落实税收优惠、财政补贴、土地供应以及人才培养和就业政策等。应通过建立长期护理保险制度降低老年人的医护养老费用,比如,采取财政补贴或者是与商业保险制度相结合来降低护理费用。二是建立医养结合一体化的行政协调机制。卫生部门应尽快出台和完善相关医养结合型医疗机构的建设标准、设施标准、医护人员上岗标准、服务标准和管理标准,制定准入和退出机制,严格规范医养结合型医疗机构的市场行为。人社部门和财政部门要分别从人才和资金保障等方面积极配合卫生和民政部门。设立跨部门的协调机构,完善各方沟通协调机制。

---

[1] 参见王长青、毛鹏远、陈娜:"供给侧改革视域下医养结合资源的多重整合",《中国卫生事业管理》2016 年第 12 期。

[2] 参见青连斌、陈蕾:"让全体人民老有所养——对中国红十字总会曜阳养老服务体系建设的调研",《科学社会主义》2014 年第 5 期。

(二) 建立多元投入机制,形成共建共享的利益协调格局

医养结合养老模式投资周期长、利润率低,政府要完善和落实相关扶持政策,促进医养结合服务机构举办主体与资金筹措渠道的多元化以及运作方式的市场化。要建立医养结合专项基金扶持医养结合型养老机构发展。要积极发动社会力量,通过财政补助、购买服务、特许经营、公建民营、民办公助等方式,吸引公益慈善组织和社会资本参与医养结合型养老机构建设。政府应对养老机构的建设和运营给予适当的补贴。比如,像青岛一样在机构设置、用地、设施建设、投融资、税费等方面对符合条件和准备实施医养结合的机构给予优惠。

(三) 完善养老服务体系,创造多层次供给方式

一是建立政府和市场的养老服务体系。由于养老和医疗资源的有限性,医养结合必须要多方力量共同参与,尤其是要建立起政府、市场、社区和非政府组织等多方合作的模式。政府要提供政策引导,加大资金投入,确保养老资源和医疗资源能够基本满足本地的需求。应鼓励和引导社会力量在养老机构中创办医疗机构,并给予相应政策优惠,不断提高养老服务和医疗服务的供给能力。积极鼓励民办医院和社区卫生服务中心转型为康复院、护理院等医养结合型养老机构,拓宽医养结合养老服务的供给渠道。二是合理规划建设多层次的医养结合养老服务实现方式,满足不同类型老年人多样化的养老服务需求。对规模较大的养老机构,在提供基本生活照料服务的基础上,在内部设立符合卫生部门各项规定的医疗机构;对规模较小且周边医疗卫生服务网络不完善的养老机构,可以按照相关标准设立简单的卫生所、医务室等;对规模较小且周边医疗卫生服务网络较为完善的养老机构,要与社区卫生服务中心以及临近的医院合作,配合分级诊疗建立紧密型转诊制度,实现医疗资源的

共享，形成顺畅的双向转诊机制。

（四）创新养老支付方式，构建长期护理制度

一是改革医疗保险支付方式。将符合条件的医养结合养老机构内设医疗机构纳入基本医疗保险定点范围。规范医疗卫生机构为居家老年人提供的医疗和护理服务项目，医保管理部门要制定合理的准入标准，合理界定医疗费用的支付项目和报销比例。二是构建老年人长期护理保险制度。加快老年人长期护理保险制度的设计，建立"个人缴费＋医保补偿＋政府补贴"的筹资模式，作为基本医疗保险的补充，提供护理保障和经济补偿，降低老年人长期护理的经济负担。

参考文献

1. 陈元刚、唐春花、陈芳等："我国老年人城镇社区医疗卫生服务体系构建探析"，《重庆工商大学学报（社会科学版）》2013 年第 3 期。
2. 陈振营："我国长期护理保险制度优化研究——以青岛市为例"，硕士学位论文，山东大学，2017 年。
3. 程亮："医养融合：养老机构发展新路径探究"，《中州学刊》2015 年第 4 期。
4. 杜鹏、翟振武、陈卫："中国人口老龄化百年发展趋势"，《人口研究》2005 年第 6 期。
5. 胡茜茜："'医养结合'新型养老服务模式存在问题及对策"，《中国市场》2016 年第 34 期。
6. 黄佳豪、孟昉："'医养结合'养老模式的必要性、困境与对策"，《中国卫生政策研究》2014 年第 6 期。
7. 李长远、张举国："我国医养结合养老服务的典型模式及优化策略"，《求实》2017 年第 7 期。
8. 廖芮、张开宁、王华平等："我国健康老龄化背景下的医养结合：基本理念、服务模式与实践难题"，《中国全科医学》2017 年第 3 期。
9. 民政部："2016 年社会服务发展统计公报"，（2017—08—31）[2018—05—10]http://www.mca.gov.cn/article/sj/tjgb/201708/20170815005382.shtml。
10. 穆光宗："我国机构养老发展的困境与对策"，《华中师范大学学报（人文社

会科学版)》2012 年第 2 期。
11. 青连斌、陈蕾:“让全体人民老有所养——对中国红十字总会曜阳养老服务体系建设的调研”,《科学社会主义》2014 年第 5 期。
12. 田钰燕:“探析中国机构养老政策变迁”,《社会福利》2014 年第 12 期。
13. 王长青、毛鹏远、陈娜等:“医养结合资源的多重整合”,《学海》2016 年第 6 期。
14. 王长青、毛鹏远、陈娜:“供给侧改革视域下医养结合资源的多重整合”,《中国卫生事业管理》2016 年第 12 期。
15. 王素英、张作森、孙文灿:“医养结合的模式与路径——关于推进医疗卫生与养老服务相结合的调研报告”,《社会福利》2013 年第 12 期。
16. 杨贞贞:“医养结合的社会养老服务筹资模式构建与实证研究”,博士学位论文,浙江大学,2014 年。
17. 赵晓芳:“健康老龄化背景下‘医养结合’养老服务模式研究”,《兰州学刊》2014 年第 9 期。
18. 中国老龄科学研究中心课题组:“全国城乡失能老年人状况研究”,《残疾人研究》2011 年第 2 期。

(傅帅雄,北京大学光华管理学院;
黄顺魁,深圳市大鹏新区改革与发展研究中心)

人口老龄化与发展动力机制变化

罗来军

一、我国的人口老龄化问题

中国人口结构自进入21世纪以来迅速老化,长期以来的"人口红利"逐渐消失。根据联合国《2012世界人口发展趋势报告》的预测,我国60岁以上的老年人比重将在2050年达到30%—40%。到那时,我国将成为世界上人口老龄化最严重的国家。党的十八大报告中明确提出积极应对人口老龄化以及大力发展老龄服务事业和产业,这是党中央对日益严峻的人口老龄化问题作出的重大战略部署。

我国人口老龄化趋势非常明显,这可以从抚养系数的年度变化中反映出来,请参见表1。抚养系数是指在人口当中,非劳动年龄人口对劳动年龄人口数之比。抚养系数越大,表明劳动力人均承担的抚养人数就越多,也意味着劳动力的抚养负担就越严重。这个现象也说明,人口老龄化必将引发一系列的变化。

表1 我国的抚养系数变化(1950—2050年)(%)

	1950年	1970年	1990年	2000年	2010年	2020年	2030年	2040年	2050年
老年抚养系数	7.3	7.1	8.3	9.9	11.9	16.7	26.1	34.8	41.8
少儿抚养系数	56	72.2	41.5	32.6	22.3	26	21.1	23	21.2
总抚养系数	63.3	79.3	49.8	42.6	34.4	42.7	47.2	57.8	63

数据来源:《中国统计年鉴2013》和《联合国世界人口展望2012》。

我国65岁及以上老年人口的占比,1999年低于世界平均水平,2000年达到了7%。我国人口年龄结构从成年型进入老年型仅仅用了大概18年,这一时间与世界上其他国家相比是非常短的。法国从成年型进入老年型用了115年,瑞士85年,美国60年,英国45年,日本25年,印度30年,其他发展中国家或地区为50年以上。而且,发展中国家人口老龄化的起始时间均比我国要晚,多数的人口年龄结构将在2025年左右才出现老龄化,比我国要晚25年。我国将在2025—2030年期间步入深度老龄社会,而后将以全球最快的老龄化速度,与西方国家同期在2035—2040年期间步入超级老龄社会。

我国80岁以上的高龄老人在1982—1990年期间的年平均增长速度为5%,快于60岁及以上老年人口的年平均增长速度,在

1990—2010 年期间的年平均增长速度为 4.1%，高于世界平均 3% 和发达国家平均 2% 的速度。2010 年第六次人口普查数据显示，中国 80 岁以上老年人口已达 2 000 万。按照联合国的预测，2070 年，这一数据将达到 1.2 亿。从 20 世纪 80 年代，我国人口年龄中位数开始上升，2010 年为 34.6 岁，2050 年将上升到 52 岁（参见图 1），人口年龄中位数的上升反映了劳动力“老龄化”的变化趋势。

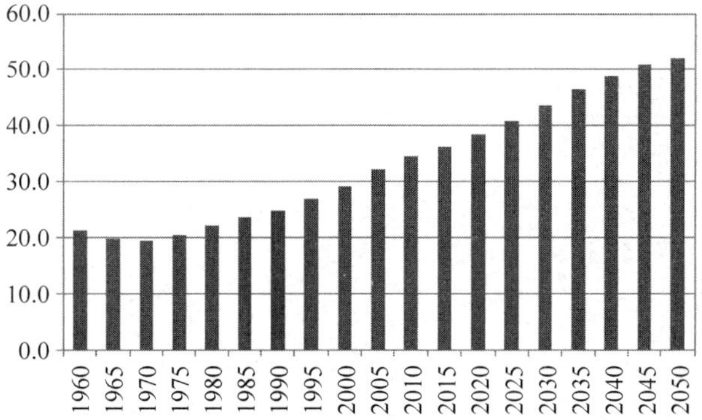

图 1　我国人口年龄中位数估计及年度趋势

资料来源：《联合国世界人口展望 2012》。

二、人口老龄化的影响机制变化分析

（一）人口老龄化对产业结构升级的影响

一个国家或地区的产业结构反映了产业内部及产业间的经济技术联系和比例关系，其变动通常与该国或地区的消费结构、要素禀赋以及技术进步密切相关，而人口老龄化正是影响一个国家或地区消费结构、劳动力供给、人力资本积累、技术创新和劳动力生产率的重要因素。因此，人口老龄化的加剧必然会对一个国家或地区产业结构优化升级产生影响。国内学者针对这一问题大致形成三种观点。

一是认为人口老龄化有利于我国产业结构的升级。汪伟等(2015)学者指出人口老龄化具有“倒逼机制”,人口老龄化迫使企业为降低劳动力成本上升带来的压力,用资本和技术替代劳动,从而推动了产业结构的转型和升级。张杰和何晔(2014)研究指出,人口老龄化对中国制造业低成本国际贸易出口优势具有短期和长期的差异。短期来看,人口老龄化造成的劳动力供求关系变化以及劳动力成本持续上升,不会改变中国制造业的低成本优势,也不会对中国制造业出口造成根本性的冲击。相反,人口老龄化一定程度上催生和增强中国制造业部门结构调整与优化的内生动力。但长期来看,人口老龄化会对中国制造业竞争力提升带来严峻的挑战。

二是认为人口老龄化对我国产业结构升级产生不利影响。蔡昉和王美艳(2012)认为,一方面人口老龄化会导致中国低成本和低价格的劳动密集型产业国际比较优势逐步丧失,另一方面在短时期劳动者人力资本水平与技术能力无法提高,将导致中国产业结构转型和升级的延缓。杨道兵和陆杰华(2006)认为,劳动力年龄结构的老化一方面将导致其创新能力不足,难以适应产业结构调整,另一方面不利于劳动生产率的提高,从而影响到社会经济的发展。

三是认为人口老龄化对产业结构升级的影响是不确定的。聂高辉和黄明清(2015)认为,人口老龄化对产业结构升级的影响有显著的区域性差异,在东部和中部地区人口老龄化对产业结构升级具有促进作用,而在西部地区人口老龄化对产业结构升级具有抑制作用。易昕(2015)指出,人口老龄化对三次产业影响各不相同,对第一、第二产业有一定程度的抑制效应,对第三产业起促进效用。还有一些学者研究得出,人口老龄化对我国产业结构调整产生了双重影响,青年劳动力素质的提升以及老年人口消费结构的转变促进产业结构的调整,剩余劳动力老龄化问题间接阻碍产业结构的升级。

研究人口老龄化对我国产业结构升级的影响机制是一项非常重要的研究,比较有代表性的是马子红等(2017)的研究成果。根据他们的研究,人口老龄化造成的劳动者供给结构失衡,严重制约了产业结构的优化升级。不同年龄阶段的劳动力在体力、创新能力以及综合素质等方面存在较大的差异,人口老龄化最直接的影响是减少了青壮年劳动力的数量、延长了老龄劳动群体的工作时间,而老龄劳动群体由于受到自身身体机能的限制,在劳动投入、技能提升、效率改进等方面的作用十分有限,导致生产企业对劳动者的需求难以得到有效保障,很大程度上制约了产业结构的调整优化。人口老龄化的加深势必会引发劳动人口年龄结构的老化,导致劳动生产率降低,不利于产业升级。由于劳动者年龄结构老化,接受新知识和学习新技能的难度和成本均较大,表现为老龄劳动力难以适应产业向更高级化发展的要求,从而阻碍产业转型升级。

其次是技术进步的影响。随着人口老龄化社会的到来,不同产业间的技术进步程度不尽相同,导致产业之间的发展速度和生产效率出现了不平衡,具有较高发展速度和效率的行业便逐渐占据市场中的主体地位,而那些技术发展水平不高、生产效率提升缓慢的产业会逐渐衰落,进而带来整个产业结构的优化升级。人口老龄化还使得社会中经验丰富的劳动者比重逐渐增大,促使劳动生产率在一定程度上有所提高;人口老龄化使得人均受教育年限相应延长了,促进知识密集型、技术密集型产业发展,助推产业结构的转型升级。

再者是制度创新的影响。在一国或地区经济发展的历史和现实过程中,制度结构的变化必然导致产业发展出现结构性变迁。随着人口老龄化社会的到来,我国的产业基于要素低成本的竞争优势快速削弱、一些制度红利有所减弱,必须加快改革不合理的体制机制,创造出制度红利,为产业结构升级提供有效的制度保障。

通过改革,消除现有体制机制中与产业结构升级不相适应的地方,使市场在资源配置中起决定性作用,更好发挥政府作用。加快转变政府职能,政府不直接干预产业的具体活动,主要是加强战略、规划、政策、标准制定和实施,加强市场监管,维护市场秩序,推动可持续发展和绿色增长，弥补市场失灵；高度重视社会中介组织的培育和发展，引导其在产业政策制定、共性技术平台打造、产业预警等方面发挥更好的作用。

通过体制机制创新，为产业结构升级创造出制度红利。将战略性新兴产业和高端生产性服务业发展所需要的体制机制，作为创造制度红利的突破口，扶持新兴企业和科技型中小企业发展；进一步完善税收激励政策，针对战略性新兴产业和高端生产性服务业智力投入高、进项抵扣少的特点，在实行所得税优惠政策的基础上探索增值税减免的办法；将金融创新和技术创新结合起来，对在中小企业研发阶段起到孵化器作用的风险投资、天使基金和私募股权投资，应在有效监管的前提下鼓励其发展。

（二）人口老龄化对技术创新的影响

理解人口老龄化影响技术创新的机制对于研究长期经济增长至关重要，但是迄今为止学术界还并未就此达成一致看法。多数研究者持悲观态度，主要理由是随着年龄增长，个人的身体素质、认知能力、创新动机和对新技术的接受能力等都会下降，从而对创新产生不利影响，但也有学者对此持有异议。王笳旭等人（2017）的观点值得借鉴，他们认为我国人口老龄化的加深会产生技术创新效应，从而促进经济增长。

他们的研究表明，人口老龄化会迫使企业和社会向劳动节约型技术进步转型。人口老龄化会倒逼企业和社会进行劳动节约型技术创新，进而推动经济增长向创新型方向转变。企业为了节约成本，要么用资本替代劳动，要么进行技术创新。而用资本替代劳动面临资本边际报酬递减的问题，博什-苏潘（Borsch-Supan）指出，劳动年龄人口减少对经济增长的负效应并不能通过加大资本投入予以抵消，而是应该通过教育、培训等手段提升人力资本，提高劳动生产率。因此，企业的最优选择是进行劳动节约型的技术创新，这会引起整个社会更加重视技术进步,从而引发社会资源重新配置。

人口老龄化会使社会和家庭更加重视教育和人力资本投资。随着技术创新复杂程度的日益提高和以往知识存量的扩大,知识积累将显得越来越重要。年轻人口为了增强自身的创新研发能力,不得不在步入工作之前花费很长的时间接受正规教育。但是接受教育的时间越长,则意味着进入工作岗位的时间越晚、家庭负担的教育费用越高,这会增加年轻人口接受教育的机会成本。而人口老龄化为家庭和社会进行教育投资提供了机会。老龄化源于人口年龄结构变化的两大关键原因:其一是生育率下降导致的少儿人口减少。这意味着每个家庭的人口结构呈现倒金字塔形状,进而使得家庭用于子女教育的资源更加集中。其二是死亡率下降导致的人口预期寿命延长。这会使人们不再追求家庭劳动力数量的增加,而是更加关注个体劳动生产率的提高,从而增加在教育和技术培训等领域的投入。

老年人口拥有的经验可以弥补人口老龄化导致的认知能力下降。人力资本不仅可以通过接受正规的教育获得,也可以通过"干中学"积累工作经验和劳动技能。老年劳动力可以利用他们积累的工作经验发现更有效的工作策略和组织方式,也可以与年轻人的新知识形成互补,提升创新工作效率。如果老年人口的工作经验能够抵消认知能力下降导致的生产率降低,那么人口老龄化并不一定会导致创新能力下降。演化经济学和组织学习理论强调知识的多样性对于创新是不可或缺的,虽然老年人口增多可能会降低企业拥有的新知识存量和搜寻新技术的能力,但是年轻员工的流入可以为企业带来新想法、新技术,老年人可以通过与年轻人分享成熟经验而减少年轻人创新过程中的失误,从而促进创新活动。

(三)人口老龄化对人力资本积累的影响

国内许多学者也注重研究人口年龄结构转变与人力资本积累之间的关系,得出的结论也存在很大分歧,有的学者认为人口老龄化不利于人力资本积累,有的学者则论证了二者有正相关关系。

在具体的研究中,王德文(2004)指出,人口转变对我国经济的持续增长是一个重要挑战,在人口结构发生转变的过程中,生命周期以及代际间的转移均会通过影响劳动供给、储蓄以及技术进步等进一步影响经济增长。而郭剑雄(2005)指出,较长的预期寿命(即人口老龄化)会给人们带来一种额外的刺激,从而激励人们接受更多的教育,进而增加人力资本积累。

瞿凌云(2013)的研究结果表明,低生育率尽管会加剧人口老龄化,但会促进人均教育投资和人力资本积累,这说明了人口老龄化对人力资本积累的净效应为正。王云多(2014)则认为,就短期而言,人口老龄化会导致人力资本投资时间的增加和劳动供给的减少,从而导致生产能力的下降和经济成本的增加;但在长期内,人口老龄化会使得更年轻一代进入劳动力市场时成为更熟练的工人,劳动生产率水平大幅提升,最终降低人口老龄化的经济成本。

张及其他人(Zhang et al. ,2015)的研究表明,劳动年龄结构会通过特定行业的人力资本积累以及劳动生产率等影响行业的转型升级,并且劳动年龄人口每增加1%,人均产出会增加1.57%,劳动年龄人口中非熟练劳动力向熟练劳动力每转换1%,人均产出会增加1.43%。他们还指出,尽管中国已经放开单独二胎政策,但人口的不断老化仍然使经济增长和社会福利遭受损失,可能需要进一步放松人口控制政策以便中国能平滑地进入老龄化社会。

刘玉飞、汪伟(2016)对有关研究进行了综合,指出在人口结构发生转变、老龄化不断加剧的过程中,整个社会的物质资本、人力资本积累、劳动生产率水平、储蓄率以及经济增长方式等都会发生变化，而且不同的养老模式也会起着重要的中介作用。对于欧美等发达国家而言，由于社会保障体系比较健全，家庭养老模式几乎已经完全被社会养老模式取代了，而在我国，社会保障不健全，居家养老模式仍是主流，这些都会影响人口老龄化对人力资本积累的作用路径。

（四）人口老龄化对劳动力供给的影响

人口转变是指随着社会经济条件的变化，各种人口现象呈现有规律地阶段性递进、转变的现象。人口转变通常是从高出生率和高死亡率向低出生率和低死亡率转变，因此随着人口转变而发生的人口老龄化是一个必然的现象，劳动力供给状况也必然受到影响。

我国目前的情况是劳动年龄人口占据的比重渐渐下降，而老年人口的比例不断上升。我国大陆 15—59 岁劳动年龄人口在 2012 年年末为 9.37 亿人，比上年年末减少 345 万人；而这一人群占总人口的比重为 69.2%，比上年年末下降 0.6 个百分点，这是相当长时期以来15—59 岁劳动年龄人口绝对数量的首次下降。根据联合国的预测，我国劳动年龄人口在比较长的一段时间会逐渐减少（参见表 2）。

表 2　我国 15—64 岁劳动年龄人口预测（单位：亿）

年　份	联合国中方案	联合国低方案
2020	9.29	9.29
2025	9.08	9.08
2030	8.77	8.63
2035	8.43	8.09
2040	8.23	7.68
2045	7.88	7.13
2050	7.26	6.30

数据来源：《联合国世界人口展望 2012》。

从整体上来看，在我国的小康社会还没有到来之前，我国的老龄化人口社会就会到来。由于我国实行计划生育政策，我国的老龄化发展历程显著地有别于世界上其他的国家和地区。我国的人口变化经受经济社会的发展和计划生育政策的双重影响，与其他国家相比而言，我国的人口变化不是一个自然的进化过程，而是有着很大程度的人为控制的影响。在我国还没有进入小康社会的时候，已进入老龄化社会，我国将遇到其他国家前所未有的问题和独特的政策挑战。比如，劳动力的供给与经济发展的历程相比，提前开始减少，提前面临老龄化问题，那么，我国如何处理人口与经济社会的关系，就是一个全新的问题与挑战。

（五）人口老龄化对劳动生产率的影响

人口老龄化的发展趋势会降低整个社会的劳动生产率，支持这一观点的学者认为，生产者年龄增大会制约生产效率的稳步提升，从而制约社会经济发展。周浩、刘平（2016）等学者的分析认为，需要辩证地看待这一问题。

根据周浩、刘平（2016）的研究，高龄化劳动群体身体机能会明显降低，伴随发生的还有其劳动技能的退步、劳动能力的下降等，因此开始和快节奏的生活模式脱离，进一步促使劳动生产率降低。即使我国当下劳动生产率在将来有可能会得到一定幅度的提升，但是如何消除人口老龄化给劳动生产率提高带来的负面影响还是一个很大的问题。虽然老龄劳动者有很多优势，但是他们在身体素质和精力上跟年轻劳动力相比有很大差距，从而使劳动生产率无法得到明显提升。

与年轻劳动力相比，老年劳动力的工作能力和创新能力都会弱一些，而且，老年人还往往抗拒新知识，习惯于旧的思维模式和旧的生产技术。科学技术的进步也会影响老龄人口的劳动生产率，这是因为，科学技术的不断进步产生出各种新兴的产业，社会分工也随之越来越细，这些都对劳动力的学习能力和知识技术结构提出了更高的要求。而老年劳动者对新知识、新技术的接受能力比年轻劳动者要差，他们比较难适应这种新兴行业的工作，从而影响整个社会的劳动生产率。

与年轻劳动力相比，老年劳动力也有优势的一面。劳动者在刚开始工作的时候，常常由于技术经验的缺乏而降低了劳动效率，而随着工作经验的逐步丰富，劳动效率的问题将得到改善，但在步入老年阶段后，这种技能有可能会因为身体因素而趋于降低。随着社会经济的飞速发展和科技进步，体力因素在工作过程中所发挥的作用越来越少，进而使得老年劳动者的丰富经验可以得到发挥。从这个意义上来讲，尽管整个社会的老龄化人口不断增加，但在某些具体行业的生产发展实践中，人口老龄化已经不再成为影响劳动生产率的重要因素，人口老龄化不会对于整个生产效率产生巨大作用。

三、应对人口老龄化的政策建议

由于人口老龄化产生了多个方面的影响，为了保障“人”的因素对未来经济发展提供最优的动力支持，我们务必采取科学有效的对策，应对人口老龄化问题。

（一）提升人力资本质量，提高劳动生产率。随着人口老龄化的加重，有效的劳动力的绝对数量会不断减少。而且，在不采取对策的情况下，人口老龄化还会导致整个社会的劳动生产率下降，进而妨碍产业发展，更会抑制产业的转型升级。那么，在人口老龄化的背景下，为了满足经济建设的需要，就要提高劳动生产率，这需要提升人力资本质量，提高劳动力的技能，增加单个劳动力的产出能力。从国家的角度而言，需要增加对教育、职业技能培训等方面的资金投入，不断提升劳动力的受教育水平和专业技能水平，提高人力资本的质量。从单个劳动力而言，需要加大自身的知识与技能的投入，提高业务技能，适应新型的产业发展要求。

（二）加快技术创新，抵消老龄化不利影响。一方面，加快和促进产业的技术创新,开发出需要较少劳动力的产业和产品,减少对劳动力的投入。从发达国家的实践来看,在劳动力变得稀缺的时期,能够靠技术创新发展起来以较少劳动力实现较高产出水平的新兴产业。另一方面,开发适合老年劳动力接受和利用的技术创新,以吸纳更多的老年劳动力投入到经济活动当中来。此外,还要对老年劳动力进行针对性的教育和技术培训,以适应针对老年劳动力的技术创新和产业开发。

（三）发展老龄人口产业,开拓老年人市场。人口老龄化意味着人口结构在转型,老年人所占的比重不断加大。那么,产业结构也可以根据人口老龄化的程度进行相应的转型,开发和培育适合老年人的产业。通过老龄人口产业的发展,一方面,提供适合老年人就业的工作岗位,让更多的老年人成为有效的劳动力;另一方面,开发出更多的适合老年人消费的产品和服务,释放老年人的消费潜力,壮大老年人的经济市场。此外,国家可以针对老年人的状况,进一步完善医疗、养老、老年就业等社会保障体系,减少老年人的后顾之忧,激发老年人的社会参与活力。

（四）扩大就业机会,充分利用劳动力资源。按照传统的看法,人口老龄化会致使有效的劳动力逐渐减少。那么,我们可以通过开拓更多的就业渠道,提供更多的就业机会,让更多的劳动力能够找到工作,这样可以缓解劳动力的减少。从短期来看,我国的劳动力并不短缺,只是廉价的劳动力短缺不断加重。有关数据显示,我国的求职人口会在未来几年内保持每年 2 400 万的增长速度,而按照 8% 的 GDP 增长为测算指标,我国劳动力市场每年新增岗位和自然减员等因素共计可以提供 1 100 万新的就业岗位。也就是说,短期内还存在着就业的压力。而从长期来看,有效的劳动力会出现短缺,并不断加重,需要我们根据劳动力状况提供相应的就业机会,充分利用劳动力资源。

（五）完善劳动力市场,提高劳动力流动性。目前我国的劳动力市场是不完善的，劳动力的有效流动不足。随着人口老龄化的加重，我国需要采取更大力度的举措去完善劳动力市场。当出现有效的劳动力的总体数量不足的情况时，就更需要完善的劳动力市场，以保障劳动力资源能够通过自由流动进行最优配置。我国的劳动力市场还有很多缺陷，户籍制度的限制、歧视性的就业政策、城乡之间的流动障碍、不同地区之间的就业壁垒等等，严重地妨碍了公平有序、统一开放、公平竞争的劳动力市场的形成。在人口老龄化不断加重的进程中，我国应纠正劳动力市场中的各种问题，逐步形成市场机制健全的劳动力市场。

参考文献

1. 蔡昉、王美艳："中国人力资本现状管窥——人口红利消失后如何开发增长新源泉"，《人民论坛学术前沿》2012 年第 6 期。
2. 郭剑雄："人力资本、生育率与城乡收入差距的收敛"，《中国社会科学》2005 年第 3 期。
3. 刘玉飞、汪伟："人口老龄化对人力资本积累影响的研究评述"，《西北人口》2016 年第 1 期。
4. 马子红、胡洪斌、郑丽楠："人口老龄化与产业结构升级——基于 2002—2015 年省级面板数据的分析"，《广西社会科学》2017 年第 10 期。
5. 聂高辉、黄明清："人口老龄化对产业结构升级的动态效应与区域差异——基于省际动态面板数据模型的实证分析"，《科学决策》2015 年第 11 期。
6. 瞿凌云："人口政策的经济效应分析：基于人口数量与质量替代效应的视角"，《人口与经济》2013 年第 5 期。
7. 王德文、蔡昉、张学辉："人口转变的储蓄效应和增长效应：论中国增长可持续性的人口因素"，《人口研究》2004 年第 5 期。
8. 王笳旭、冯波、王淑娟："人口老龄化、技术创新与经济增长——基于中国省际面板数据的实证分析"，《华中科技大学学报》2017 年第 5 期。
9. 汪伟、刘玉飞、彭冬冬："人口老龄化的产业结构升级效应研究"，《中国工业经济》2015 年第 11 期。
10. 王云多："人口老龄化对劳动供给、人力资本与产出影响预测"，《人口与经济》2014 年第 3 期。
11. 杨道兵、陆杰华："我国劳动力老化及其对社会经济发展影响的分析"，《人口学刊》2006 年第 1 期。
12. 易昕:"人口老龄化对中国产业结构变化影响研究",《商业经济研究》2015 年第 3 期。
13. 张杰、何晔:"人口老龄化削弱了中国制造业低成本优势吗",《南京大学学报》2014 年第 3 期。
14. 周浩、刘平:"中国人口老龄化对劳动力供给和劳动生产率的影响研究",《理论学刊》2016 年第 5 期。
15. Borsch-Supan, A., "Labor Market Effects of Population Aging", *Labour*, 2003, 17(s1).
16. Zhang, H., Zhang, H., Zhang, J., "Demographic age structure and economic development: Evidence from Chinese provinces", *Journal of Comparative Economics*, 2015, 43(1).

(罗来军,北京大学光华管理学院、中国人民大学长江经济带研究院)

人口年龄结构和高储蓄：理论模型和经验证据

赵秋运　赵侦蓉　马金秋

一、引言

中国的储蓄率明显高于世界其他国家和地区，这一点已经得到了广泛认同。据世界货币基金组织（IMF）的统计，2000 年到 2015 年间，中国的总储蓄率在 40%—50% 左右浮动，而这一数据在世界其他国家均值为 30% 左右，在英国、美国等西方发达国家为 10%—20% 左右。虽然，中国与美国在储蓄率上存在着储蓄和收入在统计口径上的不一致（任若恩和覃筱，2006），但经过一些可比性调整之后,中美的平均储蓄率仍存在着较大差距(徐忠等,2010)。可见,中国的储蓄率高已成一个不争的事实。

近年出现的研究文献中,中国高储蓄率的原因可归结为如下几个方面。①人口结构转型的角度:生命周期理论认为,人口因素对于储蓄率有重要的影响,莫迪格利阿尼和曹(Modigliani and Cao,2004)指出,中国的计划生育政策对储蓄率产生了双重影响,一方面,人口结构变化会直接降低家庭消费率,另一方面,会间接促使工作人群增加储蓄用于养老;袁志刚和宋铮(2000)建立了一个含有中国养老保险制度的世代交叠模型,发现人口老龄化会增加居民储蓄;刘生龙等(2012)收集了中国1990—2009年省级面板数据进行实证检验,结果表明人口预期寿命对中国家庭储蓄率产生了显著正向影响,他们认为人口扶养比增加导致储蓄率降低的过程并非必然,这是因为人口老龄化在很大程度上是由预期寿命增加导致;汪伟(2010)通过一个三期世代交替模型发现,人口增长率下降会提高国民储蓄率,而人口老龄化的影响不确定;杨继军和张二震(2013)在模型中引入社会保障对个体消费行为的影响,并通过实证分析发现弱化计划生育政策、提高人口出生率并不能降低当下的居民储蓄,而延迟退休年龄、挖掘适龄劳动人口消费潜力、通过养老保险制度改革降低不确定性,对降低高储蓄率则更为有效。②制度变迁与预防性储蓄的角度:宋铮(1999)认为,造成储蓄高速增长的一个重要原因是中国居民的储蓄行为在未来收入不确定的情况下变得更为谨慎;克雷(Kraay,2000)发现未来收入的不确定性对城市家庭储蓄有显著的影响;谢平(2000)的研究指出,制度变迁预期对个人储蓄的影响大于通货膨胀和利率的影响,由于未来收入和经济制度的不确定性,人们将当期收入的很大部分用于储蓄,以预备制度变迁所可能引起的消费支出;杨汝岱和陈斌开(2009)利用CHIP数据进行实证,并在生命周期模型框架下,建立了一个含有教育支出的模型,他们认为高等教育改革对居民消费有显著的挤出效应;何立新等(2008)利用家庭调查的微观数据研究养老金变化对家庭储蓄率的影响,使用养老保险政策变化克服养老金财富的内生性问题,结果表明中国养老金财富对于家庭储蓄存在显著的替代效应;白重恩等(2012)、臧文斌等(2012)研究了医疗保险与居民消费的关系。③经济增长的角度:永久收入理论认为,收入及其增长会影响储蓄,刘易斯(Lewis,1954)指出国民收入中储蓄增加的原因在于储蓄者收入占国民收入比重的增加,而资本家就是主要的储蓄者;樊纲(2013)基于刘易斯(Lewis,1954)的研究建立了一个动态经济模型,指出具有二元经济特征的经济体在其发展过程中,剩余劳动力的存在会使得企业利润增长和企业储蓄的高涨,实现资本快速积累和现代生产部门的规模扩张。④金融发展程度的角度:宋及其他人(Song et al.,2011)认为,中国的金融体系存在严重的所有制偏好,国有企业虽然效率低于民营企业,但只有它们可以得到银行贷款,但是,国有企业无法吸纳全部储蓄,中国因此出现净储蓄;江静(2014)的研究将融资约束分为商业信用、银行信贷和政府补贴,放宽商业信用和银行信贷融资约束,降低政府补贴有助于降低国有企业储蓄率,但银行信贷的放宽反而提高了非国有企业储蓄率;徐丽芳等(2017)认为金融发展会降低家庭储蓄,提高企业储蓄,金融发展与国民储蓄率存在倒U型关系。无疑,上述研究文献有助于我们理解中国高储蓄的原因,但显然还不足以让我们拥有对此问题的完整的答案,进一步的、拓宽视野的研究仍然是必需的。

我们将从理论机制和经验研究两方面,去论证我国人口年龄结构变化是影响我国国民储蓄率变化的主要因素。与西方国家不同,我国人口年龄结构变化很大程度上受计划生育政策外在干预的影响,因而我国也就成为较早步入老龄化之列的发展中国家。具体而言,20世纪70年代末开始推行的计划生育政策,使我国人口年龄结构发生了明显变化:少儿抚养比急剧下降,老年抚养比也在不断上升。根据第五次人口普查数据,2000年我国65岁以上老年人口已达8 811万人,占人口总数的6.96%,接近人口老龄化国家标准。2005年年底,按全国1%人口抽样显示,65岁以上人口达到10 055万人,占总人口数的7.7%,60岁以上人口达到1.44亿人,占全国人口的11%[1]。按照国际标准,我国已经真正进入老龄化阶段。杜鹏、翟振武、陈卫(2005)研究发现,预计到2023年,我国老年抚养比将超过少儿抚养比,社会抚养的重点将由少儿转向老年。2050年中国将进入重度老龄化阶段,老年抚养比将高达58.76%。除此之外,中国老龄化具有“未富先老”的特点(杜鹏,2007),这对现行的养老体制和养老模式产生很大冲击。就本文研究议题而言,认真思考人口年龄结构变化对国民储蓄率的影响,是应对老龄化及其经济后果的一个有益探索。

我们通过一个理论模型表明,老龄化加剧,在中国这种“完全基金式+现收现付式”混合体制养老模式下将导致个人为养老进行更多的储蓄,而少儿抚养比的下降将导致家庭在扣除刚性的育孩成本后有更多财富用于消费和储蓄。我们随后用中国2000—2015年间省际面板数据,对理论分析的结论进行经验检验,结果确认了人口年龄结构变动(老年抚养比上升和少儿抚养比下降)对国民储蓄率的显著影响。并且,在控制诸如资本—产出比、FDI、政府财政政策(以财政支出衡量)、人力资本、劳动增长率等因素,以及考虑解释变量内生性、异常样本点等问题之后,人口年龄结构变动对国民储蓄率的影响仍然是显著且稳健的。

我们在既有研究文献的基础上,拓展了人口年龄结构对中国高储蓄的理论解释。同时,在控制变量的经验估计结果方面,本文支持了部分既有文献的部分观点,比如资本—产出比与国民储蓄率的正向关系(李扬和殷剑锋,2005),劳动增长率与国民储蓄率的正向关系(刘士杰,2010);但并未支持另外一些观点,比如人力资本对国

[1] 数据来源:国家统计局、全国老龄工作委员会办公室。

民储蓄率的影响(杨汝岱等,2009;张志远和张铭洪,2016)。不过,经验结果分歧的存在,应该是表明有必要继续展开相关的经验研究,并不代表不同文献之间一定要分出对和错;对我们来说更重要的是,这些分歧的存在并不影响我们所主张的人口年龄结构变动是影响国民储蓄率的重要原因之一。

本文接下来的内容安排如下:第二节是理论分析,将通过一个理论模型来解释人口年龄结构影响储蓄的经济机制;第三节对计量模型和数据进行说明,所有的数据为 2000—2015 年间省际面板数据;第四节是经验研究结果与讨论,包括稳健性检验等;最后对全文进行简要总结。

二、理论分析

本文模型的基本框架来自戴蒙德(Diamond,1965)的世代交叠模型,与沃森和施密特(Vosen & Schmidt,2010)一样考虑了老年人口的存活率,同时增加了对少儿抚养比的考量。这样,我们就可以讨论,少儿抚养比下降和老龄化加剧将如何影响经济中的储蓄。

(一)人口年龄结构与社保基金体制

假设在时期 t,青年个体数量为 L_t。青年个体具有劳动能力并能获得工资率 w_t;这些青年个体中只有比例为 $x \in (0,1)$ 的人可以在 $t+1$ 期继续存活,但那时他们将成为没有劳动能力的老人,无法再获得工资收入,只能依靠储蓄或社保金生活。同时,时期 t 的青年人还将养育少儿,令养育少儿的比率固定为 n,即第 t 期人口中将有 nL_t 个少儿被养育;假设少儿都可健康成人,到 $t+1$ 期成为青年,故经济体在 $t+1$ 期的青年劳动力数量 $L_{t+1}=nL_t$,当然他们也会养育少儿,故 $t+1$ 期的少儿数 $nL_{t+1}=n^2L_t$。

在上述假设下,时期 t 的老龄化率,即老年人口占总人口比重,为$\frac{xL_{t-1}}{xL_{t-1}+nL_{t-1}+n^2L_{t-1}}=\frac{x}{x+n+n^2}$,这意味着老龄化率实际上取决于老年人口存活率和少儿养育比率,老年人口存活率越高则老龄化率越高。少儿养育率对应于每个青年个体养育少儿数量,为 n。

关于经济中的社保基金,文献中有两种不同的体制。其一是完全基金式社保体制(fully funded system),其二是现收现付制社保体制(pay-as-you-go system)。前者由个人年轻时投保,年老时其保费将连本带利完全返还给个人,这实际上等同于个人储蓄养老(王弟海,2011,pp. 373—375),后者则是在每个时期用当期青年人缴纳的保费(征收的养老保险税)平均分配给当期的老人。对于现收现付式下的社保费筹集,不妨假设是向劳动力征收税率为 $\tau\in[0,1]$ 的社保税;显然,若 $\tau=0$ 则说明经济体中只有完全基金式社保体制。就我国而言,国务院 1997 年颁布《关于建立统一的企业职工基本养老保险制度的决定》,确立了个人账户与社会统筹相结合的养老保险体制,这实际上是完全基金式与现收现付式相结合的混合模式。在随后考察个体决策行为时,我们将以此混合模式为决策背景。

(二)个体决策

在本文模型中,每个个体实际上存活了三个时期:幼年、青年和老年。但我们假设:少儿不需要也无法做出任何决策,仅仅只能被青年个体养育;消费和储蓄的经济决策是个体在青年时期做出的;老年时只接受自己在青年时决策的后果,无需再做出经济决策。因此,从个体决策行为考量的时期来看,模型本质上仍是一个在两期中权衡取舍的世代交迭模型。

为分析简便，假设青年人从育儿中得到的效用是固定的[1]，规范化为0。青年人决策的目标是利用其可支配的收入最大化自己青年和老年时期的消费效用[2]，其目标函数为

$$u_t^Y = \frac{(c_t^Y)^{1-\theta}}{1-\theta} + x \cdot \frac{1}{1+\rho} \cdot \frac{(c_{t+1}^O)^{1-\theta}}{1-\theta} \quad (1)$$

式(1)中，我们采用了不变相对风险厌恶的效用函数，这是常见诸于宏观经济教材的一种效用函数(比如 Romer，2001)。ρ 为时间偏好，θ 为常风险规避系数；c 表示消费，上标 Y 和 O 分别表示青年(young)和老年(old)。请注意，老年的效用项已经乘上了存活率 x；养育孩子的固定效用已省略。

假设每个青年人育儿的成本为 $z(n)$，$z'(n)>0$，我们视该成本为刚性支出。故青年个体可用于跨期配置的可支配收入为 $(1-\tau)w_t - z(n)$。请回忆前面曾提及 $\tau \in [0,1]$ 是社保税率，故青年可跨期配置的收入就是税后工资率扣减掉刚性的育儿成本所剩下的部分。给定青年时期消费额 c_t^Y，则个体储蓄额为 $s_t = (1-\tau)w_t - z(n) - c_t^Y$。于是，个体在老年时期的消费额可写为

$$c_{t+1}^O = \frac{1+r_{t+1}}{x} \cdot [(1-\tau)w_t - z(n) - c_t^Y] + \frac{n}{x} \cdot \tau w_{t+1} \quad (2)$$

上式右端第一项是个体青年时的储蓄到老年时获得的收益，r 为储蓄回报率，由于老年存活率为 x，故储蓄的真实回报率为 $(1+r_{t+1})/x$；第二项是在现收现付式下得到的养老金，因为时期 $t+1$ 青年人数为 $L_{t+1} = nL_t$，而老人数量为 xL_t，从而每个老人获得的养老

[1] 一般来说，家庭的效用常常会随养育孩子的数量而改变。但本文假定每个青年人养育孩子数量固定为 n 个，因此其效用被视为固定的。育儿数量固定这一假设，可能尤其适合于中国，因为计划生育政策在很大程度上限制了人们按照自己的愿望来选择生育孩子的数量。

[2] 孩子成年之后将获得 wt，同时也用 wt 规划他们的生活，故这里隐含假设了个体在决策时并不考虑救济孩子也不指望得到孩子的救济。

金为 $nL_t\tau w_{t+1}/(xL_t)=n\tau w_{t+1}/x$。将式(2)重新安排,可得到个体的预算约束

$$c_{t+1}^{O}+\frac{1+r_{t+1}}{x}c_t^{Y}=\frac{1+r_{t+1}}{x}[(1-\tau)w_t-z(n)]+\frac{n}{x}\tau w_{t+1} \tag{3}$$

个体决策的求解可使用罗默(Romer,2001,chap2)推荐的一种颇为直观的推导方法。[1]如果某一期消费的边际效用更高,则个体就应向该期配置更多财富,故均衡的时候要求两期的边际消费效用是相同的,换言之,应有

$$(c_t^{Y})^{-\theta}\Delta c=\frac{x}{1+\rho}(c_{t+1}^{O})^{-\theta}(1+r_{t+1})\Delta c \tag{4}$$

式(4)左边是青年时消费的边际效用,右边是老年时消费的边际效用,Δc 表示微量变动(因为我们这里的时期是离散的)。改写式(4),有

$$\frac{c_{t+1}^{O}}{c_t^{Y}}=\left[\frac{x(1+r_{t+1})}{1+\rho}\right]^{1/\theta} \tag{5}$$

式(5)刻画了个体最优决策行为,将其两边乘上 c_t^Y 带入预算约束式(3),经过计算可得到

$$c_t^{Y}=\frac{(1+r_{t+1})[(1-\tau)w_t-z(n)]+n\tau w_{t+1}}{(1+r_{t+1})+x^{1+1/\theta}\left[\frac{(1+r_{t+1})}{1+\rho}\right]^{1/\theta}} \tag{6}$$

$$s_t=(1-\tau)w_t-z(n)-c_t^{Y} \tag{7}$$

式(6)即配置给青年时期的消费额,储蓄额 s_t 由式(7)同时决定。运用链式法则求导易证明 $\partial s_t/\partial x=-\partial c_t^Y/\partial x>0$;由于 $z'(n)>0$,易证明 $\partial s_t/\partial n=-\partial z(n)/\partial n<0$;又由于前面曾指出,$x$ 升高即老龄化加剧,n 下降即少儿抚养比下降,综上所述我们便有如下命题。

命题:若其他条件不变,老龄化加剧、少儿抚养比下降均可导致

---

〔1〕 当然,也可构造拉格朗日函数来求解,不过文中的方法更为直观。

个体储蓄增加。

上述命题很容易从经济直觉上加以解释：如果个人在老年更容易存活，则个人就会更多地为养老做打算；抚养孩子的数量下降，个人就可有更多的余钱，或有更大的自由将收入用于消费和储蓄，而不是花在孩子身上。

特别地，当 $\tau=0$，命题仍然成立，不过社保体制就从混合养老社保体制退化成完全基金式社保体制。更一般地，运用链式法则求导易证明 $\partial s_t/\partial\tau<0$，其经济意义非常直观：现收现付的社保税率越高，则人们为养老而进行的储蓄就越低。或者说，与混合体制养老模式相比，完全基金式养老模式下人们会进行更多的储蓄。在我国，城镇地区实行的是混合体制养老模式，而农村地区在实行新农保之前主要靠农民自我储蓄养老（等同于完全基金式社保体制）。此处的分析意味着，保持其他条件不变，农村居民会比城镇居民更多地进行储蓄以养老。[1]

三、计量模型与数据说明

本文旨在研究人口年龄结构变化对国民储蓄率变动的影响，结合前述理论推导，我们设定如下模型：

$$S_{it}=\beta_1 Ydep_{it}+\beta_2 Odep_{it}+\gamma Z_{it}+u_i+\varepsilon_{it} \tag{8}$$

其中，下标 i、t 分别表示地区和时期，u_i 为不可观测省份固定效应，ε_{it} 为随机扰动项，β 和 γ 为回归系数，S 为国民储蓄率（%），是全部储蓄（包括私人储蓄和公共储蓄）除以国内生产总值，计算方法是用 GDP 扣减社会总消费计算国民储蓄，进而求得储蓄率。为度量人口年龄结构变化，我们分别采用少儿抚养比（$Ydep$）和老年

---

〔1〕 不过，在实证分析层面，由于本文的数据局限，我们尚无法对城镇和农村加以区分进行研究。

抚养比（Odep）两个指标。[1] *Y*dep、*O*dep 是本文重点关注的核心解释变量。[2] 其中，*Y*dep 为少儿抚养比（%），计算指标为 15 岁以下人口与 15—64 岁人口的比值；*O*dep 为老年抚养比（%），计算指标为 65 岁以上人口与 15—64 岁人口的比值。*Y*dep、*O*dep 随时间变化反映了人口年龄结构的变化。根据前面的理论分析，我们预期 *Y*dep 的系数为负，而 *O*dep 的系数为正。

Z 为影响国民储蓄率及其变化的控制变量。控制变量主要考虑了已有研究文献中提及的重要因素，包括：(1) *K/Y* 为资本—产出比。李扬和殷剑锋（2005）的研究认为资本—产出比与储蓄率的变化方向是相同的。(2) FDI 为外商直接投资，以全社会固定资产投资中的外商投资表示。余永定和覃东海（2006）讨论了 FDI 对储蓄的影响，认为这种影响的效应是复杂的。(3) 政府支出，以地方政府财政支出占 GDP 比重来度量，可以视为政府财政政策的代理变量。列文（Levine et al.，2000）认为，财政政策对政府储蓄的影响只能部分地被私人储蓄的相应变化所抵消，因此扩张性财政政策可能导致国民储蓄率的下降。徐丽芳（2017）的研究认为，政府公共支出的提高能够降低收入的不确定性，从而减少预防性储蓄。(4) 人力

---

[1] 需要说明的是，在实证研究过程中，我们采用老年抚养比来度量老龄化状况。这一处理方法在国内同类研究中也得到广泛运用（李文星、徐长生、艾春荣，2008；汪伟，2009）。

[2] 考虑到抚养人口内部结构的系统性差异，我们引入少儿抚养比和老年抚养比共同表示人口年龄结构变化。如果仅仅采用总人口抚养比，无疑会错失很多丰富信息。首先，正如理论所述，不同抚养人口对储蓄率的影响路径是不同的；其次，就现实而言，两个总抚养水平大致相同的国家或地区，其抚养人口内部结构可能存在较大差异。例如，2005 年日本和伊朗的总人口抚养比大致相等，但是日本少儿抚养比为 20.9%，伊朗则高达 43.1%，绝对水平是日本的 2 倍多。与之相对应，日本老年抚养比的绝对水平却是伊朗的 4 倍有余。大致相同的总抚养比，一个国家刚步入人口红利期，而另一个则是人口红利期已经结束且是世界上受老龄化问题困扰最严重的国家之一（刘士杰，2010）。

资本,以平均受教育年限表示。杨汝岱等(2009)的研究发现,受教育年限对消费有显著的正的影响,从而人力资本的提高将会对储蓄的增长有负的效应。(5)劳动增长率,用各省全社会就业人数的增长率来表示。刘士杰(2010)通过理论模型证明,劳动年龄人口比例的增加将对居民部门的储蓄产生正的影响,并使用农村地区的数据验证了这个结论。加入此项,旨在考察作为劳动力资源十分丰裕的发展中大国,劳动力投入的继续增长是否会带来储蓄率的升高。

就数据而言,2000—2015 年我国国民储蓄率、少儿抚养比和老年抚养比呈现明显的变化趋势:国民储蓄率从 2000 年的 40.3% 上升至 2015 年的 47.2%,少儿抚养比从 2000 年的 32.6% 下降至 2007 年的 22.6%,低于世界平均水平的 46%,而老年抚养比从 2000 年的 9.9% 上升至 2007 年的 14.3%,已经超过世界平均水平的 13%。[1]把少儿抚养比和老年抚养比数据相加即得到总抚养比数据,可以发现 2000—2010 年总抚养比呈下降趋势,从 2000 年的 42.6% 降至 2010 年的 34.2%,2010—2015 年总抚养比有所回升,至 2015 年总抚养比又上升到 37.0%。结合数据散点图可以发现,少儿抚养比与国民储蓄率呈负相关,而老年抚养比与国民储蓄率呈正相关。由于样本期少儿抚养比在下降,而老年抚养比在上升,二者共同导致国民储蓄率上升。直观而言,少儿抚养比和老年抚养比与国民储蓄率的相关关系与理论预期相一致。当然,散点图仅能提供粗略的判断,有待后文进行严谨的计量分析。

本文使用的数据是中国 2000—2015 年省际面板数据,数据包含 30 个省区市(不含西藏、港澳台)。除非特别指出,本文所使用的数据均来自于《中国统计年鉴》、《中国人口和就业统计年鉴》、《中国劳动统计年鉴》。表 1 提供了变量统计描述。

---

〔1〕 世界平均抚养比数据转引自汪伟(2009)。

表 1 变量统计描述

变量	定义	观测数	均值	标准差	最小值	最大值
S	国民储蓄率	480	47.94	8.55	17.80	65.90
Ydep	少儿抚养比	480	25.50	7.75	9.64	47.39
Odep	老年抚养比	480	12.11	2.53	6.27	21.88
K/Y	资本—产出比	480	56.98	22.08	25.29	132.83
FDI	外商直接投资	410	275.06	422.24	0.21	2485.86
Gov	政府支出	480	18.99	8.77	5.11	62.69
H	人力资本	480	8.68	1.11	6.23	13.39
GL	劳动增长率	480	5.17	7.35	-28.69	38.46

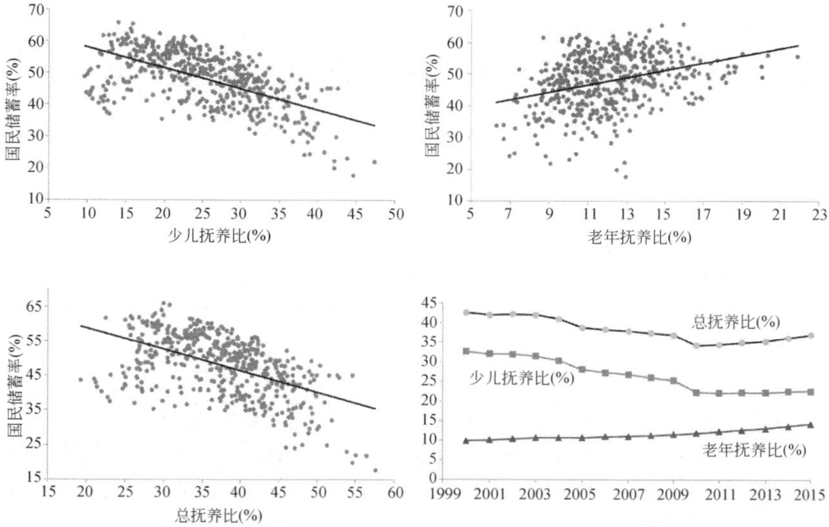

图 1 国民储蓄率与人口年龄结构的散点图及变化趋势

四、经验研究结果与稳健性分析

(一) 基本估计结果

我们分别采取不同方法来估计人口年龄结构变化对国民储蓄率的影响效应。首先采用不加入任何控制变量的计量模型,即表 2

中第(1)—(3)列,依次为混合 OLS、固定效应、随机效应估计。三种估计方法一致得到,少儿抚养比系数显著为负,老年抚养比系数显著为正。进一步地,我们加入一系列控制变量(K/Y、FDI、Gov、H、GL)以验证估计的稳健性,见表2中第(4)—(6)列。结果表明,这些控制变量对国民储蓄率整体有解释作用,且其符号大都与预期相符,而我们所关注的少儿抚养比和老年抚养比的估计系数在各种估计中变化不大。总的来说,在6个估计模型中,少儿抚养比估计系数都为负,且皆达到1%显著水平,估计系数介于 -0.697 ~ -0.486 之间;除第(4)列之外,老年抚养比的估计系数都为正,且都达到1%显著水平,其估计值介于0.387 ~ 0.949之间。从数量关系看(以估计(5)为准),少儿抚养比下降1单位将引起国民储蓄率上升约0.687单位,老年抚养比上升1单位,国民储蓄率上升约0.601单位。可见,总抚养比下降是我国国民储蓄率上升的重要因素。[1]这一结果印证前文理论预期。

表2　基本估计结果

	(1) Pooled OLS	(2) FE	(3) RE	(4) Pooled OLS	(5) FE	(6) RE
Ydep	-0.601***	-0.697***	-0.684***	-0.486***	-0.687***	-0.633***
	(0.166)	(0.0526)	(0.0501)	(0.113)	(0.100)	(0.0754)
Odep	0.475*	0.949***	0.906***	-0.271	0.601***	0.387***
	(0.245)	(0.139)	(0.135)	(0.205)	(0.164)	(0.150)
K/Y				0.216***	0.106***	0.137***
				(0.0329)	(0.0207)	(0.0191)
FDI				-0.00113	-0.00180*	-0.00113
				(0.00108)	(0.000983)	(0.000905)
Gov				-0.585***	-0.220***	-0.331***

[1]　在生育政策的影响下,老年抚养比稳步上升而少儿抚养比不断下降,由于后者的下降幅度明显大于前者上升幅度,故而总体抚养比呈下降趋势。

（续表）

	(1) Pooled OLS	(2) FE	(3) RE	(4) Pooled OLS	(5) FE	(6) RE
				(0.136)	(0.077 7)	(0.062 3)
H				-0.352	-0.606*	-0.576*
				(0.716)	(0.332)	(0.327)
GL				0.118**	0.112***	0.116***
				(0.044 3)	(0.030 5)	(0.030 8)
Cons	57.51***	54.22***	54.41***	64.82***	61.35***	62.59***
	(6.564)	(2.546)	(2.637)	(8.058)	(5.133)	(4.614)
R2_within		0.437 5	0.437 4		0.455 0	0.448 0
R2_between		0.339 4	0.340 6		0.403 6	0.513 4
R2_overall		0.367 7	0.368 3		0.423 9	0.487 3
N	480	480	480	410	410	410

注：***、**、* 分别表示1%、5%、10%显著水平，下同。

对各控制变量对国民储蓄率的影响进行分析，并与既有文献结果进行对比，将是很有意义的。可以发现：

1. 资本—产出比（K/Y）系数皆显著为正，表明资本—产出比的上升将导致国民储蓄率的上升。这一点与现有文献研究结论相一致（李扬和殷剑锋，2005）。李扬和殷剑锋（2005）基于拉姆齐（Ramsey）模型进行理论分析，认为资本—产出比的动态变化同储蓄率是一致的，且储蓄率为资本—产出比与资本增长率的乘积。

2. FDI 估计系数为负，但并不都具有统计显著性。我们认为，外商直接投资的增加对国民储蓄具有替代效应，从而导致国民储蓄率的降低，这一观点与华桂宏和成春林（2005）的研究相一致。

3. 政府财政支出对国民储蓄率的影响全部显著为负，表明政府财政支出的降低会导致储蓄率的增长。许多既有文献将政府支出纳入储蓄率的影响因素（Levine et al.，2000；汪伟，2008；徐丽芳，2017）。政府财政支出的提高能够降低收入的不确定性，从而减少预防性储蓄，实证结果支持了这一结论。

4. 人力资本估计系数全部为负,但并不都通过显著性检验。既有文献的研究结论也是见仁见智。杨汝岱等(2009)的研究发现,人力资本对消费有显著的正的影响,从而人力资本的提高将会对储蓄的增长有显著的负效应。张志远和张铭洪(2016)研究人力资本和居民储蓄率的关系,认为受教育年限的增加将降低工作年限,从而提高居民储蓄率,他们利用系统 GMM 对省级面板数据进行实证的结果表明,受教育年限每提高 1 年,居民储蓄率增加约 0.75 个百分点。本文的实证结果发现人力资本对国民储蓄的影响并不完全显著,并未支持以上结论。

5. 劳动增长率估计系数的回归结果全部显著为正。这一点支持了刘士杰(2010)的研究结论。刘士杰(2010)通过理论模型证明,劳动年龄人口比例的增加将对居民部门的储蓄产生正的影响,并使用农村地区的数据验证了这个结论。

(二)稳健性分析

本文接下来主要检验人口年龄结构对储蓄率影响效应的稳健性。为了得到稳健性结果,本文主要考虑内生性问题和异常样本点对检验结果的影响。

1. 内生性问题

本文所考虑内生性问题主要有两个方面:

第一,解释变量及各控制变量可能与残差项相关,即解释变量、控制变量与国民储蓄率可能受到相同或相关的冲击,从而导致内生性问题。对于这种内生性问题,我们将模型中的各解释变量和控制变量当期替换为其各自的滞后一期(邵敏、黄玖立,2010)。值得注意的是,由于人口年龄结构的变化主要源于计划生育政策的外在冲击,故而少儿抚养比和老年抚养比皆以当期作为回归元,而各控制变量皆以滞后一期作为回归元。我们以表 2 中第(5)列固定效应模型进行重新估计,[1]主要结果见表3第(2)列。由于变量滞后一期与当期存在较高的相关性,所以表2的估计结果依然可信,且有效地避免当期变量与残差项相关而引致的内生性问题,由结果可知,少儿抚养比和老年抚养比都对国民储蓄率变动具有重要的解释力,只是少儿抚养比的影响效应略高于固定效应模型的估计结果,而老年抚养比的影响效应相差无几。

第二,国民储蓄率可能与解释变量和控制变量存在双向因果关系,对此必须处理联立内生性问题。我们在静态识别基础上加入被解释变量S的滞后一期项。这一处理同时也表示了储蓄率的动态调整过程,故而模型演变为一个动态面板数据,即为

$$S_{it} = \rho S_{i,tl1} + \beta_1 Ydep_{it} + \beta_2 Odep_{it} + \gamma Z_{it} + u_i + \varepsilon_{it} \quad (9)$$

为估计动态面板数据,我们应用阿列来诺和博沃(Arellano & Bover, 1995)及布兰戴尔和邦德(Blundell & Bond, 1998)所倡导的系统GMM方法。值得注意的是,在估计过程中使用系统内部工具变量,同时允许解释变量弱外生性,这里的弱外生性是指我们必须假定误差项与解释变量当期以及滞后一期不相关,但允许对未来的反馈(汪伟,2009)。

动态面板模型的估计方法包括差分广义矩(DIF-GMM)估计和系统广义矩(SYS-GMM)估计。DIF-GMM的基本思路是先对式(9)求差分,然后用解释变量滞后期作为差分方程中相应变量的工具变量。然而,布兰戴尔和邦德(Blundell & Bond, 1998)以及邦德等人(Bond et al. ,2001)指出,DIF-GMM估计量容易受弱工具变量的影响而产生有限样本偏误。为了克服此问题,阿列来诺和博沃(Arellano & Bover, 1995)和布兰戴尔和邦德(Blundell & Bond, 1998)建议采用另一种GMM估计量,即系统广义矩(SYS-GMM)估计量。由于SYS-GMM估计量充分利用了差分方程和水平方程,增

[1] 为便于比较,在表3第(1)列再现表2第(5)列固定效应的估计结果。

加了差分变量滞后期作为水平方程相应变量的工具。通常情况下，SYS-GMM 比 DIF-GMM 估计更有效。检验工具变量整体有效性的检验统计量为汉森(Hansen)统计量。另外需要检验随机干扰项 ε_{it} 是否存在序列相关。在一般情况下，两步法(two-step)估计优于一步法(one-step)估计。鉴于此，本文在回归中使用两步法系统广义矩估计。

表 3　稳健性估计结果

	(1) FE	(2) IV-Lag	(3) SYS-GMM	(4) Outliers
Ydep	−0.687***	−0.770***	−0.334***	−0.680***
	(0.100)	(0.108)	(0.037 9)	(0.098 5)
Odep	0.601***	0.661***	0.110***	0.538***
	(0.164)	(0.174)	(0.033 3)	(0.163)
K/Y	0.106***	0.095 6***	0.044 6***	0.107***
	(0.020 7)	(0.022 4)	(0.008 25)	(0.020 3)
FDI	−0.001 80*	−0.001 81*	−0.001 40	−0.001 74*
	(0.000 983)	(0.001 05)	(0.000 871)	(0.000 966)
Gov	−0.220***	−0.170**	−0.133***	−0.235***
	(0.077 7)	(0.083 2)	(0.023 4)	(0.076 4)
H	−0.606*	−0.568*	−0.465***	−0.612*
	(0.332)	(0.326)	(0.080 0)	(0.326)
GL	0.112***	0.055 8*	0.077 3***	0.110***
	(0.030 5)	(0.032 9)	(0.006 02)	(0.030 4)
S_{t-1}			0.413***	
			(0.0293)	
Cons	61.35***	62.25***	39.87***	62.17***
	(5.133)	(4.876)	(2.265)	(5.046)
Hansen 检验的 P 值			0.483	
AR(1)检验的 P 值			0.002	
AR(2)检验的 P 值			0.965	
F/Wald 检验	0.000	0.000	0.000	0.000
N	410	380	392	406

注：系统 GMM 估计，采用异方差稳健标准误矫正计算得到 t 值，差分方程和水平方程都使用的工具变量为少儿抚养比和老年抚养比，其余变量(包括 S_{t-1}、*K/Y*、*FDI*、*Gov*、*H*、*GL*)的滞后期仅用于差分方程做工具变量，滞后阶数为(1, 1)。

在工具变量设置上我们做如下处理:由于我国实行严格的计划生育政策,因此我们有理由将少儿抚养比和老年抚养比作为外生变量,其他变量则作为弱外生变量对待,我们使用系统“内部工具”,用弱外生变量的滞后值作为它们的工具变量。样本的 Hansen 值为 0.483,表明工具变量整体是有效的,残差序列相关性表明,差分后的残差只存在一阶序列相关而无二阶序列相关性,因此估计的结果可以断定模型的误差项无序列相关性。模型整体显著性检验 Wald 检验 P 值表明模型整体非常显著。从动态面板估计结果来看,国民储蓄率滞后一期系数为 0.413,小于 1,表明我国各省区市之间储蓄率存在收敛趋势。我们所重点关注的少儿抚养比估计系数在 1% 显著性水平下显著为负,为 -0.334,老年抚养比系数估计系数在 1% 显著性水平下显著为正,为 0.110,这一结果与此前估计结果相接近,也进一步强化了总抚养比下降是目前我国储蓄率升高的重要肇因的结论,显然,本文所关注的两个变量对国民储蓄率的贡献是强化还是弱化的结论在动态识别依然成立。

2. 异常样本点的影响

由于我国经济发展的区域特征鲜明,不同地区储蓄率也存在较大差异。比如,2000 年我国各地区国民储蓄率波动区间为 21.97%—57.22%,二者相距超过 35 个百分点,而到 2015 年二者相距虽有所缩减,但也达到 28.9 个百分点的波动区间。这表明样本数据可能存在异常点。为了检验本文估计结果是否受到这些异常点的影响,我们首先计算出 30 个省区市国民储蓄率的 10% 和 90% 百分数,并将全部样本中低于 10% 分位数和高于 90% 分位数的样本点剔除,在此基础上,对剩余样本数据进行固定效应模型估计,结果见表 3 第(4)列。从中可知,少儿抚养比系数和老年抚养比系数皆达到统计显著,系数值分别为 -0.680 和 0.538,与前述基本识别结果相接近。因此整体上看,我们的结论仍然是基本稳健的。

五、总结

近年来,中国人口老龄化的问题日益突出。2015 年,中国 65 岁及以上老年人口达到 1.44 亿人,占总人口的比重已经达到 10.5%;与之相对,0—14 岁少儿人口占比不断下降,自 2010 年以来逐渐稳定在 16.5% 左右。高国民储蓄率与人口年龄结构变化,是存在于当代中国经济中的两个客观现象。本文通过一个理论模型表明了二者之间的联系:老年抚养比的上升和少儿抚养比的下降将导致储蓄的上升。我们认为,这正是中国经济中所发生的故事。利用 2000—2015 年间省际面板数据进行的经验研究支持了上述看法,确认了老年抚养比上升和少儿抚养比下降对于国民储蓄率上升的显著效应,即便控制了其他潜在的影响国民储蓄率的因素,这种效应也是显著且稳健的。

如果更仔细地查看一下经验研究结果,还可发现 2000—2015 年间少儿抚养比下降对国民储蓄率上升的效应大都超过老年抚养比上升带来的效应,尽管后者也是显著的影响因素。但我们应注意到中国现实的国情,我国少儿抚养比下降空间已经非常有限,且新的计划生育政策正在改变我国少儿人口结构变化趋势,而我国老龄化的步伐却在加快。因此,少儿抚养比对国民储蓄率的影响在将来可能会逐渐削弱,取而代之的将是人口老龄化的影响加深。此情形之下,倘若我国经济形态其他因素未发生实质性变化,那么可以预期在未来较长时期内,我国高储蓄的状态将难有改观。

参考文献

1. 白重恩、吴斌珍、金烨:“中国养老保险缴费对消费和储蓄的影响”,《中国社会科学》2012 年第 8 期。
2. 杜鹏:“再论中国是否‘未富先老’”,《人口研究》2007 年第 4 期。
3. 杜鹏、翟振武、陈卫:“中国人口老龄化百年发展趋势”,《人口研究》2005 年第6期。
4. 樊纲、吕焱:"经济发展阶段与国民储蓄率提高:刘易斯模型的扩展与应用",《经济研究》2013年第3期。
5. 何立新、封进、佐藤宏:"养老保险改革对家庭储蓄率的影响:中国的经验证据",《经济研究》2008年第10期。
6. 华桂宏、成春林:"FDI影响我国国内储蓄与投资的实证分析",《世界经济与政治论坛》2005年第1期。
7. 江静:"融资约束与中国企业储蓄率:基于微观数据的考察",《管理世界》2014年第8期。
8. 李文星、徐长生、艾春荣:"中国人口年龄结构和居民消费:1989—2004",《经济研究》2008年第7期。
9. 李扬、殷剑峰:"劳动力转移过程中的高储蓄、高投资和中国经济增长",《经济研究》2005年第2期。
10. 刘生龙、胡鞍钢、郎晓娟:"预期寿命与中国家庭储蓄",《经济研究》2012年第8期。
11. 刘士杰:"人口转变对经济增长的影响机制研究",博士学位论文,南开大学,2010年。
12. 任若恩、覃筱:"中美两国可比居民储蓄率的计量:1992—2001",《经济研究》2006年第3期。
13. 邵敏、黄玖立:"外资与我国劳动收入份额——基于工业行业的经验研究",《经济学(季刊)》2010年第4期。
14. 宋铮:"中国居民储蓄行为研究",《金融研究》1999年第6期。
15. 王弟海:《宏观经济学数理模型基础》,格致出版社2011年版。
16. 汪伟:"中国居民储蓄率的决定因素——基于1995—2005年省际动态面板数据的分析",《财经研究》2008年第2期。
17. 汪伟:"经济增长、人口结构变化与中国高储蓄",《经济学(季刊)》2010年第1期。
18. 汪伟:"计划生育政策的储蓄与增长效应:理论与中国的经验分析",《经济研究》2010年第10期。
19. 谢平:"经济制度变迁和个人储蓄行为",《财贸经济》2000年第10期。
20. 徐丽芳、许志伟、王鹏飞:"金融发展与国民储蓄率:一个倒U型关系",《经济研究》2017年第2期。
21. 徐忠、张雪春、丁志杰、唐天:"公共财政与中国国民收入的高储蓄倾向",《中国社会科学》2010年第6期。

22. 杨继军、张二震:“人口年龄结构、养老保险制度转轨对居民储蓄率的影响”,《中国社会科学》2013 年第 8 期。
23. 杨汝岱、陈斌开:“高等教育改革、预防性储蓄与居民消费行为”,《经济研究》2009 年第 8 期。
24. 余永定、覃东海:“中国的双顺差:性质、根源和解决办法”《世界经济》2006 年第 3 期。
25. 袁志刚、宋铮:“人口年龄结构、养老保险制度与最优储蓄率”,《经济研究》2000 年第 11 期。
26. 臧文斌、刘国恩、徐菲、熊先军:“中国城镇居民基本医疗保险对家庭消费的影响”,《经济研究》2012 年第 7 期。
27. 张志远、张铭洪:“老年劳动力增加会影响年轻劳动力的就业率吗?——延迟退休对劳动力市场影响的一个考察角度”,《经济科学》2016 年第 3 期。
28. 赵侦蓉、赵秋运:“何解中国高储蓄——刺穿企业的面纱”,未名经英学术论坛工作论文,2017 年。
29. Arellano, M. ,Bond, S. ,“Some Tests of Specification for Panel Data: Monte Carlo Evidence and an Application to Employment Equations”, *Review of Economic Studies*, vol. 2,1991.
30. Arellano, Manuel,Olympia Bover,“Another Look at the Instrumental Variable Estimation of Error-Component Models”,*Journal of Econometrics*, vol. 68,1995.
31. Bloom,D. F. ,D. Canning,R. Mansfield,M. Moore,“Demographic Change, Social Security Systems, and Savings”,*Journal of Monetary Economics*,vol. 54, 2007.
32. Blundell Richard,Stephen Bond,“Initial Conditions and Moment Restrictions in Dynamic Panel Data Models”,*Journal of Econometrics*,vol. 87,1998.
33. Diamond, P. A. , “National Debt in a Neoclassical Growth Model”, American Economic Review, 1965, 55(5).
34. Kraay, A. “Household Saving in China”,*World Bank Economic Review*,vol. 3, 2000.
35. Kuijs, L. “Investment and Saving in China”, *Policy Research Working Paper*,2010.
36. Levine,R. ,Loayza,R. L. N. ,Beck,T. ,“Financial intermediation and growth: Causality and causes”,*Journal of Monetary Economics*,vol. 46,2000.
37. Lewis, W. A. , “Economic Development with Unlimited Supplies of Labour”,

Manchester School, 1954, 22(2).

38. Franco Modigliani, Shi Larry Cao, "The Chinese Saving Puzzle and the Life-Cycle Hypothesis", *Journal of Economic Literature*, vol. 1, 2004.
39. Romer, D., *Advanced Macroeconomics* (2nd edition), McGraw-Hill, 2001.
40. Zheng Song, Kjetil Storesletten, Fabrizio Zilibotti, "Growing Like China", *American Economic Review*, 2011, 101(1).
41. Bond Stephen, Anke Hoeffler and Jonathan Temple, "GMM Estimation of Empirical Growth Models", 2001, CEPR discussion paper No. 3048.
42. Simeon Vosen, Torsten Schmidt, "A monthly consumption indicator for Germany based on Internet search query data", Social Science Electronic Publishing, 2010, 19(7).

（赵秋运,北京大学国家发展研究院,北京大学新结构经济学研究院;
赵侦蓉,清华大学;马金秋,北京大学新结构经济学研究院）

非正式制度与健康养老：社会资本的健康促进效应研究

孙博文　伍新木　李雪松

一、问题的提出与文献回顾

健康是促进人全面发展的必然要求，是国家富强和人民幸福的重要标志。健康改善不仅有利于积累人力资本，提高经济增长效率，还是我国全面建成小康社会的重要社会目标。健康问题往往与年龄的增长相伴相生，中国老龄化程度的日益加深更是对中老年人的健康保障提出了挑战[1]。为提高全民健康水平,近日国务院印发了《“健康中国2030”规划纲要》,提出了“推进健康中国建设”的战略目标,做出了完善医疗卫生服务体系、推动医疗卫生体制机制改革以及保障食品药品安全等一系列正式制度安排。毋庸置疑,全民健康的改善离不开完善的医疗服务保障制度,但在中国当下医保体系不健全以及医改相对滞后的背景下,以社会网络、互惠准则、社会规范以及社会互信为主体的社会资本非正式制度对健康的促进作用也不可忽视(Putnam,1994)。尤其在中国这样一个传统的“关系型”社会,充分发挥社会资本这一非正式制度的健康促进功能显得尤为必要,将成为正式医疗卫生服务保障制度的重要补充。

理论上,社会资本可以派生出个体层面的社会资本以及社区层面的社会资本两种,两者均可以通过提供社会网络边际效益而改善中老年人的生存状态。一般而言,个体社会资本往往是基于亲缘、地缘以及血缘关系而获得的亲友帮扶与邻居支持等,基于格罗斯曼(Grossman,1972)的健康人力资本模型,以及马斯洛的需求层次理论,个体社会资本的深度与广度对于改善自身健康,提高个体劳动效率,以及促进人力资本的形成具有重要意义。个人社会网络的增加以及社交活动的频繁参与,也能够满足个体情感与归属的需要,进而改善个体心理与生理健康。相比较而言,社区层面的社会资本包括社区社会活动参与、社会互助以及社会信息共享等方面(Rojas,2006),社区集体社会资本也能够通过促进健康信息的传播与共享、提供社团组织活动机会以及提供情感支持而改善个体生存

[1] 据联合国数据,到2050年,中国60岁以上的老年人占总人口的比重将由2000年的10%增加到30%,而老年人口赡养比(25—64岁的壮年人口规模除以65岁以上的人口规模)将由2000年的近13:1下降到2.1:1,中国已经成为世界上老龄人口规模最大的国家,也是世界上老龄化速度最快的国家之一。

预期,进而促进个体健康水平的提升(王培刚、陈心广,2015)。

实证研究中,对社会资本与健康之间关系的研究莫衷一是:(1)一种观点认为社会资本能显著改善个体的健康水平。薛新东、刘国恩(2012)利用中国健康与养老追踪调查(CHARLS)2008 年的数据,发现个体社会资本指数每增加 1 个百分点,则自评健康为很好的概率将会增加 0.21 个百分点。黄伟伟等(2015)利用宁夏回族自治区西海固农户调研的微观数据,得出了社会资本与居民健康和幸福指数正相关的结论。国外研究中,罗加斯(Rojas,2006)通过实证分析,得出结论:社区基础设施种类、社区组织个数与社区信任的提升能够显著降低中年人的死亡率。(2)但也有学者对此提出异议,认为社会资本的提高对健康有消极作用。苏布拉麦尼安等(Subramanian et al.,2002)认为,个体社会资本与社区社会资本可能存在影响健康的交互效应,个体社会资本对健康的促进作用取决于社区社会资本的水平,对拥有较低信任程度的人来讲,高水平的社区社会资本对健康反而有消极影响。(3)还有学者认为社会资本与个体健康之间的关系不显著。肯内利等(Kennelly et al.,2003)通过对经济合作与发展组织(OECD)中十九个国家的截面数据分析,发现国家层面的社区社会资本与预期寿命不存在相关关系。易普等人(Yip et al.,2007)研究了中国农村地区的社会资本对居民健康的影响,与信任和社会规范等认知性社会资本相比,活动参与和社会网络结构性社会资本影响并不显著。东布赫等人(D'Hombres et al.,2010)基于 2001 年"生活条件、生活方式和健康调查"(LLH)的数据研究了独联体 8 个国家的社会资本对自评健康的影响,结果表明,认知性社会资本个人信任度显著改善了自评健康,但结构性社会资本中的活动参与水平对健康影响不显著。

综上,从社会资本这一非正式制度的健康促进效应研究来看,单独从个体或者社区层面探讨社会资本影响健康方面的研究较为丰富,但缺乏个体社会资本与社区社会资本交互效应的研究;另外,鲜有学者对社会资本变量的内生性问题做出有效性处理,导致估计结果出现内生性偏误;此外,大多研究采用的数据样本较少,容易产生统计上的有偏估计。鉴于此,本研究将采用2011—2012年中国养老健康追踪调查数据(CHARLS),对个体社会资本与社区社会资本影响健康的个体效应、社区效应以及交互效应进行分析。具体问题包括:社会资本的提高是否对个体的健康改善有促进作用?个体层面社会资本与社区层面的社会资本是否在影响健康方面存在差异?个体社会资本与社区社会资本对健康的影响是否依赖对方的基础水平?此外,研究还探讨了社会资本对个体健康的影响是否存在性别、年龄以及婚姻状态的异质性。

二、研究设计

(一)数据来源

研究数据来源于2011—2012年中国健康与养老追踪调查(CHARLS)数据库,数据调查由北京大学国家发展研究院负责,调查对象是随机抽取的家庭中45岁及以上的中老年人,数据包含了个体、家户的经济与个人健康方面的信息,对中国老龄化问题的研究意义重大。考虑到全国数据调查的复杂性,CHARLS首先在2008年对内陆甘肃省以及沿海浙江省进行预调查,样本来自32个县/区的共95个社区/村庄,共计1 570户家庭中的2 685人,预调查的样本反馈率是85%,调查取得的高质量数据证实了中国健康与养老类型调查的可行性。在此基础上,CHARLS项目于2011—2012年进行了全国基线调查,为保证样本代表性,CHARLS基线调查数据覆盖了全国150个县、区的450个村、居。调查对象共计10 257户家庭中的 17 708 人[1],总体上代表了中国 45 岁以上的中老年人群,基线调查数据的总的反馈率是 80.51%,农村问卷应答率 94.15%,要高于城市的 68.63% 的水平,能够满足数据的研究要求。

(二) 计量模型设定与变量说明

考虑到社会资本内生性可能带来的有偏估计的问题,研究采用内生 logit 估计模型进行回归分析。研究基于格罗斯曼(Grossman,1972)的健康人力资本形成模型建立如下回归方程:

$$P(H_i = 1 \mid X_i) = \beta_0 + \beta_1 ISC_i + \beta_2 CSC_j + \beta_3 ISC_i \times CSC_j + X\gamma + \varepsilon_i \qquad (1)$$

公式(1)中,i 代表不同调查个体,j 代表不同调查社区。$P(H_i = 1 \mid X_i)$ 表示个体自评健康为好及以上的概率,X_i 是解释变量,其中 ISC_i 和 CSC_j 分别代表第 i 个体社会资本与 j 社区社会资本;X 代表控制变量;ε_i 是残差项,γ 为控制变量的系数向量。基于理论假设,本研究重点关注的是个体社会资本、社区社会资本以及两者交互项的系数,分别为 β_1,β_2 以及 β_3。本研究将结合内生 Logit 模型的估计算法,对内生的社会资本变量的无偏系数 β_{2SLS} 进行估计,能够在一定程度上解决社会资本内生带来的估计偏误问题。

被解释变量为个体的自评健康水平。自评健康指标虽不能够完全衡量个体生理或心理健康的整体水平,但因为其与个体健康水平、死亡率等之间的高度相关性(Idler,1997),往往被用以评价个体主观健康水平。本研究中个体自评健康数据来自 CHARLS 中问题

[1] 在样本的选取中,部分调查数据存在缺失以及不匹配的情况,故而研究根据数据的 ID 以及 communityID 采用 Stata12 进行关联数据匹配,对存在 ID 的变量数据进行 Merge 一对一匹配,对存在 communityID 的社区变量数据进行 Joinby 组内交叉匹配,匹配后数据即便存在缺失的情形,但也能够代表研究数据的真实情况。

DA002:“您认为您的健康情况怎样? 是很好、好、一般、不好还是很不好?”为方便处理,研究定义回答为一般、好以及很好的人为健康,定义为1;回答为不好以及很不好的人定义为不健康,定义为0。

研究的核心解释变量为个体社会资本与社区社会资本。 CHARLS调查中并未涉及关于“信任”等认知性社会资本的内容,因此,本研究仅仅考虑个体以及社区层面的结构性社会资本,包括活动参与与社区基础设施建设等。(1)个体社会资本。个体社会资本一般利用个人活动参与频率和邻里之间的经常性互动等指标来度量,并不存在很大的异议。本研究通过问题DA056“您过去一个月是否参与了以下社交活动?”来统计分析,不同于薛新东等(2012)将“炒股”以及“上网”两种活动排除于社会活动之外,研究认为样本对象年龄层次大部分为超过45岁的中老年人,炒股以及上网虽说离大部分人距离较远,但其对健康影响的边际效应不能忽视。研究对其个体活动参与的频次进行加总,并进行标准化处理[1]。(2)社区社会资本。社区社会资本的度量,主要存在两种不同的处理方法:一种方法是利用社区内组织社团的个数、种类以及其他娱乐、医疗以及体育活动设施的数量予以度量(Poortinga,2012);另外一种方法则对个体层面社会资本进行“加总”或“加权平均”处理(Mohnen et al.,2011)。本研究采用第一种度量方法,将社区社会资本定义为社区基础设施以及团体组织种类。此处的“社区”定义包含了“农村村集体”和“城市社区”的两种内涵,之所以如此界定中国的“社区”,原因在于,村集体与城市社区具有明确的地理边界,是非正式组织的空间载体,而且是居民互动关系密切、集体认同与集体行动较为一致的地理单元(余慧,2008)。鉴于CHARLS数据的局限性,研究采用社区内机构以及活动场所的种类及个数对其进行界定,问题JB029为“你们村或社区有下列机构或者活动场

---

[1] 标准化为个体数值减去均值,然后除以标准差。

所吗?”问题选项包括体育设施、娱乐设施、老年活动场所以及就业服务中心等,共计 14 项,并对其加总选项进行标准化处理。

控制变量包括性别、年龄、收入、户籍、婚姻状况、受教育水平、吸烟、社会帮扶、医疗保险等,主要变量对健康的影响作用已经被证实(Rose,2000;Idler et al.,1997),变量的具体定义参见表 1。

(三)变量描述性统计与相关性分析

下页表 1 是总体样本以及分层样本的描述性统计分析结果,样本分层按照性别、年龄以及婚姻状态划分。我国现阶段将 45 岁以上老年人具体分为四个年龄层次,包括中老年人(45—59)、老年人(60—89)、长寿老人(90 岁以上)以及百岁老人(100 岁以上)。而按照世界卫生组织(WHO)最近的划分,44 岁以下的为青年人,45—60 岁为中年人,60—74 岁为准老年人,75 岁以上为老年人。参照不同的标准,考虑到 CHARLS 调查的均是 45 岁以上的样本,为便于分析,本研究以 60 岁为界限,将低于 60 岁的界定为中年人,将 60 岁以上的界定为老年人。独居包括已婚独居、已婚离异、已婚丧偶以及未婚单身等。对于教育指标,研究基于学历高低将其设定为分组变量,分为大学组(大专及大学),研究生组(硕士与博士)以及其他(高中及以下)等三组,因此只需要设定大学组以及研究生组两个虚拟变量便可以反映不同分组的边际效应[1]。剔除相关缺失数据之后,研究有效样本为 4 582 个,能够满足进一步实证分析的需求。

---

〔1〕 存在三种情况:当大学组 =1 时,研究生组 =0,初中及以下 =0,此时大学组系数反映了大专及大学学历个体的边际效应;当研究生组 =1 时,大学组 =0,初中及以下 =0,此时研究生组系数反映了研究生学历个体的边际效应;当大学组 =0 以及研究生组 =0 时,方程不同变量的系数反映了初中及以下学历的个体的边际效应,故而设定大学及研究生两个虚拟变量即可满足实证的要求(Wooldridge, 2015)。

表 1　描述性统计

变量	变量定义	总样本均值	总样本标准差	分层样本					
				男性	女性	老年人	中年人	独居	其他
				2898	1684	1844	2738	271	4311
自评健康	回答一般、好以及很好 =1;不好及很不好 =0	0.476	0.499	0.49	0.46	0.41	0.52	0.42	0.48
个体社会资本	个体社交活动参与类别加总并进行标准化处理	-0.00243	0.911	0.059	0.011	-0.08	0.07	-0.001	0.10
社区社会资本	社区机构或活动场所类别加总并进行标准化处理	0.0001	1	-0.04	0.07	-0.01	0.012	-0.12	0.05
性别	男性 =1,女性 =0	0.607	0.488	1	0	0.57	0.63	0.40	0.65
年龄	年龄	62.23	10.000	60.08	61.38	71.6	52	63.2	60.14
年收入	元	14284.6	20796.8	21442	10043	17684	12275	13345	15573
城市	城市 =1,农村 =0	0.47	0.347	0.49	0.46	0.45	0.48	0.54	0.37
独居	离异、丧偶、独居或单身 =1,其他 =0	0.0571	0.232	0.036	0.09	0.08	0.05	1	0
大学组	大专及大学 =1,其他 =0(对照组:高中及以下 =1,其他 =0)	0.0295	0.169	0.054	0.035	0.02	0.04	0.033	0.06
研究生组	硕士博士 =1,其他 =0(对照组:高中及以下 =1,其他 =0)	0.0138	0.044	0.0048	0.0074	0.008	0.0068	0.0062	0.0052
吸烟	吸烟 =1,不吸烟 =0	0.396	0.489	0.39	0.37	0.44	0.37	0.4	0.38
社会帮扶	亲友及朋友经济援助金额数	0.0662	0.249	0.06	0.068	0.08	0.06	0.07	0.06
医疗保险	有医疗保险 =1,没有医疗保险 =0	0.476	0.499	0.94	0.94	0.97	0.93	0.66	0.71
道路	柏油路、水泥路及高速路 =1,其他 =0	-0.00243	0.911	0.72	0.71	0.7	0.7	0.95	0.94

注:根据 CHARLS 问卷数据整理。

进一步,为了得到更直观的认识,研究对个体社会资本、社区社会资本与个体自评健康水平进行了皮尔逊(Pearson)相关系数检验[1]。结果显示,个体社会资本和社区社会资本与自评健康之间的相关系数分别为0.068 1($p<0.01$)以及0.101 9($p<0.01$),表明社会资本与健康之间存在正相关关系。性别与健康的相关系数为0.315($p<0.01$),表明男性自评健康为好及更好的概率更高。年龄与健康的相关系数为-0.116($p<0.01$),随着年龄的增长,自评健康存在递减的趋势。独居与健康显著负相关,系数为-0.318($p<0.05$),反映了因种种经济社会原因所带来的独居现象对个体健康有不利的影响。此外,相关系数还表明居住在城市、高收入、拥有大学以上学历、拥有医疗保险与健康存在正相关关系。而抽烟、拥有硕士以上学历以及接受社会帮扶与个体健康负相关。探讨健康的影响机制,还需要通过更加精细的计量回归模型予以分析。

三、实证结果与讨论

(一)社会资本对健康的影响:全样本分析

表2中,模型1回归了社会资本之外的其他控制变量对健康的影响,以此作为基准参照;模型2与模型3分别增加了个体社会资本与社区社会资本变量,用以检验社会资本影响健康的个体效应与社区效应;模型4考虑了个体效应与社区效应同时存在的情形;模

[1] 皮尔逊相关系数(Pearson correlation coefficient)是一种线性相关系数,用来反映两个变量线性相关程度的统计量。相关系数用r表示,其中n为样本量,分别为两个变量的观测值和均值。r的取值在-1与+1之间,若$r>0$,表明两个变量是正相关,即一个变量的值越大,另一个变量的值也会越大;若$r<0$,表明两个变量是负相关,即一个变量的值越大另一个变量的值反而会越小。r的绝对值越大表明相关性越强,要注意的是这里并不存在因果关系。篇幅限制,需要结果请来信索取。

型5增加了个体社会资本与社区社会资本变量的交互项,用以考察个体与社区社会资本影响健康的交互效应。工具变量的选择需要满足 Cov(IV, SOC)≠0 以及 Cov(IV, v)=0 等两个条件(Wooldridge, 2015)。通过过度识别检验,研究以“存在柏油路、水泥路及高速路=1,其他=0”虚拟变量作为社会资本的工具变量,基于二阶段最小二乘法(2SLS)对模型进行估计,发现个体与社区社会资本内生变量的F检验分别是14.7与19.4,超过了施泰格和斯托克(Staiger & Stock,1997)所提的10的临界值,拒绝了弱工具变量的假设,证实了工具变量的有效性,回归将得到无偏估计。

1. 社会资本影响健康的个体效应与社区效应检验

对于内生logit模型而言,系数并不能反映变量的边际效应,但可以比较相对大小(Ai & Norton,2003)。下表2中,模型2与模型3结果显示,社会资本的个体效应显著为正($\beta=0.0915$),社区效应也显著为正($\beta=0.1140$),两者均能够通过1%的显著检验,但个体社会资本对健康的促进作用要稍微低于社区社会资本的作用。现实生活中,社会资本个体效应的提高与个体活动参与、社交网络的提升密不可分,社会网络的扩大以及网络资源支撑有助于个体提高对挫折的耐受力,进而改善个体的心理健康水平。社会资本通过社区和谐氛围的培育以及信息共享来影响健康评价,社区社会资本的增加意味着社区、村落内更多更完善的活动设施及团体,中老年人有更多的机会通过活动参与获得愉悦感,获得更多的情感支持,而且,健康机构与规范的团体大大促进了健康信息的传播,潜移默化中影响了更多人的生活习惯与行为准则,这些都有利于自评健康的提高。社区效应高于个体效应具有较强的政策含义,表明当下社区社会资本基础薄弱,政府若要提高整体社会资本水平,当下应着力于社区公共服务基础设施等“硬件”的建设。

2. 社会资本影响健康的交互效应检验

模型5展示了个体社会资本与社区社会资本交互效应,结果显示,个体社会资本与社区社会资本交互项系数为负,但并不显著($\beta=-0.0003$),证实了社会资本在个体与社区层面不存在促进健康的交互效应。这意味着,社区社会资本的增加并不能显著影响个体社会资本健康效应,而且社区社会资本的健康效应也不依赖个体社会资本水平的高低,反映了个体社会资本与社区社会资本影响个体健康水平的独立性。交互项系数为负意味着,当下的社区社会资本水平甚至起着抑制个体社会资本功能发挥的作用。以上分析表明个体社会活动的参加与社区基础设施建设缺乏互动效应,笔者认为,可以从以下两个方面追寻原因:一是农村公共服务设施的落后带来的社区社会资本的“供给不足”,二是城市社会网络发达条件下的个体与社区的“分离”。而且在农村与城市地区影响原因存在差异性,具体而言:

对农村而言,由于国家所提供的医疗与社保等正式保障制度供给滞后,农村的中老年人,尤其是老年人的健康保障主要依赖亲友扶植、邻里互助等传统的个人社会网络的积累,中国农村公共服务基础设施建设落后,社区社会资本“供给不足”,导致个体与社区的互动缺乏基础设施“硬件”基础。

城市方面,个体社会资本与社区社会资本的相互独立有着深刻的社会背景:随着中国市场化改革的不断推进,个人“社会网络”的形成与“社区信任与社区组织”的关系经历了“高度融合”、“彼此分离”以及“再融合”的三个阶段:①**“高度融合”阶段**。在市场化改革的初期,经济发展水平比较落后,在城乡二元分割背景下,社会网络的培育与发展面临着制度障碍。国有经济以及集体经济占绝对的主导地位,城市居民社会网络的拓展往往与“工人—工厂—社区”的格局密不可分,在相对封闭的生活与生产环境下,个体与社区高度融合,虽然社会资本水平比较低,但两者互动关系比较强。②**“彼此分离”阶段**。随着中国市场化改革的不断推进,传统意义上依赖亲缘、血缘以及地缘关系所维系的社会关系网络逐渐被市场文明与契约制度削弱或替代,个体社会网络的形成不再受地理范围的局限,个体与社区之间“强关系”被“社会契约”关系削弱,正是这种“分离”的属性,使得个体社会资本对健康的影响水平逐渐削弱,也使得社区社会资本作为一种具有公共性的、集体性的“资本”对健康的影响相对独立,并不依赖于个人的社会网络水平,导致影响健康的互动效应逐渐变得不显著。③**“再融合”阶段**。随着城市化的进一步推进,大量农村人口涌入城市,新移民的社会融合问题不可避免,老年人在城市社区生活相对不适应,面临着“是主人而不是主人,是仆人而不是仆人”的角色尴尬定位难题,容易造成心理健康状态受到不良的影响。社区服务设施以及非正式组织团体供给不足的问题亟待解决,以实现新时期农民工、城市新移民在城市社会网络的培育,以及与社区社会资本的良好互动。

3. 控制变量的解释

控制变量中,①男性的自评健康水平高于女性,这与中国传统女性的家庭角色分工密不可分,女性往往承担更多的家务活动以及子女教育任务,虽然社会的进步在一定程度上将女性从家务活动中释放,但无形的就业歧视的社会压力对其个体自评健康的负面影响也不可忽视。②年龄越大个体自评健康水平也越低,这点比较容易理解,随着年龄的增长,身体的机能将会逐渐衰退,对个体的心里自评健康影响也比较大。③收入越高自评健康水平越高,收入每增加万元,自评健康为“好”的概率将会增加 7 至 8 个百分点,收入水平越高的人获取相应医疗资源的能力也就越强,有利于维持个体的健康状态。④从居住地来看,城市地区居民健康水平显著高于农村地区,因为城市往往拥有更加完善的医疗与社会保障制度,医疗资源的获取更为便捷(周广肃等,2014)。⑤此外,独居不利于自身健康的评价,尤其是在农村地区问题更加严重,一个可能的解释是,在城镇化快速推进的背景下,大量青壮年劳动力涌向城市及发达地区,留守在农村的往往是“993861”部队[1]，因为农村医疗资源的匮乏，“空巢老人”、留守儿童及妇女的健康问题堪忧。⑥从教育水平来看，大学及以上的群体自评健康较高，而硕士及以上学历的群体自评健康相对较低。⑦此外，研究发现吸烟有利于个体的自评健康，主要是因为自评健康指标的主观属性，即便吸烟对客观的身体生理指标有害，但主观上吸烟对个体健康的损害还得不到重视。⑧其他方面，社会亲友帮扶以及保险指标并不显著，可能与样本的变异性较低有关。

表2　个体与社区社会资本影响健康的回归结果（报告系数及OR值）

变量	模型1	模型2	模型3	模型4	模型5
	基准模型	个体效应	社区效应	独立效应	交互效应
个体社会资本		0.091 5***		0.096 8***	0.099 7***
		(1.022 0)		(1.101)	(1.104 8)
社区社会资本			0.114 0***	0.116 0***	0.116***
			(1.120 7)	(1.122 9)	(1.122 9)
个体社会资本×社区社会资本					-0.000 3
					(0.999 7)
性别	0.099 4**	0.103 0**	0.110 0**	0.112 0**	0.113 0**
	(1.105)	(1.108 6)	(1.116 2)	(1.118 5)	(1.119 6)
年龄	-0.011 1***	-0.009 9***	-0.011 4***	-0.010 3***	-0.010 3***
	(0.989)	(0.990)	(0.988 6)	(0.989 7)	(0.989 7)
收入	0.079 0***	0.084 0***	0.079 0***	0.074 0***	0.075 0***
	(1.082)	(1.087 6)	(1.082 2)	(1.076 8)	(1.077 8)
城市	0.040 0***	0.042 0***	0.038 0***	0.044 0***	0.034 0***
	(1.041)	(1.042 9)	(1.038 7)	(1.044 9)	(1.034 5)
大学组	0.098 9	0.080 7	0.006 9	-0.005 7	-0.005 1
	(1.104)	(1.084 0)	(1.006 9)	(0.994 3)	(0.994 9)
研究生组	-0.049 3	-0.056 0	-0.067 6	-0.070 7	-0.070 3

[1] “99”是指老人、“38”是指妇女、“61”是指儿童。

(续表)

变量	模型 1	模型 2	模型 3	模型 4	模型 5
	(0.952)	(0.945 5)	(0.934 6)	(0.931 7)	(0.932 1)
吸烟	0.074 2*	0.072 8*	0.099 8**	0.097 4**	0.096 9**
	(1.077)	(1.323 1)	(1.104 9)	(1.102 3)	(1.101)
独居	−0.161 0*	−0.156 0*	−0.120 0	−0.119 0	−0.119 0
	(0.851 3)	(0.855 5)	(0.886)	(0.887 8)	(0.887 8)
社会帮扶	−0.055 5	−0.063 4	−0.035 1	−0.041 3	−0.041 9
	(0.946)	(0.9385)	(0.965 5)	(0.959 5)	(0.958 9)
保险	−0.112 0	−0.136 0	−0.113 0	−0.135 0	−0.135 0
	(0.894)	(0.872 8)	(0.893 1)	(0.873 7)	(0.873 7)
Constant	2.203***	0.734 0***	0.799 0***	0.749 0***	0.750 0***
	(0.164 0)	(2.083 4)	(2.223 3)	(2.114 8)	(2.117)
Observations	4 582	4 582	4 582	4 582	4 582

注:***、**、* 分别代表在 1%、5% 及 10% 显著水平上通过检验;括号内为 OR 值。

(二)社会资本影响个体健康的异质性:分样本估计

为了进一步剖析不同性别、年龄以及婚姻状态下社会资本的健康效应差异,研究对分层样本进行了回归,结果进一步证实了社会资本的个体效应与社区效应存在,而且交互效应在不同模型中均不显著,结果见下表 3。

1. 社会资本影响健康的性别差异

模型 6 与模型 7 汇报了男性及女性样本的回归结果,女性个体社会资本的健康促进效应高于男性(0.041 >0.027),社区社会资本的健康促进效应也高于男性(0.050 8 >0.045 8)。性别差异是影响个体健康的重要因素之一,2005 年世界卫生组织探讨了包括性别在内的“结构性驱动因素”对于个体生存环境以及健康的影响,证实了性别差异的影响,认为性别应该内生于健康促进政策之中。由于女性传统的社会分工以及家庭角色定位,其社会交往以及社会资本水平处于低位,表 1 中的数据也显示女性个体社会资本(0.011)

小于男性(0.059),同等水平社会资本的增加所产生的健康促进边际效应在女性群体中更加明显。此外,与男性相比,女性一般为家务活动所累,参与社会活动以及形成个体社会网络的机会相对较少,一旦从家庭繁杂的事务中抽身,其参与社会活动的频率与质量也将高于男性,对个体健康的促进影响也就更大。从福利经济学的视角来看,女性社会资本提高的个体效应以及社区效应均高于男性,表明当前消除女性就业歧视、发挥女性社会资本的边际效应、保障妇女社会权益以及增加社会福利还存在较大的政策空间。

2. 社会资本影响健康的年龄差异

模型 8 和模型 9 中,年龄在 60 岁以下的中年人群体的社会资本健康促进效应更为明显,个体社会资本系数($\beta=0.0354$)与社区社会资本的系数($\beta=0.0540$),要显著大于 60 岁的老年群体个体社会资本系数($\beta=0.0327$)和社区社会资本系数($\beta=0.0382$),表明中年人社会资本的个体效应以及社区效应均更加突出,老年人社会资本健康促进效应比中年群体更低。社会资本对健康的影响存在“资源获得”与“社交压力”两个方面,对于中年人而言,其往往处于人生中较为辉煌的事业丰收期,社会关系网络以及社会资本存量已经相对稳定,这一时期生活质量的改善离不开社会网络资源的支撑,而且与年轻时期相比,社会关系的作用开始占主导地位,社会活动参与以及社会关系的维系虽然会给其带来一定的精神压力,但综合来看,社会资本“资源获得”效应要大于压力创造效应。但对于 60 岁以上老年群体而言,退休之后,其生活的重心一般开始从工作向家庭转变,由于曾经的工作关系网络与亲友关系网络依然相对成熟,社会资本的边际效应并不突出。

3. 社会资本影响健康的婚姻状态差异

下表 3 中模型 10 与模型 11 的估计系数显示,非独居样本的个体社会资本与社区社会资本健康促进效应更加明显,个体社会资本系数($\beta=0.0356$)与社区社会资本系数($\beta=0.0481$)均能够通过

1%的显著检验，而独居个体的社会资本健康促进效应不显著，个体社会资本系数（$\beta=-0.034$）与社区社会资本系数（$\beta=0.0422$）均不能通过显著检验。研究样本的独居群体包括离异、已婚独居、丧偶以及单身四类群体，不同的群体社会资本效应存在差异。对于离异群体而言，社会资本对健康的影响存在一个"先抑后扬"过程，短期内离异人群面临着社交情绪孤独和经济困境，导致社交活动参与骤减、健康恶化以及犯罪率提升，但长期来看，经历了物质与心理的"困难期"之后，其社会网络关系将会重新编制并加固，个体社交活动的参与频率以及质量提升的概率将不断增加，个体生理与心理健康境遇也将逐渐改善。对于已婚独居群体而言，社会资本的健康效应较低，而且在农村地区更为显著，表明在快速城市化的过程中，农村青壮年劳动力向城镇流动，空巢老人与留守妇女问题突出，加之农村相对落后的医疗卫生资源保障，而且社会资本的形成主要依赖传统的亲缘、地缘以及血缘关系的维系，结果社会资本对健康的作用并不突出。另外，单身样本个体较少，不到样本的1%，其社会资本的健康效应不在本研究的关注范围之内。

表3　社会资本影响健康的异质性

模型	模型6	模型7	模型8	模型9	模型10	模型11
变量	男性	女性	老年人	中年人	独居	其他
个体社会资本	0.027**	0.041***	0.033***	0.035***	-0.0340	0.0356***
	(0.0108)	(0.0137)	(-0.016)	(-0.010)	(0.0417)	(0.00866)
社区社会资本	0.0458***	0.0508***	0.038***	0.054***	0.0422	0.0481***
	(0.00989)	(0.0125)	(-0.013)	(-0.010)	(0.0364)	(0.00783)
个体社会资本×社区社会资本	-0.0014	-0.0013	-0.003	-0.013	-0.0443	-0.0027
	(0.994)	(0.934)	(0.706)	(0.746)	(0.932)	(0.844)
性别			0.046*	0.043**	-0.0737	0.0501***
			(-0.026)	(-0.020)	(0.0686)	(0.0164)
年龄	-0.00427***	-0.00367***	-0.004**	-0.004*	-0.00206	-0.00409***

（续表）

模型	模型 6	模型 7	模型 8	模型 9	模型 10	模型 11
	(0.00104)	(0.00114)	(-0.002)	(-0.002)	(0.00309)	(0.000791)
收入	0.1240 ***	0.0540 ***	0.077 ***	0.086 ***	0.0720 ***	0.0440 ***
	(0.0132)	(0.0144)	(-0.015)	(-0.014)	(0.0127)	(0.0153)
城市	0.0420 ***	0.0360 ***	0.036 ***	0.047 ***	0.031 ***	0.0360 ***
	(0.0048)	(0.0044)	(-0.005)	(-0.005)	(0.0020)	(0.0016)
独居	-0.0974 **	0.0217	-0.005	-0.053		
	(0.0490)	(0.0413)	(-0.044)	(-0.046)		
大学组	0.0324	-0.0678	0.048	-0.020	-0.189	0.00916
	(0.0397)	(0.0642)	(-0.060)	(-0.041)	(0.179)	(0.0343)
研究生组	-0.0290	-0.00682	-0.004	-0.028	-0.00274	-0.0220
	(0.0194)	(0.0282)	(-0.026)	(-0.020)	(0.0723)	(0.0163)
吸烟	0.0222	0.0505 **	0.019	0.040 **	-0.0132	0.0342 **
	(0.0190)	(0.0252)	(-0.024)	(-0.020)	(0.0651)	(0.0156)
社会帮扶	-0.0407	-0.0750	-0.051	-0.063	-0.0846	-0.0549 *
	(0.0411)	(0.0472)	(-0.046)	(-0.042)	(0.121)	(0.0304)
医疗保险	-0.0853 **	0.0218	-0.024	-0.061	0.0465	-0.0513
	(0.0386)	(0.0515)	(-0.049)	(-0.040)	(0.144)	(0.0316)
Constant	0.836 ***	0.630 ***	0.698 ***	0.774 ***	0.556 **	0.744 ***
	(0.0727)	(0.0884)	(-0.129)	(-0.131)	(0.240)	(0.0591)
观测样本	2898	1684	1844	2738	271	4311
总样本	4582		4582		4582	

注：***、**、* 分别代表在 1%、5% 以及 10% 显著水平上通过检验。

四、结论与政策讨论

本研究结果表明，个体社会资本、社区社会资本均对自评健康有显著的促进作用，而且社区社会资本的健康促进效应更高，但由于农村公共服务设施的落后，个体与社区社会资本缺乏促进健康的互动基础。此外，研究还证实，社会资本的健康促进效应存在性别、年龄以及婚姻状态的差异性。本文的研究结论具有如下政策含义。

首先，应充分认识到社会资本这一非正式制度对全民健康的积极促进作用，并将其纳入到"健康中国"战略推进的政策工具箱。

随着国务院《"健康中国2030"规划纲要》的颁布,未来十五年中国人民的健康发展将成为政策关注的焦点。在推进健康中国战略实施的过程中,完善的医疗卫生服务体系是健康保障的前提。但与此同时,由于在偏远的城镇及农村地区,医疗社会保障尚未实现全覆盖,传统意义上依赖亲友帮扶以及地缘网络关系而形成的社会资本,在健康养老中依然扮演关键角色,因此不同层级的地方政府应意识到社会资本的重要性,将社会资本的培育纳入到和谐社会建设的评价体系之中,实现社会资本促进中老年人健康功能的发挥。

其次,加大政府投入与补贴力度,积极推进社区公共服务基础设施、非政府组织和社会团体的建设。研究结果证明,个体活动参与类别与频率的提升,以及社区医疗、娱乐基础设施与组织团体的增加均能够为个体提供情感支持与互助,有利于个体自评健康水平的提高,并且社区基础设施改善对健康促进效应更大。因此,应进一步加大在社区,尤其是农村地区的体育场馆、娱乐场所、图书室以及各种非政府团体组织的建设力度,建立社区健康服务信息平台,及时为社区居民更新传播疾病防治防疫信息,降低信息不对称性,提高居民对个体健康水平改善的关注,为居民参与社区活动创造便利条件,提高居民生活的社会融合度,为个体社会资本与社区社会资本健康促进互动作用的发挥创造条件。

第三,因人而异,因地制宜,实施差别化的社会资本培育政策,女性、老年人、独居群体以及农村低收入群体的社会资本培育应享受必要的政策倾斜。研究证明,男性的自评健康更高,但女性社会资本的健康促进效应高于男性,受传统上女性社会分工的影响,女性在家庭中扮演着关键的角色,而且往往为家务琐事所累,但一旦女性有更多的机会参与社会活动,其社会资本的增加带来的健康边际效应往往比男性更高。因此,应通过发挥社区委员会、社会妇联以及公益互助组织的作用,改善女性的社会网络,还应进一步清理与消除不合理的性别歧视条款,提高女性的家庭与社会地位。对中老年群体而言，年龄越高，自评健康往往越差，中年人的社会资本健康促进效应要高于老年群体。因此，政策的实施需要依照新近颁布的《关于进一步加强和改进离退休干部工作的意见》，鼓励老年社团、老年协会等老年人组织的成立，创造便于老年人发挥余热以及再就业的良好环境，支持离退休专业技术人员特别是老专家进一步发挥在经济建设和科技进步中的服务和推动作用。此外，独居不利于个体健康评价，而且独居个体的社会资本健康促进效应偏低。这就要求依托社会救济与帮扶制度，对丧偶独居或者农村"空巢老人"、留守妇女等群体进行有针对性的扶植。研究还证实收入的增加有利于个体健康的改善，因此贯彻多元的精准扶贫策略，改善农村低收入群体的经济水平，对失业人员进行就业再培训，也是当下推进健康中国战略实施的重要策略。

参考文献

1. 黄伟伟、陆迁、赵敏娟："社会资本对西部贫困地区农村老年人健康质量的影响路径——基于联立方程模型的中介效应检验"，《人口与经济》2015 年第 5 期。
2. 王培刚、陈心广："社会资本、社会融合与健康获得——以城市流动人口为例"，《华中科技大学学报(社会科学版)》2015 年第 3 期。
3. 薛新东、刘国恩："社会资本决定健康状况吗——来自中国健康与养老追踪调查的证据"，《财贸经济》2012 年第 8 期。
4. 余慧、黄荣贵、桂勇："社会资本对城市居民心理健康的影响：一项多层线性模型分析"，《世界经济文汇》，2008 年第 6 期。
5. 周广肃、樊纲、申广军："收入差距、社会资本与健康水平——基于中国家庭追踪调查(CFPS)的实证分析"，《管理世界》2014 年第 7 期。
6. Ai, Chunrong, and Edward C. Norton, "Interaction terms in logit and probit models." *Economics Letters*, 2003, 80(1).
7. d'Hombres, Béatrice, et al., "Does social capital determine health? Evidence from eight transition countries," *Health Economics*, 2010, 19(1).
8. Grossman, Michael, "On the concept of health capital and the demand for health," *Journal of Political Economy*, 1972, 80(2).

9. Habibov, Nazim N. , and Elvin N. Afandi,"Self-rated health and social capital in transitional countries: Multilevel analysis of comparative surveys in Armenia, Azerbaijan, and Georgia," *Social Science & Medicine*,2011,72(7).

10. Idler, Ellen L. , and YaelBenyamini,"Self-rated health and mortality: a review of twenty-seven community studies. "*Journal of Health and Social Behavior*,vol. 38,1997.

11. Islam, M. Kamrul, et al. , " Social capital and health: Does egalitarianism matter? A literature review,"*International Journal for Equity in Health*,2006,5(1).

12. Kennelly, Brendan,Eamon O'Shea, and Eoghan Garvey,"Social capital, life expectancy and mortality: A cross-national examination," *Social Science & Medicine*,2003,56(12).

13. Lorenz, Frederick O. , et al. , " The short-term and decade-long effects of divorce on women's midlife health," *Journal of Health and Social Behavior*, 2006,47(2).

14. Marmot, Michael, et al. , " Closing the gap in a generation: Health equity through action on the social determinants of health," *The Lancet*, 2008, 372 (9650).

15. Maslow, A. H. ,*Motivation and Personality*,New York:Harper & Brothers,1954.

16. Miller, Douglas L. , et al. , " Social capital and health in Indonesia. " *World Development* ,2006,34(6).

17. Mohnen, Sigrid M. , et al. , " Neighborhood social capital and individual health,"Social Science & Medicine,2011,72(5).

18. Poortinga, W. , " Community resilience and health: The role of bonding, bridging, and linking aspects of social capital", *Health & Place*, 2012,18(2).

19. Putnam, R. D. , Leonardi, R. & Nonetti, R. Y. , *Making Democracy Work: Civic Traditions in Modern Italy*, Princeton University Press, 1994.

20. Rojas, Y. , and P. Carlson. , " The stratification of social capital and its consequences for self-rated health in Taganrog, Russia," *Social Science & Medicine*,2006,62(11).

21. Rose, R. ,"How much does social capital add to individual health? A survey study of Russians,"*Social Science & Medicine*,2000,51(9).

22. Snelgrove, John W. , Hynek Pikhart, and Mai Stafford," A multilevel analysis of social capital and self-rated health: Evidence from the British Household Panel Survey,"*Social Science & Medicine*,2009,68(11).

23. Staiger D. , Stock J. H. , " Instrumental Variables Regression with Weak Instruments" , *Econometrica*, 1997, 65(3).

24. Subramanian, Subu V. , Daniel J. Kim, and Ichiro Kawachi, "Social trust and self-rated health in US communities: A multilevel analysis," *Journal of Urban Health*, 2002, 79(1).

25. Wooldridge, Jeffrey M. , *Introductory econometrics: A modern approach*, Nelson Education, 2015.

26. Yip, Winnie, et al. , " Does social capital enhance health and well-being? Evidence from rural China. " *Social Science & Medicine*, 2007, 64(1).

（孙博文，北京大学光华管理学院；伍新木，武汉大学经济与管理学院；李雪松，武汉大学经济与管理学院）

我国人口老龄化背景下养老保险制度改革

潘月强　姜海纳　马习鹏

党的十九大报告提出，要全面建成覆盖全民、城乡统筹、权责清晰、保障适度、可持续的多层次社会保障体系。社会保险是社会保障体系的核心，社会保险由养老保险、医疗保险、失业保险、工伤保险和生育保险所构成。2016 年社会保险支出 4.69 万亿元，其中养老保险支出 3.40 万亿元，占社会保险支出的 72.5%，可见养老保险是社会保险最重要的组成部分。

随着我国社会生活水平的不断提高，人口预期寿命的延长，“银发浪潮”的人口老龄化问题越来越严重，进而对我国的养老保险制度产生了较大的冲击。《中华人民共和国老年人权益保障法》当中明确规定“积极应对人口老龄化是国家的一项长期战略任务”。

一、我国人口老龄化的现状及特点

（一）我国人口老龄化的现状

一般而言，根据联合国对于人口年龄的划分标准，当一个国家或地区 60 岁以上老年人口占人口总数的比重达到 10%，或 65 岁以上老年人口占人口总数的比重达到 7%，即意味着这个国家或地区进入人口老龄化。

在 2000 年进行的第五次全国人口普查当中，全国总人口 126 583 万人，其中 65 岁以上 8 811 万人，占总人口的比重为 6.96%，标志着我国已经基本上进入了人口老龄化社会。根据国家统计局公布的《中华人民共和国 2017 年国民经济和社会发展统计公报》，2017 年年末，我国 60 周岁及以上人口为 24 090 万人，占人口总数的 17.3%；65 周岁及以上人口为 15 831 万人，占人口总数的 11.4%。根据 2017 年国务院印发的《“十三五”国家老龄事业发展和养老体系建设规划》，预计到 2020 年，全国 60 岁以上老年人口将增加到 2.55 亿人左右，占总人口比重提升到 17.8% 左右；高龄老年人将增加到 2 900 万人左右，独居和空巢老年人将增加到 1.18 亿人左右，老年抚养比将提高到 28% 左右。

老龄化反映的是老年人口占总人口的比例，和人口出生率、人口死亡率、预期寿命等多项因素密切相关。随着我国经济的不断发展，医疗水平和相关保障的提高，我国人口的平均预期寿命有了较大幅度的提升（如图 1 所示）。与 1981 年人均预期寿命相比，2015 年人均预期寿命提高了近 9 岁。尤其是从 2000 年至 2015 年，短短 15 年的时间内，平均预期寿命提高近 5 岁。

另外，从老年抚养比这一角度，也能在一定程度上反映我国人

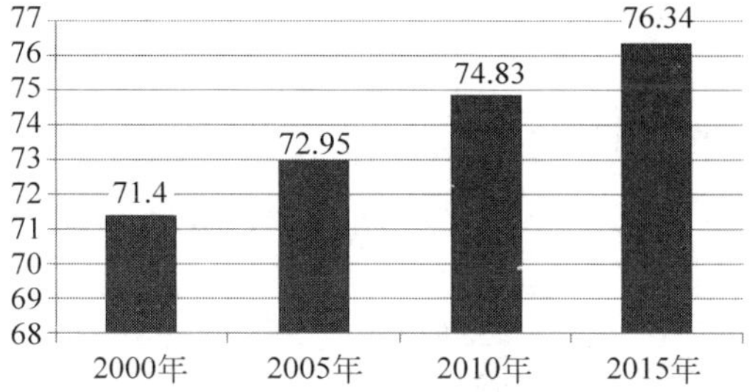

图1　2000—2015 年我国平均预期寿命(岁)

资料来源:《中国统计年鉴 2017》。

口老龄化日趋严重的问题。2007 年至 2016 年这十年间,我国老年抚养比有持续上升的趋势,而且上升的幅度也越来越大(如图 2 所示)。

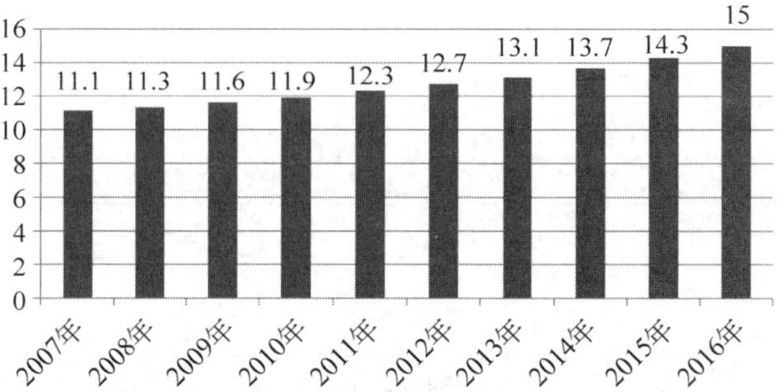

图2　2007—2016 年我国老年抚养比(%)

资料来源:2007—2016 年各年《中国统计年鉴》。

(二)我国人口老龄化的特点

1. 我国老龄化增速较快

我国 2000 年已经基本进入了老龄化的门槛,65 岁及以上的老年人占总人口的 6.96%,2017 年年末该数据增至 11.4%,相当于是平均每年增长 0.26 个百分点,远远高于 1950—1980 年的每年 0.02 个百分点。而且增长幅度呈现出越来越快的趋势,2013—2017 年平均每年增长0.425个百分点,2017年65岁及以上的老年人占总人口比重比2016年多了0.6个百分点,为自有相关统计以来最高增幅。针对我国老龄化的增长速度,除了与我国过往相比较,也需要与其他国家相比较(如表1所示)。结合2017年年末11.4%的数据,如果以2013—2017年平均每年增长0.425个百分点为标准进行估算,那么在2024年我国65岁及以上老人占总人口的比重就能达到14%。我国老龄化的发展速度远远高于西方几个发达国家,而与日本的老龄化速度较为接近。

表1　若干国家人口年龄化速度比较

国家	65岁及以上人口比例达到时间		所需时间(年)
	7%	14%	
日本	1970	1996	26
英国	1930	1975	45
德国	1910	1975	66
瑞典	1890	1975	85
法国	1865	1980	115

资料来源:邬沧萍:《社会老年学》。

2. 老龄人口增量大

我国老龄人口增量大和我国人口基数大、老龄化速度快这两个因素密不可分。2016年我国65岁及以上人口首次突破1.5亿人,而2017年65岁及以上老年人口比2016年多828万人,2017年的增长量几乎为2013年增量的2倍,为历年最高(如图3所示)。同时在2017年,我国60岁及以上老年人新增数量达到了1 000万。老龄人口的高增长量,对于我国养老保障事业,提出了更加严峻的挑战。

3. 农村老龄化程度高于城镇

一般而言,在一些发达国家,城镇地区老龄化程度都高于农村地区。因为城镇地区有着更好的医疗条件和生活水平,相关的养老

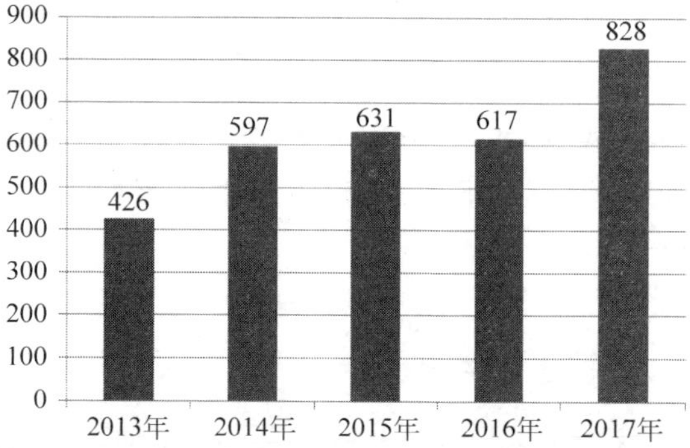

图 3　2013—2017 年我国 65 周岁及以上人口数量增量(万人)

资料来源:2013—2017 年各年《国民经济和社会发展统计公报》。

保障体系也更加完善,预期寿命比农村地区更高。而在我国却恰恰相反,农村地区的老龄化程度高于城镇地区。根据 2010 年的第六次全国人口普查结果,我国城镇地区 65 岁及以上人口占比为 7.8%,比第五次人口普查时高了 1.38 个百分点;而农村地区 65 岁及以上人口占比为 10.06%,比第五次人口普查时高了 2.56 个百分点。造成这一问题的主要原因是,我国长期存在的城乡二元体制结构所形成的城乡之间的巨大差异。大量的农村青壮劳动力选择去城镇打工,稀释了城镇地区的人口老龄化,反而进一步加大了农村地区的老龄化问题。2017 年全国人户分离的人口 2.91 亿人,其中流动人口 2.44 亿人,比 2010 年第六次人口普查的时候分别高了 0.3 亿人和 0.24 亿人。特别是流动人口,2000 年时全国仅有 0.6 亿,2017 年的流动人口相比于 2000 年,增长率超过 300%。

4. 老龄化地区差异明显

客观上讲,我国人口老龄化的地区差异程度,并没有呈现出从东至西依次递减的现象,尤其是作为东部沿海地区经济大省的广东省,由于青壮年劳动力的涌入,缓解了当地老龄化的压力。根据 2010 年第六次全国人口普查的结果,我国老龄化最严重的五个地区分别为重庆、四川、江苏、辽宁和安徽，最为“年轻”的五个地区是广东、新疆、宁夏、青海和西藏。在2016年，老年人口抚养比最重的为重庆、四川，分别为19.79%和19.47%，几乎是广东2016年老年人口抚养比10.18%的两倍。而2016年西藏老年人口抚养比仅为7.01%。

二、我国养老保险制度的历史沿革

养老保险能够为老年人提供稳定可靠的收入，新中国成立以来，我国养老保险制度经过了多次调整。只有对于我国养老保险制度历史沿革有充分了解，理解每次改革的目的和可能存在的问题，才能站在一个更高的角度去审视老龄化背景下我国目前养老保险制度所存在的问题。

1951年政务院颁布的《中华人民共和国劳动保险条例》开创了我国养老保险的先河，首次规定了养老保险，当时养老保险费用全部由实行劳动保险的各企业行政方面或资方负担。1955年国务院颁发的《国家机关工作人员退休处理暂行办法》确立了机关事业单位退休金制度，事业单位也参照此办法建立退休金制度。1958年国务院发布的《关于工人、职员退休处理的暂行规定》，将企业退休制度与机关、事业单位工作人员退休制度进行合并，这是我国迄今为止养老制度最大范围内的一次统筹。

1978年国务院颁布的《关于工人退休、退职的暂行办法》和《关于安置老弱病残干部的暂行办法》，则是根据身份的不同，确立实施干部和工人两种不同的保险制度，这也为后来的“双轨制”埋下了伏笔。1986年《国营企业实行劳动合同制暂行规定》当中开始引入个人缴费的模式，这也为今后实施的统账结合模式打下了基础。

1991年国务院颁布了《关于企业职工养老保险制度改革的决定》，逐步建立起基本养老保险与企业补充养老保险和职工个人储蓄性养老保险相结合的制度。改变养老保险完全由国家、企业包下来的办法,实行国家、企业、个人三方共同负担,这标志着我国企业养老保险开始向社会统筹发展。同年,民政部印发的《县级农村社会养老保险基本方案》(俗称"老农保"),标志着我国农村养老保险的发展,将更多的人纳入到了养老保险的范畴内。

1995 年,国务院印发《关于深化企业职工养老保险制度改革的通知》,规定基本养老保险费用由企业和个人共同负担,实行社会统筹与个人账户相结合。

2009 年国务院颁发《关于开展新型农村社会养老保险试点的指导意见》(俗称"新农保")。"新农保"由个人缴费、集体补助、政府补贴三部分组成,而"老农保"主要是个人缴费,实际上是一种自我储蓄模式。2011 年国务院发布《关于开展城镇居民社会养老保险试点的指导意见》,面向的对象是不符合职工基本养老保险参保条件的城镇非从业居民。2014 年国务院颁布《关于建立统一的城乡居民基本养老保险制度的意见》,决定将新型农村社会养老保险和城镇居民养老保险进行合并,建立统一的城乡居民养老保险制度。

2015 年国务院发布《关于机关事业单位工作人员养老保险制度改革的决定》(俗称"养老保险制度并轨"),改革现行机关事业单位工作人员退休保障制度,参照城镇企业职工养老保险制度的框架,实行社会统筹与个人账户相结合的基本模式。然而机关事业单位和企业职工基本养老保险制度并轨并不彻底,两者之间是分别运行、单独记账、资金分别使用管理。

2017 年,国务院印发了《"十三五"国家老龄事业发展和养老体系建设规划》,提出要完善社会统筹与个人账户相结合的基本养老保险制度,构建包括职业年金、企业年金,以及个人储蓄性养老保险和商业保险的多层次养老保险体系。2018 年财政部、税务总局等部门发布《关于开展个人税收递延型商业养老保险试点的通知》,

进一步推动“第三支柱”的发展，标志着我国商业养老保险即将迈入新的发展阶段。

三、老龄化背景下我国养老保险所面临的风险

人口老龄化不是我国独有现象，目前，人口老龄化已经成为世界上多个国家所面临的挑战。但由于各国国情不同，人口老龄化所造成的影响也各不相同。基于我国养老保险发展进程与特征，结合我国老龄化现象，本文认为在人口老龄化背景下，我国养老保险制度存在以下问题与风险。

（一）养老保险过于依赖财政补贴

从世界范围来看，不论是老龄人口的增长速度、增长的数量以及老龄人口的绝对数量，我国都是老龄化现象比较严重的国家。关于我国目前养老保险基金的征缴收入和支出规模情况，笔者根据人社部发布的 2010 年至 2016 年人力资源和社会保障事业发展统计报告，整理如图 4 所示。从图中我们可以看出，在 2013 年的时候出现了养老保险的征缴收入低于养老保险的基金支出情形，而且在随后的几年里，征缴收入的增速一直低于基金支出的增速，使得养老保险当期收不抵支的情形逐渐加剧，更加需要依赖财政补贴来发放养老金。

具体而言，我国的城镇职工基本养老保险的资金收入主要是企业和职工的缴费，不足的部分再由财政来进行补贴兜底，最近几年我国对城镇职工基本养老保险的财政补贴规模也在持续扩大（如图 5 所示）。2016 年财政补贴已经高达 6511 亿元，比 2015 年的财政补贴多出将近 1 800 亿元，增长 38%，比 2013 年财政补贴总额增长一倍还多。除了财政补贴金额大、补贴金额增长较快之外，财政补贴占城镇职工基本养老保险基金总收入的比重也在上升。2016

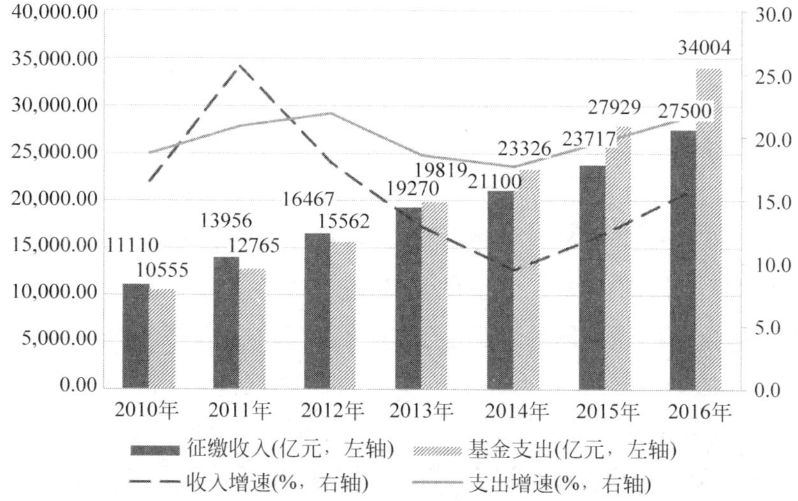

图 4　中国基本养老保险的征缴收入与支出规模及其增速(2010—2016 年)

资料来源:2010—2016 年各年《人力资源和社会保障事业发展统计公报》。

年财政补贴占基金当年总收入的 18.6%,比 2015 年高出 2.5 个百分点。而城乡居民养老保险则更是依赖财政补贴,政府对符合领取城乡居民养老保险待遇条件的参保人全额支付基础养老金。2016 年城乡居民基本养老保险基金收入为 2 933 亿元,其中个人缴费仅为 732 亿元,个人缴费占基金收入的比重仅为 25%。

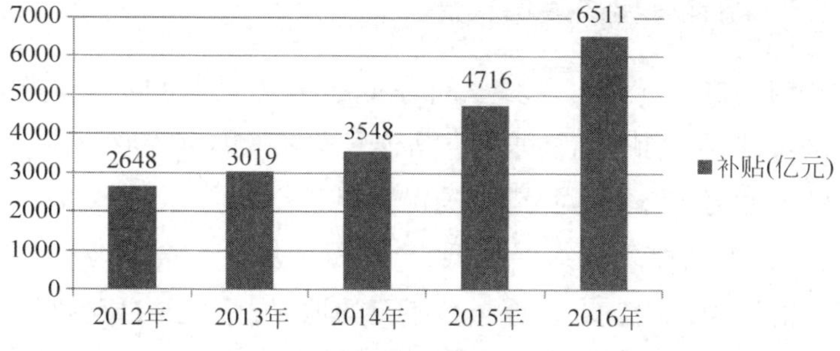

图 5　我国城镇职工基本养老保险基金财政补贴额度(2012—2016 年)

数据来源:2012—2016 年各年《人力资源和社会保障事业发展统计公报》。

（二）个人账户空账问题严重

我国目前实行的是社会统筹和个人账户相结合的模式，在城镇职工基本养老保险当中，个人工资8%进入个人账户实行基金积累制，企业缴纳职工工资的20%进入统筹账户实行现收现付制。1997年养老保险制度进行新旧转型，从以往单纯的现收现付制转为现收现付制与基金积累制相混合的模式，这其中就有新旧转型的成本。对于转型前已经退休的人员，仍按国家原来的规定发给养老金；转型前参加工作、转型后退休的人员，不但转型前的工作年限视同缴费，而且退休后还有额外的过渡性养老金时。在统筹账户不足以支付当期养老金时，就会动用一部分个人账户的资金用来支付养老金，从而出现个人账户为空账的现象。根据《中国养老金发展报告2016》，2015年城镇职工基本养老保险的个人空账为4.7万亿元，而当年的基金结余为3.5万亿元。

同时，我国老年人口总规模的扩张将要求养老金未来支付的规模更大，进一步加剧了养老金支付压力。因此，本文认为由于过往个人空账的存在，养老保险金支付存在一定隐患，而老年人口规模的扩张加剧了养老保险支付压力。

（三）养老保险统筹层次低

我国人口老龄化存在城乡间分布差异以及区域间分布差异这两个基本特征。而这将要求我国养老保险拥有较强的筹集资金、协调资源的能力，实现风险分散、均衡负担。

目前，养老保险统筹层次低，导致养老保险基金不能在全国进行统一的调配使用。对于养老金不足的地方，只能通过财政的转移支付来进行补贴；而养老金富余的地方，有应对今后发生的风险等诸多考虑，导致不能对养老保险基金进行投资，而是将其存入财政专户，仅仅得到活期存款的利息。同时，低层次的养老保险统筹也将有碍于人口的自由流动。

养老保险统筹能力越低，抵御风险能力越弱，公平性越差，而老龄化区域间差异加深了对养老保险强有力统筹协调的需要。由于大范围内的养老保险统筹需要涉及不同经济发展水平、不同层次人群之间的利益，目前全国范围内的养老保险统筹尚未建立。

（四）企业年金制度发展缓慢

企业年金作为我国养老保险体系的重要组成部分，经过十几年的发展，取得了不小的成就。但是企业年金的发展还是没有达到政策制定之初的预期，尤其是最近几年，企业年金的发展极其缓慢，几乎陷入了停滞状态。根据人社部发布的《2016 年度人力资源和社会保障事业发展统计公报》，2016 年年末全国有 7.63 万户企业建立了企业年金，比上年增长 1.1%；参加职工人数为 2 325 万人，比上年增长 0.4%。而 2015 年参加职工人数为 2 316 万人，也仅比 2014 年增长 1.0%。此外，2016 年年末全国参加企业年金制度的职工，仅占参加城镇职工基本养老保险职工人数的 8.36%，也就是说有超过 91% 的参加城镇职工基本养老保险的职工未被企业年金所覆盖。企业年金发展缓慢和企业负担、税收优惠政策、资本市场、劳动力的供求关系等许多方面有关。作为第二支柱的企业年金制度发展缓慢，很难成为第一支柱基本养老保险的有效补充，尤其是与美国等国家相比差距更大，进一步造成了我国养老保险替代率不断下降的局面。

（五）降低养老保险费率压力大

我国养老保险费率不仅是社会保险费率当中最高的，同时也是世界上养老保险费率中较高的。在我国经济发展进入新常态的情形下，较高的养老保险费率会使得企业增加不少用工成本，同时也会使一些企业或者是职工出现逃避缴费的现象。而过度降低养老保险费率,则会减少当期的征缴收入,对一些已经入不敷出的省份来说,更是雪上加霜,容易造成顾此失彼的情形。

四、老龄化背景下养老保险如何进一步完善

老龄化既是挑战也是契机,针对本文总结的养老保险存在的不足,本文认为可以从以下几个方面对养老保险制度进行完善。

(一)既要稳又要增,养老保险金多渠道投资

从国际范围来看,养老保险金入市是养老保险金增值的国际惯例。我国自 2015 年起,养老保险金正式入市,标志着我国开始加大探索养老保险金增值的步伐。

养老保险金入市存在一定风险,而作为社会保障资金,养老金投资过程中安全性需要放在第一位考虑。因此"稳"是养老金保值增值过程中的首要考虑。在"稳"的情况下,要考虑如何实现养老保险金高增值,以抵御通胀带来的影响,从而实现真正能保障老年人生活水平的养老保险。除入市以外,本文认为养老保险金可以更多地尝试多种保值增值方式,如大型基础设施建设类等具有长期收益的项目。

在拓展养老保险金投资渠道的基础上,养老保险金使用过程中的统筹层次、监督审计等相关制度的衔接同样不能忽略。只有理顺制度层面,才能实现养老保险金既稳又增。

(二)防范债务危机,缓和养老保险支付压力

"空账运行"的存在和老年人口规模的扩大使得养老保险金未来的支付压力较大。为了防范养老保险金债务危机的出现,一方面在于堵,另一方面在于缓。

为了应对个人账户空账的问题,我国于 2001 年在辽宁开始试

点个人账户做实，社会统筹基金和个人账户基金分账征收，独立运营，互不挤占。随后这一试点工作范围又扩大到13个省市，但效果不甚明显，空账规模越来越大。尤其是第一个开始试点做实的辽宁，后来又暂从做实的个人账户中借款，走回了老路。党的十八届三中全会通过的《中共中央关于全面深化改革若干重大问题的决定》中提出，坚持社会统筹和个人账户相结合的基本养老保险制度，完善个人账户制度，健全多缴多得激励机制。完善个人账户制度成为下一阶段的目标，在继续做实个人账户较为困难的情况下，名义账户制可能会成为改革的新方向。名义账户在融资方式上是现收现付制，在待遇计发上据缴费记录和记账利率计算养老金待遇。名义账户制有着较好的激励性与可持续性，能够实现精算平衡的原则。

延迟退休年龄能够缓和养老保险金支付压力。我国目前退休年龄的一般性规定是男性60周岁，女干部55周岁，女工人50周岁。由于我国的人口结构和预期寿命已经发生了明显变化，再沿用之前的退休年龄会给养老保险基金带来过于沉重的负担。延迟退休已经基本成为了共识，虽然延迟退休的具体方案尚未公布，但人社部确定的延迟退休政策最根本原则是“小步慢走，渐进到位”。此外，厉以宁先生认为，我国人口老龄化的一个新趋势在于老龄化过程中人口质量的提升。老年人有丰富的工作经验和人生阅历，在延迟退休过程中，这些经历可以帮助组织更好发展，指导年轻人更好成长。

（三）建立“横向”与“纵向”的养老保险统筹协调机制

养老保险的统筹协调水平直接关系到养老保险的可持续性和执行效果，尤其是在老龄化进程不断加深的过程中，建立有效的养老保险统筹协调机制可以增强资源流动性、养老保险执行效果和养老保险的公平性。本文认为养老保险的统筹协调需要以政府为主导,在政府的引领下构建“横向”与“纵向”相结合的统筹协调机制。

从“纵向”方面,要建立养老保险全国统筹。有两种不同思路,其一是先实现省级层面的养老保险统筹,再过渡到全国范围内的统筹,其二是一步到位地构建全国范围内的养老保险统筹协调机制。目前,虽然每一个省都建立了省级调剂金制度,但是真正能够实现省级统收统支的省份并不多,而且单位缴费费率和待遇计发办法在全国范围内也不统一,直接一步到位过于困难。此外,两步走的统筹方式好处在于可以更好地考虑各省自身情况,激发地方政府的积极性。在实现省级统筹以后,应建立全国调剂金,逐步实现全国范围的制度统一,实现养老保险全国统筹。

从“横向”方面,需要处理好养老保险与其他社会保险和社会保障之间的关系。养老保险是社会保险的重要组成部分,能够为退休人员提供稳定的收入保障。而医疗保险则可以报销一定的医疗费用,减少医疗费用的支出,增加对老年人的保障。社会福利、社会救助等社会保障措施,同样可以在一定程度上对困难老年人提供救济,增加保障。完善的养老社会保障体系将减轻对养老保险的压力,使得养老保险将有更多的资源集中精力去覆盖更多的群众、解决养老保险所存在的其他难题。一些问题,单纯从养老保险的视角上去看是难以解决的,但是如果能够“横向”地和其他社会保险和社会保障统筹起来,站在更高的视角上,进行顶层设计,则会迎刃而解。

(四)促进企业年金长远发展

虽然最近几年我国企业年金发展相对缓慢,但是只要能够对症下药,并保持足够的耐心,企业年金制度一定能够得到良好的发展。首先,要进一步加大相关的税收优惠。在美国,企业年金成功的关键在于税收优惠政策,我国虽然在2013年出台了《关于企业年金职业年金个人所得税有关问题的通知》,实行目前国际上普遍采用的

EET模式,但是税收优惠力度不够,税收激励效应不明显,并未达到预期效果。下一步可以考虑继续加大税收优惠的政策,在缴费环节上,进一步提高企业和个人缴费的税前列支比例,尤其是加大对于企业的优惠力度。因为企业是企业年金的运作主体,起着决定性的作用。在领取环节上,一次性领取成本太高,最高能够扣除45%的税额,应当适当降低。

其次,降低企业年金进入的门槛。人社部和财政部在2017年公布的《企业年金办法》要求企业应当依法参加基本养老保险并履行缴费义务,企业具有相应的经济负担能力。与2004年的《企业年金试行办法》相比去掉了已建立集体协商机制这一条件。但仍然有可以继续降低门槛的空间和余地,鼓励更多的民营企业建立企业年金,防止企业年金成为“富人俱乐部”。

(五)“固本”方能更好发挥养老保险的保障性作用

作为一项普惠性的保障服务,养老保险保障的是基本生活需求,应该树立对养老保险正确的认知。同时,本文认为解决这一问题的根本在于“固本”,让收入多起来,人们生活富起来。

单独分析养老保险割裂了养老保险与经济发展之间的关联;养老保险作为社会保障措施,从根本上讲养老保险的需求程度以及养老保险的作用大小都取决于经济发展和收入增长。根据《中国社会保险发展年度报告2016》公布的数据,养老保险结余情况整体而言是东部结余多,中西部结余少。以黑龙江省为例,其抚养比为全国最低,同时养老保险金结余为负,而其经济发展速度在全国而言较为缓慢,从而陷入了恶性循环。

因此,老龄化背景下,经济发展是解决养老保险存在不足的核心策略。在此前提下,可以通过多种方式实现养老金的保值、增值,延迟退休年龄,完善个人账户制度,统筹协调全国养老保险,建立健全养老保障体系,并鼓励养老市场发展等多种措施缓解养老保险存在的不足。

参考文献

1. 申曙光、魏珍："老龄化背景下的中国养老保险制度与体系：挑战与抉择"，《教学与研究》2013 年第 8 期。
2. 孙祁祥、锁凌燕、郑伟："论新形势下社会保障的协调发展"，《中共中央党校学报》2016 年第 4 期。
3. 田雪原："人口老龄化与养老保险体制创新"，《人口学刊》2014 年第 1 期。
4. 邬沧萍编：《社会老年学》，人民大学出版社 1999 年版。
5. 赵向红、王小凤、李俏："中国养老政策的演进与绩效"，《青海社会科学》2017 年第 6 期。
6. 郑秉文："养老保险名义账户制顶层设计系列研究"，《开发研究》2015 年第 3 期。
7. 郑秉文、孙永勇："对中国城镇职工基本养老保险现状的反思——半数省份收不抵支的本质、成因与对策"，《上海大学学报(社会科学版)》2012 年第 3 期。
8. 郑功成："深化中国养老保险制度改革顶层设计"，《教学与研究》2013 年第 12 期。
9. 郑功成："中国社会保障改革：机遇、挑战与取向"，《国家行政学院学报》2014 年第 6 期。
10. 郑伟、林山君、陈凯："中国人口老龄化的特征趋势及对经济增长的潜在影响"，《数量经济技术经济研究》2014 年第 8 期。
11. 郑雄飞："身份识别、契约优化与利益共享——我国养老保险的制度变迁与路径探索"，《社会学研究》2016 年第 1 期。

（潘月强，北京大学法学院；姜海纳，北京大学光华管理学院；
马习鹏，北京大学肿瘤医院）

人口老龄化的收入分配影响

王圣博　万海远　沈扬扬

一、中国人口老龄化现状与趋势

人口老龄化是当今世界人口发展的重要趋势,这种人口年龄结构的变化正在广泛而深刻地影响着人类社会生活的各个方面,人口老龄化已经日益成为世界各国关注的重大人口问题。我国作为世界上最大的发展中国家,在经济发展水平相对较低的背景下迎来了人口老龄化,在当前以及今后很长一段时间里它将对我国收入分配等经济社会问题产生深远影响。

(一) 中国人口老龄化趋势明显

国际上通常把 60 岁以上的人口占总人口比例达到 10%，或 65 岁以上人口占总人口的比重达到 7% 作为进入人口老龄化社会的标准。在新中国的发展历史上，虽然我国老年人口所占比重在不断上升，但是新中国成立初期的老龄人口比例还是非常低的。从 60 岁及以上人口占总人口比例的趋势看，1953 年为 7.3%，后上升到 2000 年的 10.3% 和 2010 年的 13.3%。根据联合国的标准，60 岁以上的人口占总人口比例达到 10%，这个社会就进入了老龄化社会，而在 2000 年我国 60 岁及以上人口占总人口的比例达到 10.3%，标志着我国已经正式步入老龄化社会。

而从 65 岁及以上人口占总人口的比重看，1953 年与 1964 年 65 岁及以上人口比重仅为 4.4% 和 3.6%；之后随着死亡率和出生率的下降，1982 年和 1990 年我国 65 岁及以上人口比重上升到 4.9% 和 5.6%。随着我国老年人口数量和比重持续上升，年龄结构继续老化并且进程持续加快，人口年龄结构开始老化，到 2000 年第五次人口普查，中国 65 岁及以上人口达到了 8 821 万人，占总人口的比重为 7.0%，由此中国正式步入老龄化国家行列；而到 2010 年，根据第六次人口普查，我国 65 岁及以上人口比重已经达到 8.9%。[1]

因此，无论从哪个指标看，我国在 2000 年左右就开始正式进入国际标准认可的老龄化社会，而从 2010 年之后我国老龄化程度开始加速，到 2018 年 60 岁以上和 65 岁以上人口比重分别达到 17.3% 和 12.0%，都属于相对严重的老龄化社会。根据预测，在 2020 年我国 65 岁以上人口所占比重将达到 14.9%，到 2050 年则

---

〔1〕 国家发展和改革委员会:《人口和社会发展报告 2014——人口变动与公共服务》,2015 年。

会达到历史性的28.5%,属于严重老龄化的国家之列。

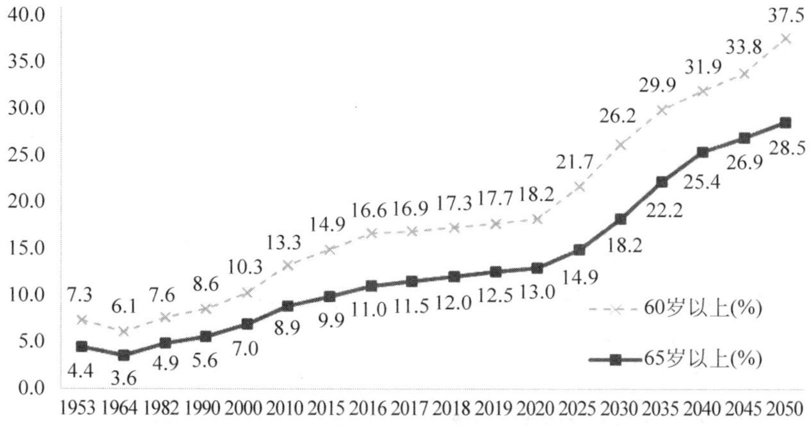

图1 中国历次人口普查人口年龄结构

数据来源:2010年之前的数据来源于历次人口普查数据;2011年之后的数据,根据张车伟利用《2010年人口普查资料》、使用国家卫生和计划生育委员会人口预测软件PADIS对中国人口进行的预测。

(二)高龄老年人口比重持续上升

高龄化是我国人口老龄化的另一显著特征。1953年第一次人口普查时我国80岁及以上的高龄老人占60岁及以上人口的比重仅为4.37%,而到2010年上升到11.68%,也就是说每10位60岁以上老人中就有1位80岁以上的高龄者。1982—1990年间,我国80岁以上高龄老年人口年平均增长速度达到5%,大于60岁及以上老年人口增速;1990年至2010年期间,80岁以上高龄老年人口年平均增长速度为4.1%,高于世界平均水平和发达国家平均水平。随着预期寿命的延长和老龄化程度的不断加深,高龄化程度仍将有进一步上升的趋势[1]。

---

[1] 孙祁祥、朱南军:“中国人口老龄化分析”,《中国金融》2015年第24期。

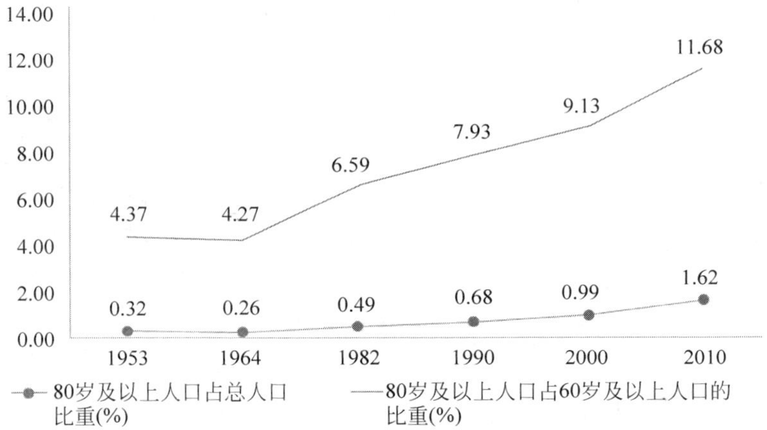

图 2　历次人口普查 80 岁及以上老年人口比重

数据来源:2010 年之前的数据来源于历次人口普查数据;2011 年之后的数据,根据张车伟利用《2010 年人口普查资料》、使用国家卫生和计划生育委员会人口预测软件 PADIS 对中国人口进行的预测。

高龄化在很大程度上意味着失能化,随着年龄的不断提高,老年人的健康状况也会不断弱化。原卫生部统计数据显示,60 岁及以上老年人慢性病患病率是全部人口患病率的 3.2 倍,伤残率是全部人口伤残率的 3.6 倍。近年来,我国失能老年人的数量和占比不断上升,2010 年我国失能老年人大约为 3 300 万人,占 60 岁及以上老年人的比重为 18.54%,之后我国失能老年人的数量持续上升,到 2014 年,我国 60 岁以上老年人口达到 2.1 亿,而这其中将近 4 000 万人是失能(智)、半失能(智)的老人,占 60 岁及以上老年人口的比重达到 19.05%。此外,据全国老龄工作委员会办公室预测,到 2035 年老年人口将达到 4 亿人,失能、半失能的老人数量会进一步增多。

(三) 少年儿童比重迅速下降

除老龄人口在加速上升外,我国少年儿童即 0—14 岁人口所占比重也显著下降。历次人口普查数据显示,0—14 岁的人口占总人口的比重从 1953 年的 36.3% 下降到 2010 年的 16.6%,下降了一半以上。到 2018 年,14 岁以下人口所占的比重为 17.1%,而到 2035 年这一比重则会进一步下降至 12.8%。少年儿童占总人口的比重不断下降,也是人口年龄结构老化的重要表现。

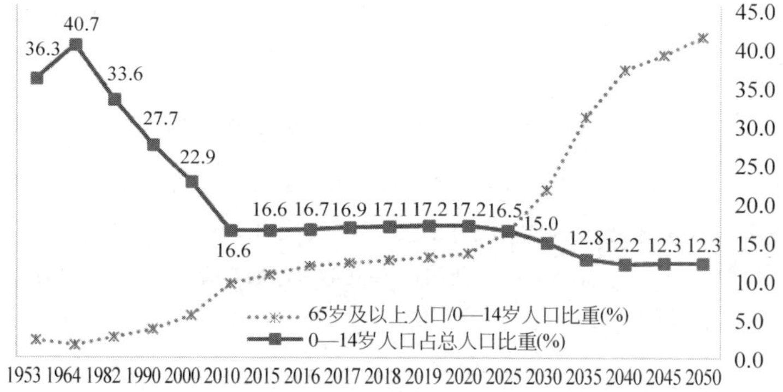

图 3　历次人口普查 0—14 岁、65 岁及以上人口比重

数据来源:2010 年之前的数据来源于历次人口普查数据;2011 年之后的数据,根据张车伟利用《2010 年人口普查资料》、使用国家卫生和计划生育委员会人口预测软件 PADIS 对中国人口进行的预测。

(四)劳动供给显现不足

从劳动年龄人口占总人口的比例来看,我国目前仍然处于劳动力供给比较丰富的时期,15—64 岁劳动年龄人口占总人口比重 2017 年为 71.6%,不过,这一比例今后将逐渐下降,到 2020 年下降到 70% 左右,2030 年下降到 67%。如果把劳动年龄人口占总人口比重开始下降定义为人口红利消失的时间点,那么可以说目前中国已经跨过人口红利开始消失的转折点。劳动年龄人口比例的下降必然带来养老负担的进一步加重。

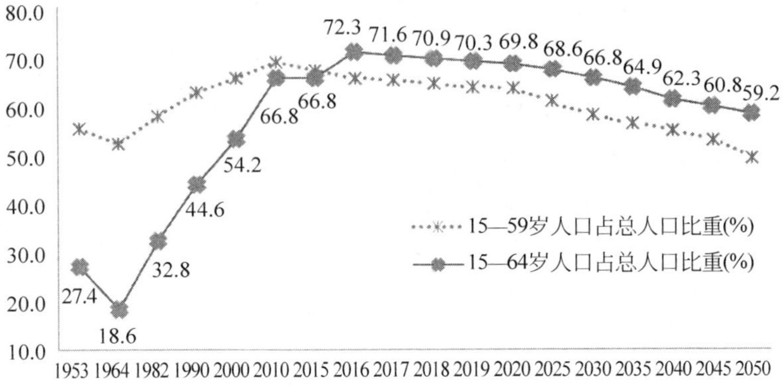

图4　劳动年龄人口占总人口比重

数据来源:2010年之前的数据来源于历次人口普查数据;2011年之后数据,根据张车伟利用《2010年人口普查资料》、使用国家卫生和计划生育委员会人口预测软件PADIS对中国人口进行的预测。

二、人口老龄化对宏观收入分配的影响

(一)劳动收入份额提高

人口老龄化最直观的表现,就是劳动年龄人口比重的相对下降,也就意味着劳动力资源的相对缩减,劳动力供给下降。15—64岁劳动年龄人口占总人口比重2016年为72.3%,不过,这一比例今后将逐渐下降,到2020年下降到70%左右,2030年下降到67%,到2050年则不到60%。

在劳动力市场的供求总量方面,如果劳动需求没有发生明显变化,则劳动力供给严重不足,会导致劳动要素的关系失衡,劳动力价格或人工成本会不断上升。尤其是在劳动密集型行业就业职工的工资水平会显著上升。由此,在资本与劳动的相对份额中,劳动要素所占的份额也会随之提高。根据国家统计局数据,近几年我国劳动报酬占国民收入比重有所提高,2009—2013年间我国劳动力报

酬年均增长 11.7%，呈现加速增长趋势。劳动者报酬占 GNI 比重从 2011 年的 49% 提升到 2016 年的 53.4%，这说明近年我国劳动力成本确实有较快提高。

（二）工资差距水平将持续缩小

随着人口老龄化的不断加深，处于劳动年龄阶段的人口逐步减少，由此便产生劳动力的稀缺，从而造成在职工人工资水平的普遍提高。根据国家统计局数据，从城镇单位就业人员平均工资与人均 GDP 的比值来看，本世纪十多年间大体处于稳定状态，近些年也有明显的提高趋势，从 2011 年的 1.19 倍提升到 2014 年的 1.21 倍。在主要由市场化因素决定的农民工工资收入方面，根据国家统计局农民工监测数据，2000 年以后就出现加速增长趋势，到 2010 年和 2011 年农民工人均月收入仍保持约 20% 的年增长速度，2012 年以后虽然增速有所放缓，但在 2014 年也保持了约 10% 的年增长速度，均远超同期 GDP 发展水平。

在这一因素的作用下，我国工资差距水平近些年在不断走低。以基尼系数衡量的工资差距水平，最早从 1988 年的 0.230 上升到 1995 年的 0.301 和 2002 年的 0.345；然而，伴随 2000 年左右中国人口老龄化开始加速，我国城镇工资差距水平也有所回落，基尼系数从 2005 年的 0.342 回落到 2013 年的 0.336，总体上呈现一个稳定下降的趋势。

（三）再分配支出占比加大

根据我国社会保障发展现状，我国人口老龄化的经济社会成本逐年加大，用于养老、医疗、照护和服务的费用占 GDP 的比重，将由 2015 年的 6.97% 增长到 2050 年的 21.77%，约增加 14.8 个百分点（国家应对人口老龄化战略研究课题组，2014）。总体来看，我国人口老龄化的经济社会负担在相当长一段时间内都比较重。随着老年人口的不断增多，财政负担会增大，政府将不得不增加税收和社会保险缴费，造成国民负担加重。这在增加政府财政负担的同时，也对再分配支出提出了更高的要求，而且还将进一步抑制家庭和个人的消费需求。

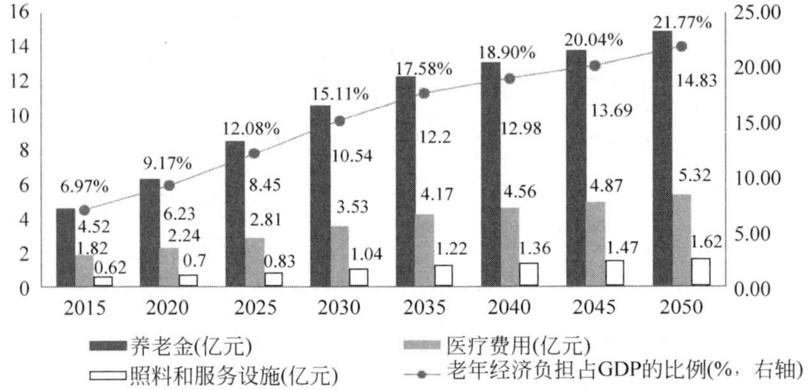

图 5 2015—2050 年间人口老龄化经济成本估计（当年价格）

数据来源：根据国家应对人口老龄化战略研究课题组（李军等）：《人口老龄化与经济可持续发展研究》，华龄出版社 2014 年版的相关数据整理。

（四）再分配调节能力下降

我国养老保障制度在缴费方面规定退休人员无需缴费，这种缴费机制使得在职职工补贴了退休职工。在人口老龄化加速的背景下，老年人群比例增多，第二代、第三代人群的人均缴费额必须越来越高才能保证社会保障制度的可持续，因此这种“系统性再分配”难以持续。如果考虑到人均医疗费用的上涨速度高于人均收入增长速度这一趋势，那么这种缴费机制将更加不能持续。退休的老年人除了享受养老金收入，他们的身体健康状况更差，对医疗服务的利用更多，医疗支出更高，更容易是医疗保险的受益者；尤其是城镇职工基本医疗保险制度，因为基本上依靠的是单位和职工双方缴费，所以周转的余地较小。据人社部数据，2014 年全国有 225 个统筹地区的城镇职工医保资金出现收不抵支,占全国城镇职工统筹地区的32%,其中22个统筹地区已经将历年滚存结余的基金全部花完。因此,2017年城镇职工基本医疗保险基金出现当期收不抵支的现象,到2024年将出现基金累计结余亏空7 353亿元的严重赤字。

总的来看,随着老年人口比重的持续扩大,目前我国社会保障制度的筹资安排,总体上并不利于改善整个人群的收入分配,而且势必会加重年轻人的负担,使得在职职工的人均老年负担比持续上升,最后会显著影响社保体系的可持续发展,也不利于社会保障向低收入群体倾斜和改善收入分配效果。

(五)收入差距仍将继续扩大

对于规模庞大的农村人口和城镇中低收入居民,在个体过了退休年龄而又没有其他收入的情况下,城镇职工基本养老保险制度因覆盖率太低,其养老保障作用应该说仍然非常有限,而农村养老保险标准极低,更是无法应对其合理的消费需求,因此无论是新型农村养老保险还是城镇居民养老保险制度都不能保障其基本生活,从而其实际可支配收入水平会显著下降,甚至出现大量负收入的情况。在整个国民经济分配中,如果大量出现负的可支配收入,根据基尼系数的非线性特征,这会显著增加收入分配差距的水平。

实际上,在2010年前后,我国人口发展进程就出现了重要转折,即劳动年龄人口规模和比重均在2010年后开始显著减少,2014年15—64岁的人口规模出现了绝对下降,比2013年减少113万。这使得劳动年龄人口和劳动参与率都在下降,真实劳动供给实际在以更快的速度下降,老年人赖以生存发展的家庭成员转移收入会明显下降。2002年老年人的可支配收入中,有29.6%来自于家庭劳动成员的转移,而在2007年则下降到25.8%,并在2013年进一步下降至23.4%。

三、人口老龄化趋势对微观收入分配的影响

（一）老年人可支配收入持续下降

理性的消费者要根据一生的收入来安排自己的消费与储蓄，并将一生的预期总收入在不同年龄阶段进行最优配置，以取得跨期效用最大化，因此一个人在未成年期和老年期的消费高于收入，进行负储蓄。从总体来看，当人口年龄结构处在最富有生产性的阶段时，充足的劳动力供给和高储蓄率会为社会稳定发展提供一个额外的源泉，而劳动年龄人口不足或老年人口比重过高、人口年龄结构因老龄化而在总体上不再富有生产性时，社会所创造的福利和收入水平会整体下降，因而社会平均可支配收入也会稳步下降。

而从个体来看，由于老年人尤其是高龄老年人的收入水平都相对较低，随着社会老龄化水平的提高，整个社会低收入群体的比重也相对持续扩大。特别是对于老龄人口比重比较高的社会，由于老年人口规模扩大，并且老年人均医疗费用快速增加，导致医疗费用快速上涨，从这方面看也会使得老年人可支配收入持续下降。

（二）家庭再分配功能下降

随着老年人口比重的持续提高，老年人口抚养比也会增加，这意味着更少的劳动年龄人口需要供养更多的老年人口，势必加大再分配的支出，增加家庭的负担。国家历次人口普查数据显示，我国平均家庭规模已从 1953 年第一次人口普查时的 4.33 人下降到 2010 年第六次人口普查时的 3.10 人，据预测会进一步缩小到 2030 年的 2.61 人和 2050 的 2.51 人，家庭小型化、少子化将持续存在。

在家庭结构逐步缩小的情况下，家庭再分配的功能逐渐弱化，“4—2—1”的家庭结构增多，需要赡养的老年人远远高于年轻人的数量，使得传统的家庭养老功能难以实现。老龄化还会带来医疗和

健康照料费用的急剧上升。随着家庭规模缩小,家庭对老年人口的照料能力下降,人口越老,则维持福利和健康的成本就越高,未来社会和家庭都将面临沉重的健康照料负担。

(三) 代际收入差距扩大

随着老龄化加快,“4—2—1”的家庭结构大大增加了家庭内部的代际负担,年轻的家庭成员面临着巨大的供养压力。根据发达国家的经验,65 岁及以上老年人的人均医疗费用支出大约是年轻人的 3—5 倍[1],特别是 75 岁及以上老年人的医疗费用占比更高。一般来说,从生命周期角度看,60 岁刚退休的时候都是一生中财富水平最高的,之后随着养老和消费支出的增加,财产水平会逐渐降低到最低水平。随着75 岁人口比重的持续快速扩大,那么整个社会的低收入群体比例也会随着增加。

随着个人年龄的增长,特别是进入劳动年龄之后,个人储蓄变化会呈现一个先上升后下降的趋势。如果总人口中老年人口的比重持续提高,那么由劳动年龄人口提供的转移收入将会持续下降,特别是由于劳动年龄人口的抚养比相对较大,其所承担的抚育和赡养等经济负担较重,从而会增加家庭支出和提高家庭储蓄的比例,再加上老年人口自身的各种刚性支出也将上升,这将使得老年人口最终的可支配收入也明显下降。综合来看,由于劳动年龄人口的工资、收入在增加,而老年人口的收入在下降,因此最终会使得代际间的收入差距扩大。

---

[1] 何振宇、李欣:“看病贵,医疗行业生病了吗?”《东方早报(上海)》2015 年 7 月 7 日。

（四）家庭收支压力进一步上升

随着人口老龄化的加深，老年人所需的养老金总额在急剧上涨，各种形式的养老金支出都会加大，然而随着老龄化的加速，老年人的收入无法保证养老金的支出额度，从而使得养老金制度的收支压力倍增。

根据国家应对人口老龄化战略研究课题组（2014 年）预测，目前我国家庭养老金的支出占家庭总收入的比重大约在 5.2% 左右，伴随着人口老龄化程度的不断加深，我国养老金支出数额及其占比也会进一步增加，到 2050 年比重将接近 15%，这种养老金支出对于家庭来说，压力巨大。近年来，随着中国宏观经济增长趋势的放缓，家庭劳动年龄人口的工资收入增速已经明显放缓，若再加上老年人口比例增加和人均养老支出的明显提高，则家庭的收支压力将进一步上升。

四、人口老龄化和收入差距扩大的应对策略

（一）开发老年劳动力资源

在社会生产水平、经济尚不发达，养老保障体系还不完善的情况下迎来了人口老龄化，势必会给我国经济和社会等诸多领域带来影响，如劳动力结构性短缺、老年抚养系数上升、社会养老负担加重、医疗资源紧张等。因此，积极开发老年人力资源，推动发展银发经济，符合整个社会和老年人自身的共同利益，对于解决我国人口老龄化带来的收入分配差距扩大问题，具有重要的现实意义。

老年退休人员往往经过数十年的经验积累，大都掌握了较为丰富的技术、管理等方面的经验，而且随着生活水平的提高和医疗技术的进步，这些人员在退休后的很长一段时间内依然处于非常健康的状态，具备继续从事相应工作的可能性。开发老年人力资源不仅

可以提供经验丰富的劳动力，提高劳动生产率，而且还可以有效缓解我国劳动力供给下降的趋势。开发老年人劳动资源，一方面可以有效提高老年人收入水平，减少家庭劳动年龄人口的赡养负担，缩小有老年人家庭和无老年人家庭的收入水平差距；另一方面，也能在很大程度上缩小代际间的收入水平差距，为降低劳动年龄人口和老龄人口间的收入差距提供可能。

（二）提高再分配政策的调节效果

目前我国收入差距水平稳居全球各国最高的行列，收入分配差距扩大、收入分配不公的问题也成为大家所关心的焦点。在造成收入差距水平较高的原因中，除了市场化因素所带来的初次分配差距水平较大外，再分配政策体系也没有起到应该显著缩小差距的作用。在中国三类主要的再分配政策体系中，除了有针对性的扶贫政策、低保政策等财政转移支付制度明显缩小了分配差距，其他如社会保障政策和税收政策的再分配效果并不明显。

首先，中国目前仍然没有建立遗产税、房产税等直接税制度，无法对畸高不下的财产分配差距有所约束，仅有的个人所得税主要调节中低收入和劳动收入，在整个收入分配体系中的改善效果也并不明显。其次，对于社会保障制度来说，养老保险总体上仍然是扩大了分配差距，收入水平越高、缴费金额越大的，最后从制度中受益也最大；对于医疗保险制度来说，则更是在很大程度上明显扩大了初次分配差距；对于住房公积金制度，政策除了主要覆盖城镇中高收入职工外，而且还通过对称的返还制度设计进一步加大了高收入群体的收入优势，明显地扩大了收入分配差距。因此，下一步需要完善社会保障制度、加强税收的转移支付力度、增加家庭内部的转移支付等，通过多种渠道完善收入分配格局，提高老年人的收入水平，并缩小收入分配差距。

（三）延迟退休年龄并提高老年人兜底力度

适时延迟退休年龄是许多发达国家应对人口老龄化、缓解养老金支付压力的重要措施。无论从国际发展经验，还是从我国经济社会发展的现状来看，目前我国退休年龄或领取退休金的年龄都偏低，有着延迟退休年龄的必要性和紧迫性。尽管目前延迟退休年龄或者延迟领取退休金的年龄还面临着诸多争议，但延迟退休是适应我国经济社会发展需要的大势所趋，是我国为应对人口老龄化做好准备的必要路径，这一过程必须精心设计，处理好各方关系，循序渐进，逐步推进。

根据国家财力和企业效益情况，目前我国对老年人提供的保障还不太高，因此当前仍面临进一步提高老年人保障水平的压力。总的来看，社会保障的本质是普惠公平，对中国这样一个人口基数大、贫富差距大的国家来讲，在制定执行养老和社会保障政策时，必须要有所侧重，向老年人、低收入群体和贫困人口倾斜，集中有限财力，选准主攻方向，重点攻坚解困，保证困难老年人的基本生活。

（四）完善社会保障的制度设计

在筹资方面，应该适当调整社会保障项目的缴费率，加大社会统筹的成分，适当降低个人账户的缴费比例，以增强社会保障制度的互助共济功能。在缴费基数方面，可取消缴费的上下限规定，甚至探索累进的缴费方式，即收入越高，缴费比例越高。这种方式有利于低收入群体减轻缴费负担，提高高收入群体的缴费比例，减小社会保障缴费的累退性。

在待遇方面，应建立科学的待遇补偿与调整机制。在养老保险方面，应该完善现有的固定给付与缴费确定相结合的待遇确定模式，探索建立适度的最低待遇担保机制。在医疗保险制度方面，改进个人账户制度，逐步把个人账户资金纳入门诊统筹，降低或取消起付线，提高或取消封顶线。还应该在坚持总体待遇水平提高的同时，建立差异化的待遇调整机制，重点提高老年人口的社会保障水平等。

（五）健全以家庭为基础的社会福利体系

由于快速的人口老龄化在各方面影响收入分配体系，要缓和老年人口可支配收入下降与老龄需求增加的矛盾，宏观分配改善与微观分配差距恶化的矛盾，工资差距缩小与收入差距扩大的矛盾等，都需要从家庭这个微观机制上着手，应正式明确、逐步调整社会福利政策兜底的范围，尽快建立起老龄化条件下的家庭支持体系。

建议在保障农村五保老人和城镇“三无”老人的基础上，将完全失能的低收入老年人全部纳入社会福利供养体系，并适当提高供养标准。有条件的地区，可以逐步将适度普惠的范围扩大到完全失能的中低收入老年人、部分失能的低收入老年人、事实无人照料的独居空巢老人、高龄老年人等。各地按照老年人实际需求、地方财力条件及家庭实际情况，确定集中供养与分散供养的比例，同时建立与城乡低保、最低工资、儿童福利等标准联动的家庭供养标准调整机制。帮助家庭提高对老龄化的适应能力，加快推进以家庭为单位计征个人所得税、综合征收工资薪金和一次性劳务所得税，为抚养负担较重的家庭减负；鼓励对居家的失能老年人及主要照料人发放专项补贴，对购买家庭保健和家政服务等进行补助，等等。

参考文献

1. 国家发展和改革委员会：《人口和社会发展报告 2014——人口变动与公共服务》，2015 年。
2. 国家应对人口老龄化战略研究课题组（李军等）：《人口老龄化与经济可持续发展研究》，华龄出版社 2014 年版。
3. 国家应对人口老龄化战略研究总课题组：《国家应对人口老龄化战略研究总报告》，华龄出版社 2014 年版。

4. 何振宇、李欣："看病贵，医疗行业生病了吗？"《东方早报（上海）》2015 年 7 月 7 日。
5. 全国老龄工作委员会办公室：《中国人口老龄化发展趋势预测研究报告》，2006 年。
6. 孙祁祥、朱南军："中国人口老龄化分析"，《中国金融》2015 年第 24 期。

（王圣博，北京大学经济学院；万海远，北京师范大学；
沈扬扬，北京师范大学）

实践篇

我国一二线与三四线城市养老模式的比较研究

吴晓波　吴宇晨　马晓白　沈欣悦

一、我国养老市场的现状及发展

（一）我国养老市场规模、服务种类概述

随着老年人口基数扩大以及高龄化程度的不断提高，我国养老市场的规模将不断壮大。根据国务院“十三五”国家老龄事业发展和养老体系建设规划，预计2020年，全国60岁以上老年人口将增加到2.6亿人左右，占总人口比重提升到17.8%左右；同时老年抚养比将提高到28%左右。而到2030年，预计全国老年人口将达3.6亿人，占全国

总人口 25.5%[1]，我国将成为世界老龄化程度最高的国家。

从供给端来看，如表 1 所示，在 2014 年全国养老机构统计数据中，全国共有养老机构数量 33 043 个，养老机构地区分布差异明显，中东部地区养老服务机构数量较多，民办养老服务机构呈现“东丰西瘠”的地域分布特征。参照图 1 可以发现，养老机构的分布整体上与地区经济总量正相关（除安徽、江西、福建等外），但结合需求端来看，供需矛盾则相对显著，养老机构在大部分省份并不能完全匹配当地老龄化人口结构。另一方面，养老机构的服务能力和盈利水平也有很大分化，中国养老服务机构的平均规模为 102 张床位，其中养老服务机构平均规模最大的是北京市，为 284 张。87% 的养老机构以提供日常生活照料为主要服务类型，仅有 10% 左右的以提供护理康复为主，另外还有 3% 左右的机构以提供临终照护为主要服务类型。根据全国老龄办“全国民办养老服务机构基本状况调查”的调查数据显示，一半以上（51%）的民办养老机构只能持平，40% 的民办养老机构长年处于亏损状态，能够盈余的机构只占 9%，并且盈利率在 5% 以下的占到了 78%，只能是微利的运营状态。

表 1　2014 年全国各省（自治区）养老机构数量（除港澳台）

（单位：个）

西南	4 863	**华北**	3 788	**东北**	3 444
四川	3 409	河北	1 283	辽宁	1 663
重庆	900	山西	833	黑龙江	983
云南	495	内蒙古	734	吉林	798
贵州	59	北京	592		
		天津	346		

〔1〕　参见王经绫、华龙：“PPP 机制应用于我国养老机构建设的必要性研究”，《经济研究参考》2014 年第 52 期。

续表

西北	1 922	华中	6 151	华东	10 116
陕西	759	河南	2 540	江苏	2 324
新疆	598	湖北	2 008	山东	2 119
甘肃	342	湖南	1 603	浙江	1 919
青海	143	华南	2 201	江西	1 906
宁夏	80	广东	1 489	安徽	831
		广西	492	上海	637
		海南	220	福建	380
				合计	33 043

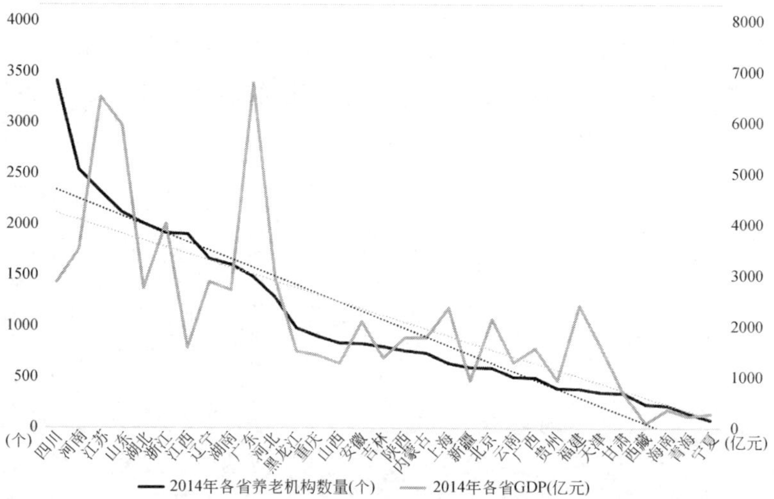

图 1　2014 年全国各省(自治区)养老机构数量与地区生产总值(亿元)(除港澳台)

若将养老市场进行分类,可以横向细分为三类:养老住宅市场、养老服务市场、养老消费品市场三大板块,每个板块下面有细分,比如服务市场可以包含卫生保健护理服务市场、金融保险服务市场、文化咨询服务市场。从纵向看[1],如图 2 所示,养老市场是核心产

〔1〕 参见魏华林、金坚强著:《养老大趋势》,中信出版社 2014 年版,第 70—72 页。

业、附属产业和衍生产业三大部分组成的产业集群。“核心产业”满足老年人基本的生存需求,由老年住宅业、老年医疗保健业、老年护理服务业和老年商品组成。“附属产业”是核心产业的上游产业,比如老年住宅业的上游住宅设计、老年居家设备;医疗保健业的上游专业护理人员、康复器械。“衍生产业”满足老年人深层次养老需要,包括专门面向老年人的金融保险服务业,如投资理财建议、生命周期规划等;为老年人提供再教育和培训的产业,如老年大学、再就业教育培训中心、老年人才服务中介等;专为老年人乐享生活、提升生命质量的文化娱乐产业和旅游业。值得关注的是,自下而上的纵向细分并没有衍射到全国各地区城市,三四线城市的养老市场目前集中在核心产业的开发,下文将就三四线城市的养老市场发展趋势给出具体分析。

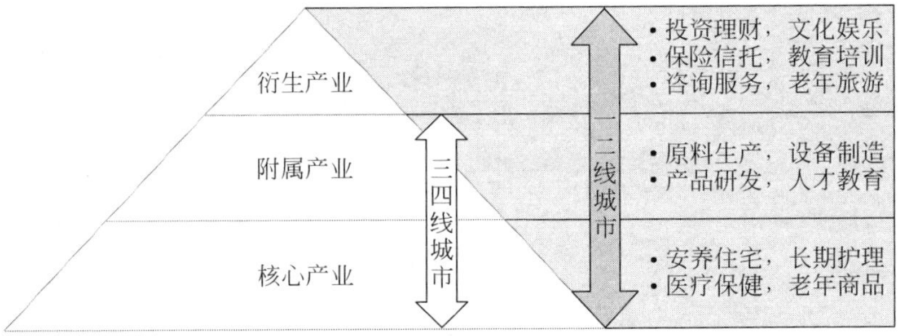

图 2 养老市场的纵向细分

(二) 我国现阶段的养老市场发展特征

从中国特色养老历程的角度出发,我国的养老市场是从计划经济条件下国家福利事业的基础上发展起来的,本文所提到的以居家为基础、社区服务为依托、机构养老为补充的养老服务体系是立足我国国情并充分借鉴国外经验走出的中国特色养老模式发展之路。中国正在经历着从老龄事业转向老龄产业的过程。我国现阶段的养老市场呈现出“养老模式单一、区域分化大、专业人才少”等特点[1]。

首先，在养老模式上，根据《国务院办公厅关于印发社会养老服务体系建设规划（2011—2015 年）的通知》（国办发〔2011〕60 号）规定：“我国的社会养老服务体系主要由居家养老、社区养老和机构养老三个有机部分组成”，同时明确建设“以居家为基础、社区为依托、机构为支撑”的养老服务体系。然而，在实际情况中，目前我国整个养老模式还是以居家养老为主，居家养老、机构养老和社区养老分布占比为 96%、3% 和 1%。老龄人口“安土重迁”、“养儿防老”的传统观念导致我国养老市场正处于起步阶段。随着经济发展和生活方式的转变，“四二一”家庭模式下子女赡养老人的经济负担加重，纯粹的家庭赡养型居家养老的传统模式受到严峻挑战，因此也亟需改变。不过，在另一方面，老龄人口尤其是一二线城市的老人已经逐步开始积极探索养老新模式，从而催生了诸如智能养老等新型养老生态。

其次，我国的养老市场还面临整体发展缓慢、专业人才少的问题。以养老住宅和服务机构的运营为例，我国现阶段的住宅开发和服务运营从整体人性化设计、高质量运营上看还需要长期的市场培育。并且目前养老护理人员数量和质量都严重不足，成熟人才稀缺，人员流动频繁，难以建立专业团队并提供稳定而高质量的服务。另外，与养老相关的社区及服务机构投资规模大，回报期长，资金流动性弱，若缺乏长期资本支持，很难获得规模效应并维持长期运营。

并且，我国社会养老服务体系还面临严重的城乡发展、地区发展不均衡问题。一方面体现在由东向西的地区区域梯次特征（上海 1979 年最早进入老年社会，比宁夏提前 33 年）；一方面体现在三四线城镇老年人口要明显多于一二线城镇老年人口。随着城镇化进

〔1〕 参见杨立雄：“中国老龄服务产业发展研究”，《新疆师范大学学报》2017 年第 2 期，第 69 页。

程的发展,大量劳动力到一二线城市就业,从而导致三四线城市结构发生分化,其中不发达的三四线城镇青壮年劳动力大量流向核心城市,而叠加我国户籍制度及大城市的高房价,导致很多城镇农村青壮年虽然多年在大城市工作却不能真正落户,更不能把老人接到核心城市生活,所以在发展较为落后的城镇出现了大量留守老人。在农村,留守老人尚能依靠村里的邻里亲戚互相照顾,并且村委会也能上门照顾解决一些问题;但在三四线的城镇,由于大部分人都住在社区的高楼里,邻里关系并不如农村亲近,一些自理能力有限的老人得不到邻里的照顾帮助,而社区的居委会基本无法负责这一类的照料工作,小区的物管公司也不对老年的照顾负责,再加上志愿者服务也仅刚刚起步,故而很多三四线落后城镇的居家养老效果较差。至于机构养老,其费用相对极高,而且床位紧张,若实现老有所养,老有所依仍有一定的难度。随着我国城镇化的继续快速发展,大量的人口依然会快速地涌向发达、先进的城市,因此,部分三四线城市留守老人的养老问题也将更为严峻。

(三)国外养老模式发展和演进

通过国际对比,能够从其他国家在类似阶段的发展经验中找到一些我国未来的养老模式发展路径。

1. 日本的养老模式发展情况

中国即将成为最早进入老龄化社会的发展中国家,而日本是最先进入老龄化社会的发达国家(1970 年 65 岁以上人口超过 20%),且作为中国近邻,深受中国儒家思想的影响,它在社会养老服务领域积累的丰富经验对中国具有明显的借鉴意义。日本 1970 年就开始进入老龄化,1963 年便出台了世界上第一部关于老人福利的立法《老人福祉法》。而自 1989 年起,其又开始实施《黄金计划》以应对即将到来的老龄社会。具体而言,黄金计划的主要目的是增加养老服务的社会供给量。但地方政府为了落实计划,片面追求实现床位建设目标，在郊外或者海边兴建了大规模的高档养老机构设施，可是建成后并不受高龄者欢迎，因为他们不愿意离开自己长期以来生活的家和社区，因此这一计划并不成功。随后，日本重新回到支援居家养老方面，养老机构设施建设以"袖珍、小型"为特点，在城市内紧靠社区展开，这种养老模式的特点值得我国借鉴。

此外，日本政府自2000年起，还开始推行了"介护保险制度"，提倡老人回归家庭，回归社区。随着经济增长和人们生活方式的多样化，家庭赡养老人的功能开始弱化，老人与子女同居率从80年代的70%逐渐下降至不足40%，日本开始推进家庭照护、医疗、保健和福利一体化。日本法律规定，只要有一所中学，就必须有一所社区型居家养老支援中心，为所在社区居家养老的高龄者提供综合持续的支援和服务。介护保险制度的作用成效显著，以2009年为例，日本接受保险服务的人数较介护制度推行之日翻了四倍，介护保险机构新增老年服务设施翻了三倍，同时有效控制了老年医疗资金的过度支出，为民营企业进入养老服务市场打开了大门，在官推民进的开放战略下养老市场规模日益扩大，其针对养老服务企业的支持和监督政策同样值得我国借鉴。

2. 美国的养老模式发展情况

美国作为一个高度移民化和市场化的国家，老龄人口的形态和服务模式与我国差异较大，但美国在1940年就进入了老年型社会（65岁以上老年人人口比例达到7%），其养老产业市场化已经非常成熟，这对我国私人养老机构的发展有积极借鉴意义。

美国老年人独立性很强，退休后一般不依靠儿女，大多数美国人退休后将自己的房子卖掉，住进老年公寓。用卖房的钱支付公寓所需。更多的老年人偏好在公共老年公寓生活，租金按照住户收入的百分比灵活收费。虽然美国老年人贫富差距很大，但无论是高级老人公寓还是平价老人公寓，设施大多差不多，大致分为三类：第一种是自住型公寓，为生活能够自理的老人设计，由地产公司开发投资管理，属于产权式老年住宅，老人需要先买下或租用公寓，然后按月支付护理费用，由于提供的服务较少，每月收的服务费较低。目前在我国一线城市也已经萌芽出此类公寓，比如北京市朝阳区恭和家园的共有产权房，预计未来这种类型的老年社区会呈现持续增长的态势。第二种是协助型公寓，目前占比最高，主要为日常生活需要帮助但不需要专业医疗护理的老人设计，该种类型的公寓是由政府出资为退休老人提供的低收费住所。第三种是特护公寓，提供全方位健康服务。

美国养老体系的“三足鼎立”模式是世界上较为先进的成功模式，三支柱养老制度体系分别是政府强制推广的社会保障计划、政府或雇主出资的带福利的退休金计划、个人储蓄与投资保险（有税收优惠）。相关数据表明[1]，只有当退休后的经济总收入达到退休前经济总收入的70%以上，其退休后的生活质量才能有保证，而退休后一般公民的政府安全养老金仅达到退休前的40%左右，因此剩下的部分必须依靠私营的养老计划。由于基本保障难以满足一般养老需求，美国政府积极引导、鼓励企业和个人参与雇主养老保险，由企业主导投资，政府提供税收减免政策，填补了基本养老保险在更高保障层次上的空白。个人养老保险则完全由私人自建、资助投资，灵活性很大。此外，美国的养老产业市场化程度非常高，主流的养老机构均属于民办盈利性质，养老院80%—90%的收入来源于私人支付，大部分养老护理服务不属于可保范围。

二、我国一二线城市养老市场发展情况

（一）一二线城市养老现状

1. 一二线城市养老群体特点

我国以北京、上海等为代表的一二线城市，经济较为发达，教育

---

〔1〕 张恺悌、郭平：《美国养老》，中国社会科学出版社2010年版，第134页。

文化等社会资源较为丰富，整体受教育程度较高，生活在其中的养老群体有以下三个特点：

一是生活比较有保障。目前，大多数老年人依靠子女供养和政府养老金维持晚年生活。一二线城市社保体系普遍更为完善，养老保险覆盖率高，养老群体的经济来源比较有保障。例如：上海市发展研究中心公布的《上海养老服务发展报告（白皮书）》显示，截至2014 年 12 月 31 日，上海户籍人口总数 1 438.69 万，60 岁以上户籍老年人口 413.98 万，占总人口的 28.8%；2016 年上海市养老金社会化发放人数达421.9 万人[1]。

二是精神生活更加丰富。受益于大城市优渥的社会资源，养老人口的娱乐选择更加多样化。老年人不仅可以更加容易地参与合唱、舞蹈等文娱活动，还能通过大型活动的志愿工作参与到社会活动中去。大中城市几乎覆盖到各区县的老年大学也为老人提供了学习乐器、书法、摄影等陶冶情操的机会[2]。

三是观念较为开放，但多数人仍然极度依恋家庭。一二线城市人口受教育程度高，老年人受整体环境影响，接受信息更加多元化、受旧观念束缚更少、更愿意尝试新的养老模式。然而本土文化影响依然深远，对于机构养老的接受程度比起欧美仍然很低。以北大附属社区接受调查的空巢老人为例，尽管受教育程度高、88.7% 无经济困难、72.1% 因身体疾病感到不幸福，75.4% 的老人仍然不愿意接受“将老人送敬老院，定期看望，节假日接回家”的养老模式[3]。

---

〔1〕 参见中华人民共和国国家统计局贸易外经统计司：《中国劳动统计年鉴》，中国统计出版社 2018 年版。

〔2〕 参见李宝元：《2015/2016 人本发展报告何以养老》，经济科学出版社 2016 年版，第 126—128 页。

〔3〕 参见田清涞：“北京大学空巢老人居家养老问题调查”，《中国老年学杂志》2014 年第 14 期。

2. 一二线城市养老市场和模式发展现状

如前文所述，目前国内养老呈现“9631”模式，即“96%家庭养老，3%社区养老，1%机构养老”。居家养老是我国最为传统的养老方式，以家庭为单位赡养老人。在我国“四二一”家庭模式下，居家养老往往需要社会化服务的协助。据第四次中国城乡老年人生活状况抽样调查结果显示：2015 年，城乡老年人的居家养老服务需求项目排在前三位的分别是上门看病、上门做家务和康复护理，其比例分别是 38.1%、12.1%、11.3%。社区养老允许老年人根据自身情况选择购买社区服务进行养老，提供短期住养、日间照料等服务。这种模式与居家养老在服务范畴和形式上有所重叠，而且都依托于“社区”这个平台。机构养老模式中，老年人往往要离开原住地，集中住在一定区域由专业人员统一护理，主要需求来自于失能、半失能老人。在一二线城市，居家养老占据绝对主要地位，社区养老和机构养老的接受程度高于全国。北京提出到 2020 年实现“9064”养老模式；上海则把目标定为“9073”模式，更注重社区化养老。

2013 年《国务院关于加快发展养老服务业的若干意见》发布后，一二线城市纷纷加快了养老机构的建设。其中，根据北京市民政局《2018 年社会服务统计季报表（一季度）》，全市共设立老年人与残疾人服务机构 651 家，其中城市养老机构 224 家，城市养老机构床位数 4.1 万张；上海市民政局发布的《2016 年社会服务统计月报表（十二月）》显示，上海共设立老年人与残疾人服务机构 642 家，其中城市养老机构 428 家，城市养老机构床位数近 7 万张，短期内呈现出供大于求的现象。而在二线城市，以武汉为例，依照武汉民政局公布的 2017 年第 4 季度统计数据，截至 2017 年年底，武汉共有老年人与残疾人服务机构 188 家，老年人与残疾人服务床位数 3.9 万张。

（二）案例研究——武汉百步亭的社区居家养老模式

坐落在湖北省武汉市江岸区后湖新区的百步亭社区，占地5平方千米，容纳16万人，是荣获2001年首届“中国人居环境范例奖”的社区，也是集商品房、经济适用房和廉租房于一体、面向大众的综合型社区。百步亭发展经历大体可以分为企业主导（1995—2000年）、政府主导（2001—2005年）志愿者能动（2005年至今）三个阶段[1]，完成了从一个位置偏僻、到处是鱼塘和沟渠、水电路等市政配套全无的老旧社区，到可持续发展的现代文明社区的转变。现在的百步亭设有业主委员会、社团组织、物业服务处，并创新一系列志愿者发动机制。在志愿服务方面，目前特色志愿队伍已超过100支，志愿者4万多人，其中一大部分专职负责服务、照顾老年人，并以各居委会为单位，以服务队的形式进行服务活动。同时社区还建立65岁以上老人的详细信息档案，为开展结对服务提供依据；另一方面，百步亭物业公司行使综合社区服务职能，建立养老服务平台，为每位老人配备一键通手机。当老人需要日常帮助或应急救助时，通过一键通手机立即与服务平台取得联系，物业公司与特色志愿队以及二百多家周边联网商家能够为老人提供免费或低偿的服务。

目前，百步亭建有四个层次的养老机构[2]。一是日托制“托老站”，其除了能够为老年人提供电视电影放映室、图书阅览室等休闲活动场所，还能够帮助老年人完善建立健康档案，并与社区卫生服务中心展开合作。二是社区内“互助合作”、“抱团合住”养老模式，

---

〔1〕 参见王蔚、王名、蓝煜昕：“引领与统领：社区共治中的社区领导力——武汉百步亭社区个案研究”，《中国非营利评论》2017年第1期。

〔2〕 参见韩未雪：“武汉市社区养老服务体系的建立与发展——以百步亭社区为例”，《法制博览》2015年第11期。

社区协调独居老人结对互帮，通过帮助其集中居住某户并租出多余房屋的形式，利用新增的租金收入支撑老人生活。三是社区全托制“养老院”，其配备有医务室、图书室、洗衣房、厨房、紧急呼叫系统等，适应老人短期托养需求。四是养老公寓，能够集中提供中医医院、公寓食堂、昼夜应答、老年大学、贴心家政等十项服务。老人可根据自身具体需求选取社区内的养老服务方式，满足了各层次老人的需求。

不过，百步亭的这一模式仍然存在一些问题：一是收入来源以政府拨款为主，在老人日益增长的服务需求下较为匮乏；老人的消费意识较弱，不舍得为自身花钱，从而制约了养老服务的进一步发展。二是社区服务人员素质有待提高，受训后的志愿者离专业社会工作者差距较大，有限的工资待遇与繁重的工作也很难留下高素质人才。三是服务品种较为单一地集中于日间照料，专业的医疗保健与心理慰藉服务较少，难以满足不同群体老人多样化的需求。四是评估体制主要还是由政府部门牵头或是由服务机构自行评估，以至于评估准确性不足、难以把控服务质量。

三、我国三四线城市养老市场发展情况

（一）三四线城市养老现状

1. 三四线城市养老群体特点

在经济上，城镇职工基本养老保险是我国养老保障的第一支柱、也是最主要的支柱，和企业补充养老保险、个人储蓄养老保险两个支柱的基金总额比例为87∶9∶4[1]。三四线城市老年人口的养老保险缴纳情况通常与职业有关，各地国有企业员工养老保险参保

〔1〕　参见魏华林、金坚强：《养老大趋势》，中信出版社2014年版，第272—280页。

率较高，城镇中私营企业员工及个体工商户基本养老保险参保率相对较低。三四线城市养老储备准备参差不齐。一些资源型城市近年来经济较为低迷，家庭在养老上的开支有限，有些老人甚至支付不起1500—2000元的养老院费用。

在观念上，三四线城市居家养老的传统更为根深蒂固，一些地区老人和子女接受新事物缓慢，既不习惯去日间照料中心，也不能接受如护工等外人照料，结果往往是失能或半失能的老人得不到专业的照料、子女负担严重。根据《中国统计年鉴2017》显示，2016年我国流动人口为2.45亿。尽管45岁及以上的中老年人口比例在流动人口及其家庭成员中逐年增高，最高也仅为18.1%[1]。这意味着三四线城市中，大多数老龄人口未随流动人口迁移，或成为留守老人、空巢老人。因此，三四线老年人口对于生活照料、精神慰藉、紧急医疗等服务的需求更为迫切。

2. 三四线城市养老市场和模式发展现状

我国仅地级市以上的三四线城市就有两百余座，各地区文化、经济实力等因素差异性较大，不能一概而论。根据《中国统计年鉴2017》，内蒙古、浙江省每千名老年人口养老床位数分别为58.3、56.3张，远高于全国平均数31.6张；而最低的西藏、海南仅分别为14.2、18.0张。

一些大型国企在当地员工众多、员工年龄相当，员工及家属的居住地点集中在企业家属楼或福利房，利于开展社区建设与工作；居民相互熟识，容易形成较为亲密的邻里关系、互相帮助；企业也有能力开办专业养老机构并以较优惠的价格提供给职工，如山西大同的同煤实业等。同时公办和民办的养老院往往所处情况迥异。公办的养老院，设施、服务较好，入住率较高，如同煤集团的公办养老

---

[1] 参见吕利丹、段成荣、刘涛等："对我国流动人口规模变动的分析和讨论"，《南方人口》2018年第1期。

院入住率可达70%以上。一些民办的养老院尽管价格更加低廉，却因为基本条件差、医保政策差别大、管理不善、位置偏远，难以吸引有支付能力的老人，入住率低于50%[1]。

（二）案例研究——甘肃省兰州市城关区的虚拟养老院

“虚拟养老院”与实体性养老院相对，但它并不属于养老院的范畴，而是运用现代科学技术对居家养老服务的创新形式，是一种“政府承担、定向委托、合同管理、评估兑现”的新型公共服务提供方式。甘肃兰州市城关区虚拟养老院建立于2009年12月，在学习苏州姑苏区邻里情虚拟养老院的基础上，根据当地情况做了改良，以网络通讯平台和服务系统为支撑，采用政府引导、财政补助、企业化运作、专业人员服务与社会志愿者服务相结合的方式，通过遍布全市的服务网点，实现对区域内老年人生活照料、日常陪护、医疗卫生、法律咨询等各类服务需求的快速响应、专业服务和过程监督。2012年享受过服务的老年人达到2.7万人，累计服务10万人次，吸纳各类加盟服务企业126家，建成6个街道社区医养融合服务中心、65家虚拟养老餐厅，可为老人提供生活照料、医疗护理、精神慰藉、紧急援助四大领域150余项服务项目[2]。

这种新型养老方式有三个显著优势：一是前期投资少、可以很快实现运营。城关区“虚拟养老院”在初建期间仅投资了257.1万元就完成设备购置和软件开发及信息平台建设前期工作，3个月便投入试运行，一年内正常工作。二是可同时为政府和居民节约成本。城关虚拟养老院属于正科级事业单位，主要资金来源为政府拨

---

[1] 参见中国老年学和老年医学学会：《养老服务供给侧结构性改革：研究与实践》，中国社会出版社2017年版，第308—310页。

[2] 参见李丽君：“养老服务社会化建设地方实践与路径研究——基于沧浪虚拟养老院和城关虚拟养老院的案例比较”，《甘肃行政学院学报》2016年第4期。

款。截至2012年,政府财政投入补贴2 062万元,平均每位老人年补贴763元,相对传统养老运营成本较少。如果选择进入兰州市的民办养老院,每月的费用在1 200—2 000元之间,失能与半失能老人还需加收300—600元的护理费;享受“虚拟养老院”的费用一般则能控制在每月200元左右。三是更加易于推广。一方面,虚拟养老院不受场所和床位的限制,养老服务的人员队伍可以随着服务老人的注册增加而增加;另一方面,有政府监管、推广、负责和企业对接,老年人从心理上更容易接受这种养老服务方式。

目前制约这种养老模式发展的因素也有三个:一是财政问题制约。由于虚拟养老院本身未被定位,因此不能享受政府对传统养老机构提供的优惠政策,政府需要以购买服务形式进行补贴以维持较低的服务价格。二是缺少社会各方力量的积极参与。政府只能起到协调组织的平台作用,受到本地区整体经济发展水平的制约,民间资本不足,成本压力大,使得加盟机构信心减弱。三是从业人员不足。志愿者组织结构松散;社会工作从业人员总量不足,与服务对象的比例是1∶1142,远远不能满足需要。

四、结合国际经验对一二、三四线城市养老模式的思考

(一)对国际经验的思考

在学习国际经验时应注意到,西方发达国家老龄化过渡期较长,从65岁以上人口比例占7%的轻度老龄化,到老年人口占比14%的深度老龄化,瑞典用了85年、美国用了70年、英国用了45年;我国预计将用26年(2000—2026年)进入深度老龄化社会,与1970—1995年间的日本更为近似[1]。然而我国人口基数更加庞

〔1〕 参见侯宇峰、刘灵芝、王昕:“日本老龄化进程及应对政策对我国的启示”,《建筑学报》2015年第12期。

大，即将面对老龄人口的爆发式增长。美国的养老产业高度商业化，整合地产开发商、REITs、运营商和养老机构中老年人的需求。原因一是发达的REITs体系与税收方面的优惠降低了养老机构融资成本，吸引了大量商业机构；二是多数老人选择进入专业的养老机构，管理较为容易。我国老人对家庭的依恋等因素限制了美国模式的借鉴意义。比较而言，日本以1996年提出立法实施的"介护保险法制度"满足了90%以上老人居家养老的需求，更加适合我国国情。介护保险将护理分为7个级别，实现了精细化服务。但日本《介护保险法》明确规定，介护使用者只需自付10%的费用，政府需要支付另外的90%。在我国老年人口即将"井喷"的情况下，如果采用同种制度，将为我国财政带来极大挑战。在我国对于养老模式的摸索中，应以学习日本的体系架构为主保障老年人口生活质量，同时借鉴美国高效的商业模式降低国家负担。

相比较于美国、日本已经成熟的养老模式，我国一方面缺乏细化的法律法规，对于不执行单位没有制约措施，且缺乏养老服务标准评价体系，对于实施的结果无法比较；另一方面对于公办、民办及其他形式的养老机构的福利补贴不均衡，导致民间资本参与积极性不高，养老服务选择较少；三是缺少养老专业队伍和相关技能培训体系，难以保障服务质量；四是社区医药资源仍然比较匮乏，难以满足老人需求。这些是我国所有城市都需要面对的问题。从调查研究到政策出台，再到落地需要一个过程，具体到每个城市都需要因地制宜、继续探索，养老模式的发展将是一个比较漫长的过程。

（二）对一二线城市养老模式的思考

一二线城市的成果案例带来了对居家社区养老的三点启示：一是展现出社会力量在建立居家社区养老模式中的重要地位。比如武汉百步亭的案例中，引入物业公司与居民志愿者的力量、提倡邻里互帮互助、老人"抱团取暖"，节约了人力的同时，也促进了文化建设。另一方面，社区照料中心往往缺乏监督管理，难以保持长期稳定的水平，社会力量参与“社区自治”，可以帮助民政部门对社区养老服务机构进行长期、有效的监管。二是社区养老中心与社区医院合作建立老年人健康档案，追踪老年人生活健康状况，不仅有助于社区在老年人急需帮助时做出反应，长期看也容易做到“早发现、早治疗”，进而降低医疗成本。三是完善的社区需要提供多元化的服务、配备多样化的设施，满足老人从家政服务、日间照料到短期托管的需求。

同样值得借鉴的是北京市的养老模式，近期北京市不断加大养老服务供给侧改革力度，出台多项政策，鼓励养老机构与就近的社区卫生服务中心、三甲医院等医疗资源有机结合，打通养老服务的“最后一公里”。以北京市四季青敬老院为例，敬老院吸收附近医院医生轮诊，由全科医生队伍定期为老人坐诊，和周边医院合作探索医养结合的新模式充分发挥了城市医疗资源优势。“十三五”期间，北京将完成1 000家“养老驿站”的建设，基本实现居家养老的全覆盖。另一方面，北京还率先推出了国内首个“集中式居家养老社区”，社区将居家养老和机构养老有机融合，专门为60岁以上老人提供有产权的养老服务。

一二线城市机构养老方面还涌现了其他新趋势。一些“医养结合”、“医保结合”、“旅游养生结合”的养老社区均得到了快速发展。比如，应十九大报告提出“推进医养结合，加快老龄事业和产业发展”的要求，以“医养结合”为主的位于北京燕郊的燕达国际健康城瞄准老人的健康需求，提供国际化的医疗服务；以养老与保险相结合为特点的北京“泰康之家·燕园”也在快速布局；而把养生与旅游结合的北京“太申祥和”山庄、浙江“城仙居”农家乐等模式也在全国快速铺开。然而，一些问题也开始出现，目前养老机构定位具有典型的“两头大”结构，集中于高端商业服务和依靠补贴的低端服务，而大部分经济状况处于中等水平的老人往往缺少合适的选择。另一个问题是，在大力建设养老机构的阶段之后，整体入住率较低，截至2013年年底，北京市养老机构的平均入住率不足47%，资源浪费明显。不过，随着信息技术的进步，在科技发展的帮助下，我国未来的养老模式也有可能出现新的变化，通过可穿戴设备追踪老人身体健康状况、通过网络信息平台联结居家老人与社区、机构，“互联网+养老”能够使老人可以得到更加及时、贴心的线下服务，也能够更好地帮助和支持我国现阶段一二线城市的养老模式持续演进及发展。

（三）对三四线城市养老模式的思考

2017年国研智库[1]发布的中国城市养老指数排名[2]反映了城市养老负荷与保障水平，涵盖养老需求侧指标，即老年人口总量、老年人口内部结构、老年人口增长率和老年人口抚养比等，同时涵盖供给侧指标，即政府政策、资金投入、服务水平和生态环境等。其中，前100名的城市里，华东地区城市占据56%，西北地区占12%，华北地区占11%，华南地区占9%，西南、华中、东北地区分别占5%、4%、3%。可以看出，华东地区的养老保障情况处于绝对的领先地位。中国养老指数前十名依次为福建厦门市、浙江义乌市、新疆克拉玛依、江苏苏州市、昆山市、南京市、广东深圳市、江苏江阴市、浙江宁波市、温州市。一二线城市仅占六席，可见三四线城市中不乏具有养老发展先天优势的城市。

我们在一二线和三四线城市中分别选取了该地区得分最高三个的城市，依据其养老指数排名制热力图，如图3；其中，颜色越深

---

[1] 该机构是由国务院发展研究中心和国家工商管理总局批准设立，由中国发展出版社发起的国有股份制企业。

[2] 《中国城市养老指数蓝皮书2017》课题组：《中国城市养老指数蓝皮书2017》，中国发展出版社2017年版，第145页。

表示得分/排名越高，前100名以外的城市统一用白色表示。根据该图可以看出，华东、西北的整体养老发展优势较其他地区明显；虽然三四线城市中有表现亮眼的城市如克拉玛依、义乌，但东北地区、华中地区和华南地区三四线城市的养老发展要明显落后于一二线城市，养老保障情况亟待提高。三四线城市由于资金政策、劳动人口流失以及文化影响，更多的人选择传统的居家养老，在养老建设上发展较为迟缓，具有更大、更广阔的发展空间。

	西北	东北	华北	华中	华东	华南	西南
一二线城市	乌鲁木齐（17）	沈阳（44）	北京（11）	长沙（28）	苏州（4）	厦门（1）	昆明（25）
	西安（31）	长春（58）	石家庄（19）	武汉（30）	南京（6）	深圳（7）	成都（34）
	兰州（48）	大连（76）	太原（49）	郑州（92）	宁波（9）	广州（16）	南宁（35）
三四线城市	克拉玛依（3）	新民（100+）	唐山（23）	汝州（77）	义乌（2）	石狮（94）	香格里拉（24）
	银川（13）	绥芬河（100+）	鄂尔多斯（63）	石首（100+）	昆山（5）	南安（100+）	拉萨（56）
	兴平（21）	五大连池（100+）	迁安（65）	丹江口（100+）	太仓（15）	泉州（100+）	泸水（100+）

图3　一二线和三四线城市养老指数

据此情况，政府一来需要强化主导作用，提高管理体制。例如在“虚拟养老院”模式下，政府需要吸引加盟企业，把分散的老人纳入平台，提升专业人员和社会志愿者素质，并统一协调各要素。涉老部门需要统一的规划和协调，才能使有限的养老服务资源得到最大化的利用。二来需要对社会资源进行更深的挖掘，学习一二线城市业主委员会、志愿者团队的建设经验，比如武汉百步亭模式，充分动员社区居民参与到维护社区建设与助老活动中来。三是需要在开展居家养老服务的同时宣传社区、机构养老，使有需要的老人可以选择最适合自己的养老方式。四是吸引非营利性组织与商业组织驻扎，以进一步促进养老服务多样化、提高养老服务竞争，进而提高养老服务质量。另一方面,三四线城市还可以充分将生态优势转换为经济优势,建立起可以与养老城市比肩的养老小镇,依靠自身特色构建养老休闲服务特色产业,以城镇生态和特色产业区为依托,配套完善的保健医疗、休闲商业等设施,解决养老群体休闲养老的需求,同时促进就业,推动三四线城市经济增长潜力。

五、政策建议

整体而言,我国面临"步入老年社会过渡期短、老年人口群体多、基础设施条件较差、地区经济差异较大、社会福利制度较薄弱"等五大问题,因此即将到来的老龄化社会对我国仍然具有相当挑战。我们认为,通过统筹协调上层政策及制度安排、因地制宜培育不同区域养老市场发展路径、积极鼓励市场化机构建立养老服务大网络,能够有针对性地帮助我国迎接"银发社会"的到来。

我国城市养老需要建立一个统一、明确的养老保障制度体系,把涉及各个部门的医疗、照护、福利、保险等制度进行整合与衔接,明确地方政府职能与考察管理办法,对于资金投入带来的成效进行有效的衡量;其次要注重发展专业人才规划,不仅要在大专院校培养社会服务人才,也需要规范对志愿者团队的短期培训,从而发展和建立全覆盖、多梯队的养老服务人才库。并且,在人才培养上,还要针对不同地区的实际养老服务需求进行重点培训,譬如,在三四线城市要着重在居家养老的服务人员的培养上,而在一二线城市,则需要更多、更加专业化的医护人员,提升机构养老的服务比例。

另一方面,也要积极鼓励社会资本参与到养老产业中来,提供税收、运营、土地使用等方面的优惠,分担地方政府财政压力,推动产业平衡发展。同时通过市场化运营提升服务效率和服务质量,着重鼓励非公经济发展养老消费品市场、衍生市场如养老理财、老年教育市场等领域。我们通过对比一二线和三四线城市的养老市场发现,三四线城市的养老需求点分化显著,对养老产品和服务的需求明显分化,目前三四线城市的养老市场,特别是衍生市场亟须激活市场活力。在三四线城市,养老产品的供应以满足基本生活照料与护理的中低端机构为主,但对于科教文卫体系退休干部等高知高干老人而言,满足其品质居住、圈层交流与丰富的精神文化生活的养老产品尚未出现。因此,在三四线城市,高品质的养老项目有极大的发展空间。

因地制宜发展有差异性的养老服务模式是我国城市养老的发展趋势。我国的一二线、三四线城市发展规律不尽相同,同时老年人口比例以及家庭结构有较大差异,因此在相关养老服务的产业引导中,需要有所侧重。针对整体年龄偏高、老年人单独居住方式为主的区域,需要着重发展由“居家养老”转向“社区养老”的模式,以社区为纽带,通过譬如信息技术、响应平台等使得老年群体得以充分与社区进行联结,完善服务网络;而针对具有旅游资源或自然资源的三四线城市,可以尝试推进机构养老、休闲养老等的快速发展,鼓励和引导本地老年家庭、乃至一二线城市的老年家庭去往这一类城市的养老服务机构,满足各类群体不断提升的养老需求;而针对一二线城市的主流老年家庭,则需要加强医护服务质量及便利性,加大对家庭养老的支持力度,使得老年人足不出户也能够享受到较好的医疗服务,不会被大城市看病难、买药贵等实际困难所困扰。同时,通过鼓励市场化机构的进一步发展,满足部分老年人的多样化需求。

习近平总书记强调,要积极应对人口老龄化,构建养老、孝老、敬老政策体系和社会环境。一方面要加快供给侧改革,针对不同人群的需求,提供不同的养老服务。根据调查,还有97%的老年人希望在自己家里安度晚年。他们最大的愿望是在家门口就能享受到生活照料、康复理疗、文化娱乐等专业服务。面对庞大的养老需求,要积极发挥市场力量,支持和鼓励社会机构出资服务居家养老,或借鉴北京“政府无偿提供设施，运营商低偿运营”的模式，辐射多个社区，提供居家养老服务，满足老年人“养老不离家”“老有所乐”的愿望。伴随老人们的多元化需求，多样化发展、专业化运营、精细化服务的养老服务新模式亟须建构起来，伴随着政府增建专门服务于失能失智老人的养老院、加大对乡镇及农村养老服务设施建设的倾斜力度等政策，为更多老年人创造更好的养老条件。

参考文献

1. 韩未雪：“武汉市社区养老服务体系的建立与发展——以百步亭社区为例”，《法制博览》2015 第 11 期。
2. 侯宇峰、刘灵芝、王昕：“日本老龄化进程及应对政策对我国的启示”，《建筑学报》2015 年第 12 期。
3. 李宝元：《2015/2016 人本发展报告何以养老》，经济科学出版社 2016 年版。
4. 李丽君：“养老服务社会化建设地方实践与路径研究——基于沧浪虚拟养老院和城关虚拟养老院的案例比较”，《甘肃行政学院学报》2016 年第 4 期。
5. 吕利丹、段成荣、刘涛等：“对我国流动人口规模变动的分析和讨论”，《南方人口》2018 年第 1 期。
6. 田清涞：“北京大学空巢老人居家养老问题调查”，《中国老年学杂志》2014 年第 14 期。
7. 王经绫、华龙：“ PPP 机制应用于我国养老机构建设的必要性研究”，《经济研究参考》2014 年第 52 期。
8. 王蔚、王名、蓝煜昕：“引领与统领：社区共治中的社区领导力——武汉百步亭社区个案研究”，《中国非营利评论》，2017 第 1 期。
9. 魏华林、金坚强：《养老大趋势》，中信出版社 2014 年版。
10. 杨立雄：“中国老龄服务产业发展研究”，《新疆师范大学学报》2017 年第 2 期。
11. 张歌：“养老服务产业与居家养老的关系研究”，《现代管理科学》2018 年第 3 期。
12. 张恺悌、郭平：《美国养老》，中国社会科学出版社 2010 年版。
13. 《中国城市养老指数蓝皮书 2017》课题组：《中国城市养老指数蓝皮书 2017》，中国发展出版社 2017 年版。
14. 中国老年学和老年医学学会：《养老服务供给侧结构性改革：研究与实践》，中国社会出版社 2017 年版。

15. 中华人民共和国国家统计局贸易外经统计司:《中国劳动统计年鉴》,中国统计出版社 2018 年版。

(吴晓波,浙江大学管理学院;吴宇晨,北京大学光华管理学院;
马晓白,国务院发展研究中心企业研究所;
沈欣悦,澳大利亚悉尼大学)

农村人口老龄化背景下化解农村养老困境的农地金融模式创新研究

周小全　白江涛　葛广晟

世界范围内的人口老龄化引起了各国的重视,人口老龄化对经济社会发展和社会保障体系产生了深远的影响。而在中国,人口老龄化不仅速度快,伴随着快速城镇化,还表现出明显的区域和城乡差异,中西部的人口流向东部沿海地区,农村地区的青壮年流向城市,城乡之间的人口转移一定程度上缓解了城镇的人口老龄化问题,但是反过来加剧了农村人口老龄化,青壮年的转移更对农村的经济发展和养老造成了冲击。农村传统的养老方式主要包括家庭养老、社区养老和土地养老,之前在制度性养老缺失的背景下,土地养老是农村养老的重要保障,随着制度性养老的普及和完善,农村家庭收入流动性逐渐缓解,农村土地的利用也更具灵活性。随着土地流转机制和配套法规的完善,利用土地承包经营权流转,通过农地抵押等农地金融创新,用土地所产生的现金流为农民养老保险缴费,在盘活农地的同时,使得农地成为农民养老的重要收入来源。

一、引言

人口既是经济发展的主体,也是重要的基础性资源,兼具生产者与消费者双重属性,人口结构的变化关系到经济和社会发展,也是各国和各地区密切关注的主题。根据联合国人口老龄化报告,全球60岁以上人口比重1950年为8%,2000为10%,2050年预计在21%。20世纪70年代末80年代初,我国分别针对人口与经济增长推行了两项影响深远的政策,一项是计划生育政策,一项是改革开放政策,使得我国人口老龄化呈现自身特点。

(一)农村人口老龄化

国外学者认为人口老龄化主要是由人口预期寿命的提高和生育率下降导致的。在二十世纪后期,人口老龄化是所有发达国家普遍存在的现象,预计进入二十一世纪将继续发展,目前发达国家老年人口的比例处于前所未有的高水平,并会在未来增长更大。从人口学角度来看,人口老龄化的原因主要由年龄结构、生育率、死亡率和迁移模式决定(Uhlenberg,P.,1992)。在国内学者中,研究主要聚焦我国的人口老龄化问题。在对国外主要国家的人口老龄化进行研究后发现,人口老龄化是全世界很多国家都在经历的过程(刘清芝,2009;梁红梅,2014;赵福军,2017)。众多学者也在研究人口老龄化产生的原因。首先,由于医疗条件提高,人口寿命在不断提高(郑伟,2014),我国人均预期寿命在不断提高。其次,世界范围内的生育率下降导致人口结构中老年人比重增加,生育率的下降和经济社会发展存在紧密的联系(陈卫,2013;周长洪,2015)。而在中国,生育率的下降还受计划生育政策的直接影响(陶涛、杨凡,2011)。最后,中国"未富先老"的现象离不开中国快速的城镇化发展(宋斌文,2004;郑伟,2014)。

对农村人口老龄化的研究较少,关于农村人口老龄化的特征,袁俊等(2007)分析了农村人口老龄化的空间差异特征,认为老龄化成为农村地区相对普遍的人口变化趋势,并表现出从东部沿海向中部和西部内陆递进的规律。农村人口老龄化带来了养老问题和农村经济发展问题(袁唯,2017),尤其是在家庭养老和经济生产中承担重要角色的年轻劳动力的流失使得问题更加不容乐观,"421"的家庭结构使得老年人的养老问题变得更加严峻,而人口流出即家庭成员的外出使得家庭类型向规模更小、内部结构更简单的家庭类型转变(周福林,2016),人口流动加剧了老年人的养老问题。在养老方式上,城市的养老保险制度则要比农村更加完善。在"空巢化"的具体影响下,互助养老在农村的市场需求明显增加,不过对于目前普遍采用的互助养老而言,其优势同样也是其劣势,这种集体互助养老的模式仍存在问题,这就需要更多的养老模式和养老服务类型(战歌,2016)。总之,农村人口老龄化作为人口再生产的过程,还需要将其拓展到经济发展上(袁俊等,2007)。学者们对老龄化相关的原因、影响都有较多的研究,但是对农村地区老龄化与农村改革的研究还不充分,尤其是在当前大力推行农村土地流转背景下,农村老龄化问题的解决还有待深入探讨,这也是本文的主要研究内容。

(二)我国老龄化问题所面临的环境

随着全面放开二孩,考虑到在一个相当长的时期内,新生人口不可能直接以新增劳动力的身份进入就业市场，少儿抚养比的提高叠加城镇老龄化对农村老龄化的冲击，如何妥善处理我国人口老龄化问题，同时不影响我国经济、特别是农村经济的发展，这一问题迫在眉睫。结合计划生育和改革开放政策，我国人口老龄化与国外相比呈现出以下几个特征[1]：

第一，人口老龄化早于经济发展水平的提高，在仍属于中低等收入国家时迎来了老龄化。和日本等较早进入老龄化且程度高的国家相比，我国在2000年65岁及以上人口占总人口比例超过7%时，人均GDP只有1 740美元，而日本在1979年65岁及以上人口占总人口比例为8.8%时，人均GDP已经达到24 299美元[2]。

第二，人口老龄化速度快。中国是目前公认的老龄化速度最快的国家之一，根据1956年联合国《人口老龄化及其社会经济后果》确定的划分标准，当一个国家或地区65岁及以上老年人口数量占总人口比例超过7%时，则意味着这个国家或地区进入老龄化[3]。如图1所示，我国2000年65岁及以上老年人口占总人口比重超过7%，在2016年已经达到10.91%，在短短16年间增加了3.90%。人口老龄化加重了社会负担，如图2所示，1995年和2015年老年抚养比分别为9.2%和14.3%，期间足足增长了55%。老年人口的增加使得社会养老资源需求增加，同时，劳动人口将要承担更加沉重的养老责任，由于中国独生子女政策的影响，两个独生子女照顾四个老人将成为常态，这无疑加重了年轻人的负担。

第三，城乡人口老龄化倒置。近年来乡村的老龄化程度超过城

---

[1] 郑伟、林山君、陈凯："中国人口老龄化的特征趋势及对经济增长的潜在影响"，《数量经济技术经济研究》2014年第8期。

[2] 收入单位采用2010年不变美元价。

[3] United Nations, Department of Economic and Social Affairs, *The Aging of Populations and Its Economic and Social Implications*, New York: United Nations, 1956.

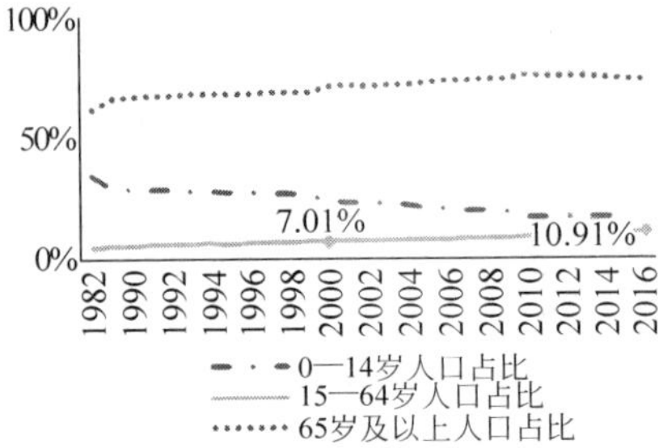

图 1　中国人口年龄结构比重

数据来源：国家统计局。

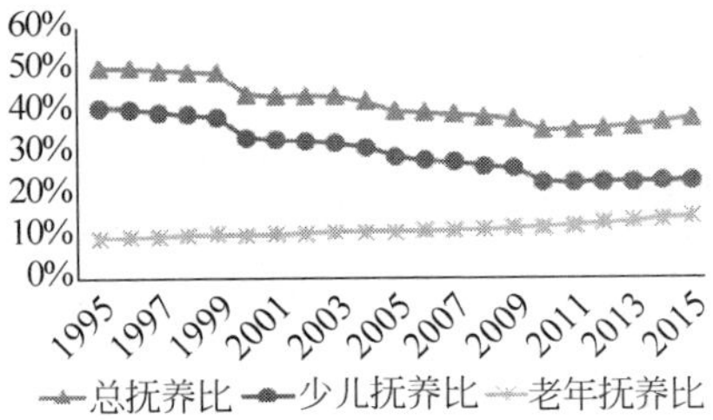

图 2　中国人口抚养比

数据来源：《中国人口和就业统计年鉴 2016》。

镇，自上世纪 80 年代，大量劳动力进入城市，农村劳动力转移加剧了农村老龄化（李晓荣，2016）。如表 1 所示，从 2000 到 2010 年，农村的人口老龄化比城镇更加严重，以 65 岁及以上人口比例为指标，乡村高于城镇的比例在 2000 年为 1.08%，到 2010 年则扩大到 2.26%。

表 1　城乡人口年龄结构对比

年份	组别	0—14 岁人口比例	15—64 岁人口比例	65 岁及以上人口比例
2000	城镇	18.42%	75.16%	6.42%
	乡村	25.52%	66.98%	7.50%
2010	城镇	14.08%	78.13%	7.80%
	乡村	19.16%	70.78%	10.06%

资料来源：第五次人口普查和第六次人口普查数据。

第四,地区差异明显,不同省区的老龄化程度有高有低。如表2所示,以农村为例,农村地区人口老龄化程度呈现出由东部向西部递减的特征,而农村地区人口老龄化发展的趋势都较快,其中西南地区最快,十年间,65岁及以上人口比例增加3.6%,华北地区则为1.6%。中国人口老龄化与地区经济相关性较强(王志宝等,2013)。

表2 农村65岁及以上老龄人口比例分地区对比

	2000年	2010年	变动
华东地区	8.7%	11.4%	2.8%
中部地区	7.6%	9.9%	2.3%
西南地区	7.1%	10.7%	3.6%
华北地区	7.2%	8.7%	1.6%
西北地区	5.5%	7.9%	2.5%
东北地区	6.3%	8.5%	2.2%

资料来源:同表1。

第五,性别差异显著,女性的老龄化程度高于男性。如表3所示,65岁及以上人口中,从2000年到2010年,女性的比例都要高于男性。

表3 人口年龄结构性别对比

年份	组别	0—14岁人口比例	15—64岁人口比例	65岁及以上人口比例
2000	男	23.63%	69.86%	6.51%
	女	22.12%	70.15%	7.73%
2010	男	17.56%	74.06%	8.38%
	女	15.61%	74.90%	9.48%

资料来源:同表1。

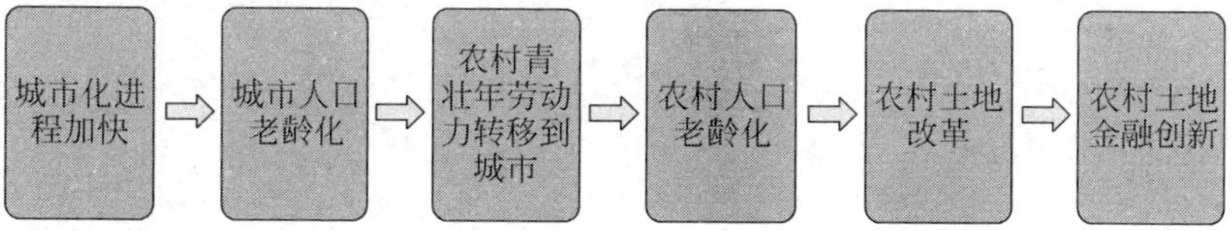

图3 农村老龄化问题剖析

二、关于农村土地改革与农村人口老龄化问题的剖析

(一) 人口老龄化倒逼农村土地改革

1. 城镇化加剧了农村人口老龄化

城镇化进程主要是通过两方面作用来影响农村人口老龄化程度。一是农村劳动力人口向城市的转移。出于更高工资和福利的需求,农村劳动力有着前往城市的主观需求,尤其对于农村青壮年劳动力而言。如图 4 所示,农村外出务工人员年龄主要集中在 21—40 岁之间,2008 年占农村外出务工人员总数的 59. 3% ,到 2016 年降低到 50. 6% ,41 岁以上的比重则由 2008 年的 30% 增加到46. 2% 。二是农村人口预期寿命的提高。城镇化进程带动了医疗水平和生活方式的提高,从而降低了人口死亡率。随着城市人口老龄化进程的加快,农村老龄化的加深使得农村劳动力以老人以及妇女为主,会对农业生产造成实质性影响,制约着农村经济的发展,农村养老问题也愈加严重。同时,受低生育率与青壮年转移的影响,农村家庭平均每户常住人口从 1980 年的 5. 54 降低到 2012 年的 3. 88[1],家庭规模变小使得依靠子女养老的方式受到冲击。

2. 农村养老保障模式

当前中国农村的主要养老模式包括家庭养老、社区养老和土地养老。家庭养老主要依靠子女照顾家庭中的老人,随着农村老龄化问题日益严重,使得子女不得不想方设法以获得更高的收入来赡养老人,因此必然没有太多的时间陪在老人身边,农村中青年去城市务工造成的空巢化现象下,家庭养老方式变得越来越不可行。社区养老是指让老人居住在家中,再由社会提供养老服务,是家庭和社会共同承担养老任务的一种模式。但是在农村地区,由于缺乏资金

〔1〕 数据来源:国家统计局。

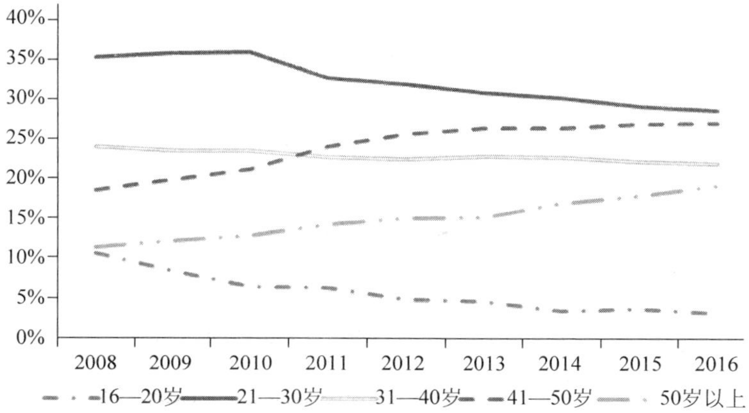

图4 农村外出务工人员年龄构成占比

数据来源：国家统计局。

和人员，社区养老的方式虽然在推进，但是推进的难度较大、速度较慢。土地养老主要是指土地收入作为养老的重要收入来源，在制度性养老保障不到位时，土地成为最后的农民养老的重要保障，老人可以继续耕作土地获得基本的生活必需品。以往的土地保障主要是强调土地的生产价值，即农村老年人依靠农业生产收入维持老年生活；随着我国各地土地流转等改革的推进，土地流转的租金成为农村养老的重要收入来源。这三种养老模式的对比如表4所示。

表4 农村主要养老模式

养老模式	保障来源	发展趋势
家庭养老	家庭成员（配偶、子女及其他亲属）	正在弱化
社区养老	政府和社区	正在强化
土地养老	土地收入	有待发展

3. 农村土地改革的必要性

农村土地改革是市场化进程的必然要求。当前随着我国市场经济的发展和城市化进程的推进，大量农村劳动力转移，人地分离问题越来越突出。农业机械化快速发展，农业的规模化和集约化生产成为农业发展的趋势,而小规模的家庭生产则限制了农业机械化生产的要求。而土地是农村经济发展和农民生活不可缺少的物质载体,因此,如何进行农村土地改革,有效利用土地也是解决农村老龄化问题的必然要求。当前农村"空心化"、老龄化,适龄劳动力减少,接受良好教育的年轻人都去往城市工作,耕种土地的人主要是老人与妇女,他们难以掌握新的农业科学知识和农业技术,造成农业生产率降低,土地带来的纯收入有限。因此,将现代农业技术运用到农业生产,提高土地的利用效率,为农民创收,必然需要改革,优化农村土地的资源配置。

改革开放以来,随着我国土地管理制度的不断深化,农村土地改革进一步发展。党的十七届三中全会审议通过的《中共中央关于推进农村改革发展若干重大问题的决定》提出,"按照依法自愿有偿原则,允许农民以转包、出租、互换、转让、股份合作等形式流转土地承包经营权,发展多种形式的适度规模经营。"土地流转改革第一能够提高土地利用效率,减少因老龄化而使土地荒废等问题。二是能够满足城镇化发展过程中对农产品日益增多的需求,进一步促进农业规模化生产。另外,也帮助失能老人通过土地流转获得租金收入。总之,农村土地的流转改革对解决我国农村人口老龄化问题提供了巨大帮助。

(二)农村土地改革的优势

1. 土地养老保障功能

土地是农村最基本的生产资料,实施以土地养老为核心的农村土地改革制度可以为农村养老问题的解决提供经济基础。在农村土地流转发育良好的市场上,丧失劳动力的老人可以将自己拥有的土地进行土地流转,获得土地流转租金的收入,提供养老补贴。随着家庭规模的缩小,家庭养老给年轻人带来的经济负担越来越大,土地流转带来的经济收入正好为老人养老提供了经济基础。

然而,土地保障功能近些年的表现在弱化,主要是由于城镇化快速发展,依靠农业生产带来的收入比重在减少,并且失地农民在增加,使得土地的就业功能下降。在以前主要依靠土地直接收益的背景下,与第二产业和第三产业相比,农业对于个人收入的贡献确实有限,但是随着土地改革的推进,农地的间接收益将得到充分利用;土地保障功能有限,但是加以充分利用,也能成为农村养老保障的重要组成部分。

当然,土地保障也存在一些问题。土地保障作为农民特有的保障方式,当土地被国家征收后,失去土地的农民其养老方式就发生了极大的转变,虽然获得了一次性补偿金,但其养老保障模式则少了土地保障。从就业来看,失地农民的工资收入成为家庭主要收入来源,而农业经营收入则减少或没有,尤其是从农业转向制造业和服务业工作的农民,职业技能不符以及就业信息的缺失,使其就业成为需要重点解决的问题。从社会保障待遇来看,与之前相比,失地农民养老金标准远低于各地城镇企业退休人员,这使得失地农民的生活水平得不到保障。

2. 制度性养老的普及和完善为农村土地改革创造条件

土地养老作为养老保障的一种,具有替代制度性养老的作用。土地是大多数农民赖以生存的主要生产资料,发挥土地的保障功能同利用土地的生产资料功能密切相关,这种保障机制在一定程度上固化了小农经营,阻碍了农业规模化和专业化发展。但是当农村制度性养老普及和完善时,充分的养老金给付能够让农民放心将土地流转,让土地保障的价值通过流转的方式发挥出来,也有利于农业的规模化发展。根据徐志刚等(2018)的研究,对于有老年人的家庭,新农保会增加老年人的生活保障和家庭福利,降低老年人农业劳动供给,促进土地转出,特别是在流动性约束较强的情况下。

（三）农村金融模式创新

1. 基于土地流转的农地抵押贷款

土地流转是将土地承包经营权流转。“三权分置”下农地经营权具有经发包方和承包方同意下的再流转与抵押权。在土地流转背景下，规模化生产经营者通过土地流转市场获得农地经营权的抵押权能后，在金融机构中进行抵押融资，这一方式对农业生产经营者起到了帮助和激励的作用。但是农地抵押贷款存在诸多风险，目前主要在进行试点，要想进行大范围推广，还存在农地价值评估困难、处置变现困难等问题。我国农地经营权抵押融资从 2006 年探索到现在，已经在多个省份试点，并且因各地情况不同，形成了多种农地经营权抵押贷款的模式。

如图 5 所示，农地抵押贷款包括两个基本过程：一是金融机构向以农地作抵押的农民或农业企业贷款的过程；二是金融机构筹集资金的过程。在农地经营权抵押融资的流程中，主要工作是金融机构向农民发放贷款，金融机构筹集资金也成为农地经营权抵押创新的重要途径。在此基础上，农地抵押贷款模式衍生出更多的金融创新，例如农地信托和农地证券化等，这些模式在美国、德国等国家都产生了积极的效果。

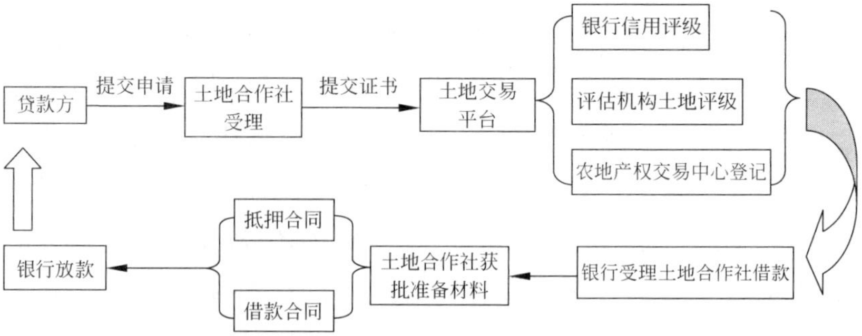

图 5　农地经营权抵押融资流程

2. 农村养老的金融模式创新

在农地抵押贷款模式的基础上,农村养老模式的创新有了新的思路。基于农村特有的土地,将土地可以产生的现金流对标城镇居民的工资收入,其共同特点就是现金流的可持续性。通过机制设计,让土地流转产生的现金流成为农村居民养老保险的缴费来源之一。事实上,政府自上而下的农村金融改革缺乏有效的法律基础、制度基础和市场基础,信息不对称、抵押物缺乏等问题依然存在。政府积极倡导支持农村经济发展,加大财政投入,但是农村金融机构是以营利为目的的市场主体,这和政府的财政职能相冲突,使得这种改革是不可持续的。因此,只有充分尊重市场作用,通过前期的政府引导,逐渐将市场的主体和力量引入到农村金融中,才能够有效地将资源与农村经济发展对接。

在农地抵押贷款模式的基础上,结合农村养老需求,本文初步构建了分为初期和成熟期的农地金融创新模式。

表 5　农地金融模式创新对比

	初期农地金融创新模式	成熟期农地金融创新模式
阶段	初期	成熟期
参保对象	土地流转农民	土地流转农民
参保种类	商业养老保险	商业养老保险
承保人	商业保险公司	商业保险公司
缴费来源	政府补贴 + 土地租金	土地租金
基金池	农村养老保障基金	农村养老保障基金
基金池管理	主要用于购买保险	购买保险 + 投资保值增值
风险补偿	政府风险补偿基金	政府风险补偿基金 + 商业风险补偿基金

(1) 初期农地金融模式

目前,农地金融初期存在着农村金融机构存贷款保险制度缺位、农村金融担保制度滞后等问题,使得单纯依靠市场机制无法发展农地金融,需要政府介入。如图 6 所示,在金融创新初期,在农地抵押基础上，政府财政补贴和农民土地租金中的固定比例构成了农村养老保障基金的来源，农村养老保障基金为参加农地抵押的农民从保险公司购买商业养老保险。在初期，对于农地抵押还需要政府设立风险补偿基金来应对项目失败风险，进行担保品处置的风险补偿。

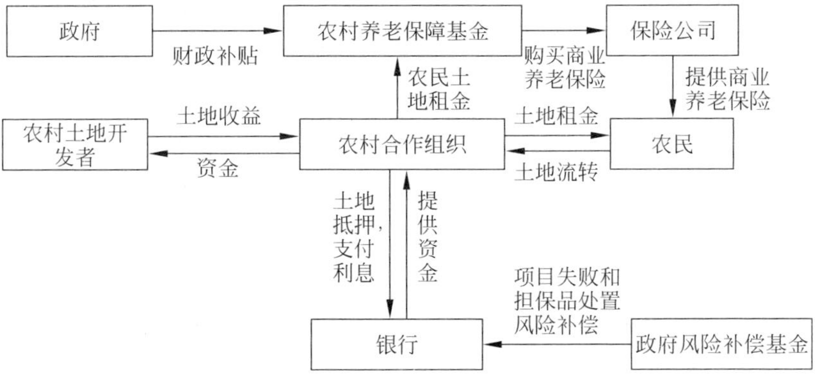

图 6　初期农地金融模式创新

（2）成熟期农地金融模式

随着土地流转和农地抵押的日臻完善，在经历了金融模式创新初期之后，市场和农民对于这种农地金融创新的风险和收益都有了进一步的认知，其参与意愿也逐渐增加，随着农村养老保障基金规模的扩大，当更多的农民参与进来后，风险就愈加分散，此时，最初的政策引导也开始逐渐退出，让市场机制在农地养老保障基金的运行中发挥主导作用。如图 7 所示，政府此时主要起到监督管理的作用，随着农村养老保障基金规模的扩大，投资的范围也从商业养老保险扩大到其他保值增值的领域。

农村金融模式的创新需要两个基础条件，一个是中国农村土地承包经营权流转市场的完善，当农村土地可以流转起来后，以农地抵押为核心的债权才可以发展起来。另一个是中国金融市场的完善，因为农地抵押的贷款具有特殊性，针对其贷款需要风险识别和

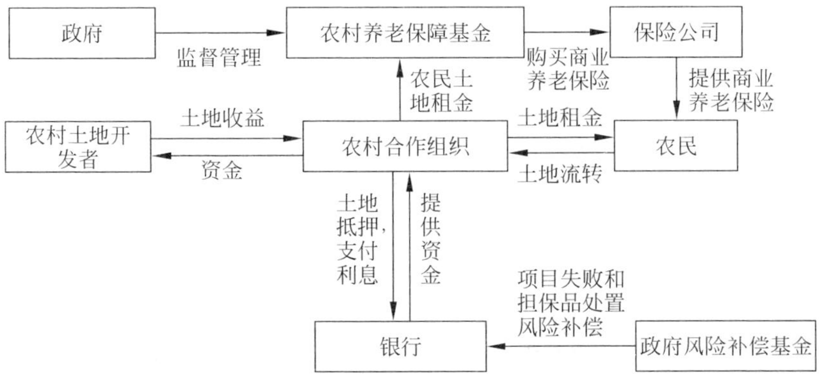

图 7　成熟期农地金融模式创新

风险对冲机制，同时，在保险市场中，针对农民养老保险的顶层设计不仅需要金融机构集思广益，还需要成熟的金融市场来检验。关于具体的农村金融模式创新的实施方案还有待进一步完善。

三、在老龄化背景下农村金融模式创新的建议

（一）各主体发挥自己的主观优势

农村土地改革的参与主体主要包括政府、涉农企业、金融机构和农民，要想发展以“土地养老”为指导方针的农村土地改革方案，四个主体需要各司其职，发挥各自的主观优势，共同促进农村土地金融创新的实施。

1. 政府

在积极全面实施农村土地改革制度的基础上，可以制定相应的惠农惠企政策，在施行税收补贴、融资优惠等一系列政策的同时，一是针对农村土地金融创新，建立完善的土地流转机制和配套的法规制度，同时在具体金融模式实施时，要承担起管理农村养老保障基金的责任，并建立政府风险补偿基金。二是建立专项资金扶持现代农业，重点扶持参与土地改革、将农民土地承包起来集中管理的涉

农企业，特别是一些规模化、专业化、品牌化的农业科技企业，促进集体经营、企业经营、家庭经营，科技扶持中等以上规模农业经济的发展，加快土地流转和连片集中经营；三是建立专项技能培训体系，重点发展和提升农村义务教育、农业专门职业技术教育、农村就业教育等方面的全方位、无死角系列技能培训，提高农民工、农村劳动力、农村子女的专业技术水平、就业能力和未来发展潜力，激活农村劳动力市场，激发农民寻求新技能、增加新收入、面向新生活、追求新梦想的活力和潜力。

2. 涉农企业

涉农企业在农地金融模式创新中实质上承担了两个角色，一个是农村养老保障基金的供给方，另一个是农村土地的开发和利用者。与农民自产自营的生产经营模式相比，涉农企业具有丰富的企业管理经验和产品营销渠道。涉农企业重点要保证生产经营的可持续性，保持土地租金的连续性，当发生周期性或季节性风险时，依靠风险补偿基金发挥作用。

3. 金融机构

金融机构在农地金融模式创新中是最活跃的力量。作为银行，需要完善农地抵押贷款的风险审核和价值评估标准，着实把握风险因素和资金流动。作为保险公司，需要针对农村居民的养老，设计出相应期限、费率和给付标准的养老保险。随着农村养老保障基金的扩大，养老保险的给付和维护也至关重要，农村养老保障基金的管理机构可以参考当前养老保险基金的管理方式，逐渐委托给基金公司等专业机构进行管理，实现基金的保值增值，同时也要注意针对基金制定详尽的风险制度和规则。

4. 农民

农民的自身优势就是其所拥有的土地所有权，但是有的农民土地转让意识淡薄，误以为土地转让出去后就丧失了土地所有权，所以除了政府应大力宣传“土地养老”外，农民应认识到并积极参与到土地流转工作和金融模式创新中，盘活自己的土地承包经营权，拓展自己的养老保障方式。

（二）明确利润分配方案，以防范失约风险

在“三权分置”制度的改革背景下，全国农村土地流转全面推开，各类经营主体陆续出现。经营利润的分配方案不外乎是农民通过土地经营权的流转获得土地租金，有时也包括自身参与劳动以获得的劳务收入，企业获得剩余利润。但是这些投资主体和经营主体存在违约跑路等风险。因此，政府应加强对土地流转市场和各类主体的监管，积极维护农户在土地流转过程中的权益。

1. 组建农民合作社，增强农户土地流转主体地位

组建农民合作社，明确合作社的定位和职能，在农民参与到土地流转的过程中，让农民的意见和观点有一个可以高效发出的渠道。并且农民合作社代表的是农民的利益，因此，在具体的交易过程中，将拥有更有力的定价权和维权能力，这能够扭转农户的弱势地位，保障农户主体地位。具体来看，农民合作社先将农户分散的土地进行集中，再由合作社进行统筹规划实行整体集中流转。

2. 引入市场保险和担保机制，确保土地流转合约履行

市场保险和担保机制是应对风险的重要方式之一。在土地流转经营项目引进以后，一方面，可以通过创新保险产品，在农地金融创新的初期，当农户和经营者一方违约时，由保险公司进行赔付，再由保险公司向违约方追讨；当农地金融创新模式得到推广后，保险产品中涉及的风险将被分散，这时候合理的保险费率和期限设计就可以解决风险事件。另一方面，针对农户和规模经营者，可适当追加担保措施，当风险发生时，尤其是保险产品还不够完善时，担保措施将起到作用。

(三) 促进农村二、三产业发展

农村二、三产业的发展是推动农村城镇化、多渠道增加农民收入、缓解农村老龄化问题的客观要求。其发展方式与途径主要是:加快农村的工业化发展,发展中小企业、引进农业产业化的龙头企业,激发农民的创业激情;加强失地农民技能培训,满足就业需求;鼓励外出务工人员返乡创业,利用他们带回的资金、技术、市场信息和管理经验等创业办厂,促进农村二、三产业发展。

1. 加大资金筹措及政策支持策略

通过加大对农业领域的财政支持,鼓励邮政储蓄银行、农业银行等建立小额信贷机制,把更多的资金投向农村乡镇企业或中小型企业;发展农村旅游业带动农村商业、餐饮等发展;各级政府和相关部门制定优惠政策,引进外资、引导农村中小型企业的建立,促进农村各类企业的发展等,为农村第二、三产业的发展提供经济基础和政策保障。

2. 吸纳农民就业扶持政策

农村二、三产业的发展将拓宽失地农民的就业渠道,进一步推动土地的流转。要对农村劳动力开展综合素质培训,根据培训后技能掌握情况,分类管理。针对想要深入学习的农民进行专业培训,并联系相关用工单位推荐就业;针对农村多数富余劳动力的就业问题,可通过组织第二、三产业中的大、中、小企业开展大规模用工洽谈会,促进农村富余劳动力的上岗就业。

(四) 标本兼治,完善农村社会保障体系

通过农村土地改革制度,加强土地流转虽然完善了土地保障,但是完善农村社会保障体系才是长远之计,并且制度性养老保障方式的完善能进一步释放土地流转和土地创新的活力。

1. 完善农村社会救助制度

当前农村的脱贫工作已经取得积极的进展，但是脱贫工作还没有完成。完善农村地区的社会救助制度，提高对农村地区留守老人和失能老人的保障程度，并且通过完善农村最低生活保障制度、社会保险制度、社会福利制度等措施，保障农村居民的基本生活，一方面，可以有利于完善农村地区劳动力资源建设；另一方面，可以减轻亲属的照料成本。

2. 加强农村地区医养结合体系建设

在供给侧改革的背景下，农村居民多样化的养老需求，对于养老资源和医疗资源的整合提出了新的要求。首先，需要继续完善新型农村居民养老保险体系，根据经济发展情况和地区差异，及时调整养老金待遇标准。其次，在医疗的资金供给上，要提高农村医疗保险的覆盖范围和补助水平。最后，农村的医疗资源和医疗人员有限，需要提高医疗资源的供给，尤其是在推行居家养老的背景下，医疗资源的供给和对接至关重要。

参考文献

1. 白雪：《我国人口老龄化对劳动力供给的影响分析》，硕士学位论文，山东大学，2017 年。
2. 曹新富、李美存："我国农村土地流转失约风险及防范研究——以四川邓峡市为例"，《山西农业科学》2017 年第 1 期。
3. 陈海磊：《土地流转对农业生产效率的影响》，博士学位论文，上海交通大学，2015 年。
4. 陈卫、高爽："中国生育率转变中的数量和进度效应"，《人口研究》2013 年第 5 期。
5. 丁玉龙："农村人口老龄化与城乡收入差距"，《华南农业大学学报》2018 年第 1 期。
6. 桂华："集体所有制下的地权配置原则与制度"，《学术月刊》2017 年第 2 期。
7. 郝磊：《人口老龄化背景下中老年劳动供给研究》，博士学位论文，中央财经大学，2016 年。

8. 康雄华:《农村集体土地产权制度与土地使用权流转研究》,博士学位论文,华中农业大学,2006 年。
9. 李晓荣:"近年来农村人口老龄化研究综述",《求实》2016 年第 3 期。
10. 李志宏:"人口老龄化问题的本质和特征分析",《老龄科学研究》2013 第 7 期。
11. 梁红梅、李磊:"国外人口老龄化对经济增长影响研究文献综述",《中国经贸导刊》2014 年第 1 期。
12. 梁志元:《中国农村土地流转制度创新研究》,博士学位论文,吉林大学,2016 年。
13. 廖小军:《论中国农民与土地的关系及解决当前失地农民问题的对策》,博士学位论文,福建师范大学,2005 年。
14. 刘成玉:"对农村土地流转几个理论问题的认识",《农业经济问题》2010 年第 10 期。
15. 刘清芝:"美国、日本、韩国应对人口老龄化的经验及其启示",《西北人口》2009 年第 4 期。
16. 刘永湘:《中国农村土地产权制度创新论》,博士学位论文,四川大学,2003 年。
17. 罗玉辉、林龙飞、侯亚景:"集体所有制下中国农村土地流转模式的新设想",《中国农村观察》2016 年第 4 期。
18. 吕军书:"三权分置制度下农村流转失约风险的防范机制研究",《理论与改革》2017 年第 6 期。
19. 马轶群、任媛:"中国人口老龄化冲击下出生率变动的经济效果",《人口与经济》2017 年第 2 期。
20. 梅琳:《我国农村土地流转模式研究》,博士学位论文,福建师范大学,2011 年。
21. 穆光宗:"美国应对人口老龄化的政策启示",《中国社会保障》2011 年第 11 期。
22. 潘希迁:"日本农业劳动力人口老龄化的对策及对中国的启示",《世界农业》2018 年第 1 期。
23. 彭希哲、胡湛:"公共政策视角下的中国人口老龄化",《中国社会科学》2011 年第 3 期。
24. 全国老龄工作委员会办公室:"国家应对人口老龄化战略研究总报告",《老龄科学研究》2015 年第 3 期。
25. 宋斌文:"农村劳动力转移对农村老龄化的影响及其对策建议",《公共管理学报》2004 年第 2 期。
26. 陶涛、杨凡:“计划生育政策的人口效应”,《人口研究》2011 年第 1 期。
27. 王梦莹:“人口老龄化背景下的农村土地流转与农民养老研究”,《湖北农业科学》2017 年第 23 期。
28. 王银梅、刘语潇:“从社会保障角度看我国农村土地流转”,《宏观经济研究》2009 年第 11 期。
29. 王颖、孙梦珍:“鼓励生育的政策及其效果”,《浙江大学学报》2017 年第 9 期。
30. 王志宝、孙铁山、李国平:“近 20 年来中国人口老龄化区域差异及其演化”,《人口研究》2013 年第 1 期。
31. 邬沧萍、王琳、苗瑞凤:“中国特色的人口老龄化过程、前景和对策”,《人口研究》2004 年第 1 期。
32. 谢安:“我国农村老龄化趋势及新型养老保险体制的建立”,《中央财经大学学报》2009 年第 9 期。
33. 徐志刚、宁可、钟甫宁、纪月清:“新农保与农地转出:制度性养老能替代土地养老吗?——基于家庭人口结构和流动性约束的视角”,《管理世界》2018 年第 5 期。
34. 杨清哲:《人口老龄化背景下中国农村老年人养老保障问题研究》,博士学位论文,吉林大学,2013 年。
35. 袁蓓:《人口老龄化对中国经济增长的影响》,博士学位论文,武汉大学,2010 年。
36. 袁俊、吴殿廷、吴铮争:“中国农村人口老龄化的空间差异及其影响因素分析”,《中国人口科学》2007 年第 3 期。
37. 袁唯:《农村人口老龄化带来的问题与对策研究》,硕士学位论文,渤海大学,2017 年。
38. 曾毅:“中国人口老龄化的‘二高三大’特征及对策探讨”,《人口与经济》2001 年第 5 期。
39. 战歌:“中国农村人口老龄化趋势及其对养老保障制度的挑战”,博士学位论文,中国社会科学院研究生院,2016 年。
40. 张春光:“农村老龄化加剧的机理分析与风险防范”,《农村经济》2017 年第 1 期。
41. 张克俊:“农村土地‘三权分置’制度的实施难题与破解路径”,《中州学刊》2016 年第 11 期。
42. 张双双:《中国人口老龄化对经济增长的影响因素》,硕士学位论文,山东大学，2017 年。
43. 赵福军、吕紫剑、董丹丹："日本应对人口老龄化的政策体系及借鉴启示"，《发展研究》2017 年第 6 期。
44. 赵洪丹、朱显平："农村金融、财政支农与农村经济发展"，《当代经济科学》2015 年第 5 期。
45. 郑伟、林山君、陈凯："中国人口老龄化的特征趋势及对经济增长的潜在影响"，《数量经济技术经济研究》2014 年第 8 期。
46. 中国人口与发展研究中心课题组："中国人口老龄化战略研究"，《经济研究参考》2011 年第 34 期。
47. 周长洪："经济社会发展与生育率变动关系的量化分析"，《人口研究》2015 年第 3 期。
48. 周福林："人口流动对家庭结构影响的统计研究"，《西北人口》2016 年第 3 期。
49. 周跃峰、刘敏："对我国农村养老模式的探讨"，《改革与战略》2010 年第 3 期。
50. 朱玉龙：《中国农村土地流转问题研究》，博士学位论文，中国社会科学院研究生院，2017 年。
51. Uhlenberg, P., "Population Aging and Social Policy", *Annual Review of Sociology*, vol. 18, 1992.
52. United Nations, Population Aging Report, 2009.

（周小全，民生证券股份有限公司；白江涛，同济大学经管学院；
葛广晟，上海财经大学公共经济与管理学院）

蕲春县农村社会化养老模式探索

——蕲春调查报告

赵少莲　童光毅　王军礼　刘　璐

一、引言

我国在2000年有60岁以上人口1.3亿人，占总人口的10.2%，65岁以上老年人口8 821万人，占总人口的6.96%；截至2016年年底，60岁以上人口有2.3亿人，占总人口的16.7%，65岁以上老年人已达15 003万人，占总人口的10.9%。[1]依据1956年联合国发布的《人口老龄化及其社会经济后

〔1〕 数据来源于国家统计局网站 http://data.stats.gov.cn/easyquery.htm?cn=C01。

果》和1982年维也纳老龄问题世界大会对人口老龄化的划分标准，我国2000年已进入老龄化时期，到2016年已然属于严重老龄化阶段。预计在2025年和2035年将进入深度老龄化阶段和超级深度老龄化社会，甚至到2050年我国将有接近5亿60岁以上的老人，占中国人数的三分之一还要多，占全世界老年人的四分之一。显然，我国在21世纪将面临人口老龄化问题的巨大挑战。由于我国实施特定的计划生育政策扭曲了人的自然生育过程，从而加剧破坏了我国的人口自然结构，导致了我国人口老龄化发展的独特进程，即在相当短的时期内老龄人口剧增，这将对经济社会发展的各个领域产生深远的影响，若不能妥善处理我国老龄化问题，将会给我国带来诸如劳动力极度短缺、养老资源极度匮乏等巨大灾难。

十九大报告中明确提出，“幼有所育、学有所教、劳有所得、病有所医、老有所养、住有所居、弱有所扶。按照兜底线、织密网、建机制的要求，全面建成覆盖全民、城乡统筹、权责清晰、保障适度、可持续的多层次社会保障体系。”同时，十九大关于人民健康的论断给予养老模式新的启示。要支持社会办医，发展健康产业；积极应对人口老龄化，构建养老、孝老、敬老政策体系和社会环境，推进医养结合，加快老龄事业和养老产业的发展。

由于我国农村人口众多，农民收入又比较低，农村养老更是重中之重。本文以湖北省黄冈市蕲春县为例，探索蕲春农村社会化养老道路，即以政府扶持和产业化运作的社会化养老为主体的模式。

二、蕲春人文地理和人口结构现状

（一）蕲春人文地理文化

蕲春地处长江中游北岸，大别山南麓，版图面积2 398平方公里，辖15个乡镇办、2个省级开发区和1个国家级湿地公园，总人口103万人，属于武汉城市圈、大别山试验区和中部城市群，是长江经济带的重要组成部分。蕲春发展中医药健康产业具有得天独厚的自然资源禀赋和历史人文优势。一是历史悠久。蕲春自公元前201年建县，至今已有2 200多年的历史，古称“上等蕲州”，是鄂东的药材中心。南宋著名诗人陆游曾记录蕲州药市“四十里长街，药铺繁错，商贾云集，蜀舟泊岸甚众”的繁华景象。二是文化厚重。千百年来，荆楚文化、医药文化、宗教文化在这里相互融合，中医药文化整体、辨证、“治未病”的思想精髓，在这里得到传承和发扬。长期的文化积淀，形成蕲春“路人皆懂医，指草皆为药”和“千门万户悬菖艾，出城十里闻药香”的文化景象。诞生了明代伟大医药学家李时珍，他撰写的《本草纲目》被誉为“东方医药巨典”和“中国古代的百科全书”，进入联合国非物质文化遗产《世界记忆名录》。蕲春崇文重教，被誉为全国“教授县”。三是资源丰富。《本草纲目》所记载的1892种药物中，蕲春县境内生长有千余种，是名副其实的华中药库。四是生态宜居。蕲春处在神奇的北纬30度线上，境内高山峻岭浑然天成，江河湖库星罗棋布，气候宜人，加之蕲春是传统的中医药文化之乡，保健、养生自成体系。

（二）蕲春人口结构现状及发展趋势

截至2017年年底，蕲春县总人口1 010 206人，其中乡村人口794 576人，居住农村人口为601 885人，城镇人口215 630人，男性居民人口是533 529人，女性居民人口为476 677人。60岁以上老年人有16.2万人，占全县总人口的15.7%；其中空巢老人4.2万人，农村留守老人2.9万人，农村五保对象6 569人，100岁老人31人，80岁高龄老人1.67万人。中小学人数总数为107 384人，中学人数44 139，小学人数63 245，每年进入学校学习的有万余人。由表1可知，解放前蕲春人口是年轻化的（可能是由于抗日战争、解放战争，疾病、食物短缺等造成的人过早死去）。解放后，青少年人数剧增，1982年60岁及以下人口比例达到93.2%，但是，从1990

年到2000年65岁以上人口占比由5.2%激增到5.7%，60岁以上的人口也明显增长，占比超过了10%，有资料表明蕲春早在1998年就进入了人口老龄化社会[1]。2010年60岁以上的人口占比达到了15.7%，在2017年更是达到了16%，不过更加年轻的人口有所增长，占比由2010年的19%增加到2017年的20%。但是由于蕲春大龄人口基数比较大，未来一段时间的老龄化趋势还会进一步加剧。

表1　蕲春县代表性年份人口结构数据

年份	总人口	0—15岁	15—60岁	60岁以上
1947	591 432	173 861（29.5%）	376 250（63.6%）	41 321（6.9%）
1964	530 215	207 606（39.1%）	298 939（56.4%）	23 670（4.5%）
1982	743 948	266 539（35.8%）	427 306（57.4%）	50 103（6.8%）
年份	总人口	0—14岁	15—64岁	65岁以上
1990	858 473	262 164（30.5%）	552 637（64.3%）	43 672（5.2%）
2000	949 478	262 969（27.7%）	633 350（66.7%）	53 159（5.6%）
年份	总人口	0—14岁	15—59岁	60岁以上
2010	727 805	138 589（19%）	478 748（65.7%）	11 048（15.7%）
2017	1 010 200	201 710（20%）	645 114（64%）	163 376（16%）

注：1. 数据来源：蕲春县县志和蕲春县统计局统计报表。
2. 2010年数据是常住人口数据。
3. 由于统计规则的不一致性，本表选择的统计年份显得不统一，但是不影响说明人口结构的演变规律。

近几年来，由于外出打工的年轻人（每年大约30万人）定居城市，以及崇学重教的历史传统使得上大学的人数激增而脱离蕲春到

[1] 蕲春统计报表信息数据显示。

大城市工作等(由表2可知),导致了蕲春年轻一代脱离蕲春,进而蕲春人口老龄化更加明显,呈现出速度快、规模大的趋势。

表2 蕲春县2007—2017年在校学生与考入大学学生人数

年份	在校学生人数	考入大学人数	学生占比	大学生占比
2007	131 114	5 043	13.37%	3.84%
2008	127 910	5 949	13.02%	4.65%
2009	122 462	5 899	12.35%	4.81%
2010	116 574	5 934	11.42%	5.10%
2011	100 841	5 788	10.05%	5.74%
2012	83 936	5 283	8.30%	6.29%
2013	78 695	5 204	7.73%	6.61%
2014	79 374	5 308	7.77%	6.68%
2015	83 075	5 540	8.08%	6.67%
2016	87 472	3 702	8.59%	4.23%
2017	90 937	3 011	9.00%	3.31%

数据来源:根据蕲春县教育局数据整理。

由表3可知,蕲春农民主要所从事的第一产业的产值逐年下降(由1990年的47.6%降到2017年的21.3%)等原因导致了农民收入来源受限,与城市居民收入差距持续拉大,特别是在2010年,农民收入占常住人均收入的34.3%,2015年才达到41.5%,到2017年达到42%,虽有一定改观但微不足道,导致了蕲春农民"未富先老"的发展态势。

表3 蕲春县代表性年份经济发展水平和农民收入水平数据

年份	户籍人口(万人)	GDP(亿元)	第一产业(亿元)	常住人均GDP(元)	农民纯收入(元)
1990	86.37	8.40	4.00 (47.6%)	972.2	29 (54.4%)
1995	91.63	16.63	8.93 (54.7%)	1 815	1 075 (59.2%)
2000	95.40	31.9	9.97 (31.3%)	3 344.3	2 196 (65.7%)

（续表）

年份	户籍人口（万人）	GDP（亿元）	第一产业（亿元）	常住人均 GDP(元)	农民纯收入(元)
2005	97.12	44.31	11.45（25.8%）	5 687	2 654（46.7%）
2010	102.04	101.35	26.42（26.0%）	12 031	4 123（34.3%）
2015	102.82	193.50	44.54（23.0%）	24 916	10 341（41.5%）
2017	101.02	229.97	49.06（21.3%）	29 445	12 375（42.0%）

注:1. 数据来源于蕲春县统计局资料。

2. 2015 和 2017 年农民收入数据是农村常住居民可支配收入。第四列和第六列中的百分比分别表示第一产业占 GDP 的比重和农民收入占常住人均 GDP 的比重。

总之,蕲春人口老龄化有进一步严重的趋势,特别是农村居民老龄化更为严重,“未富先老”是其明显特征。如何能够解决农村居民老龄化问题显得至关重要。

三、蕲春养老模式探索

近年来蕲春县把解决农村老有所养问题作为精准扶贫、美丽乡村建设的重要内容,立足本县实际,立足长远谋划,突出重点,破解难题,积极创新养老模式,进行了一些有益的探索和尝试,初步形成了具有蕲春特色的以县乡福利院为支撑、以农村幸福院和日间照料中心为依托、以民办养老机构为补充的养老服务体系,取得了比较明显的效果。

（一）人口老龄化主体分析

农村居民老龄化群体一般可以分为空巢老人和传统居家老人两大类,其中空巢老人又可细分为五保老人、有子女分开居住的老人和有子女在外地生活或工作的老人，传统居家老人也可分为有家人照顾的老人、家人无能力照顾的老人和有能力照顾家人的老人。关于五保老人进入养老院或敬老院是社会上公认的，但对于有子女的空巢老人到养老机构养老，世俗观念不是一时可以消除的，导致这两类老人在生理机能急速下滑的情况下，还要在心理上承受巨大压力，“有无儿女都一样”，更甚的是，“认为被儿女抛弃”等。有家人照顾的老人和有能力照顾家人的老人居家享受天伦之乐是最好的选择，家人无能力照顾的居家老人一般适合聘请保姆等专业人员到家养老，由于专业到家养老的经济要求较高，到社会养老机构也是备选的。社会养老是未来的发展方向。

（二）破传统观念树立新思想

蕲春养老举措也面临着一些棘手问题。一是失能半失能老人多。蕲春失能半失能老年人约 3 000 人，该群体需要政府供养或专门护理，但蕲春政府可利用的养老资源有限。二是老年人健康状况堪忧。老年人患病率高、患病种类多，且大多数为患病时间长、并发症多、治疗难度高的慢性病，与蕲春现有医院床位不足和医生短缺相矛盾。三是家庭照顾功能弱化。通过各种途径在外地或者城市安家立业的中壮年人口的父母还留在蕲春养老（该部分群体适应蕲春的生活习惯，不习惯走出蕲春养老）。每年蕲春有 30 余万年轻人外出务工，照顾老人的家庭成员相对减少；年轻人对老人生活方面的照顾和精神上的慰藉越来越少，而且缺乏完善的家庭护理条件，各种形式的老年大学或活动中心难以满足老年人的心理需求。四是未富先老决定了大多数人选择养老服务模式的单一化。普通养老机构无法满足老年人的就医需求，失能半失能老人、患有慢性病老人需要长期护理和医药治疗。总之，蕲春养老必须要创新，传统居家养老模式不能有效地解决蕲春养老问题。

第一，对社会养老的传统观念要破除，到养老院不是儿女不孝顺，不是去“送死”，更不是人间“地狱”，而是现阶段的一种生活方式，养老院是享受人人平等的平台，是“大爱”即走出小家庭融入社会大家庭，是“博爱”即没有等级、没有差异和没有特权的爱。儿女要意识到不是对父母的遗弃，不是不孝顺，也不是社会无情，而是社会提供的一条有效的养老途径。

第二，对社会养老的新观念要树立起来。社会养老机构是专业化的机构，能够妥善处理老人身体机能弱化的问题，合理搭配老人们的餐饮和规划适度身体锻炼计划等；养老机构一般都有自己的医务室和专业医生，老人们可以及时享受到专业诊断和医疗等；养老机构一般与公益组织合作，可以给老人们带来丰富多彩的业余生活，同时，养老机构也会组织各种类型的活动；养老机构也会通过各种方式实现探视制度等。养老机构是老人的幸福天堂，追求幸福的新起点。

要破除对传统敬老院的观念，养老机构不是五保老人的专属，要重新认识社会养老是对传统居家养老的替代，不是亲情不在，而是大爱才来。

（三）建立养老新体系

坚持政府主导，高位推进。蕲春县委、县政府高度重视养老服务体系建设工作，把养老服务体系建设列入重要议事日程，纳入经济社会发展规划，先后出台了《蕲春县关于进一步加强老龄工作的实施意见》、《蕲春县加快发展城乡社区居家养老服务的意见》和《蕲春县民政事业发展“十三五”规划》等政策性文件。县政府成立分管县长为组长、各有关部门主要负责人为成员的工作专班。全县动员、全民参与，形成了“政府主导、部门主抓、协调联动、分头推进”的务实工作机制。坚持模式创新，分类建设，结合蕲春实际，因地制宜，探索了四种模式并形成了一套完整的养老体系。

一是以机构养老为支撑，实行全托养老。自 2010 年以来，蕲春加大政府投入,每年组织资金 1 000 万元以上支持县乡镇福利院建设,较好地改善了五保供养环境,提高了养老服务水平。蕲春已建乡镇福利院 17 所,集中供养五保老人 1 120 人、城镇“三无”对象 110 人。如横车镇福利院利用设备完善、功能齐全、环境舒适的优势,重点解决了城乡“三无”人员、失能半失能老人、农村孤儿和集中供养五保老人的养老服务需求,对农村五保和孤儿,实行吃、穿、住、行、医全托式服务,充分发挥了公办养老机构的托底作用。

二是以社区和农村养老为依托,推行抱团养老。针对农村空巢老人、留守老人多,农村分散供养的五保老人不愿入住福利院的实际,采取中心村建立社区农村老年人日间照料中心或多村联建农村幸福院的办法,实行入住老人集中居住、独立生活、相互帮助、抱团养老。蕲春已建社区农村老年人日间照料中心 120 家、农村幸福院 89 所。如夏漕日间照料中心投资 300 余万元,近 1 000 平方米,各种设备齐全,是一个集老人休闲、娱乐、养生健身于一体的多功能活动中心,发挥老年协会作用,组织开展邻里互助、志愿服务,满足了老年人日间照料、文体娱乐、精神慰藉等各种养老服务需求。再如青石镇大屋幸福新村,利用国家招商集团对口扶贫的契机,新建大屋村幸福院,安置附近 6 个村、78 户老人,该点成为全省易地搬迁样板点。

三是以民办养老院为补充,探索医养融合。蕲春合理配置资源,积极引进社会资本投身到“医养融合”服务上来,大力发展和支持社会力量兴办养老机构。漕河镇枫树林社区的夕阳红养老服务中心,占地面积 50 亩,计划投资约 1 亿元,可接纳 1 000 名老人入住,是集养老、康复、养生、娱乐为一体的综合性养老中心,是蕲春规模最大、标准最高、功能齐全的养老机构。同时,充分利用现有医疗卫生资源,将部分医院转型为“医养融合”服务机构,进行资源整合。在官窑镇南征医院实施医养结合模式试点,由医院“托管”养老院,全面推行养老机构和医疗机构协作服务,以满足老年人多层次、多元化的需求。

四是以社会养老为引领,打造综合性养老服务体系。蕲春有效对接精准扶贫政策,整合资源,全面推进农村五保对象易地扶贫搬迁和危房改造工程,建设社会养老服务中心,打造高质量、高品位的社会养老服务。全县规划建设养老床位 2 743 张,其中已规划建设 300 个以上床位的养老服务中心 2 个和 100—200 个以上床位的养老服务中心 8 个。如蕲春福岗镇养老服务中心设计养老床位 412 个,内设医疗室、活动室、餐厅、服务大厅等配套工程设施,是一个交通便利、环境优美、功能齐全、宜居宜业的综合型养老服务中心,大力提升了蕲春养老服务水平。

(四) 融通社会养老资本

全民养老的持续资金来源少。蕲春农村人口众多,老龄化程度严重,有效收入口径窄。故应该多元化、多渠道为蕲春社会养老融资。争取政策扶持,加大投入。首先,向上争,积极争取省民政厅项目资金,每年投入 1 000 多万元,按照标准化要求,新建、改造、提档升级一部分乡村养老服务机构。其次,政府筹,重点做到“三个结合”:结合精准扶贫易地搬迁项目,将五保户危房纳入统一建设规划,每户补助资金 5.7 万元;结合倒房恢复重建工作,将农村五保户因灾倒房恢复重建资金与农村幸福院进行统一建设,每户补助资金 4 万元;结合五保户危房改造工程,争取住房与建设部门的政策资金,每户给予 1 万元扶持。第三,社会引,采取政府购买服务、加大资金补助、提供服务场所等优惠扶持政策,引导和鼓励社会资本参与养老服务,有效解决蕲春养老服务建设资金不足的难题。第四,自身创,支持各养老服务机构发展自办经济,鼓励有条件的地方提供必要生产用地,提高养老服务机构造血功能。最后,民政补,在福彩公益金中每年拿出 300 万元,对新建的乡镇福利院和农村幸福院给予奖补,并为每个房间标配一张床、一张桌子、一个衣柜、一套生活用品、一台电视机的五个一，全力打造农村养老服务品牌。

四、蕲春养老未来发展路径依赖与策略

政府扶持和产业化运作的社会化养老体制是蕲春未来最为有效的养老模式之一，配合以公益养老、实施人文关怀，为蕲春养老服务事业做出贡献。具体策略如下：

首先，社会养老机构或企业必须坚持规范管理，提供优质养老服务。具体做法是：第一，落实主体，建立乡村两级责任制，将养老服务体系建设纳入乡镇班子实绩考核，明确乡镇或村委会是组织管理的主体，每个养老机构选聘一名管理人员。第二，健全制度，完善安全、卫生和入住退出等制度，建立长效管理机制。坚持院务公开、民主管理，开展院民学习、劳动、卫生、评议等 8 项活动。结合各自特长，建立互助小组，形成自我管理、自我服务、相互帮助的幸福“小家庭”。第三，强化管理，成立村级养老服务互助协会，多种方式开展互助养老活动，指导做好养老服务机构日常运行管理。在全县养老服务机构统一组织开展“五抓五创”评星授星活动，每季度开展检查评比，评比结果与年度评先表彰、物质奖励挂钩。第四，人文关怀，大力号召青年志愿者协会、三老艺术团等组织，在每年的雷锋活动日、重阳节等特殊日子里，深入到全县养老服务机构开展志愿者服务活动。同时注重老年人医疗保健，组织他们定期到医院体检，建立健康档案。

其次，挖掘融合机制，大力开展医养结合养老模式。2018 年的政府工作报告中提出支持中医药事业传承创新发展和鼓励中西医结合。我国的中医历史积淀非常雄厚。古代中医先贤早已认识到“治未病”的重要性。《素问·上古天真论篇》给出“法于阴阳，和于术数，饮食有节，起居有常，不妄作劳”的养生原则。《素问·四气调神大论》提出，“圣人不治已病治未病，不治已乱治未乱。”也就是

说,“治未病”包含“未病预防”、“已病防乱”、“乱而防变”等多重含义,体现了古人朴素的健康意识,对发展大健康产业具有启迪作用。传统中医药讲究“药食同源”,注重治防并举、养疗结合。另外,许多传统中药产品代代相传、深入人心,只要继续健全和完善中药种植、研发、质控、管理等体系,中药企业就可以实现跨业发展,逐步向日化、保健、健康评估等相关行业延伸,形成新的复合型产业,进而以“医养结合”的方式服务于现代养老。

以湖北省民政厅将蕲春列为农村幸福院建设试点县为契机,蕲春应充分利用现有医疗资源,将部分医院转型为“医养结合”服务机构,进行资源整合,积极开展医养结合模式试点,建立医养结合养老服务机构,由医院“托管”养老院,全面推行养老机构和医疗机构协作服务,以满足老年人多层次、多元化需求。

最后,打造“蕲艾”产业链运作,培育健康养老龙头机构或企业。基于蕲春是医圣故里、王府圣地、教授名县、中国艾都,历届县委、县政府致力于开发李时珍人文品牌,在医药、医养、医疗等方面进行积极探索,形成了一二三产业全面布局、大健康产业“六位一体”的发展格局。“从艾出发”,由农村老年人出让土地等资源,种植蕲艾,再由健康养老龙头机构或企业加工生产“艾产品”,然后由企业搭建电商平台,再由有条件的老人或家人参与到电商中去,实现养老链条产业化运作。虽然养老产业仍处于发展初期,行业集中度低,企业众多但缺少龙头企业,商业模式也不成熟,并且存在着诸多问题,但同时也是蕲春打造一批蕲春县、黄冈市和湖北省甚至是全国范围内的健康养老龙头企业,以“蕲艾”产业来实现养老产业可持续发展的最佳时机。

总之,应以社会养老、医养结合为引领,打造多元性的养老服务体系,满足老人的生活需求,提供医疗保健、心理疏导、体育健身、文化教育和法律咨询等服务。推进养老转型,吸引社会力量进入养老产业,实施医养结合策略。同时应以蕲艾产业为支柱产业发展蕲春养老产业。“蕲艾”产业养老不仅能够有效破解蕲春养老难题，而且也能为中国养老事业贡献一份力量。

参考文献

1. 班涛：“社区主导、多元主体协同参与：转型期农村居家养老模式的路径探讨与完善对策”，《农村经济》2017 年第 5 期。
2. 范国斌、于翠婷、鲁万波：“养老模式及其不平等对农村老年人健康的影响分析”，《农业技术经济》2018 年第 1 期。
3. 付诚、韩佳均：“医养结合养老服务业发展对策研究”，《经济纵横》2018 年第 1 期。
4. 陆杰华、张莉：“中国老年人的照料需求模式及其影响因素研究——基于中国老年社会追踪调查数据的验证”，《人口学刊》2018 年第 2 期。
5. 秦立建、童莹：“医养结合养老模式的支付意愿影响因素研究”，《统计与信息论坛》2017 年第 9 期。
6. 苏昌贵、魏晓、刘雨婧等：“产业融合视域下健康养老产业发展研究——以郴州市为例”，《经济地理》2018 年第 1 期。
7. 王成利：“医养融合养老：供给途径、实践困境与政府责任——基于公共产品理论的视角”，《东岳论丛》2017 年第 10 期。
8. 王明华、刘珍、李楠竹：“中国养老产业发展走势总体判断及政策导向”，《财经问题研究》2017 年第 4 期。
9. 巫德富、黄宏纯、王洪元：“基于产业融合视角下的养老地产发展动力机制及模式研究——以广西南宁为例”，《改革与战略》2014 年第 11 期。
10. 杨建海：“三权分置背景下土地养老的信托模式研究”，《中国软科学》2018 年第 2 期。

（赵少莲，蕲春县县委；童光毅，国家能源局电力安全监管司；
王军礼，北京大学能源经济与可持续发展研究中心；
刘璐，首都师范大学数学科学学院）

人口老龄化背景下的终身教育——以湖北省潜江市为例

蒋 承 郑玉洁

一、研究背景

（一）中国人口老龄化现状与趋势

近年来,人口结构的老龄化问题受到各国政府普遍关注。人口老龄化是指在特定时空条件下,高龄人口占总人口比例持续上升的趋势。根据世界卫生组织的定义,国际上通常认为 60 岁以上的人口占总人口比例达到 10%,或 65 岁以上人口占总人口比例达到 7% 时,即达到“老龄化”的门槛;当 65 岁以上人口占总人口比例达到 14%,则进入

“老龄”社会;该比例若达到21%,则意味着进入“超高龄”社会。2000年,我国65岁及以上的老年人口为0.88亿,占总人口的比重为6.96%,已达到“老龄化”的门槛。受1953—1957年和1962—1973年两次生育高潮的影响,大量人口在2013—2017年和2022—2033年陆续达到60岁,到2014年年底,65岁及以上人口的数量达到了1.38亿,占总人口的比重上升到10.06%。而第二次人口生育高潮的惯性作用,引起1985—1991年左右的第三次人口出生高潮,这一时期出生的人口将在2045—2050年前后进入老年期,到2040年前后,我国65岁以上老年人占总人口的比重将超过20%,到2050年这一比重将继续加大,达到20%—24%,从而导致老年人口和老龄化水平达到峰值。特别是伴随着总人口的减少,老年人口的比重将持续处于高位,直到2100年,60岁以上老年人口占总人口的比重仍将超过30%。学者关于未来我国人口数量与结构的预测,总体趋势一致,并且对具体的老龄化程度预测差异也不大,可见人口老龄化将伴随着21世纪始终,就目前来说,中国既是世界上老年人口数量最多的国家,也是人口老龄化发展速度最快的国家之一,我国的人口老龄化现象已较为严峻。

(二)终身学习型社会建设的提出

老年人口数量的不断增长导致我国人口老龄化形势越来越严峻,逐年上涨的老年人口数量导致我国社会人口结构趋于失调,给我国社会经济、文化以及现代化建设等方面造成较大影响。人口老龄化快速发展这一事实,在客观上要求政府规划并大力推进老年教育事业的发展,以服务于国家的人口老龄化战略和终身学习型社会建设。在老龄化社会大舞台上,终身教育有了较大的发展潜力和用武之地。本世纪初《中共中央、国务院关于加强老龄工作的决定》中就指出:“老龄化问题涉及政治、经济、文化和社会生活等诸多领域,是关系国计民生和国家长治久安的一个重大社会问题。”在《国务院办公厅关于印发老年教育发展规划(2016—2020 年)的通知》中又明确指出:“老年人是国家和社会的宝贵财富。老年教育是我国教育事业和老龄事业的重要组成部分。发展老年教育,是积极应对人口老龄化、实现教育现代化、建设学习型社会的重要举措,是满足老年人多样化学习需求、提升老年人生活品质、促进社会和谐的必然要求。”重申了“加快学习型社会建设,发展老年教育”的战略决策。习近平总书记对加强老龄工作作出重要指示强调,有效应对我国人口老龄化,事关国家发展全局,事关亿万百姓福祉。要立足当前、着眼长远,加强顶层设计,完善生育、就业、养老等重大政策和制度,做到及时应对、科学应对、综合应对。李克强总理也作出批示指出,要围绕科学应对人口老龄化问题,结合“十三五”规划编制实施,抓紧研究提出相关政策建议,并注重可操作性。上述论述为应对人口老龄化的顶层设计明确了方向。如何积极应对我国人口老龄化挑战,对现实及未来潜在高龄人力资源进行合理有效的分类与开发,是教育界当前亟需思考的问题。

二、老龄化给终身教育带来的机遇与挑战

(一) 终身教育理念

终身教育理念是基于传统教育体系提出的。在传统的教育体系中,如小学、中学、大学教育,承担了一部分人群的教育和人才培养工作,然而一些人由于各种原因,无法进入这些学校学习;在此基础上提出终身教育的理念,目的是为了让游离于传统学校教育之外的人也能得到再学习的机会,作为终身教育的重要组成部分,老年教育在人口老龄化现象极为严峻的形势下,显得尤为重要。由此可见,老年教育是终身教育体系的一部分,老年教育的实施,有利于提高老年人整体素质,对于创建和谐社会、实现健康老龄化以及开发老年人力资源、构建终身教育体系有重要作用。

(二)终身教育与老年人才资源开发

人才资源是一个国家或地区具有较强的管理能力、研究能力、创造能力和专门技术能力的人们的总称,强调人力资源的质量方面。老年人才资源指人才资源中达到或超过法定劳动年龄的人才的总和,或者是进入离退休阶段的高素质老年人群。人才资源包含于人力资源中,是具有较高的知识能力水平的那部分人力资源,因此,在开发方面二者也有一些不同。人力资源开发是指为了保证工作人员拥有与工作岗位相匹配的知识和技能,在此基础上进一步提高工作绩效,同时也包含员工得以不断发展的一系列政策方法和程序等。人才资源的开发主要是人的知识智力资源的开发,是能力的培养和素质的提高。本文的老年人才开发主要涉及两个方面的要素。一是量的开发。通过终身教育能对大量闲置的老年人才进行系统发掘,使得老年人才与社会发展的需求相匹配。二是质的提高,对正在发挥作用的老年人才,依据个人特点和所从事岗位的具体需求,制订有针对性的培养计划,使其更好地从事当前或今后的工作。

同世界上许多国家相比,我国目前退休年龄政策相对比较低。伴随着人均预期寿命的不断延长,目前我国退休人员退休后的平均余命在15—20年左右,甚至更长。这些退休人员往往经过数十年的经验积累,大都掌握了较为丰富的技术、管理等方面的经验,而且随着生活水平的提高和医疗技术的进步,这些人员在退休后的很长一段时间内依然处于非常健康的状态,具备继续从事相应学习和工作的可能性。这一方面可以为步入身体衰弱的时期积累更多的财富,而且还可以通过进入学习生活和工作状态减少退休时间过早带来的寂寞、无聊的心理,从而有助于其保持良好的心态和健康的身体,另一方面,通过终身教育开发老年人力资源不仅可以提供经验丰富的劳动力资源,提高劳动生产率,而且还可以有效缓解我国劳动力供给下降的趋势，形成二次人口红利，从而促进经济发展。

因此，我国势必在此基础上认识到老年教育对老龄化社会的重要性和必要性，大力发展老年教育，进而促进终身教育体系发展，通过老年教育对提高老年人素质、实现健康老龄化的重要作用，缓解人口老龄化给社会经济和现代化建设带来的发展压力。同时也要看到，人口老龄化社会和终身教育二者之间存在内在联系，一方面，终身教育对于提高老龄人口整体素质、促进社会协调发展、构建终身教育体系方面具有重要作用；另一方面，老龄化社会给老年教育以及整个终身教育的发展带来机遇和挑战，而如何满足快速增加的老年人口对于教育和学习服务的需求则成为现行教育系统的巨大挑战和全新任务。本文将以我国中部地区湖北省潜江市为实践考察地，深入了解当前我国中高龄人群学习需求的实际状况，并分析探讨该地目前终身教育发展面临的现实问题，提出可供借鉴的政策建议，为我国能够在未来通过终身教育充分释放老龄人才发展的新潜力提供可供参考的经验研究。

三、湖北省潜江市终身教育调研概况

（一）研究方法

本次调研目的主要是为了了解潜江市老年教育的现状与需求，在调研的基础上判明老年教育发展面临的问题，借鉴国内外老年教育的成功经验，就如何应对我国人口老龄化发展趋势、推进老年教育事业提出政策建议。同时，也是为了充分了解和把握中高龄人群的真实学习需求和学习偏好，有助于相关教育机构或课程规划人员向目标人群提供更为适切的学习环境和资源，满足其终身学习需求。

本研究的调查问卷内容包括：受试人群的基本信息（如居住地、教育状况、年龄、性别等），关于学习需求的五点量表，关于学习方式、渠道及机构选择偏好的五点量表。学习需求量表题项主要吸收和参考了世界卫生组织的积极老龄化理论与欧洲经济委员会确立的积极老龄化指标(UNECE,2015),同时辅以潜江市老干部活动中心和老年大学工作人员的定期观察及非正式访谈。

调研方法采用人口统计、文献法、问卷法、访谈法、案例法、比较分析法等方法。问卷发放对象是抽样地区潜江市的老年大学或社区老年学校的学员、部分高二学生志愿者、国企或民营企业45岁以上员工。调查者在有关机构的支持配合下,现场向被调查企业管理者说明电子问卷填写要求,由其在员工会议时组织完成填写。调查者在高中则是现场对学生志愿者宣讲问卷调查有关要求,由其周末回家对亲属开展问卷调查。针对老年大学高龄学员的具体情况,调查途径主要是:第一,亲临老年大学对学员进行访问和问卷填写,第二,通过电话沟通等形式来收集信息。

(二)潜江市老年人口现状与发展趋势

如图1所示,截至2017年年底,潜江市60岁及以上户籍老年人口共计20万人,占潜江市总人口比例为19.8%,远高于10%这一国际通行的人口老龄化标准,从2014年开始该市人口逐年下降(图2)。同期我国的老年人口占总人口的比例,全国为17.3%,潜江市的人口老龄化程度已经远高于全国平均水平(数据来源:潜江市公安局)。

2011—2017年,潜江市的老年人口在数量和占总人口比例方面的增加速度均十分显著。快速发展的人口老龄化带来了对老年教育的巨大需求,也预示着今后将出现一个更为庞大的老年教育需求群体。如图3所示,2011—2017年,潜江市各年龄组的户籍老年人口占总人口比例均呈逐年上升趋势,尤其是70岁及以上户籍老年人口占总人口比例的上升速度最为显著。

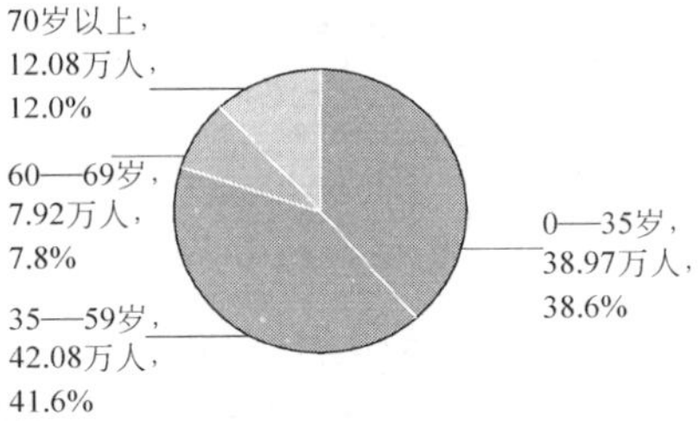

图 1　2017 年潜江市户籍老年人口年龄构成图

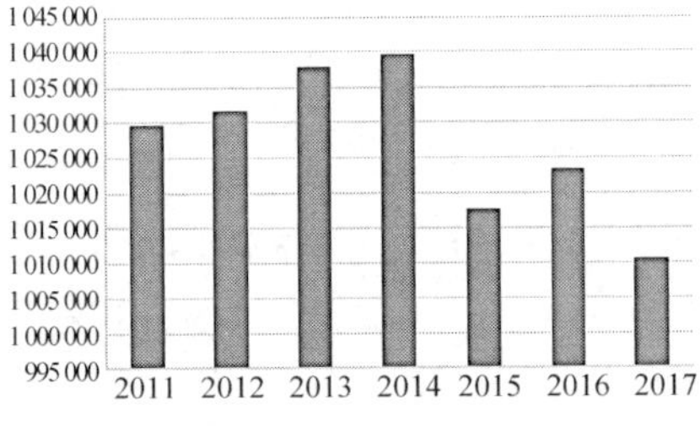

图 2　2011—2017 年潜江市户籍人口数量分布图

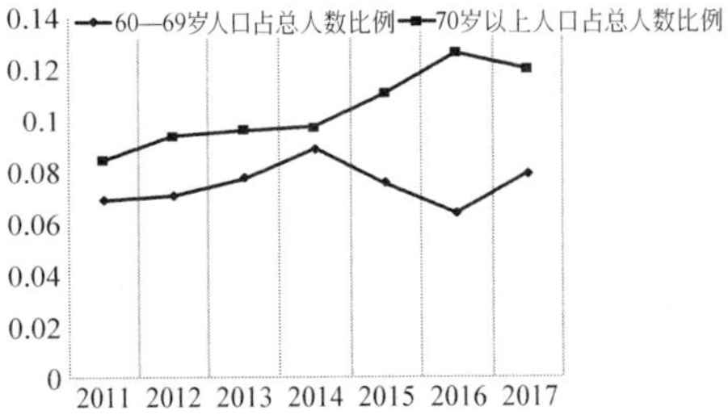

图 3　潜江市分年龄组户籍老年人口数量占总人口比例分布图

四、潜江市老年教育需求与现状调研结果

（一）潜江市老年大学办学现状

潜江市老年大学是由潜江市机构编制委员会批准成立的一所老年教育学校，为全额拨款事业单位，由市委组织部主管、市委老干

部局主办。按照市委、市政府对城市规划整体改造要求,潜江市刚刚建成了一所占地面积19.5亩,建筑面积8 466.34m^2的新老年大学,随着学校办学规模不断扩大,财政拨款也在不断增加。目前已进行独立法人登记,组织机构进一步健全。根据实际,学校建有各项规章管理制度,各项工作运行正常。学校按学年开展教学管理工作。从工作人员组织上来看,学校现有工作人员5名,两人为在职人员,两名为退休人员,一名为聘用人员。人员中,本科学历2人,专科学历3人。学校现有教师15人,全部为外聘人员。其中5人为城区中小学专业教师,10人为各协会会员或自由职业者。这15人中,中级职称3人,初级职称2人,还有10人无专业职称。就学员情况而言,学校现有学员514人,其中女学员402人,男学员112人,上课人数为860人次。根据调查情况,学员居住地以城区为主,也有临近城区及边远乡镇的。学员中女学员多集中在剪纸班、音乐班、舞蹈班、电子琴班、葫芦丝班,男学员多集中于诗词班、书法班、摄影班、绘画班。学员年龄主要集中在50至70岁年龄段,也存在高龄80岁的学员。学员入学前的身份多为机关、企事业单位退休人员,他们都有固定的收入来源,也有自由职业者,并且这一人数在不断增加,但目前来看增长幅度有限。

(二)潜江市老年教育需求及其特色内容

(1)调查对象基本情况

为了解老年教育需求的特色内容,我们针对潜江市老年大学校本部及从事老年教育的人员以及国企或民营企业45岁以上的职员(职业多为退休干部、教师、医生、工程师等)开展了访谈和问卷调查,共得到187份有效数据。调查对象以女性居多(约占67%),以45岁到69岁为主体,其中55—59岁最多(26.83%),75岁以上较少(5.37%)。已退休者占78%,未退休者占17%。仅不到5%的调查对象是小学及以下教育程度,大部分为高中(28.89%)及以上教育程度。在学习投入方面，更多的愿意每年投入 100—200 元（36%），愿意投入 100 元以下的占 30%，愿意投入 400 元以上的占不到 10%，其余对于学习费用投入不置可否，经过访谈绝大多数受访对象表示此项开支应当属于养老福利，应该由政府或者退休前单位承担。从健康状况看，绝大部分调查对象（占 75%）自认为健康状况一般或者还可以，自认为很好的占 18%，自认为不太好的不到 6%。

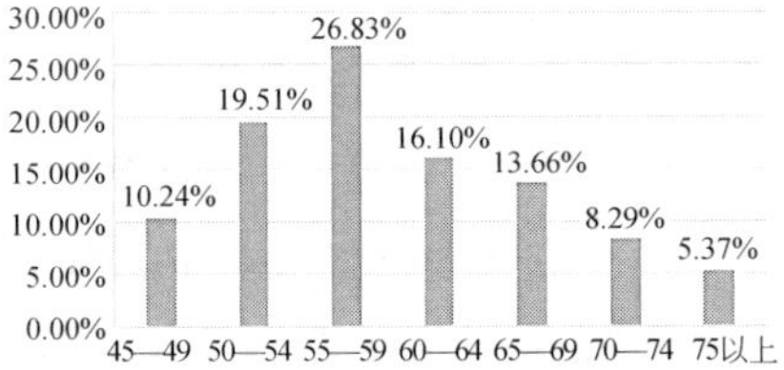

图 4　调查对象年龄分布

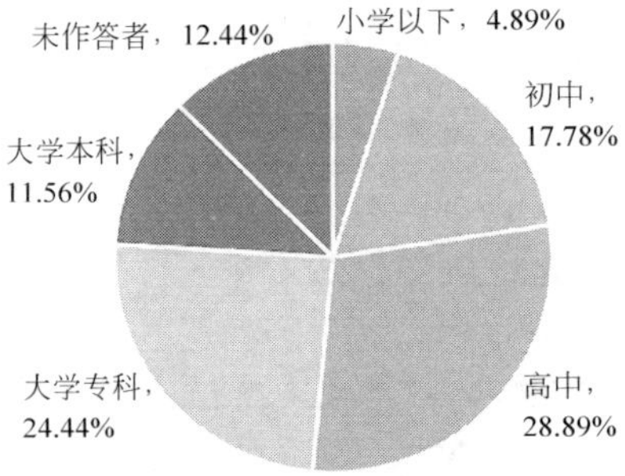

图 5　调查对象教育程度分布

（2）总体学习需求

首先，大部分老年人并没有太多的学历教育需求。当被询问到获得老年大学颁发的结业证书的重要程度时，82% 的受访人员表示最后的证书并不重要，不是其参加学校学习的主要原因。此外，在深入交流和访谈过程中，学员们表示，他们更为注重的是学习内容能够贴近其日常生活和兴趣爱好，可以看到这个群体比较强调学习的实用性价值。总体而言,调查对象对于安全、健康及参与三方面学习的需求程度不同,对于安全方面的学习需求均值最高(4.6),其次是与参与有关的学习需求(4.3),与健康有关的学习需求最低(4.1)。各题项中分值最高的是"识别并预防各种诈骗"(均值4.7),其次是"家里防火防盗的方法"(均值4.6)。这2项均值皆大于4.5,均属安全需求。可以看到,调查对象对于安全方面学习的重视程度更胜过健康,根据访谈得到的信息,近年来电信诈骗案件对老年群体的伤害较大,对诈骗防范预防知识的需求很高。参与方面需求程度相对较高的内容包括:学习照顾其他老年人的知识与方法(均值4.3),以及学习养育孙辈婴幼儿的知识与方法(均值4.6),对电脑、智能手机使用的个别辅导(4.2)。这与我国独生子女政策造成的人口结构失衡有关,调查对象主题是退休人群,他们一般处于照顾高龄父母和为子女照顾后代的阶段,并且随着信息化时代的加速到来,如何在智能手机上使用微信等网上聊天工具,如何通过收发邮件与子女或亲朋好友保持沟通联系等也开始成为老年群体的一个普遍学习诉求。而就目前来看,老年大学在娱乐性教学活动中做得较好,学员满意度比较高,而参与社会家庭事务的技能型课程和电子产品使用辅导服务则存在空缺。

(3)总体学习偏好

学员们表示,希望能就近参加面对面的教学活动,强调学习资源易于获得、教学内容易于学习。具体而言,调查对象偏好以娱乐和运动(如肢体运动、跳舞之类)为主的学习,二者均值皆大于3.7,以视觉(如观看电视、影片、图片等)为主的学习方式分值最低(均值3.4),调查对象在访谈过程中表示对电子屏幕不适感很强。从当前各种机构式老年教育的受欢迎程度看,调查对象普遍偏好当地老年大学等面向同龄人群的专门机构(均值4.1),而分值最低的是普通高校、职业院校、普通中小学校等正规教育机构(均值3.4)。综上可知,为老年人继续学习提供服务将成为发展老年教育的主要任务。绝大多数老年人都希望能够参与有益于提高生命质量、增强生活技能、丰富社会生活质量的相关学习，老年人参与的学习活动基本都具有公益性、非学历教育性，具有显著的多样化、实用性特征，并基本都具备就近方便、收费低、容易学、有成就感这四个特点。

五、潜江市老年教育模式下的问题分析和政策建议

总的来说，当前我国大体有三种老年教育形式：一是各级老年大学，是老干部局下属的参公事业单位或公益一类事业单位，主要面向广大离退休干部，也面向区域内的全体老年人，目前老年大学已经逐步延伸到有条件的社区层面，覆盖面广泛，涉及人数众多。二是单位办的老年大学，主要面向本单位退休人员，功能参照各级公办老年大学。三是民办老年大学，为了缓解公办老年大学入学难的问题，一些民办老年大学应运而生，但在实际的运营过程中，受到了各方面的阻力，目前在国内发展不是很好。潜江市采用的就是这三种模式中的第一种。并且正在由面向离退休干部层面开始逐步延伸到社区层面，无论是新建校址还是教职工的结构整改，都做出了有效的尝试，并且得到了当地人民的认可和支持，但这种公共供给必然是资源有限，无法满足人民对美好生活的需求的增长。综合来说，伴随人口老龄化而出现的大量老年人口对于教育的巨大需求与非常有限的现实教育资源、服务之间存在着巨大鸿沟，反映在很多方面，例如财政经费，主要用于工作人员的工资、所聘教师的薪酬、办公开支、教学设备的添置和更新以及学校活动的开展。2015年财政拨款14万元，2016年财政预算20万元。老年大学每年的财政拨款虽然均有增加，但增幅远不及办学规模的扩大所导致的开支增长的速度。学期末临近，学校各项开支已突破20万元。学校虽多方压缩开支，缩减活动，仍感到经费的紧张。教学资源上也仍然匮乏，教师中大学本科5人，大学专科1人，高中及以下9人，很多

教师从事老年教育时间不长,15 人中有 13 人教学经验不足 5 年,执教经验 10 年以上的仅有 1 人。要把国家为老年人口提供教育与学习服务的政策变成现实,真正促进老年人才资源的有效开发,还需要全社会付出巨大努力,需要多方参与到老年教育的建设和改进中来。综合国内外的实践经验,可以从以下几个方面来改善:

(1)从发展理念和功能上及时调整和转变

在我国人口结构老龄化趋势日益显著的形势下,各地老年教育机构除了从规模上进一步拓展,更应该从发展理念和功能上及时调整和转变。要重视利用现有的社会教育机构,比如博物馆、文化馆及美术馆之类的机构或场所,对其职能进行转型或改造,增强向广大中高龄人群进行安全、健康及参与等方面教育的功能,帮助这些目标人群在这些机构或场所得到切实有效的学习支持与服务。对这些社会教育机构的重视和利用,有利于全社会广泛形成积极老龄化的正向社会舆论氛围。

(2)挖掘正规教育领域及社会团体在改善地方老年教育供给方面的潜力

本研究发现,调查对象倾向于选择正规教育机构。然而我国老年大学等机构虽然相对专门化,但其总体教育供给的广度和深度仍存在局限性和不足,教师队伍仍然依赖于兼职教师或临时聘请退休人员。鉴于这类老年大学尚难以满足一部分更高学习需求的中高龄人群的实际需求,而当地的高等教育院校教学资源比较充足,特别是人力资源足够满足这类群体的学习需求,未来有望为他们提供相关的老年教育供给。对于已经退休或临近退休的中高龄人群,老年教育机构有必要向其提供补偿性的继续教育,提高其受教育水平。在访谈中,了解到调查对象已将这种“上老年大学学习”作为一种生活方式,这也反映了这类机构在功能职责上有“过度承担”的情况,承担了较大部分“社会社团”的功能,可以通过加强这种社会社团的组织来为老年大学减负:比如开发高龄人群的自主和自助学习能力,以及增强组织周围同龄人群共同学习的能力。实践中,有的学员经过几年学习后,具备了独立自主学习或者领导和组织周围其他同龄人群开展自助团体学习的能力。可以重点帮助一部分人实现增能,既可以腾出机会让更多老年人进入老年大学,使得资源利用效率更高,也可以培育更多有自助能力的民间学习团体,使学习的效益拓展至更广泛的人群。其次在课程设置中要跟上时代的变化。可考量学员的生活需要,比如补充使用和操作基本电器及电子通讯设备的课程,增加有关照看高龄老人及养育孙辈婴幼儿的知识与方法,以更好地提升部分中高龄人群参与家庭事务或社会活动的能力。

参考文献

1. 黄富顺:"我国届龄退休人员及高龄者参与学习需求意向调查研究",《年成人及终身教育》2009 年第 24 期。
2. 孙传远:"老年人远程学习现状调查研究——以上海老年人为例",《中国远程教育》2013 年第 12 期。
3. 许竞、李雅慧:"我国老年教育供给与中高龄人群学习需求匹配状况调查——基于部分省市抽样数据",《现代远程教育研究》2016 年第 6 期。
4. 张铁道、张晓:"老年教育的现状与发展需求调研报告——以北京市为例",《老龄科学研究》2015 年第 5 期。
5. UNECE, Active Aging Index, 2015, [EB/OL][2016—7—20], http://www1.unece.org/stat/platform/display/AAI/Active + Ageing + Index + Home.

(蒋承,北京大学教育学院;郑玉洁,北京大学教育学院)

中国养老金配置房地产信托基金可行性探析

王　彬　王春朝　李浩民

一、中国养老金制度现状与问题

目前,我国已成为世界上老年人口最多的国家。据统计,截止到2017年年末,我国60岁以上的人口达到2.41亿,占我国人口总数的17.3%,65岁以上的人口达到1.58亿,占我国人口总数的11.4%,我国的老龄化程度不容乐观。随着老龄化不断加速,养老保障的负担越来越重,因此,健全我国的养老保障体系尤为重要,不断深化养老保险体系改革对缓解老龄化带来的问题意义重大。目前,在很多发达国家已经建立了较完善的第一、二、三支柱养老保险体系，即政府、企业、个人三方共同承担形成的养老保险体系，在1994年，世界银行将其称为“三支柱”养老保险体系，建立“三支柱”的养老保险体系已经成为必然的趋势。

我国的养老保险制度始于上世纪50年代初。1993年十四届三中全会通过的《中共中央关于建立社会主义市场经济体制若干问题的决定》中要求“建立多层次的社会保障体系”。十九大报告指出，“全面建成覆盖全民、城乡统筹、权责清晰、保障适度、可持续的多层次社会保障体系”，养老保险体系是社会保障体系的重要部分，建立多层次的养老保险体系对缓解我国的养老问题影响深远。

目前，在我国“三支柱”养老保险体系建设过程中，第一支柱即基本养老保险发展时间相对较长，制度相对较健全；第二支柱即企业年金、职业年金刚发展十几年，相对滞后；第三支柱即个人储蓄型养老保险于2018年2月份由人社部牵头成立工作小组，启动建立第三支柱，目前处于空白阶段。因此，我国多层次养老保险的发展严重失衡，距离建成完善的多层次养老保险体系还有很大差距。而发达国家的第一、二、三支柱发展相对平衡，已逐步建立完善的“三支柱”养老保险体系。到达2050年前后，我国的老龄化将达到高峰，在这段时间里，发展建立完善的“三支柱”养老保险体系至关重要，否则，很容易出现养老金入不敷出的严重情况。

为了缓解养老金的支付压力，很多发达国家也正在积极推动养老金市场化运作，提高养老金投资回报率，同时，养老金配置的多元化也是大势所趋。因此，考虑进一步优化养老金的投资模式、范围，拓展投资渠道，促进其保值增值，将对促进“三支柱”养老保险体系的发展起到重要作用。

金融在社会资源配置中起着重要作用，金融的支持有助于更好地解决养老问题。虽然我国的很多金融机构逐渐将养老金融作为重要战略业务，但目前我国的养老金融业务发展不成熟，服务模式比较简单，我国养老金的投资标的主要是二级市场的股票及债券，产品比较单一。而公募基金及保险资金等可选择的投资标的相对养老金更多,因此,加强养老保险产品的创新,加强养老金的市场化运作,拓宽养老金的资产配置,满足不同群体的投资偏好及多元化需求,逐渐成为趋势,这也对促进我国多支柱养老保险体系的发展具有重要意义。

二、国际养老金市场化运营经验及对我国的启示

(一) 国际养老金运营现状分析

人口老龄化发端于西方发达国家,上世纪80年代初,为了应对老龄化带来的挑战,西方发达国家纷纷开展养老保险改革,经过几十年的发展,已经取得了一定成效。同时,西方发达国家养老金市场的历史更悠久,规模也更大,对于我国养老金市场的发展具有一定的借鉴意义。

表1　部分国家和地区养老金资产规模

国家	2007年年底总资产(十亿美元)	2017年年底总资产(十亿美元)	10年年均复合增长率(%)	占GDP比重(2017年)
美国	15 330	25 411	5.2%	131.2%
英国	2 686	3 111	1.5%	121.3%
日本	3 002	3 054	0.2%	62.5%
澳大利亚	1 086	1 924	5.9%	138.4%
加拿大	1 209	1 769	3.9%	107.8%
荷兰	1 058	1 598	4.2%	193.8%
瑞士	539	906	5.3%	133.1%
韩国	—	725	—	47.4%
德国	391	472	1.9%	12.9%
巴西	259	269	0.4%	12.9%
南非	195	258	2.8%	75.1%
芬兰	183	233	2.4	92.8%
马来西亚	—	227	—	73.4%

（续表）

国家	2007 年年底总资产（十亿美元）	2017 年年底总资产（十亿美元）	10 年年均复合增长率（%）	占 GDP 比重（2017 年）
智利	111	205	6.3%	77.8%
意大利	—	184	—	9.6%
墨西哥	108	177	5.1%	15.5%
中国*	—	177	—	1.5%
法国	170	167	-0.2%	6.5%
中国香港	75	164	8.1%	49.1%
爱尔兰	128	157	2.1%	48.2%
印度	—	120	—	4.9%
西班牙	46	44	-0.5%	3.3%
总计	26 577	41 355	4.2%	67.0%

数据来源：韦莱韬悦及其他二手资料（Willis Towers Watson and secondary sources）。

*仅计算了中国的企业年金数据。

据统计，截止到 2017 年年底，全球主要 22 个国家和地区的养老金市场规模已经达到 41.36 万亿美元，相较于 2016 年的养老金资产规模 36.44 万亿美元，同比增长 13.50%。其中规模最大的是美国，达到了 25.41 万亿美元；其次是英国，规模达到 3.11 万亿美元；第三是日本，养老金资产达到 3.05 万亿美元。澳大利亚、加拿大、荷兰的养老金资产规模也超过了 1 万亿美元，瑞士的养老金资产达到 0.91 万亿美元。这七个国家养老金的资产规模达到 37.77 万亿美元，占总规模的 91.34%。同时，这些发达国家养老金的资产规模占 GDP 的比重也非常高，因此，可以看出，发达国家非常注重养老金规模的提升。

根据韦莱韬悦 2018 年的《全球养老金资产研究》（Wills Towers Watson，2018）统计，上述七个国家在 1997—2017 年间，养老金的资产配置逐渐趋向多元化。

如图 1 所示，截止到 2017 年年底，上述七个主要国家养老金的配置情况中，2% 为现金，25% 投资于另类资产（如房地产、证券化资产、对冲基金、商品等),27% 投资于债券,46% 投资于股票。从1997 年到 2017 年这 20 年中,变化幅度最大的是另类资产投资,由最初的 4% 增长了 21%,其次是股票投资,由最初的 57% 下降了 11%。可以看出,另类资产投资的比例逐步提升,随着养老金市场的发展,养老金资产配置不仅仅局限于股票、债券、现金,呈现出多元化资产配置的趋势。

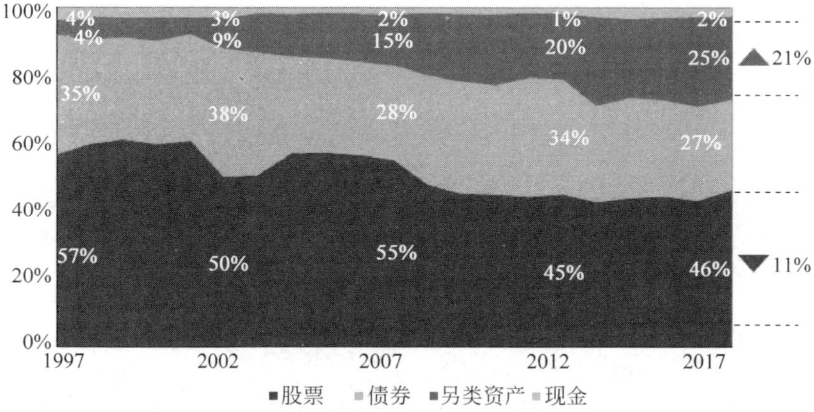

图 1 美国、英国、日本、澳大利亚、加拿大、荷兰、瑞士养老金资产配置情况(1997—2017)

资料来源:韦莱韬悦及其他二手资料(Willis Towers Watson and secondary sources)。

美国养老金的资产规模最大,远高于其他发达国家,其 2017 年的资产规模占 GDP 的比重达到 131.2%,美国养老金的市场化运作也很成功,对我国的养老金运营及资产配置具有一定的借鉴意义。

CEM 标杆管理公司(CEM Benchmarking)提供的研究报告分析了美国养老金资产配置与投资收益的情况,其中包括美国养老金配置 12 类主要资产的收益情况,权益型上市 REITs(房地产投资信托基金)的投资回报率最高。

如图 2 所示,权益型上市 REITs 的年平均投资回报率达到

11.4%，在统计的12类资产中，平均投资收益率最高，其次是私募股权投资。同时，权益型上市REITs的投资成本也较低。

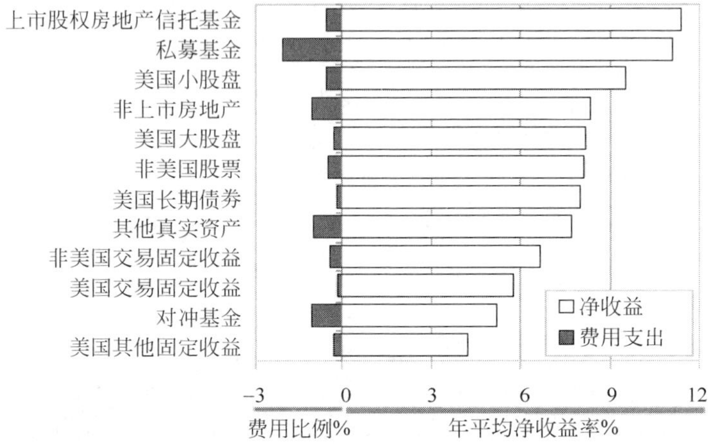

图2　各类资产年平均收益率及其投资成本(1998—2015)

资料来源：CEM Benchmarking 2017。

如图3所示，权益型上市REITs的夏普比率也比较高，单位风险下其收益率较高。REITs投资的底层资产通常能产生稳定的现金流，安全性较高，近年来在美国养老金市场受到投资者青睐。

（二）国际养老金运营对我国养老金发展的启示

美国等发达国家的养老金资产规模较高，而且养老金市场化运营经验丰富，国外发达国家的养老金偏好投资于权益类及另类资产，投资方向更分散，投资产品更多元，投资收益率较高。而目前我国养老金的规模较小，离建设成为完善的“三支柱”的养老保险体系还有很大差距，同时我国的养老金投资品种以及投资比例限制较多且严格，市场化运作经验欠缺。从国外养老金的运营经验可以看出，加强对养老金的市场化运营，扩大其投资范围，有利于助推养老金规模的增长，以及促进养老保险体系的发展。西方发达国家注重

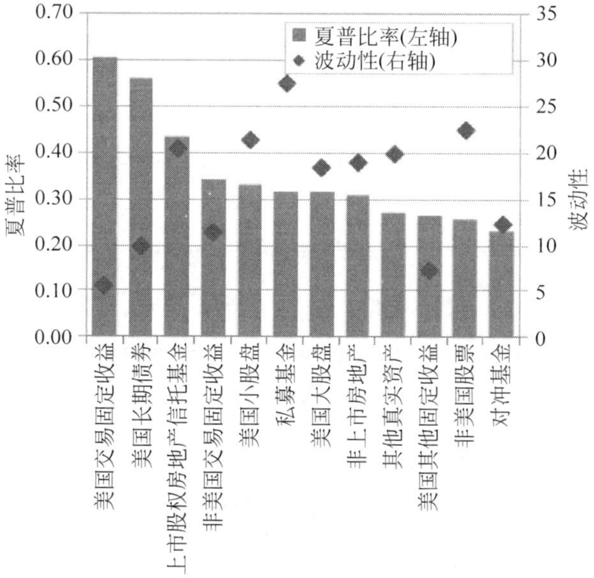

图3 各类资产的波动性和夏普比率(1998—2015)

资料来源:CEM Benchmarking 2017。

养老金的配置,养老金投资较为积极,为促进我国养老保险体系的发展以及养老金规模的增长,可以借鉴西方发达国家的经验,注重研究养老金的资产配置,加强养老金市场化运营,未来可考虑适当放宽养老金的投资限制,对养老金的资产配置采取积极的措施,对于养老金可投资的标的进行更加积极的研究与探索。

三、中国养老金投资房地产信托基金可行性分析

(一)我国养老金投资模式现状

2015年8月,国务院发布《基本养老保险基金投资管理办法》,明确规定了基本养老保险基金可以投资于存款类、国债类、股票基金类产品,并对其投资比例有严格的限制,养老金第一支柱市场化运营取得了实质性进展。2016年12月,全国社保基金理事会评选

出了涵盖基金公司、保险机构、证券公司的21家基本养老保险基金证券投资管理机构,养老金第一支柱市场化投资已逐渐开始。虽然目前我国养老金第二支柱有一定的市场化运作,但仍有一定的限制,同时,养老金第二支柱规模相对第一支柱规模较小,养老金第三支柱则刚处于起步阶段,第二、三支柱相对薄弱。目前,我国养老金的市场化运营的经验还不足,仍然存在一些问题。

基本养老保险基金投资范围限制较多。在我国,第一支柱基本养老保险金的规模最大,但是长期以来基本养老保险金只能存银行或者买国债,使得其收益率一直很低,这主要是考虑到养老保险金的安全性问题,但是投资过于保守,导致养老金增值空间较小。随着资本市场的发展,以及《基本养老保险基金投资管理办法》的发布和基本养老保险基金证券投资管理机构的选定,基本养老保险基金与资本市场的融合性将会逐渐提高,市场化运营水平也将进一步提升。

企业年金投资收益率较低。企业年金作为第二支柱,虽然通过市场化运营取得了一定发展,但目前的收益率仍有待提高。根据人社部公布的2017年度《全国企业年金基金业务数据摘要》显示,基金累计规模达到1.29万亿元,同比增长16.3%,加权平均收益率5.0%,企业年金更多地投资于单一计划中的权益类组合,企业年金基金管理机构虽然涵盖了保险机构、基金公司、信托公司、银行等,但目前的投资收益率仍较低。2018年2月,《企业年金办法》已经正式实施,同时,随着市场的发展以及养老保险体系的改革,养老金第二支柱的规模及投资收益率都会提高。

总之,目前我国养老金投资模式欠缺市场化运作,“三支柱”养老金的发展也极不平衡,不管从规模还是从投资收益率来讲,我国养老金制度及投资运营模式都还需进一步改革与创新。

（二）养老金投资 REITs 的优势与意义

1. 中国 REITs 市场发展迅速，为养老金投资提供广阔空间和渠道

随着中国人口老龄化现象凸显，人们对于养老服务需要的大幅提高以及养老金制度的逐渐完善，中国养老金规模以较快速度增长，根据相关机构估计，从三个方面来看：第一，目前基本养老金规模为 3.5 万亿，五年后预计增加到 5 万亿；第二，企业缴纳养老年金目前为 1.29 万亿，按照最近五年的年均增速 20% 计算，五年后约为 2 万亿；第三，职业缴纳养老金每年约为 2 千亿，五年后约为 1 万亿；第四，社保基金目前为 2 万亿，按照 10% 的增长率，五年后将具有 3 万亿规模；第五，个人税延养老金每年约为 2 千亿，五年后预计将达 3 万亿。因此未来五年我国养老金或将超过 10 万亿，庞大的资本规模对于投资水平和投资标的提出了更高的要求。除了投向二级市场，中国新兴的 REITs 也为巨额养老金投资提供了广阔空间和渠道。根据万得（Wind）、CNABS 数据显示，2017 年是 REITs 爆发增长的一年，发行产品总额为 379.76 亿，较 2016 年的 148.25 亿增加了 231.51 亿，增幅高达 156.2%。在未来国家推动租房政策以及基础设施资产证券化的宏观形势下，未来 REITs 市场规模将达到 4 万亿至 12 万亿，预测参考北京大学光华管理学院《中国不动产投资信托基金市场规模研究》从以下几个指标进行：第一是根据 2006—2016 全球主要国家 REITs 市值与 GDP 以及上市公司市值规模比值来测算，全球平均在 5.4%—16% 之间，新加坡最高为 16%，美国最低为 5.42%，因此按照中国 GDP 体量来计算中国 REITs 成熟的市场规模约为 4 万亿到 12 万亿之间。因此中国 REITs 广阔的市场前景和潜力为养老金投资和保值增值提供了巨大驱动力。

2. REITs能提供持续稳定的资产现金流，具有高收益和低波动性的特点

REITs产品结构以及标的资产的优质性决定了其能提供稳定的现金流和高分红，这对于规模巨大的养老金具有很大吸引力，能够实现平稳增值。REITs相对于二级市场投资产品具有较低的波动率以及较高的收益率，根据Wilshire咨询数据显示，1975年到2015年共计40年间，仅仅从上市权益REITs的收益情况来看，44%来源于股价上涨，56%来源于每年高额的分红收益，对比来看，股票的分红收益占比低于8%。因此REITs的稳定现金流以及高额分红收益等特点是养老金投资的最优标的资产之一，养老金投资REITs有利于实现平稳保值增值。

3. REITs作为优质标的与养老金等长期资本的投资期限结构相匹配

由于REITs组织架构和标的资产为房地产和基础设施等优质不动产，因此REITs产品属于长期资产。在资金供给端来看，养老金为追求长期稳定收益的长期资本，养老金通过投资REITs产品实现了长期资本持有长期优质资产，并且通过提高运营水平和风险管理水平等方式实现了长期资本与长期资产的期限结构匹配，有利于养老金稳定增值和降低投资波动性，提高了金融市场服务实体经济的效率，避免了期限结构错配等现象。

4. REITs具有较好的流通性和信息透明性

养老金投资REITs能够提高养老金投资的安全性和流动性。REITs可以在二级市场交易，具有较好的流动性，同时由于REITs一般由公募基金进行运营，定期报告等信息披露制度有利于市场对REITs产品进行深入了解和投资，这对于养老金的投资来说具有较高的安全性和流动性。

5. REITs可以将实物资产转化为份额化的交易性资产

养老金投资带动社会资本投资有利于降低实体经济杠杆率和

地方政府债务，提高金融对实体经济发展的支持效率。REITs 将房地产和基础设施等不动产的实物资产转化为可进行交易的资产，是资产证券化的一种形式，通过 REITs 资产证券化这一形式可以盘活中国庞大的固定资产，实现效率更高的融资方式。同时养老金的投资有利于带动社会资金进入 REITs 领域，加快了不动产的资产证券化水平，为地方建设提供了强大的融资渠道，有利于地方政府建立更多公共服务设施，化解地方政府债务过高的风险，盘活公共资产，提高地方投融资效率。

（三）我国养老金投资房地产信托基金的模式探究

1. REITs 目前的运营模式

了解 REITs 的运行方式对于探讨中国养老金投资 REITs 的模式具有重要意义。REITs 的种类有很多划分标准，以美国为参照标准，根据运作模式和组织架构的不同可分为契约型和公司型。

公司型 REITs 是指以投资房地产相关物业为主要目标而设立的公司，通过在资本市场公开发行股票的方式进行资金募集，并且将募集的资金投资于优质房地产资产的运行模式。投资者通过认购股票成为公司的股东，从而间接拥有标的资产的权益，公司通过委托第三方运营获得标的资产的收益，并将大部分收益（不低于90%）以股票红利的方式回报股东投资者。契约型 REITs 是指投资人和信托机构以投资房地产相关资产为目的设立的信托计划、资管计划等契约基金，并由发起的信托或者基金公司为资产管理方，同时为维护投资人的权益，引入托管方进行监督，投资者定期获得收益和信息披露。全球来看，美国市场主要以公司型 REITs 为主，而亚洲主要以契约型 REITs 为主。亚洲的 REITs 成熟市场代表是新加坡和中国香港。新加坡以契约型 REITs 为主，允许少部分公司型 REITs 运行，而中国香港则只允许契约型 REITs。相比而言，契约型 REITs 架构较为简单和清晰，立法难度较小，信托公司或者基金公司在运营资产方面具有更专业的优势,投资者通过合约和规定获得相关收益,风险较低。

2. 养老金投资公募基金+ABS模式

REITs产品在国外发展已经很成熟,由于我国相应的法律体系还不完善,市场上出现的产品大多数是按照国外REITs产品的模式发行的类REITs产品,与真正的REITs产品在交易结构、税负、募集方式、流动性等方面具有较大差别。目前典型的类REITs产品包括,例如:由中信证券作为计划管理人、中信金石基金管理有限公司作为基金管理人发行的私募类REITs"中信启航专项资产管理计划",由鹏华基金管理有限公司发行的公募类REITs"鹏华前海万科REITs"。"中信启航专项资产管理计划"中,通过非公募基金持有的SPV公司股权来间接持有北京及深证的中信证券大厦,投资者通过专项计划认购非公募基金,该产品由于私募发行,因此与真正的REITs相比,在流动性以及信息披露程度上都具有很大差距,同时,底层资产只有两座大厦,不能动态调整底层的物业资产。而"鹏华前海万科REITs"作为首单公募的类REITs产品,在流动性上具有质的发展,同时也降低了投资门槛,但是公募基金投资与项目公司的股权不能超过50%,并且具有封闭期,因此,也并不属于真正意义上的REITs。从2005年商务部首次提到发展REITs,到近期一系列政策的出台,以及类REITs产品的发行,中国版REITs正在不断发展。

目前,促进REITs发展的政策相应出台,类REITs产品的创新性也在不断提高,市场环境在逐渐成熟。REITs公募试点也在大力推进,《中国公募REITs发展白皮书》中提出,建议采用"公募基金+ABS"的模式发展公募REITs,公募基金+ABS模式的公募REITs的交易结构图见图4。这种模式的发展利用了现有制度的可行性,法律障碍较小。公募基金扩大了投资者的范围,同时,通过公募基金认购专项资产管理计划解决了公募基金投资范围的限制,使得投资者可以拥有底层不动产的产权。

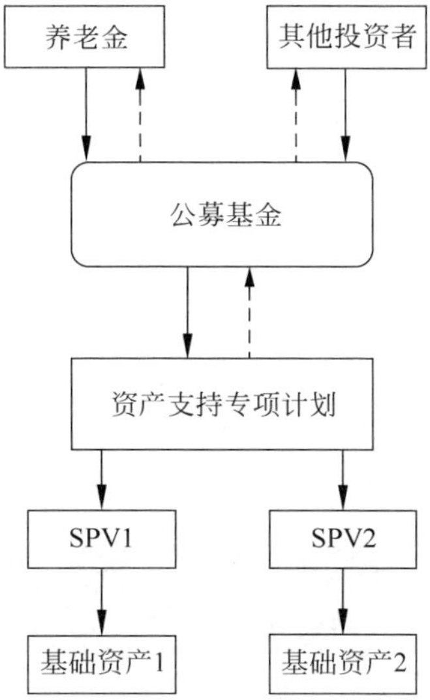

图4 公募基金+ABS模式的公募REITs

养老金投资公募基金+ABS模式具有诸多好处,具体而言:

公募基金+ABS兼顾了稳定性和流动性,为养老金投资实现增值和主动管理提供了安全边际。从资金供给端层面考虑,养老金追求长期稳定收益,投资于二级市场的股票则分红低、波动性较高,投资债券较为稳健但收益率较低,而投资公募基金+ABS模式较好地实现了稳定性和较高收益,因为REITs的底层资产为优质不动产,通过高分红和资产增值两个方面实现养老金投资收益的稳定。同时从资金管理端分析,公募基金具备成熟的投资和研究能力,在选择优质底层不动产资产的过程中发挥了专业优势,同时采用ABS资产证券化的形式又为REITs的产品交易提供了流动性,因此养老金可以进行主动管理,根据战略和需求进入和退出相关产品,提高了投资灵活性。

公募基金+ABS提高了不动产市场定价水平,在公募基金框架下具有透明信息披露制度，为养老金投资创造了规范的市场条件。在 ABS 资产证券化成熟的机制和交易模式下，众多机构投资者参与提高了 REITs 的市场定价水平，为养老金投资具体规划提供了参考，同时公募基金将严格和定期披露 REITs 项目收益、分红等信息，为养老金投资调仓和退出提供了决策信息。随着公募基金 + ABS 市场的逐渐发展和成熟，养老金投资的风险将逐步降低，投资和收益水平会逐渐提高，增加了资产组合的多样性。

公募基金 + ABS 是基于不动产的长期资产投资，一旦监管机构放松持股和投资比例，将为养老金投资提供集中投资和分散投资的灵活性。根据《公开募集证券投资基金运作管理办法》的相关规定，同一基金持有同一证券比例不得超过基金净资产的 10%。但是 REITs 产品具有不动产性质，优质不动产资产规模和投资体量较大，因此监管机构放松基金持有 ABS 资产比例将有助于基金实现集中投资和 ABS 控制权，在此情况下，养老金也可以依据投资计划对公募 REITs 实现集中投资和分散投资。

养老金投资公募基金 + ABS 模式将有望享受税收优惠。从国际经验来看，REITs 的发展享有相关税收优惠，未来税收优惠政策落实的情况下，公募基金 + ABS 的投资十分具有吸引力，养老金投资也将获得更多收益。

3. *存在的问题与障碍分析*

然而中国在发展 REITs 的过程中还面临诸多问题和挑战，这些不利因素成为养老金投资的障碍和不确定性因素，主要存在的问题有：

（1）国外的 REITs 产品具有免税政策，中国税收优惠有待落实。在国外由于 REITs 属于免税产品，公司可以免缴公司所得税，个人可以减免资本利得税。因此资产所有者将资产做出 REITs 产品将获得政府让渡的税收收益。而中国的免税政策仍不完善，REITs 产品需要缴纳营业税、增值税、房产税和个人所得税，各项税负在一定程度上降低了 REITs 的投资吸引力。

（2）国内 REITs 相关人才和专业团队紧缺。REITs 的运作架构较为复杂，运营存在诸多市场不确定性，同时相关法律法规未完善，因此这对 REITs 的运作团队和人才提出了较高的专业要求。高度专业化的团队有利于保障 REITs 的顺利运行和快速发展，使得 REITs 成为专业房地产资产管理和资本运作平台，为投资者创造更多价值。

（3）关于 REITs 的评级机构、商业物业管理公司等专业机构水平有待提高。REITs 的发展和运行需要公正的不动产评级机构，而国内市场不动产评级机构经验缺乏，同时专业的商业物业管理和运营公司不够成熟，加快培育相关专业机构有利于实现 REITs 快速健康发展。

四、政策性建议

（一）制定养老金投资管理指引的细则，促进养老金市场化运营

当前，我国养老金规模小，投资收益较低，养老金市场化运营是未来的趋势。总体来讲，我国养老金市场化运营处于刚起步阶段，2015 年 8 月国务院颁布《基本养老保险基金投资管理办法》，批准养老金入市，我国正在推进养老金市场化运营。建议积极出台养老金投资管理的相关细则，加强养老金的投资管理，促进其市场化运营，使得养老金保值增值。在我国老龄化进程不断加快的背景下，相应细则的制定，对于促进养老金市场化运营具有重要意义，有利于提高养老金的投资收益以及促进养老金规模的增长，能够极大地缓解老龄化带来的问题。

（二）完善 REITs 相关管理办法和法律法规，促进 REITs 落地

在西方发达国家，REITs 已经为养老金带来很高的投资收益。目前在我国并没有严格意义上的 REITs，促进 REITs 在我国落地，同

时使其成为养老金优质的投资标的,对于养老金的投资发展具有重要意义。但 REITs 的设立和监管需要相关法律法规来明确,在产权界定、运作模式和信息披露等方面需要法律和法规加以规范。完善的法律法规制度有利于保障投资者权益,为投资者维权提供依据。

(三)建立更加专业化的养老金投资管理机构

目前我国已经评选出 21 家基本养老保险基金证券投资管理机构,但随着我国资本市场的发展,REITs 在我国落地已经慢慢成熟,养老金的投资范围也会逐渐扩大,这就对养老金的投资管理机构提出了更高的要求,建议建立更具专业化的管理机构,采用市场化机制,对养老金的运营管理机构以及 REITs 的发行管理机构采取更加严格的评选与管理,提高养老金投资的信息披露程度,加强其透明化管理,加强公众对养老金管理机构的监督。

参考文献

1. 陈烨宸:“当前我国养老保险基金投融资模式存在的问题及对策研究”,《经济师》2017 年第 1 期。
2. 董克用、张栋:“中国养老金体系改革变迁:成就与挑战”,《清华金融评论》2017 年第 51 期。
3. 胡继晔:“养老金运营监管的国际经验对中国的启示”,《清华金融评论》2017 年第 S1 期。
4. 李媛、郝彬:“人口老龄化背景下养老金投资运营的国际经验与启示”,《金融纵横》2017 年第 2 期。
5. 刘钧:“世界各国基本养老保险基金投资运营模式与启示”,《天津社会保险》2017 年第 6 期。
6. 邱永辉:“中国 REITs 发展困境与路径选择”,《企业改革与管理》2017 年第 24 期。
7. 王元:“类 REITs 产品交易结构拆解”,《金融市场研究》2017 年第 3 期。
8. 吴健:“基本养老保险基金的投资运营”,《中国金融》2017 年第 18 期。
9. 朱美玉:“养老金市场运营的国际经验及管理启示”,《金融会计》2013 年第 5 期。

10. 朱振华："中国基本养老保险基金投资研究"，《统计与管理》2017年第10期。

11. Alexander D. Beath & Chris Flynn, "Asset Allocation and Fund Performance of Defined Benefit Pension Funds in the United States, 1998—2015", CEM Benchmarking investment research, 2017.

12. Willis Towers Watson: *Global Pension Assets Study*, 2018.

（王彬，贵州省工商局；王春朝，北京国际信托公司；
李浩民，北京大学光华管理学院）

闽台两地养老案例分析和理论思考

郑高文　叶思敏　黄文川

习近平总书记曾强调,我国老年人口增加很快,老年服务产业发展还比较滞后。要完善制度、改进工作,推动养老事业多元化、多样化发展,让所有老年人都能老有所养、老有所依、老有所乐、老有所安。养老服务业,也称“老龄服务业”,是指为满足老年人因疾病或身体机能衰退而产生的特殊生活需求和精神需求,提供相应产品和服务的产业部门集合,涉及老年生活照料、医疗服务、体育健身、文化娱乐、金融、旅游等多个行业(胡祖铨,2016)。2014 年发布的中国老龄产业发展报告称,中国将成为全球老龄产业最大的国家。据老年科学研究中心预测,2020年福建省60周岁以上人口将达615.73万人,占比15.02%。在人口老龄化的背景下,福建省老龄产业呈现出潜力巨大、市场广阔的特点,到2020年仅养老服务业的市场潜在需求就高达500亿—645亿元(谢曦,2016)。2017年7月25日,福建省人民政府印发《"十三五"福建省老龄事业发展和养老体系建设规划的通知》,强调要积极培育养老产业链条,提升养老产品供给能力。顺应新时代新需求新形势,本文着重从实践和理论两个方面探索思考闽台两地养老服务业发展路径。

一、闽台两地养老案例分析

(一)福建养老典型案例

1. 福州市鼓楼区三级养老服务模式

鼓楼区现有60周岁以上老年人10.8万,约占全区户籍人口的18%。该区构建"社区服务站点——街镇照料中心——专业养老机构"三级养老服务网络,优化社区养老设施,打造"15分钟居家和社区养老服务圈"。

鼓楼致力于提升养老服务品质:

安全防护方面:在全省率先为辖区孤寡、失智老人配备了定位手环;2017年6月起,年投入216万元,为全区10.8万名60周岁以上老年人购买意外险。

"智慧养老"方面:2018年年底前,建成养老服务网络平台,推广12349养老专号,打造"互联网+医养"模式;到2020年,培育1家到2家智慧健康养老示范企业,建设智慧健康养老示范社区。

扩大养老普惠方面:每月为辖区80周岁以上老年人及特困、低保、重残等老人发放200—400元居家养老服务券,累计服务12.8万人次;探索建立老年人长期照护服务体系,做好高龄补贴制度与社会救助等其他老年人社会保障制度的衔接。

推进文体服务方面:到2018年年底,老年教育学习网点(含远程教育)覆盖30%的社区;到2019年,老年人体育活动中心街镇覆盖率和机关、企事业单位覆盖率达100%;到2020年,老年人人均体育场地面积达到2.5平方米以上,社区照料中心和养老机构均开设健身培训课程。

养老队伍建设方面:到2020年,全区养老护理人员持证上岗率超80%;完善薪酬和奖励制度,建立大学生入职补贴制度,鼓励企业录用大专以上学历养老专业人员。

2018年年底,鼓楼65周岁以上老年人健康管理率达50%,所有养老机构内设医务室,搭建双向转诊和高龄老人就医绿色通道。

到2020年,所有养老机构实现医保全对接,家庭医生签约率100%。

2. 三明市大田县泽惠养老服务中心打造山区养老服务"110"

大田县地处闽中山区,60岁以上老年人超5万人,且绝大部分生活在农村。为让这一群体享受更好的养老服务,大田县充分利用数字化科技,建立"随时随地、一键呼叫、就近调度、精准服务"的"山区养老"服务模式。老人有需求时,只需按下SOS键,中心就会就近调度签约服务机构在15分钟内提供上门服务。此外,也可进行视频对话模式,享受更为直观便捷的智能化服务。

多元服务全覆盖。大田县泽惠养老服务中心建立一整套完整的数字化系统,该系统由GPS定位、老人健康档案管理、工单派单、O2O商城、政府管理、志愿者管理、手机APP等模块组成,签约基层医疗、超市、食杂店、小吃、快餐店、理发店等服务机构,制作"二维码"记账卡、孝心APP,给老人们赠送带SOS键的智能手机,充分利用互联网、人工智能等技术,设立智能综合服务平台,为全县274个村(居)老人提供24小时热线服务。

网上网下相结合。老人寻求帮助,拨通中心电话,便可对其进行精确定位,联系附近的签约机构,在最短的时间内提供上门服务。

大田县整合了县养老服务中心、乡(镇)养老服务站、村(居)养老服务所等资源,以有偿、低偿服务为主,以无偿志愿服务为辅,成立县、乡、村三级志愿服务队,实行养老志愿"时间储蓄银行"制度,为居家老人、空巢老人以及失能、半失能人群提供多元化、人性化上门服务,满足其日益增长的安全监护、医疗保健、康复护理、物资代购、家政服务、精神慰藉和娱乐学习等需求。

3. 永安市"颐老乐园"互助养老模式

福建省永安市推行一种互助养老模式,即所有参与"搭伙生活"、"抱团养老"的老人,自己本身就是志愿者。他们共同的身份是农村"空巢老人",他们的服务方式是"完全自觉自愿"。"低龄志愿者服务高龄志愿者",也就是相对年轻的老人照顾年老的老人;加上各级政府的支持,以及相对"稳定"的社会志愿者,轮流以"值班"形式义务为空巢老人们提供做饭等志愿服务,是这种模式得以存在并发展的"爱心支柱"。

其运作特征可以概括为"三助"、"三自"、"三模式":

三助运作,"助"乐无穷。以家庭成员自助、老人邻居互助、社会志愿帮助进行互助养老。家庭成员履行赡养义务,空巢老人各尽所能解决自己的生活起居问题;空巢老人搭伙入住共同生活,各尽所长互相帮助解决生活照料问题;社会志愿者帮助解决空巢老人生活照料和精神慰藉问题。

三自原则,"自"得其乐。以老人搭伙生活自愿、伙食费用自理、安全风险自负理清责任。老年人及其子女共同申请,经村两委或老年协会批准自愿搭伙入住共同生活;老年人搭伙入住生活费用自理,村财政只负担公用设施和水电费;搭伙入住的老年人签订协议自行承担风险责任。

三种模式,"择"良而栖。有提供一日三餐和住宿的"全托"式,如大湖镇新冲村、燕西街道上吉山村、小陶镇美坂村等,以此种方式照顾空巢老人;有的老人在外上班的儿女晚间会回家,仅仅为老人提供午餐和午休的“日间照料”式，如贡川镇延爽村、西洋镇蚌口村、槐南镇高坪村等；还有结对帮扶上门服务的“邻里互助”模式。“三种模式”各有千秋，优势互补，在服务内容上逐步涵盖食宿照料、日间照料、文化娱乐、安全巡视、医疗保健、代购维修、洗衣保洁、精神慰藉等。老人互助食堂也出现了多种运作形式，有统一办伙食的，也有分户开小灶的；有按月结算伙食费的，也有按天按餐结算的，老人们根据自己喜好选择，图一份自在、舒服和高兴。

4. 厦门智宇孝老集团——“互联网＋养老”

厦门智宇孝老集团是福建省养老信息化平台的第一品牌，该集团以“互联网＋模式”推进福建省养老服务的转型升级，通过平台大数据分析促进福建省养老产业的供给侧改革，实现社会养老服务的跨界高效整合，努力解决养老产业供需错位、供需信息不对称的问题，方便企业供应符合市场需求的产品及服务。

目前厦门智宇孝老集团旗下包括厦门市市民养老服务中心、漳州市孝心养老服务中心、平潭孝心养老服务中心、南平孝心养老服务中心等多家单位。该集团主要是帮助各个养老服务中心完成养老电子护理联网，充分利用社区公共服务信息、社会公共服务信息、社会化服务网点信息以及第三方企业服务信息，实现居家养老服务体系规范化、养老服务管理信息化、养老资源分配最优化。

该集团还推出了远程尽孝 APP“欢孝”，使得无法亲自陪伴父母的子女能够在异地通过欢孝 APP 实时查看父母的健康状态，配合智能血压仪器测量，APP 会根据大数据分析给出健康分析，还会有专业医师根据专业报告给出分析。还可以在该 APP 上进行家政服务的预订，帮助独居年长父母完成难以承担的家务活。

（二）台湾养老典型案例

1. 案例一：长庚医院

现在我们提倡医养结合，说到台湾医养结合，就不得不提到台湾长庚模式，长庚的医疗覆盖护理及养生范围。

长庚医疗体系为了配合医疗照护需求，不断扩充服务规模，设立守护儿童健康的“儿童医学中心”，发扬中国传统医学的“中医医院”，专业照顾慢性病患、进行安宁照护的“护理之家”，以及提供银发族安享天年的“养生文化村”等一系列垂直与水平整合的完整医疗照护体系，提供自幼儿到老年的“全人照护”、“全程关怀”及“全人健康”的完整医疗照护。

此外长庚医疗体系也极为重视医疗服务细节，真正做到了以病人为中心，缔造最优的医疗服务体验。比如：

（1）每一张病床，都配备一把椅子，方便家属陪护，这把椅子到晚上一拉开，就可以变成一张床，家属可以躺着睡觉。

（2）做B超要涂润滑剂，做完后，护士会帮病人擦掉那些黏糊糊的东西。

（3）病房的卫生间，有一个拉绳，那是紧急呼救绳。因为遇到真正的危机，病人会抓住一个救命稻草倒下去，这时候，呼叫就传递出去了等等。这些细致周到的服务，无一不体现医院以患者为中心的宗旨。

2. 案例二：长庚养生文化村

长庚养生文化村2005年建成，占地17公顷，村内有住宅、食堂、绿地、邮局、超市、文化娱乐中心、体育活动中心、教堂、佛堂等设施，有合唱团、剧社、书画社等老人社团，还有老人自己组织的志愿服务队。

老人唱歌、弹琴、书画、插花、学电脑等，“活到老学到老，活到老做到老”。目前开放A座607户，入住率80%，平均年龄81岁。提供73平米、46平米两种户型。

可借鉴之处包括：完善的信息化设施，如一卡通，刷卡开门，测量血压。人性化建筑设计。养生村提供非常丰富的老人日常娱乐休闲活动，包括卡拉OK、图书馆、钢琴教室（佩戴耳机，防止互相干扰)、宗教礼拜室、理财证券室、麻将室等,定期有音乐会、电影、讲座。老年大学开设音乐、美术、养生等各种课程。每月提供免费的房屋清洁服务,日常清洁由老人自己做。公共区域定期消毒。餐厅提供自助餐、素食、套餐等多种形式。

长庚养生文化村创办者王永庆的理念是藉由妥善的规划及设施,让居住在村内的银发族不但能获得良好的照护,也可以互相奉献其宝贵智慧,建构丰富而多元的精神生活,使晚年不致有孤单感,甚至可以成为精彩的生命阶段。这个立意超出了一般养老护理的概念,所以叫养生文化村而不叫养老院或老年公寓。

养生文化村的经营思想是积极的晚年生活,而不是被动的接受养护。协助年长者过独立自主有尊严的生活。提供医学中心级的健康监护和卫教指导、预防保健。建立连续性照护体系,让年长者无后顾之忧。

3. 案例三:丰荣护理之家

丰荣护理之家在 2010 年开业,总计 267 张床位,全部住满,房间户型以 6 人间居多,机构的年收益率在 15% 左右。

服务对象是缺乏生活自理能力(长期卧床慢性疾病);中风黄金期的专业复健;有各种护理服务需求者(包括有气切管、鼻胃管、尿管、胃造瘘等管路者);年迈或失智长者洗肾病患、脑中风、脑水肿、脊椎损伤;人工关节置换手术后;骨折及截肢手术后的康复;重大伤害病患(癌末);临时托顾,喘息服务;癌症末期病人等等。

建筑设计特点:按照老人轻重程度分为三个区。在建筑设计上考虑老人的几点需求:尊严、隐私、家的感觉。在设计上考虑到失智会产生色差,注重颜色的对比比较强烈。

可借鉴之处包括:非常强调安全,对火灾积极预防(警报启动,整个建筑的空调系统会自动关闭,防止烟扩散)。有急重症紧急送医处理流程、安全事件的紧急应变程序。环境非常干净,对异味管理做得非常好。采用内单人房设计,可以节省成本,同时注重老人的感受和隐私。

注重人性化细节，如在每层楼的楼梯处放置有防护栏，防止轮椅跌落，遇到紧急情况可即时拆除。康复区设置遮挡屏风，避免半自理老人与完全不能自理老人之间的相互干扰。专门设立隔离室，新入住老人一般要先住在隔离室，7 天之后会转到相应房间。

4. 案例四：双连安养中心

双连安养中心是双连教会为了服务老人在新北设立的一个综合性的社会福利园区，该中心作为台湾第一所连续性的长期照顾服务机构，曾被评为"台湾推荐度最高的前十大老人照顾机构第一名"。

双连安养中心虽主要开展养老、失智照顾等服务，但双连安养中心并不特地强调"养老"意旨，而是突出其位于台湾北海岸的天然优势，欢迎社会各界人士前往体验、亲近大自然。除此之外，园区为满足家属能陪伴长者的需求，还开设 10 间双人套房，为入住的长者的家属提供温馨的环境。

双连安养中心还提出个性化的服务定制，包括衣、食、住、行、育、乐等，都尽量不改变入住者原有的生活主轴，让长者在安养中心也能感受到在家一样的舒适氛围。对每一个计划入住双连安养中心的长辈，双连安养中心可为家属提供 1.5 小时的导览安排，让家属得以充分地了解该中心的环境，找到最适宜长辈的养老环境与最恰当的日常安排。

双连安养中心将"个性定制"落实到每一个微小的细节，比如饮食方面，该中心共有 11 个餐厅，每个餐厅会根据长者的咀嚼能力、吞咽能力、营养摄取需求而提供不同的菜品。长者可以自己选择，也可以授权让护理人员帮助其选择。餐厅内还设置了实时反馈意见箱，分为满意、不满意两格，用餐后用提供的投票球掷入箱子内即可。在住的方面，双连安养中心对入住者的规划甚至包括性格方面的组合，比如同一楼层会有两组长者，每一组长者中会尽量安排为3位健谈的、3位内向的和3位普通状况的。且娱乐设施会放在楼层中的公共区域，而不是每位长者的室内，比如电视、桌球等，以加强长者之间的交际。

二、养老服务理论思考

随着闽台两地老年人赡养系数增大，在养老护理服务相对滞后的背景下，养老服务业已然成为现代服务业发展的一个重要方面，被社会各界高度关注。笔者认为发展养老服务要根据各地区实际情况，在现有优势的基础上进行发展，可以在如下几个方面下功夫：

（一）强化养老服务宣传。首先，通过多种形式开展养老服务舆论宣传，增强全社会应对人口老龄化的策略认知和养老服务的自觉性，为养老服务业的发展营造良好的社会环境。其次，通过宣传转变老年人的养老观念。由于传统观念的影响，家庭养老在老年人思想中根深蒂固，而随着城市化和现代化的发展，以及独生子女政策带来的家庭结构的变化，我国家庭结构日趋小型化，使得家庭养老护理功能日益削弱，社区养老和机构养老将成为今后养老发展的趋势。老年人要适应时代的发展，领悟社区养老和机构养老的内涵和优越性，推动养老服务业的发展。

（二）完善养老服务法规政策保障。完善的法律法规是养老服务业健康运行的前提。为促进养老服务业的发展，政府和相关机构要积极推动养老服务业立法建设，使各类法律法规系统化、全面化。同时，养老服务业的发展离不开政府的政策支持，但是按目前已出台的各项优惠政策来看，优惠力度远远不够。建议国家民政、工商等部门调整现有养老机构准入体制，研究出台金融支持养老服务业的实施意见，鼓励地方积极探索，破解养老机构发展的瓶颈。按实质重于形式的原则，对满足养老机构条件的，与民营非营利组织一样享受财政、税收等政策，资产可以设定抵押，收益可以分红，加速养老机构的市场化进程。

（三）不断推进医养融合发展。医疗机构和养老机构如果互相独立、自成系统，养老院不方便就医，医院里又不能养老，老年人一旦患病就不得不经常往返于家庭、医院和养老机构之间，既耽误治疗，也增加了家属负担，为此，我们要积极探索实践医养融合模式。在公立医院，积极探索以拓展康复、护理功能为主要形式的服务，开拓养老服务市场，提升为老服务质量；在民办医院，充分发挥民办医院的自身品牌优势，整合床位及设施资源探索养老服务；民办养老机构与医疗机构签订服务协议，由签约医疗卫生机构提供医疗支援服务，并为民办养老机构开辟绿色通道，方便老人就诊、住院。通过"医养一体"的新型医疗模式，为老年患者进行常规的医疗护理服务，同时提供24小时全程精心的生活照料和情感浓厚的人文关怀。

（四）加强养老服务人才队伍建设。在抓紧制定人才培养实施细则的基础上，从三个方面着手：首先要提高老龄服务业从业人员的薪资待遇，在提高最低工资标准的基础上，通过发放护理员岗位津贴、从业人员社会保险补贴、年终奖等方式增加工资收入，调动员工的积极性和主动性。其次要建立老龄服务业从业人员职业教育体系，开展老龄服务业职业技术教育、职业技能培训和职业资格认证工作，将尊老、敬老、爱老的传统美德融入职业教育体系建设。再次要扩大养老服务志愿者规模，鼓励、动员和引导企事业单位、社会团体、高校学生以及有闲暇时间的年轻人为老年人提供公益服务，积极开展"关爱老年人"系列活动，通过"劳务储蓄"、"义工银行"的帮扶机制实现志愿服务常态化（许莲凤、陈平花，2018）。

（五）构建多层次养老服务体系。人口老龄化的加剧，高龄老人的增加，对社会养老服务功能的要求越来越高、越来越多样，形成了公益型、专业型、消费型的多层次养老服务需求群体。目前我国养老服务主要还是局限于养老院、福利院等机构，但其实养老服务不应仅限于这些机构内的简单服务。我们可以积极探索老年护理新模式，针对不同的对象提供不同的养老服务，进一步推动养老服务产业的发展，形成更多的养老服务项目和产品。各地可以结合当地老年市场的实际消费水平和消费能力制定老龄服务业发展专项规划，在满足老年人健康护理、生活照料等基本生理需求的基础上积极发展文化教育、休闲娱乐、临终关怀等服务。

（六）提升养老服务科技化水平。在信息技术发达的时代，应当鼓励发展“互联网＋养老”的智慧养老新业态，建构面向老年群体的服务信息系统，如老年医疗服务系统、家庭监护系统和电子商务系统等，实现及时、高效、低成本的智能化养老服务。同时重视品牌管理，提高养老服务业市场竞争力。目前大部分企业处于初创期，品牌众多但市场影响力不足，而随着老龄服务业的发展，企业品牌价值日益凸显，一些知名品牌企业正逐步扩大市场价值，这在北京、上海、台湾等地区都十分常见，因此建议大力发展几家示范性养老机构，打造一批品牌企业，发挥其示范带动作用。

参考文献

1. 胡祖铨：“2015 年我国养老服务业运行分析”，http://www.sic.gov.cn，2016 年 11 月 15 日。
2. 谢曦：“福建设立养老产业投资基金总规模达 60 亿元着力投资五大方向”，人民网，http://fj.people.com.cn，2016 年 1 月 7 日。
3. 许莲凤、陈平花：“人口老龄化背景下福建养老服务业发展现状与对策”，《中共福建省委党校学报》2018 年第 2 期。

（郑高文，厦门大学管理学院；叶思敏，福建师范大学传播学院；
黄文川，天津日报）

中国养老金制度与资本市场发展

马险峰　邱　薇

一、中国养老金制度改革目标：三支柱体系

（一）养老金制度理论分析模型

现收现付制和基金积累制是养老制度最常采用的两种典型制度，国际上各个国家或地区的养老制度多属于这两种制度的一种组合，或者叫作两种制度相结合基础上的部分基金积累制。养老金制度的基本目标是实现养老金的收入、支出相平衡，即总缴

费等于总支付。现收现付制和基金积累制在制度功能作用方面是相同或者说是等价的，但其各自适用的社会环境条件，特别是人口结构的条件是不同的。一般来说，现收现付制更易于适应人口少龄化社会，而基金积累制更易于适应人口老龄化社会，但也不尽然。基金积累制成功运行的基础是资本市场的健康发展以及养老金的长期投资收益率高于通胀率。

1. 现收现付制

现收现付制养老金计划，是用当前劳动人口的缴费来供养已退休人口，实现全社会的代际平衡。这种制度能够抵御通货膨胀和工资快速上涨的影响，但是财务收支状况容易受到人口年龄结构变化的影响。当婴儿潮时出生的人口开始工作后，缴费人口比例高而退休人口比例低，财务收支平衡情况较好。但随着人口老龄化加重，缴费人口比例低而退休人口比例高时，现收现付养老金计划将面临收支不平衡的挑战。

现收现付养老金体系要实现可持续发展，应满足下列条件：

当期人均缴费 × 当期缴费人口 ≥ 当期人均领取养老金 × 当期退休人口

2. 基金积累制

完全基金积累制养老金体系，是通过就业人口工作期间向个人账户缴费，用积累的缴费进行投资，退休时的养老金来源于积累的缴费和投资收益，实现个人跨时期的养老储蓄与养老支出的平衡。积累制养老金制度能否获得较好的实施效果，取决于实际投资收益，而实际投资收益会受到经济增长、通货膨胀等的影响。如果实际投资收益低甚至亏损，个人将承担养老金不足的风险。就个人而言，完全积累养老金体系满足下列等式：

工作期间积累的养老总资产 = 退休后领取养老金之和

即

$$\sum_{i=1}^{n} A_{i-1}(1+r_i)+\lambda_i w_{i-1}(1+g_i)=\sum_{t=n+1}^{N} P_t$$

说明：A_{i-1}代表第 $i-1$ 期积累的养老金资产，r_i 代表第 i 期实际收益率，λ_i 代表第 i 期缴费率，w_{i-1}代表第 $i-1$ 期工资水平，g_i 代表第 i 期工资增速，P_t 代表退休后第 t 期领取的养老金，n 代表工作了 n 年，从 $n+1$ 年开始退休直到 N 年。

3. 多支柱养老金制度

综合来看，选择现收现付养老制度或是基金积累养老制度，取决于一国现实情形。当人口年龄结构稳定或就业人口比例较大时，通胀水平较高，现收现付养老制度更为适合。当人口年龄结构老龄化严重时，实际投资收益高，基金积累养老制度更为适合。问题是，现实情形要复杂得多，更有可能是人口老龄化严重，通胀率也很高，实体投资收益率不高，所以大多数国家选择了多支柱的养老金体系，综合利用现收现付和完全积累养老制度的优势。

（二）中国养老金制度改革目标

建立多层次养老保险制度体系，合理区分政府、单位和职工的养老责任，是积极应对人口老龄化、促进养老保险制度可持续发展的迫切需要，是我国社会保障制度改革的重要任务和目标，同时也是世界上多数建立社会保障制度国家的普遍选择[1]。

中国共产党第十八次全国代表大会以来，以习近平同志为核心的党中央坚持以人民为中心的发展思想，高度重视保障和改善民生，把加强社会保障体系建设作为促进公平正义、实现共同富裕的重要途径，坚持全覆盖、保基本、多层次、可持续方针，不断深化改革，社会保障制度更加成熟定型，公平性、可持续性进一步增强。

---

〔1〕 http://www.mohrss.gov.cn/yanglaobxs/YLBXSgongzuodongtai/201802/t20180206_288032.html.

习近平同志在党的十九大报告中明确提出，要按照兜底线、织密网、建机制的要求，全面建成覆盖全民、城乡统筹、权责清晰、保障适度、可持续的多层次社会保障体系。

（三）中国养老保险的三个支柱制度体系

中国养老保险制度是一个“三支柱”的体系，第一支柱是基本养老保险，第二支柱是企业年金和职业年金，第三支柱是个人储蓄型养老保险和商业养老保险〔1〕。

1. 第一支柱：基本养老保险

基本养老保险制度通过不断改革完善，已经形成城镇职工基本养老保险和城乡居民基本养老保险两大制度平台。截至 2017 年年底，全国参加基本养老保险超过 9 亿人，“织就了世界上最大的社会保障网”〔2〕，积累基金超过 4.6 万亿元。

城镇职工基本养老保险是面向城镇职工，实行统账结合的部分积累制度，强制参加，单位和个人共同缴费。截至 2017 年年底，城镇职工基本养老保险参保人数 40 199 万人，积累基金规模超过 4.3 万亿元。

城乡居民基本养老保险主要面向低收入群体，实行基础养老金加个人账户的模式。基础养老金列入财政预算、由政府支付；个人账户由个人缴费、政府补贴和集体组织补助等构成，实账积累。2014 年国务院印发《关于建立统一的城乡居民基本养老保险制度的意见》，决定将新型农村社会养老保险制度与城镇居民社会养老保险制度合并实施，建立全国统一的城乡居民基本养老保险制度。到 2015 年年底，全国所有县级行政区基本完成两项制度的整合。

---

〔1〕 人社部 2017 年第四季度新闻发布会，http://www.mohrss.gov.cn/yanglaobxs/YLBXSgongzuodongtai/201802/t20180206_288035.html。

〔2〕 2018 年 3 月，政府工作报告。

截至2017年年底,城乡居民基本养老保险参保人数51 255万人,积累基金规模6 274亿元。

2. 第二支柱:企业年金和职业年金

我国第二支柱包括企业年金和职业年金两部分。其中,企业年金指企业及其职工在参加基本养老保险的基础上自主建立的补充养老保险制度。职业年金是指机关事业单位及其工作人员在参加机关事业单位基本养老保险的基础上建立的强制性的补充养老保险制度。

企业年金经过十多年发展,覆盖人数和基金规模有一定程度发展。为推动企业年金的发展,2004年,原劳动和社会保障部颁发了《企业年金试行办法》(以下简称《试行办法》),并陆续出台了一系列配套规章政策。随着企业年金政策的普及,特别是广大企业对企业年金制度的认知度不断提高,一些具备条件的企业,包括国有企业、私营企业、外资企业等逐步建立了企业年金制度。2018年2月,人社部会同财政部印发了《企业年金办法》,在2004年试行办法基础上进一步完善。截至2017年年底,全国已经有8万多户企业建立了企业年金,参加职工人数达到2 300多万人,企业年金基金积累近1.3万亿元,相较2007年建立企业3.2万户、参加职工929万人、积累基金1 519亿元,初步显现了补充养老的积极作用。

职业年金随着机关事业养老保险制度改革逐步建立。2015年年初,国务院印发《关于机关事业单位工作人员养老保险制度改革的决定》,要求机关事业单位在参加基本养老保险的基础上为其工作人员建立职业年金。2016年,人社部及财政部印发《职业年金基金管理暂行办法》(人社部发〔2016〕92号),成为职业年金基金投资运营的主要政策依据。

3. 第三支柱:个人储蓄性养老保险和商业养老保险

目前第三支柱个人储蓄性养老保险和商业养老保险正式进入制度建设启动阶段。人社部、财政部按照国务院的部署,协调相关部门,共同推进养老保险第三支柱的建设。自 2018 年 5 月 1 日起,个人税延商业养老保险在部分地区开始试点,标志着第三支柱建设的启动。

建立养老保险第三支柱,对于积极应对人口老龄化、完善多层次养老保险制度体系、满足人民群众对更加美好老年生活需要、促进经济社会发展,具有十分重要的意义。

二、养老金在资本市场的投资运用

养老基金规模大、投资期限长,进入资本市场在一定程度上可以扩大市场规模和改善市场投资者结构,促进资本市场的发展和完善。健康成熟的资本市场也可以为养老基金进行市场化投资提供基础条件,尤其是股权投资可以更好匹配养老基金的长期资金。

(一) 基本养老保险基金已开始市场化投资运营

为提高基金运营效率、实现保值增值,更好应对人口老龄化带来的资金压力,促进基本养老保险制度可持续发展,国务院于 2015 年 8 月印发《基本养老保险基金投资管理办法》(以下简称《投资办法》),对基本养老保险基金实行集中投资运营,由省级政府统一委托给国务院授权的养老保险基金管理机构运营,目前由全国社会保障基金理事会作为受托人进行管理。

养老基金仅限于在境内投资,投资范围主要包括:一是可以投资于国家重大工程和重大项目建设,对国有重点企业改制、上市进行股权投资,投资规模最高可以达到养老基金资产净值的 20%。二是可以投资于国债、政策性或开发性银行债券、信用等级在投资级以上的金融债、企业(公司)债、地方政府债券、可转换债(含分离交易可转换债)、短期融资券、中期票据、资产支持证券等固定收益类投资品种,投资比例上限可以达到养老基金累计结余的 95%。

三是可以投资股票、股票基金、混合基金、股票型养老金产品，这类投资资金所占比例上限最高可达基金资产净值的30%。

基金将逐步到账并且进入金融市场投资。在2017年第四季度，北京、安徽等9个省(区、市)签署了4 300亿元的委托投资合同，2 731.5亿元资金已经到账并开始投资。江苏、浙江、甘肃、西藏4省(区)政府已审议通过委托投资计划。

基本养老保险基金属于阶段性结余，流动性要求高，风险承受能力较低，各委托省份均要求有保底收益率，在投资运营上更为谨慎。因此，基本养老保险基金很大可能重点配置固定收益产品，不能投资境外资产和私募股权基金，投资股票等资产的比例也较低。

(二)企业年金市场化投资运营较为成熟

《企业年金基金管理办法》是制定企业年金投资政策的主要依据，该办法对企业年金的投资品种和大类资产的投资上限给出了明确规定。

企业年金资产仅限于境内投资，投资品种较为丰富。可以投资的金融产品包括银行存款、国债、中央银行票据、债券回购、万能保险产品、投资连结保险产品、证券投资基金、股票，以及信用等级在投资级以上的金融债、企业(公司)债、可转换债(含分离交易可转换债)、短期融资券和中期票据等金融产品。

企业年金计划参与资本市场程度高。截至2017年三季度末，企业年金期末资产金额为11 492.88亿元，其中固定收益类资产规模2 035.50亿元，占比17.7%，前三季度加权平均收益率为3.26%；含权益类资产规模9 457.38亿元，占比82.3%，前三季度加权平均收益率为3.90%。

(三)职业年金市场化投资运营刚刚启动

在职业年金投资运营方面，近年来《关于印发机关事业单位职业年金办法的通知》(国办发〔2015〕18号)、《人力资源社会保障部办公厅财政部办公厅关于印发职业年金基金管理暂行办法的通知》(人社部发〔2016〕92号)等文件先后发布,明确职业年金采取个人账户管理方式,委托具有资格的金融机构进行管理,通过市场化投资运营实现保值增值。

职业年金基金采取集中委托投资运营的方式管理,其中,中央在京国家机关及所属事业单位职业年金基金由中央国家机关养老保险管理中心集中行使委托职责,各地机关事业单位职业年金基金由省级社会保险经办机构集中行使委托职责。

职业年金基金财产限于境内投资,投资范围与企业年金类似但不完全相同。具体包括:银行存款,中央银行票据;国债,债券回购,信用等级在投资级以上的金融债、企业(公司)债、可转换债(含分离交易可转换债)、短期融资券和中期票据;商业银行理财产品,信托产品,基础设施债权投资计划,特定资产管理计划;证券投资基金,股票,股指期货,养老金产品等金融产品。

职业年金目前尚未有资金开展市场化投资运营。目前,职业年金基金尚处于归集阶段,少数省市根据国家《职业年金基金管理暂行办法》先后出台了实施细则,如福建于2017年11月出台了《福建省职业年金基金管理实施办法》,是第一个颁布的地方性职业年金基金管理办法,后续会有资金逐步到位开展投资。

(四)个人养老第三支柱刚刚开始试点

2018年4月12日,财政部、税务总局、人社部、银保监会和证监会等五部门联合发文,决定从2018年5月1日起,在上海、福建省和苏州工业园区,开展个人税收递延型商业养老保险试点,试点期限一年。这标志着酝酿多年的个人养老第三支柱正式启动。

个人商业养老账户的投资范围有望进一步拓宽。五部门同时还明确,试点结束后,根据试点情况,结合养老保险第三支柱制度建设的有关情况,有序扩大参与的金融机构和产品范围,将公募基金等产品纳入个人商业养老账户投资范围。

三、国家养老金战略储备:全国社会保障基金

(一) 全国社会保障基金的设立和规模

2000 年 8 月,为筹集和积累社会保障资金,进一步完善社会保障体系,国务院决定建立全国社会保障基金(简称社保基金),并设立全国社会保障基金理事会(简称社保基金会),负责管理运营社保基金。社保基金是中央政府通过财政预算拨款、国有资产特别是上市公司国有股权划拨等方式集中的国家社会保障储备基金,专门用于人口老龄化高峰时期的养老保险等社会保障支出的补充、调剂,是我国社会保障体系的重要组成部分。

自成立以来,社保基金规模迅速扩大。截至 2016 年年末,全国社保基金权益 16 042.58 亿元,其中累计财政性净拨入 7 959.61 亿元,累计投资增值 8 082.97 亿元,年均投资收益率 8.37%。

(二) 社保基金与资本市场的良性互动

全国社保理事会在管理运营社保基金中不断积累经验,走出了一条专业化、市场化、规范化的投资运营之路。社保基金秉持审慎的投资方针和长期投资、价值投资、责任投资的理念,通过金融市场投资,尤其是股权、股票投资,获得了良好的投资收益。

全国社保理事会注重长期投资。社保基金担当了国家养老储备基金的角色,没有基金支出压力,投资期限非常长,更加注重长期投资收益水平,客观上发挥了稳定资本市场的作用。例如,全国社保理事会在分析中国资本市场长期收益和风险特征的基础上,制定为期 5 年的战略资产配置,以获取较高长期投资收益。

全国社保理事会实行直接投资和委托投资相结合的专业化投

资方式。对于银行存款、买入持有策略的债券投资、股票指数化投资、非上市股权投资等采用直接投资方式。对于二级市场的债券和股票的积极投资策略、股权投资基金等,主要委托市场专业机构实施。截至2016年年末,直接投资资产占比45.99%,委托投资占比54.41%。

全国社保理事会采取多元化投资策略。自成立以来,全国社保基金的投资领域从初期的银行存款、国债扩大至股票、股权、实业投资等,实现了各类资产的组合投资。社保基金的投资范围广泛,可投资于经国务院批准的固定收益类、股票类和未上市股权类等资产,可在中国境内市场和境外市场投资运营。截至2016年年末,社保基金境内投资资产占比93.34%,境外投资资产占比6.66%。

四、养老金制度建设与资本市场发展展望

(一)养老金制度建设展望

中国养老金体系发展的长远目标是全面建成多层次社会保障体系。建设多层次社会养老保障体系,意味着养老保险的三支柱合理分配,第二支柱和第三支柱在个人养老中发挥的作用日益显著。随着我国养老保障体系的不断完善,覆盖人群将不断扩大,基金规模还将持续增加。

(二)资本市场发展展望

中国资本市场的法律制度和监管体系将更加完善,机制健全、透明高效、运行安全的市场体系将基本建成,资本市场成为更加公开、公平、公正的市场。

中国资本市场的深度和广度将大为拓展,成为一个高效、多层次和开放的市场。股票、债券、商品期货和金融衍生品市场全面发展,市场层次更为丰富。资本市场将包含丰富的投资产品、多样化

的交易平台。

（三）养老金制度与资本市场互动发展愿景

未来养老保障体系将日趋完善，养老保障资金规模日益壮大，需要更加专业化的管理机构管理运营和投资，需要多样化、长期性的金融投资产品匹配资金。资本市场将日益成熟，市场稳定性会增强，金融产品更为丰富，交易平台更为多样化，可以满足养老基金多样化的投资需求。在此过程中，养老金与资本市场将是互相推动、互相促进的过程。如果没有资本市场的规范发展和健康成长，实现养老金保值增值的目标就无从实现。如果没有养老金等长期资金的支持，资本市场就缺少专业、大型的长期机构投资者，不利于资本市场长期健康发展。

参考文献

1. 尼古拉斯·巴尔、彼得·戴蒙德著，郑秉文等译：《养老金改革：理论精要》，中国劳动社会保障出版社2013年版。
2. 魏加宁主编：《养老保险与金融市场——中国养老保险发展战略研究》，中国金融出版社2002年版。
3. 熊军著：《养老基金投资管理》，经济科学出版社2014年版。
4. 中国证券监督管理委员会编：《中国资本市场发展报告》，中国金融出版社2008年版。

（马险峰，中国证监会中证金融研究院；
邱薇，中国证监会中证金融研究院）

居民养老模式的选择因素分析——以北京地区为例

刘中升　刘焕性

我国进入老龄社会已成为一个不争的事实。数据显示，从2015年到2035年，我国将进入急速老龄化阶段，60岁以上人口将从目前的2.22亿增加到4.18亿，占比29%，到2045年占总人口的比重将达到30%，老龄人口居世界第一。扑面而来的“银发社会”“未富先老”的严峻形势，已引起社会各界的高度重视，一些借鉴国外、富有创意的新型养老模式在我国悄然兴起，引起了人们的极大关注。但是，由于我国养老事业尚处于起步阶段，社会上对这些新型养老模式也存在种种担忧。本文拟以北京地区为例，通过抽样调查和数据分析的方法,研究一下北京地区居民养老模式的选择因素,以期为老年人和政府在选择养老模式时提供参考。

一、相关概念与研究此问题的原因

本文试图通过实地调研、文献查阅与问卷研究等方式,分析当前在人口老龄化的背景下我国养老模式的现状和发展趋势,探究我国养老模式发展的新变化新方向。与其他专一养老模式的研究不同,本文的研究重点在养老模式的"多样化"分析上,即人们选择不同养老模式的影响因素是什么、为什么,然后针对这些不同的因素,提出一些有建设性的意见建议。

受传统儒家思想的影响,"多子多福"的观念曾经为社会大众所广泛接受,这种孩子先由父母养育成人,而后再反过来赡养父母的家庭养老模式应运而生,并一直延续了两千多年。这种家庭养老模式在家庭单位内形成了一个天然的养老基金的缴纳、积累、增值以及给付过程,老年人的养老风险全部由家庭承担,因养老所产生的一切开销也全都在家庭成员之间进行分摊。这就是中国流传千年的养老模式——家庭养老。

传统家庭养老模式的一个重要特点是"子女后代数量众多",在该模式下,上一辈人通常会繁衍众多后代,以保证该模式的正常运行。新中国成立后,国家大力发展经济,人民生活质量逐渐提高,人均寿命也不断延长,这就使得中国的人口数量呈现井喷式增长。虽然中国地大物博,但是资源毕竟是有限的,难以支撑如此迅速的人口增长;同时人口过多也不利于人民生活质量的提高,因此为了国计民生,我国在20世纪70年代末开始施行计划生育政策,人口增长的速度这才得以减缓。但这也间接地诱发了之后的养老问题。

20世纪90年代末,中国正式进入老龄化社会。由于计划生育政策的施行,越来越多的家庭结构逐渐变为"四二一"模式,即四个老人、两个成年人和一个未成年人。在这种家庭结构下，两个成年人上要赡养四个老人，下要照顾一个孩子，这就使得两个成年人的抚养压力空前巨大。这种状况不仅影响了年轻一代生活质量的提高，也对老年人的退休生活质量造成了不利影响。加之随着我国经济的发展，人民对美好生活的期望也在不断提高；愈发严峻的养老形势严重地阻碍了我国居民生活质量提高，而解决养老问题的关键，就在于养老模式的变革。

目前，除了家庭养老模式外，我国还存在着以下几种养老模式：

（一）机构养老模式

机构养老是指以社会机构为养老地，依托国家、亲人资助或者老年人自助，由养老机构提供养老照顾职能的养老模式。它是社会养老专业化程度逐步提升的结果。目前的机构养老主要有养老院、托老所、敬老院等形式，具有专业化、社会化和市场化的特征。机构养老虽然是由外人来照顾老人，但在机构中，护理人员都是经过专业培训的，可以使老人享受到良好的服务；同时机构中老人与老人之间的联系较为密切，有助于减轻老人的孤独感；这些都对老人的身体健康有很大帮助。由于中国的传统观念，部分老人难以接受机构养老模式。但随着经济社会的发展，人们的思想观念也在逐步变化，机构养老模式也逐渐得到了更多人的认可。

（二）社区养老模式

社区养老是以家庭养老为主，社区机构养老为辅；以上门服务为主，托老所服务为辅的养老模式。它主要是通过政府扶持、社会参与，建立起以家庭养老模式为核心、社区服务为依托的模式，向居家老人提供生活照料、医疗保健等内容的服务。社区养老模式吸收了居家养老模式和机构养老模式的优点，将两者结合在社区内部，使得老年人可以实现“在社区的居家养老”。社区养老让老人既享有家庭温暖、又能体会到同龄人认同,是一种“双赢”的策略。另外,像社区老年大学这样的机构,还提供了让老年人“老有所为”的机会,可以说是一种“双赢”的选择。

(三) 以房养老模式

以房养老是一种新型的养老模式。它是指老人将自己的产权房抵押给保险公司或者出租出去,通过一定的金融或非金融机制以提前套现变现,利用住房寿命周期和老年住户生存余命的差异,为老年人在其剩余生命周期内,建立起一笔长期、持续、稳定乃至延续终生的现金流入。但由于以房养老模式是近几年兴起的一种新型养老模式,相关的法律法规仍处于空白阶段;同时受传统养老观念的影响以及金融机构对房价下行的担心,因此在短期内,以房养老模式很难推行。但是作为社会养老体系的补充,以房养老模式的未来发展前景仍然十分广阔。

本研究将从心理学、行为学、经济学等方面分析影响居民选择养老模式的因素,通过调查人们对四种养老模式的满意程度,确定它们各自的优缺点,从而进一步完善其发展。国内关于养老模式的对比研究比较少,而运用计量模型进行研究的项目更是凤毛麟角。我们通过计量模型对相关问题做出探究,不单挖掘影响模式选择的各种因素,同时对其所占比重进行分析,将现实问题抽象理论化、数据化,这有助于填补相关领域的空白,深化此类研究,使我国政府能更好地明确现今老人的养老需求,这对我国政府开展相关工作,具有重要的指引意义。

二、问卷调查的过程和方法

(一) 调查过程

为了对目前养老模式选择的现状有比较深入的了解,为项目终期将进行的计量回归提供数据支持,特以严谨的态度制定了一份调查问卷。

1. 构建问卷骨架。围绕着研究主题——影响居民选择养老模式的因素,确定了收入、消费、思想观念等需要收集数据的领域,勾画问卷的整体构思。

2. 分析各年龄阶段不同群体的样本特征。通过实地采访与线上调查的方式,了解到各年龄阶段的人们在社会环境、观念风俗、行为规范等社会特征上的差异,用以制定具有不同特征的问题,并对他们的潜在需求等进行了解。同时,通过在不同社区的采访,对不同社区的各年龄阶段的居民在收入消费、思想观念等方面的情况有了相应的掌握。

3. 设计问题。拟定问题时,考虑到涉及的人群年龄跨度较大,理解能力存在差异,针对不同年龄阶段的人们设计了不同的问卷,同时运用较平易近人的句式,并尽可能地以简单扼要的语言表述问题。在初步敲定问题大纲后,对问题进行了严格的筛选。

4. 试问。在设计好问题后我们进行了换位思考,站在应答者的角度以应答者的思维去回答问题,对问卷中问题是否清晰、逻辑是否通畅有了初步认识。

5. 试发。对修订好的问卷进行小批量的复印。基于地理因素限制,采用就近原则,在对外经济贸易大学校区和贾家花园周边社区进行了实地试发,并通过询问被调查者的意见,借以弥补问卷调查的不足。

(二)问卷调查中遇到的问题

1. 问卷范围的局限性:在发出去的问卷中,所收回的问卷主要集中于60岁以下人群,而60岁以上的老年人填写的问卷数量较少。同时,填写问卷的人群主要来自北京市朝阳区和丰台区,涵盖的地理区域较小。

2. 研究方法的局限性:对已收问卷进行的交叉分析可能有数据挖掘方面的遗漏。在缺乏计量回归分析的精确数据支持的背景下,研究途径主要是问卷星提供的交叉分析数据,单题分析,比例分析等,未能通过更加高级的数据处理软件进行更精细的数据处理。

三、居民养老模式选择的现状及特点

目前,社会化养老服务业发展呈现多重矛盾现象。一方面养老床位不足,另一方面养老院入住率不高;一方面家庭养老面临巨大压力,另一方面多数老人都不愿意离家去养老院;一方面社会普遍认为养老服务是朝阳产业、潜力很大,另一方面又没有大机构、大财团全面进入这个行业;一方面医院医疗资源十分紧张,另一方面老年人长期占用医院床位,有些公费报销的老年病人甚至几年占用医院床位。在此情况下,本文力图通过数据分析来全景呈现北京地区的养老状况及特点。

(一)调查样本基本情况及分析

表1 调查样本基本情况

变量名称	类别	频次	百分比(%)
性别	男	149	47.3
	女	166	52.7
年龄	30岁以下	104	33.02
	30—45岁	128	40.63
	45—60岁	78	24.76
	60岁以上	5	1.59
预计退休年龄	55岁以下	81	25.71
	55—60岁	156	49.52
	60—65岁	61	19.37
	65岁以上	17	5.4

（续表）

变量名称	类别	频次	百分比(%)
受教育程度	高中及以下	36	11.43
	本科	181	57.46
	研究生及以上	98	31.11
家庭人均月收入	3 500 元以下	76	24.13
	3 500—8 000 元	113	35.87
	8 000—20 000 元	88	27.94
	20 000 元以上	38	12.06
住房数量	0 套	65	20.63
	1 套	165	52.38
	2 套	69	21.9
	3 套及以上	16	5.08

1. 性别:性别对居民选择养老模式有显著影响。

在 315 份有效问卷中,其中男性 149 人,占比 47.3%,女性 166 人,占比 52.7%。45 岁以下的男性有 109 人,占男性总人数的 73.15%;45 岁以上的男性有 40 人,占男性总人数的 26.84%。45 岁以下的女性有 123 人,占女性总人数的 74.1%;45 岁以上的女性有 43 人,占女性总人数的 25.9%。

从样本中可以看出,此次收集到的数据大多是 45 岁以下的青年人,45 岁以上的中老年人较少。在对性别和四种养老模式的选择上进行交叉分析后,有 71.14% 的男性选择居家养老模式,58.44% 的女性选择家庭养老模式。这说明在养老模式选择上,男女之间存在一定差异,更多的女性愿意尝试新的养老模式而不是局限于家庭养老模式。

2. 受教育程度:不同学历的调查对象在选择养老模式时存在一定差异。

在预计退休年龄方面,学历在高中及以下的大部分想在 55 岁之前退休,占比为 55.56%;本科学历则集中于 55 岁至 60 岁之间,占比 58.56%;硕士及以上学历的分布则较为均匀,没有太大差异。

在选择养老模式上,64%的高中及以下学历的人们选择家庭养老,16%选择机构养老,13%选择社区养老,只有5%的人选择以房养老;本科学历则有65%的人们选择家庭养老,7%选择机构养老,20%选择社区养老,8%选择以房养老;而学历在硕士及以上的则有65%的人们选择家庭养老,10%选择机构养老,22%选择社区养老,只有4%的人选择以房养老。

从上面的数据可以看出,不同学历的人们对养老模式的理解存在不同看法,虽然三者大多数都选择了家庭养老模式,但在机构养老和社区养老模式上,本科学历和研究生及以上学历的人们对这两种模式的认知程度高于高中学历的人们,这表示,随着人们教育程度的不断提高,机构养老模式和社区养老模式将越来越被人们所认可。

3. 家庭人均月收入:收入越高的人们对新模式的认知程度越高。

在此样本中,收入在3 500元以下的有76人,占比24.13%;3 500元至8 000元的有113人,占比35.87%;收入在8 000元至20 000元的有88人,占比27.94%;20 000元以上的人数则相对较少,为38人,占比12.06%。

在养老模式的选择上,大部分人仍选择家庭模式;但收入在3 500元以上的受访者选择社区养老模式远高于收入在3 500元以下受访者的比例,这可能是因为收入低于3 500元在北京难以负担社区养老的费用,选择社区模式弊大于利。

4. 住房:在315位受访者中,住房数量不同在选择养老模式上也存在着差异。数据显示,大多数选择的养老模式仍为家庭养老模式,但是随着住房数量的上升,其他三种养老模式被人们接受的程度也在上升。

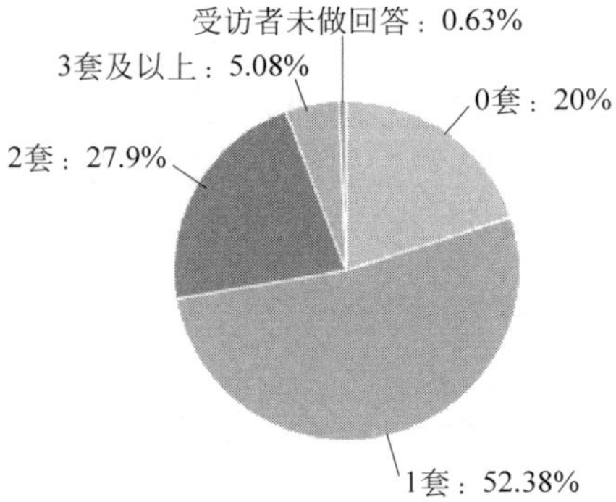

图 1　受访者所拥有的住房数量

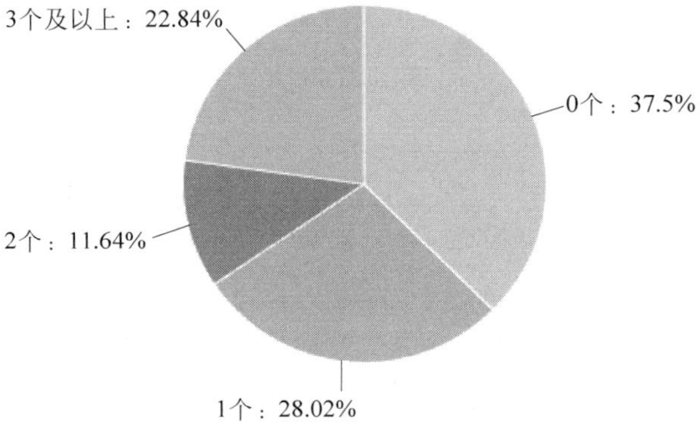

图 2　受访者的兄弟姐妹数

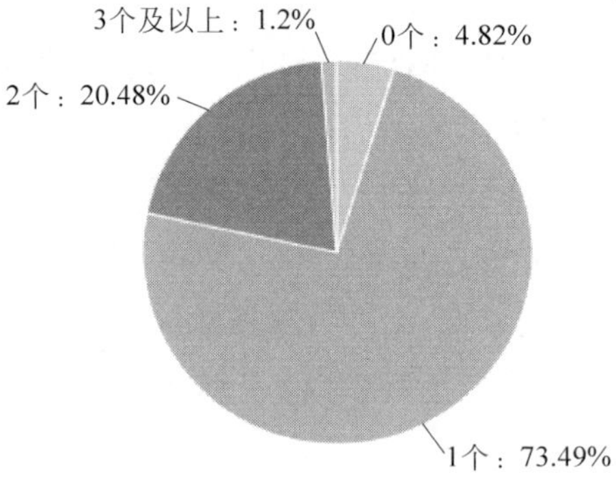

图 3　受访者的子女数

5. 兄弟姐妹数或子女数：从图中可以看出，随着计划生育政策的实行，绝大部分的人们只有一个及以下的兄弟姐妹或子女，只有少部分人们有两个及以上的兄弟姐妹及子女。这表明，随着时间的推移，越来越多的家庭将进入"四二一"结构，传统的居家养老模式将越来越不适宜社会的发展，社会养老体系改革迫在眉睫。

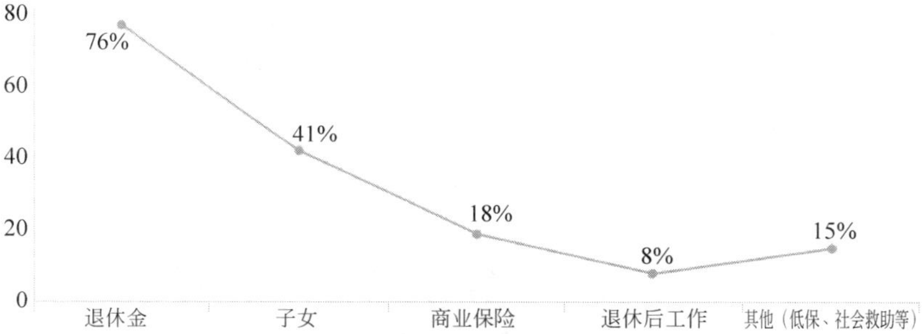

图4 子女预计父母主要收入来源

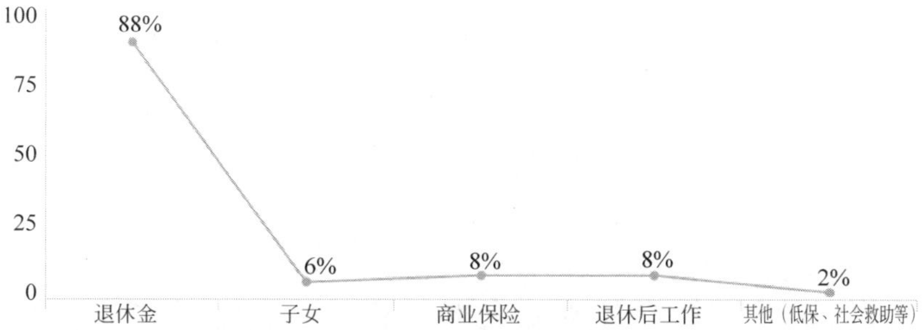

图5 父母认为自身的主要收入来源

6. 父母退休收入：从子女的角度来看，大部分的子女认为父母退休的主要收入来源是父母自身的退休金和子女的抚养费；但从父母的角度来看，他们认为自己的收入主要来自退休金，并不包括子女所支付的抚养费。

我们推测，之所以产生这样的差异，是因为大部分父母觉得可以依靠自己的退休金生活，不需要依赖子女；但子女出于孝心还是会给父母一些资金来改善退休生活，这显示了不同代际思考问题的不同特点。

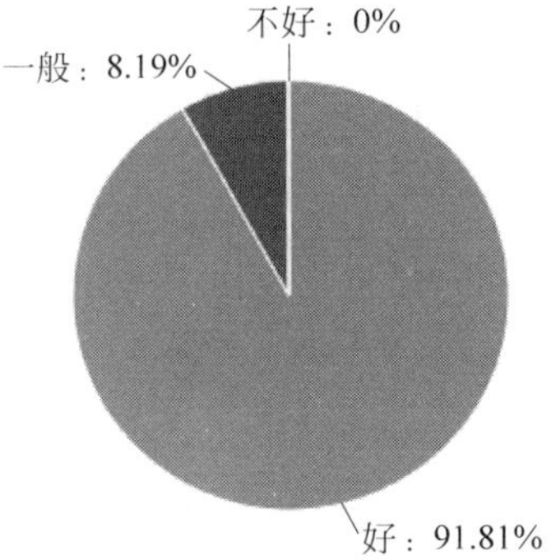

图6　子女认为自己和父母的关系

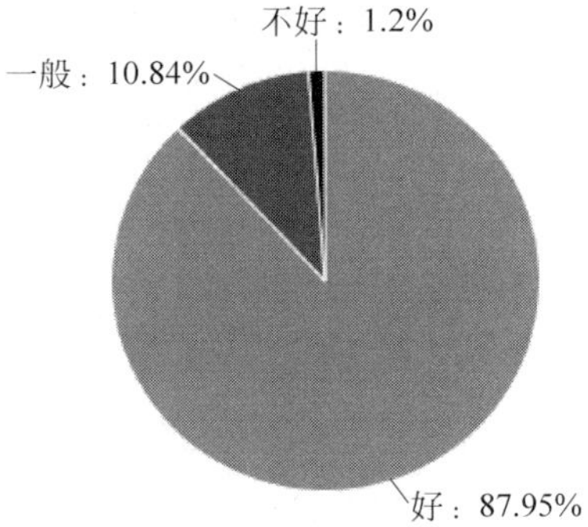

图7　父母认为自己和子女的关系

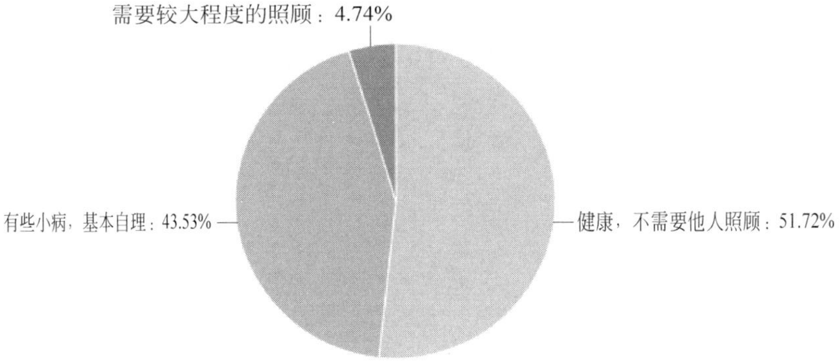

图8　父母健康状况（子女角度）

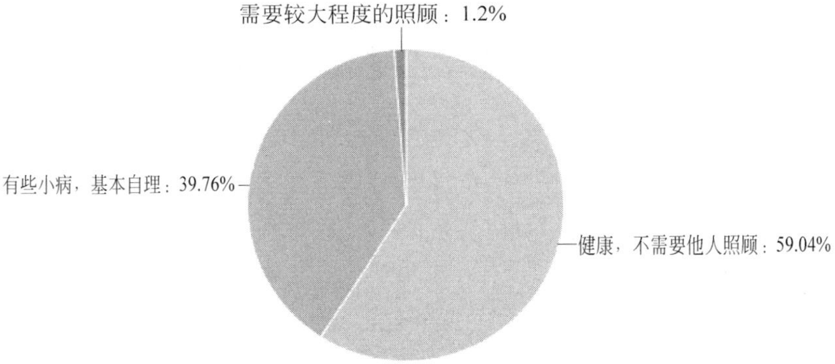

图9　自己健康状况（父母角度）

7. 父母关系及健康状况:90%以上的人们都觉得自己和父母(子女)的关系非常好,因此双方在心理上都不舍得离开对方,或者说不希望居住距离过远。

在对父母关系和养老模式选择的交叉分析上,66.67%的人们选择了家庭养老,选择其他养老模式的人们相对较少。在父母健康状况方面,绝大部分的子女认为父母的身体状况良好,基本能够自理,同时,大部分的父母也认为自己的身体比较健康,不太需要子女护理。

(二)养老模式最终选择状况

对于养老模式的第一选择,本次调研有两个方向,分别是针对子女赡养老人的期望与老人自己的期望。

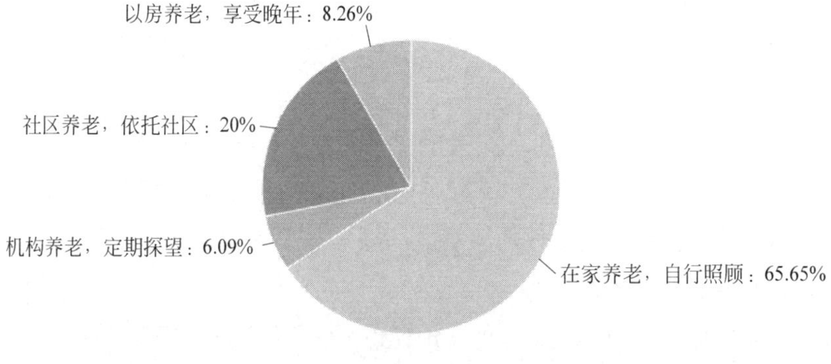

图10　子女赡养老人角度(子女角度)

针对第一个调研方向,此问题有230次有效回答,首先选择家庭养老模式的比例为65.65%,机构养老模式为6.09%,社区养老模式为20%,以房养老模式为8.26%。从中可以看出,过半的子女倾向于传统的“家庭养老”的模式,而对“机构养老”的模式最为排斥。

针对第二个调研方向,此问题有83次有效回答,首先选择家庭养老模式的比例为61.45%,机构养老模式为18.07%,社区养老模式为16.87%,以房养老模式为3.61%。其中“家庭养老”模式仍为

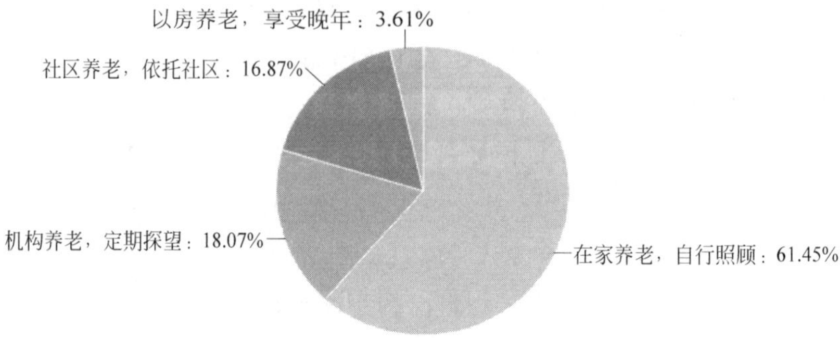

图 11 老人自己的期望(老人角度)

大多数,但最小值选项变为了“以房养老”。

对比以上问题中年轻一代与老一代选择的异同:

1. 大部分家庭以及家庭成员都认可“家庭养老”这一传统养老模式,两次选择均超过了 60% ,且子女与老人对“家庭养老”的期望百分比差仅为 4%(老人 61.45%、子女 65.65%),这与研究预期相符。

2. 选择“社区养老”模式的人数较多(老人 16.87%、子女 20%),这与研究预期基本相符,我们认为“社区养老”与“在家养老”模式相近,可以认为是“在家养老”模式的一种高程度发展,其所占百分比应当较高。

3. “机构养老”是偏离研究预期的(在调研前,我们对四种模式选择的预期是:超过一半人选择“家庭养老”,随后选择的百分比从大到小为“机构养老”、“社区养老”、“以房养老”,且年轻一代与老人预期相似)。但数据显示,在所有受访者中,选择“机构养老”的百分比仅为 9.17% ,大幅低于研究预期值,这可能是因为我们的问题设置是首选机构养老模式。大部分人不会首选机构养老,但他们也不会排斥此种养老模式,此问题将在之后进行详细研究。

4. “以房养老”所占比例最低,这符合我们的预期。以房养老作为新兴的概念,让人们接受需要一定的时间,特别是在“家文化”

繁盛的我国。很多受访者表示,房子如果抵押了出去,那么自己一生的奋斗就失去了意义,以房养老的发展任重而道远。

(三)家庭养老

家庭养老模式在中国越发开放的背景下仍为大部分人的首选,这一现象可以从三个方面解释。

1. 文化传统角度。中国的家庭观念高于西方国家,大部分人、甚至接受西方文化更多的年轻一代人在选择时,仍然很大程度受到中国传统文化的影响,认为“家”才是养老的唯一选择。

2. 社会舆论方面。“家庭养老”模式被视为理所当然,而其他选择行为在一定程度上会有舆论压力。特别是对于老人来说,被送往养老院在很多人心中是子女“不孝”的体现,这进一步提升了家庭养老的比例。

3. 信息了解程度。养老是一项极度排斥风险的行为,信息不对称带来的损失远大于其他社会行为,在四种养老模式中,人们对“家庭养老”模式的了解程度最高,也更会优先选择它。

我们推测,“家庭养老”模式的选择概率(Y)将与经济类自变量呈负相关,与子女数量呈正相关,与健康程度呈负相关,与老人兄弟姐妹数量没有明显关系,与受教育程度呈负相关,与收入来源无明显关系。

(四)机构养老

“机构养老”的总体选择比例(9.17%)严重偏离研究预期,在问卷中我们追加了一些题目,有助于进一步解答机构养老选择比例较低的原因。

两个问题分别针对子女和老人本身,得到的结果为:子女赞同人数为66(28.76%),不赞同人数为165(71.24%);老人赞同人数为50(60.24%)、不赞同的人数为33(39.76%),两者之间存在明显

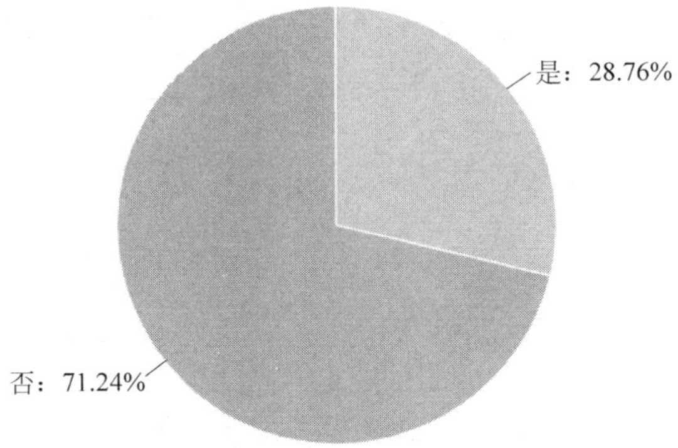

图12　是否接受将老人送至养老院(子女角度)

图13　是否接受养老院(老人角度)

差距,并且接受的比例都远高于之前的9.17%。这表明机构养老模式虽然不是很多人的首选,但接受程度较高。

对于不接受机构养老模式的受访者,我们追加了题目:不选择养老机构的原因,得到了以下数据。

可以看出,子女不希望老人入住养老机构的原因主要有三:一是传统家庭观念约束,大部分子女认为老人需要子女的陪伴,而养老机构无法做到此点。二是对养老机构的不信任,认为养老机构无法提供到位服务,且子女的监督能力在该体系中薄弱。三是机构养老市场不平衡,养老机构普遍价位高,市场供给不足。而调查得到

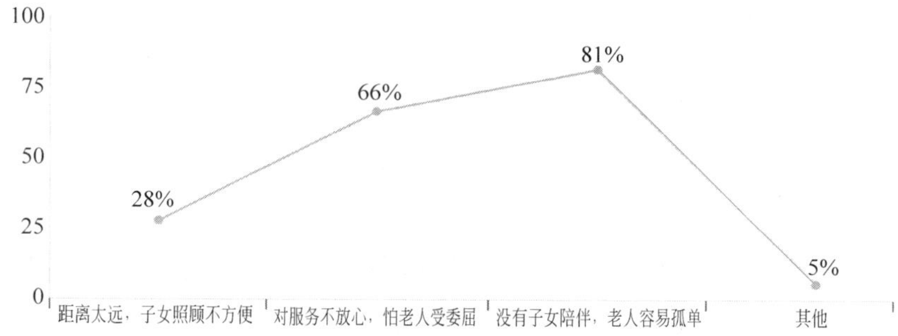

图 14 不接受养老院的原因(子女角度)

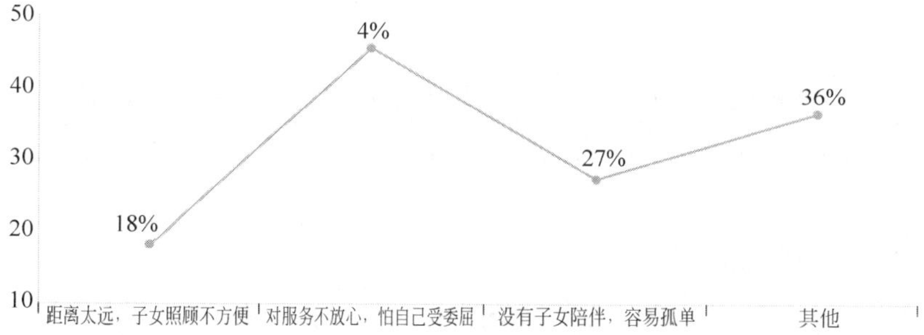

图 15 不接受养老院的原因(老人角度)

老人不愿意入住养老机构的最主要原因为对服务的不放心。

同时,对比两代人对机构养老的差异可知,老人与子女相比,对养老机构的认同度更高。对于两代人对该模式选择差异的原因,本文做出推论:

1. 两代人关注点不同:老人更加重视机构的服务满足度,子女在此基础上会关注机构的信息透明程度等,这一推论使得我们更加重视模型建立与数据分析时自变量中受教育程度的重要性。

2. 两代人的沟通不足:因为中国含蓄的社会表达方式,老人与子女的沟通方面存在问题,使得老年人的真实需求无法得到了解与满足。在之后的模型建立中,将设置自变量“子女与老人的关系”、“同辈家庭成员数量”等关系到子女与老人沟通的因素。

3. 经济状况限制，经济状况在此分为两类，家庭总经济状况和老人经济来源。做此分类的解释是：总经济情况必然影响机构养老的选择，同时老人的经济来源侧面反映出老人做出选择时家庭成员方面对其的影响。所以增加自变量"收入来源"、"收入"、"房产数量"等。

由此推测，"机构养老"模式的选择概率(Y)将与经济类自变量呈正相关，与子女数量呈负相关，与健康程度呈负相关，与老人兄弟姐妹数量无明显关系，与受教育程度呈正相关，与收入来源有关。

(五) 社区养老

社区养老的特点在于：让老人住在自己家里，在继续得到家人照顾的同时，由社区的有关服务机构和人士为老人提供上门服务或托老服务。针对社区养老模式，我们对老人与子女提出了同一个问题，即是否了解社区养老的模式。

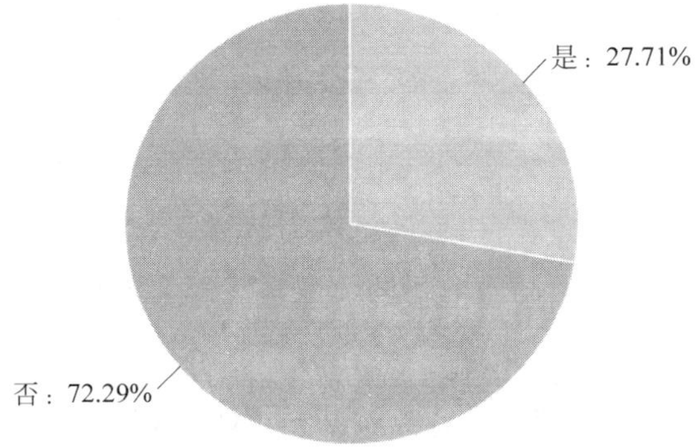

图 16 是否了解社区养老(子女角度)

两次有效回答次数分别为 231 与 83，其中了解人数为 64 和 23，均占 27.71%，不了解的人数均占大多数。当我们将"社区养老"模式的具体信息加以介绍后，约有 90% 不了解社区养老模式的受访者表示会选择此种养老模式。

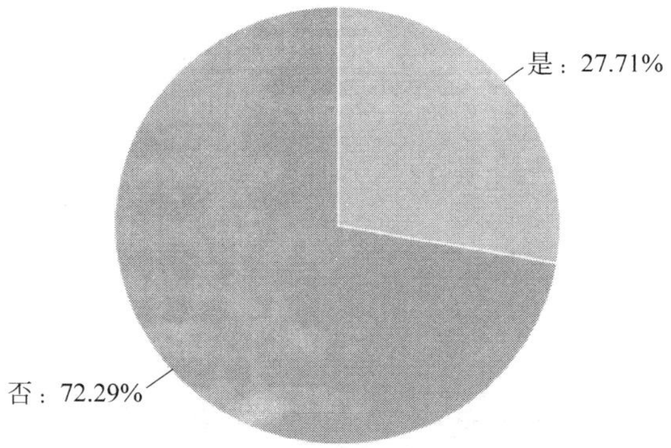

图 17 是否了解社区养老(老人角度)

这一结果是符合研究预期的,即大多数人会以“社区养老”作为“家庭养老”选择的替代,成为“家庭养老”后,最重要的养老模式之一。该模式与“在家养老模式”相近,但将养老服务的范围扩大到了社区,这减少了子女的非经济成本,因此在研究该服务的选择状况时,预计家庭经济情况与子女的生活情况将成为其主要的影响因素。

同时以上问卷也反映出了大部分人对中国已有的养老模式存在了解不足的现象(老一代没有接触新兴的养老模式,年轻一代没有对养老多加考虑)。因此在数据收集时,我们增加了对 30—60 岁这个年龄段人数的数据收集,同时在数据分析时,以该年龄段为主体,其理由主要为,该年龄段人群开始考虑赡养老人,同时也开始考虑自身的养老模式选择,并且相较于 60 岁以上人群,有更多的机会与能力了解新兴的养老模式。

在此推测,社区养老模式的选择概率(Y)将与经济类自变量呈正相关,与子女数量呈负相关,与健康程度呈正相关,与老人兄弟姐妹数量呈正相关,与受教育程度无关,与收入来源有关。

（六）以房养老

“以房养老”作为一种新兴养老模式，依据拥有的资源，利用住房寿命周期和老年住户生存余命的差异，对广大老年人拥有的巨大房产资源，尤其是人们死亡后住房尚余存的价值，通过一定的金融或非金融机制的融会以提前套现变现。作为一种始终伴随着争议的养老模式，我们不得不首先探究人们是否对它真正了解。

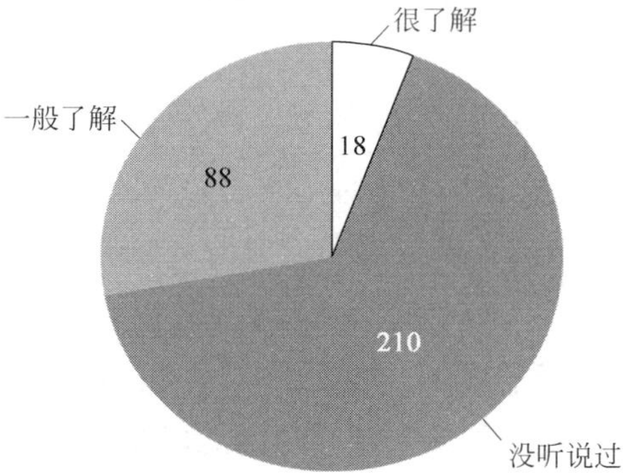

图 18

选择“很了解”选项的人只有 18 人，约占 4.7%，这反映出了与“社区养老”相似的问题——了解程度较低。为了进一步确定人们到底能接受何种形式的以房养老，也为不了解以房养老模式的受访者进行讲解，我们选取了四种最有代表性的以房养老模式：将房屋出租获得租金，老人与子女一同居住，不变更房产所有权；租出大房，再租用小房，获得租金差价，不变更房产所有权；房屋继承权给予主要赡养老人的亲属，变更房产所有权；用房屋作抵押，取得贷款，房产所有权变更给金融机构，来探究人们对以房养老的接受程度。

老人不能接受任何形式的比率较年轻人高出约 10%；同时，选择“租出大房租用小房”的“以房养老”模式比率在赞同“以房养老”

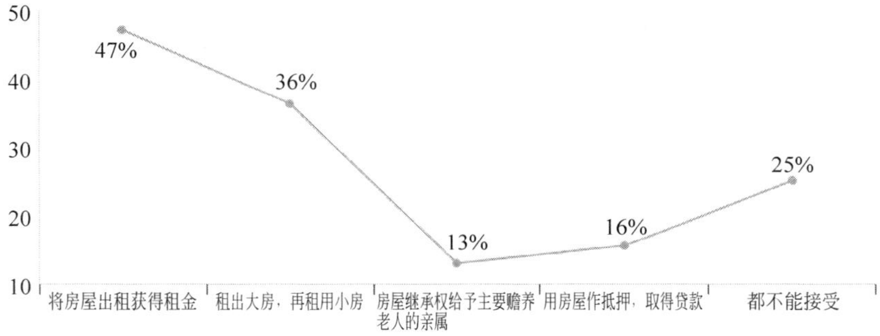

图 19　接受何种形式的以房养老(子女角度)

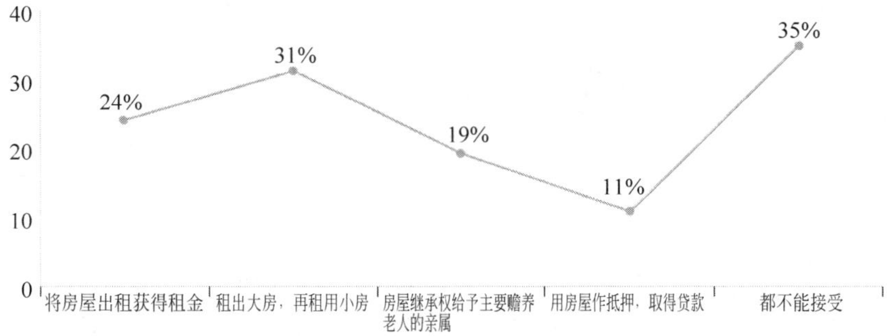

图 20　接受何种形式的以房养老(老人角度)

的老年人群中所占比例最高。我们试图对该差异做出解释：

1. 文化影响。随着样本年龄的增加,传统文化的影响越重,所以老年人对房产留给下一代继承的传统理念更重。

2. 沟通问题。子女认为老人与自己同住有更多幸福感,老人认为不打扰子女生活子女有更多幸福感,同时中国的文化含蓄,子女与父母沟通不足,使得选择出现差异。

3. 生活方式不同。年轻一代对于金融工具的认知、金钱使用的认知等均与老一代人不同。

根据以上数据我们不难看出,以房养老的接受程度很低,一方面是由于对概念的不了解,另一方面更是对这种模式的不理解、不赞成;我们在调查过程中也同样询问了不接受以房养老的主要原因，得到了以下数据：

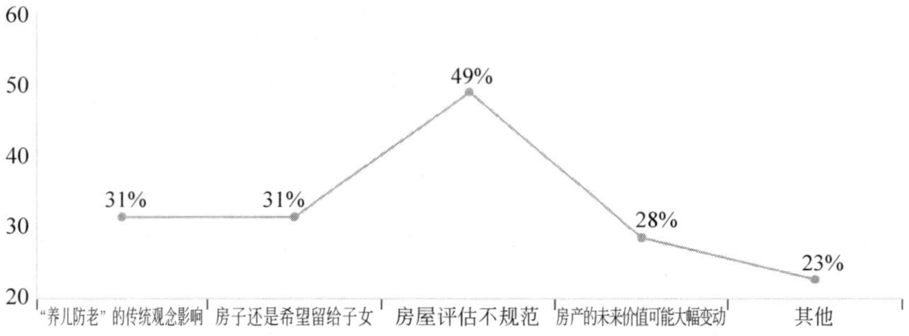

图 21　不接受以房养老的原因（子女角度）

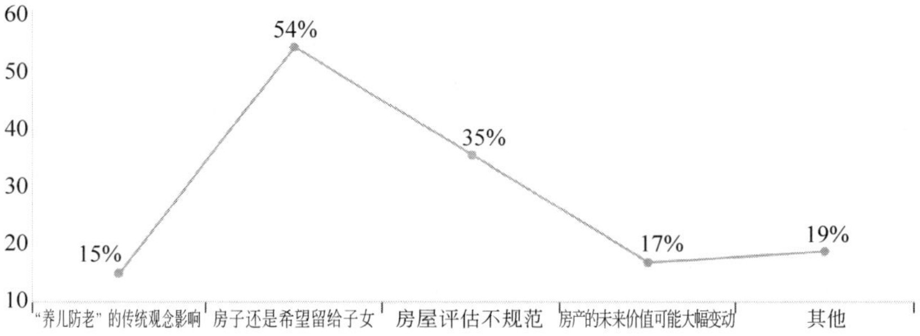

图 22　不接受以房养老的原因（老人角度）

可以看出，不接受以房养老最主要的原因是“房子留给子女”和“房屋评估不规范”，情感因素和经济因素是影响人们拒绝以房养老的主要原因。

在此推测，“以房养老”模式的选择概率（Y）将与经济类自变量呈负相关，与子女数量呈正相关，与健康程度呈负相关，与老人兄弟姐妹数量没有明显关系，与受教育程度呈正相关，与收入来源无关。

四、养老模式选择的基本结论

基于我国人口结构和养老金现状，目前的养老形式面临严峻考验，而现有的养老模式又无法彻底解决这些问题，所以一方面需要完善现有的养老制度，另一方面又需要养老制度的创新。家庭养老、机构养老是较为传统的养老模式；而社区养老、以房养老是较新的养老制度安排。本研究主要是基于问卷回收的数据进行的，探索不同年龄阶段人群的养老偏好。

通过对调查问卷的结果进行初步分析，64.6%的人仍然会优先选择家庭养老的模式，这也与我国的现实国情相匹配，在较短的时间跨度内，家庭养老模式仍然会是整个社会的主流选择。虽然缺乏计量回归数据的精确支持，我们在进行实地采访时，仍然清晰地感受到老年人更倾向于选择家庭养老，而这种意愿与子女数量呈正相关，与健康程度呈负相关，与教育程度呈负相关，其他变量与选择意愿无明显关系。这些因素是老年人选择家庭养老模式的最主要因素；而上文总结的传统文化原因、舆论原因等无法明确计量的原因也同样影响了老年人的选择。

（一）关于家庭养老的建议

让此部分老年人更改自己的养老选择、接受新兴的养老模式，难度过高，倒不如思考如何完善家庭养老模式；而对中青年人的调查结果也同样显示，家庭养老模式的接受程度最高。然而，家庭养老模式在很大程度上受老人自身和子女的行为影响，不管是政策或者建议能具体执行到什么程度是个未知数。结合此种现实情况，为了真正做到让老年人“老有所依”，本文提出以下建议：

一是完善养老金制度，建设多层次的保障体系。从国家层面完善相关的法律法规，适度提高社会养老金水平，为老年人提供最稳定、最可靠的收入来源。

二是推进家庭养老和社区养老的融合，综合利用各种养老资源。通过社会化，把老年人养老的成本由社会、个人共担，减少国家的财政压力和单个家庭承担养老成本的负担。同时，因为依托于社区，可以较大程度地提升老年人的生活质量。

三是建设医养融合进社区的服务体系，建设具有养老功能的大型综合性医院。以医院为依托，开展养老服务，形成医养融合服务机构，承担医疗和养老服务功能，让老年人不出社区即可获得专业的养老服务和日常医疗服务。同时，将医疗和养老服务延伸进入家庭，提供中国特色的“家庭医生”服务和居家养老服务。

四是关注精神慰藉。在中国这个亲情浓厚的国家，来自子女的感情慰藉，是老年人最为看重的东西。家庭成员所提供的精神赡养，是养老的重要组成部分。选择家庭养老的老人尤其看重这种精神层面的需求，子女需要对老人给予足够的关注。

（二）关于机构养老的建议

机构养老作为一种在国外较为普遍、但在国内接受程度较低的养老模式，有其自身的优越性和特点。在我们的调查研究中，机构养老的首选程度为第三，仅高于新兴的以房养老模式，为 9.5%，大幅低于我们的预期比例；但当明确问及是否接受去养老院安度晚年时，约有 37% 的受访者表示接受，其中更是有超过 60% 的老年人表示接受去养老院生活。综合以上数据，我们不难看出，机构养老虽然不是很多人的首选，但民众普遍也不是很反感此种养老模式。随着观念的改善，预期在未来机构养老会有更高的接受程度。人们选择机构养老的意愿，与子女数量呈负相关，与健康程度呈负相关，与教育程度呈正相关，与收入多少呈正相关。

在分析调查数据时，我们注意到了代际的不同选择，年轻人大多不接受将老人送至养老院，而老人反而更愿意去养老院。这种现象是很多因素的共同结果，即年轻人想更好地照顾老人，而老人却不想影响年轻人的生活。所以在未来很有可能出现老年人想去养老院生活，而子女却阻拦老人，让其在家里养老的现象。我们无法评述这种代际的不同选择孰优孰劣，只能针对年轻人和老人共同担心或者说忧虑的机构养老不健全的方面，提供一些完善发展的建议：

一是提升养老院服务质量，加强监督体系。应当切实加强对员工的培训，加强专业化、制度化建设，提供放心的服务，满足老年人的不同需求，真正做到为老年人服务，对于违反守则，虐待老人等行为严惩不贷。

二是政府应全面落实支持养老机构发展的法规和政策，解决目前养老机构面临的资金短缺、设施不齐、配备不全的困境。同时，应当建立资质评估系统，加强养老服务机构的管理，设置行业准入标准，从源头上加强对行业的管理。

三是民众应当转变观念，纠正一些不正确的认识。不要受困于传统的“养儿防老”观念，要选择真正适合自己、适合父母的养老模式，使得每个人都能安享晚年，这才是养老的最终目标。

（三）关于社区养老的建议

社区养老作为新兴的养老模式，在我们的预期中首选程度可能较低，但在数据中首选程度为 19.3%，仅次于家庭养老的模式。综合之后问卷中约有 27% 的人了解此种养老模式，我们可以得出结论：了解此种养老模式的受访者，大多都优先选择了社区养老。社区养老以“家庭养老”为核心，依托于社区的功能，确实有它相对于家庭养老和机构养老的优势。而选择社区养老的意愿与子女数量呈负相关、与健康程度呈正相关，与教育程度、收入来源等无明显关系。

就目前而言，我国的社区养老服务体系只是刚刚起步，还处于初级阶段，各项职能还不完善。存在的主要问题有：资金缺乏且来源渠道单一、社区养老服务设施不完善、服务人员专业化程度低等。而在我们的调查中，民众普遍认为社区养老最应当提升的方面是服务的种类。作为家庭养老的“进阶”选择，人们选择社区养老，就是看重社区的职能多样化，针对这种现状，本文提出以下建议：

一是加强社区养老服务设施建设。促使多数街道都建有一个为老年人服务的综合性社区服务中心,并不断提升中心服务水平。努力促进各部门、各单位设在街道、社区的各类生活服务和文化体育设施向老年人开放,满足老年人需求。

二是积极培育老年服务组织和队伍。社区需要有一支较为稳定的服务队伍,包括定编的处于组织、管理层次的社工人员和处于第一线服务的服务人员。同时,他们都必须具有专业素质,包括良好的专业思想、专业知识以及专业方法与技巧。以此促进养老服务事业的发展、服务领域的不断拓宽、服务质量的不断提高。

三是构建各具特色的多层次社区养老服务。应根据各地区老龄化程度和老年人不同身体状况和生理需求开展工作,提供多层次、多种形式的社区生活照料服务。对高龄和生活不能自理的老人,以上门照料服务为主;对生活能基本自理的中高龄老人,通过日托中心、康复站等形式开展服务。

(四)关于以房养老的建议

以房养老作为一种始终伴随着争议的养老模式,在我国的发展十分缓慢,甚至可以说是举步维艰。从数据来看,只有 5.6% 的受访者认为自己对以房养老足够了解,27.5% 的受访者根本没有听说过以房养老,60% 的受访者不会选择任何形式的以房养老。总体而言,能接受以房养老的受访者大多收入较高、学历较高、健康程度较好,这三项指标对于选择以房养老有正向影响。在调查过程中,我们还收到了诸如房子就是家等无法量化的情感原因,这些因素也极大地影响了人们的选择。

从政策角度来讲,以房养老有 30 余种形式,在我们的调查中选取了较容易理解的四种形式,但与我们的预期不符,每一种形式的接受程度均不足 50%,甚至单纯的出租房屋的接受程度竟不到 40%。这种现象从侧面表明了目前对于以房养老仍然存在着很大的误解,很多受访者只听到“以房养老”的名词就退却了,这就要求政府必须要加强宣传工作的力度,化解人们的误解,给以房养老正名。同时,不接受以房养老的主要原因有房屋的价值评估不规范、房产留给子女等原因,可以将其大致归为两类:经济因素和感情因素,两类因素的相互作用共同使人们难以接受此种形式。为了促进养老困境的解决,本文提出以下建议:

一是给予居民养老保障的影响机制,在国家逐步放开计划生育政策的背景下,政府应当着力提高社会福利和医疗保障,使老年人的寿命预期增加,进而增加以房养老的社会接受意愿。

二是继续推进城镇化进程,增加居民可支配收入,从而促进房地产市场的繁荣,增加居民实际住房面积,提高住房档次,增加居民“以房养老”的资本。

三是提高全民教育水平,特别是高学历人口比重,同时普及“以房养老”的相关概念,提高居民对“以房养老”的认知程度。

四是做好法律制度建设,并促进金融体系创新,为多种“以房养老”模式的发展提供制度软环境,提升房产质量的评估体系,促进评估程序的正规化。

(五)大力推进“互联网+社区养老”模式建设

通过对北京地区四种养老模式的数据分析,根据信息产业的发展和一些地市的经验,本文认为未来北京可以在大力推进“互联网+社区养老”模式上下功夫。一方面可有效结合家庭资源,利用互联网积极创造大社区养老环境,运用“互联网+”建立“智慧社区”,通过拨打热线、登录网站、使用手机APP、微信等方式,足不出户就能享受互联网、物联网带来的便捷服务;通过整合“12349”养老服务热线,与120、110、119无缝对接,形成统一的居家养老信息服务平台。另一方面可以互联网为手段,建立全天候、实时在线的社区养老生活照顾服务交互系统,通过网络、手机、电话、可穿戴设备、生命体征监控仪等各种物联网设备，搭建社区养老服务中心与家庭、老年人与养老服务提供方、老年人与子女的及时沟通联络，从而完成老年人生命健康、养老服务支持、家人照料的全方位生活保障。同时，还可利用互联网通讯工具定期组织老年人开展各类丰富多彩的文娱活动和学习活动，丰富老年人的业余文化生活和精神生活。

参考文献

1.《大城养老》编委会：《大城养老——上海的实践样本》，上海人民出版社2017年版。
2. 国家发展和改革委、民政部、全国老龄办：《走进养老服务业发展新时代：养老服务业发展典型案例汇编》，社会科学文献出版社2018年版。
3. 纪晓岚：《社会化养老服务模式研究》，中国社会科学出版社2017年版。
4. 王琼、王敏、黄显官：《我国养老服务综合配套改革实践与创新》，西南交通大学出版社2017年版。
5. 王小春、陈立文：《社会养老服务体系建设研究——京津冀地区养老服务体系建设研究新进展》，知识产权出版社2017年版。
6. 周爱民、姜耀辉、田利：《中国养老保障制度的改革和发展》，经济科学出版社2017年版。
7. 周博、王维、郑文霞：《回归社区——世界养老项目建设解析》，江苏科学技术出版社2016年版。
8. 周博、王维、郑文霞：《特色养老——世界养老项目建设解析》，江苏科学技术出版社2016年版。

（刘中升，对外经济贸易大学国际经济贸易学院；
刘焕性，北京大学光华管理学院）

德国社会保障体系应对人口老龄化的主要举措及启示

韩非池　关　博

人口老龄化是目前世界各国普遍面临的重大问题。上世纪80年代，德国进入老龄化社会，成为世界人口老化最为严重的国家之一。由于进入老龄化社会较早，德国也是世界上最早开始系统应对老龄化的国家之一。老龄化给德国经济社会各个领域带来了巨大的挑战，其中又以社会保障体系的压力最为突出。近年来，随着年轻人口下降和老龄人口增多，德国社保体系收支压力迅速加大。为应对老龄化给社保体系带来的财务危机，德国政府采取了一系列措施，比较有效地控制了人口年龄结构变化给社保体系带来的风险。

一、德国经济总体形势和社会保障基本情况

2010 年以来,德国平稳克服欧债危机负面影响,经济持续保持强劲增长,并呈现出连年提速的态势。2017 年德国实现国内生产总值 3.2 万亿欧元,同比增长 2.2%,较 2015 年和 2016 年分别提高了 0.5 和 0.3 个百分点,创六年来新高,连续第八年保持增长。主要经济指标持续向好。一是物价水平总体稳定。2017 年全年消费物价指数为 1.8%,低于 2% 的通货膨胀控制目标。二是产业规模持续扩张。采购经理人指数连续 9 年处于荣枯线之上并不断攀升,其中制造业采购经理人指数 2017 年三季度升至 61%,为欧债危机以来最高值。三是对外贸易竞争优势明显。德国欧元区实际有效汇率在 2017 年贬值至基期的 90%,低于欧盟平均水平 5 个百分点。四是联邦财政预算持续盈余。2017 年联邦财政连续四年保持着预算盈余态势,盈余规模为 384 亿欧元,占 GDP 的比例为 1.2%,再创历史新高。投资、消费、公共支出、出口分别增长 3.5%、2%、1.4%、4.7%。五是就业形势稳中有进,就业总人数约为 4 430 万人,同比增长 0.15%;失业率为 5.7%,同比下降 0.4 个百分点;失业人数约为 170 万人,同比减少 4.5%。

在社会保障领域,以社会救助和哈茨失业金(Hartz)制度为托底,以包括基本养老保险、法定健康保险、失业保险、长期护理保险在内的社会保险制度为主体,以职业养老金、李斯特养老金(Riester Pension)和补充健康保险为补充的多层次保障体系不断完善,社会保障覆盖率达到 90% 以上,基本实现"应保尽保"。

一是困难群体坚实托底。德国托底保障制度以社会救助和哈茨失业金制度为基础,其中社会救助制度重点覆盖残疾人、哺乳期女性等就业困难人员,哈茨失业金以社会救助为基础框架,面向长期失业人员提供政策性托底。两项制度完全由财政补助筹资,联邦财政和州财政按照 80% 和 20% 的比例分别分担筹资责任,待遇水

平以满足个人和家庭基本生活消费为标准，综合考虑住房、供暖等必要成本，目前单身成年人救助标准为每月 409 欧元。

二是就业人员应保尽保。基本社会保险是德国社保体系的主体制度，包括基本养老、基本医疗、失业、工伤事故和长期护理五项保险制度（见表 1）。总体来看，德国基本社会保险制度具有如下特征：**现收现付筹资。**由雇主雇员按照一定比例缴费，目前总费率在 39% 左右，其中基本养老保险约 18.6%，基本医疗保险约 15%，失业保险约 3%，护理保险约 2.55%。**全民法定参保。**所有正规就业人员和部分符合条件的灵活就业者均有缴纳社会保险的义务，其中基本养老和基本医疗保险已分别覆盖就业人员的 74% 和 90% 以上。**合理确定标准。**基本养老保险替代率在 67% 左右，平均养老金水平约 1 396.35 欧元，占老年群体老年经济收入的 70% 以上，失业保险替代率稳定在 60%，医保个人自付比例约 1.8%，均在高收入国家位于适中水平。**坚持收入关联。**在基本保险系统内，坚持收入关联和长缴多得原则，基本养老保险待遇水平以缴费年限和缴费工资为确定依据，失业保险、工伤事故保险的待遇均与缴费期的收入直接关联。为了规范待遇与收入关联带来的逆向再分配效果，基本养老保险确定了缴费基数下限，目前西部和东部地区月缴费上限分别为 6 350 欧元和 5 700 欧元。

表 1　德国主要基本保险制度

险　种	基本养老保险	基本医疗保险	失业保险	工伤事故保险	长期护理保险
建立时间	1889 年	1883 年	1927 年	1884 年	1995 年
费率	约 18.6%	约 15%	约 3%	约 2.4%	约 2.55%
缴费主体	雇主雇员共担	雇主雇员共担	雇主供款	雇主供款	雇主雇员共担
保障水平	替代率约 67%	目录内个人自付比约 1.8%	给付期内替代率约 60%	给付期内替代率水平为 90%	根据失能等级和护理方式按月给付 125 欧元至 2 005 欧元

三是多支柱保障结构已经定型。本世纪以来，德国高度重视多支柱保障体系建设，通过税收优惠、直接补贴、扩大投资方式等手段提升对补充养老保障的支持力度。据德国劳动和社会事务部专家介绍，目前德国已经有70%的就业人员被职业年金和个人自愿养老储蓄计划覆盖，其中职业养老金覆盖比例为57.0%，个人自愿养老储蓄李斯特计划覆盖比例为33.8%。在第二、第三支柱支持下，退休人员综合养老保障替代率超过80%。

二、德国的人口老龄化情况

伴随着人口预期寿命延长和少子化趋势，德国人口年龄结构快速老化。国际上通常认为，当一个国家或地区60岁以上老年人口占人口总数的10%，或65岁以上老年人口占人口总数的7%，即意味着这个国家或地区处于老龄化社会。当65岁以上老年人口比例达到或超过14%时，该国家或地区就进入了“超老龄化社会”。从20世纪80年代开始，德国步入老龄化社会。统计数据表明，1980年德国人平均年龄为37.1岁，比1970年增加了2.2岁（增加了6.3%）。而1970年的平均年龄34.9岁与1960年的平均年龄34.8岁相比之下几乎没有变化。1990年比1980年增加了1.7岁（增加了4.6%），2000年又比1990年增加了1.4岁。1980年至2000年平均年龄相对缓慢增长的原因，来源于外来人口和东西德统一。在这两个因素消化之后，2010年比2000年再猛增了2.6岁。2010年德国人平均寿命达79.80岁，其中男性达77.70岁，女性达82.74岁。

同时，近年来德国的生育数量一直保持在每位母亲平均生育将近1.5个孩子，这个数字远远低于维持人口规模所需的2.1个孩子的水平。在2015年的生育率对比中，德国的数据也低于半数欧盟国家。在一代人的时间里，德国夫妇中不愿意生育的比例增长了将近一倍：1937年出生的女性仅有11%不愿生育，而1967年出生的女性这一比例则已达到21%。长期以来，德国每年的人口自然增长率都为负值，即出生人口少于死亡人口。据统计，即便算上新移民的数量，德国的总人口在近十年来也一直在减少。目前德国 65 岁以上老年人已经占人口总数的 34.1%，已进入“超老龄社会”，是世界上老龄化程度最为严重的国家之一。据预测，2025 年 65 岁以上人口占总人口比例还将攀升至 41%，2050 年达到 56% 以上。

人口老龄化对德国经济和社会生活的影响不断加深。一方面，老龄化使德国经济增长的潜力削弱；公共财政负担加重；并由此导致城乡差距拉大、失业率上升、社会心理问题等不良后果。老年人口比例不断上升导致劳动力资源短缺，劳动力价格上涨。同时，德国福利体系带来的高税负随着人口老龄化更加沉重，无形中增加了企业的生产成本，影响国家经济发展。一些纳税大户甚至为了躲避税收，选择外迁或投资国外。另一方面，老年人口的增加对社会服务提出了更高要求。2009 年，230 万德国人需要护理，而这一数字在 2030 年将增至 330 万人左右。目前社会养老模式主要有居家养老和机构养老两种方式，居家养老是指老人居住在家中，由社会来提供养老服务的一种养老方式；机构养老是指将老人集中在专门的养老机构中提供专业照顾和医疗护理服务以进行养老的方式。这两类养老方式都需要德国社会提供配套的公共服务。

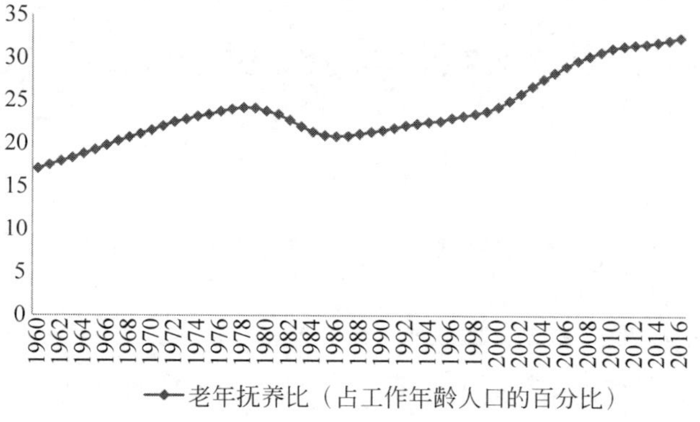

图 1 德国老年抚养比

数据来源：世界银行。

三、德国社会保障体系由于人口老龄化问题面临的财务风险

德国的人口老龄化直接动摇了社会保险的现收现付制基础,各类基本保险制度面临严重的财务失衡风险。

一是各类基本保险制度支出规模快速增加。德国养老金协会介绍,男性和女性退休者领取基本养老保险年限分别由2001年的13.8年和18.9年,提高到2015年的17.5年和21.7年,制度对退休人员的支付责任大幅增加。联邦统计局数据显示,到2021年德国基本养老保险、基本医疗保险和长期护理保险支出规模将分别增加15.1%、15.4%和9.9%。

二是制度抚养结构恶化使稳定筹资面临挑战。德国基本养老保险的制度内抚养比缴费人数/领取待遇人数已经由1972年的4.2∶1快速降至2014年的2.0∶1。德国雇主协会表示,如不及时进行结构性改革,德国法定社会保险总费率将在2040年提高至48%,严重削弱德国企业的国际竞争力。

四、德国在社会保障领域应对人口老龄化的主要做法

为应对社会保障收不抵支的压力,德国从鼓励老年人就业、提高退休年龄上限、完善社会保险制度等方面出台了一系列政策措施,夯实社保基础、提高社会保障水平。

(一)促进大龄劳动者就业,改善社会抚养结构

一是为大龄劳动资源就业消除障碍。立法消除就业年龄歧视,明确除飞行员等特殊行业,不能把年龄作为求职者就业资格参考依据,在雇佣人员超过10人的企业里,老年劳动者享受免受解雇的优先权。放宽大龄劳动者劳动合同限制,在2007年《劳动合同法》中,

规定52岁以上劳动者可以无条件签署固定期限合同,为雇主选择大龄劳动者创造了便利条件。

二是大力提升老年人就业能力。启动促进老年人再就业项目,制定差异化职业技能培训方案,在老年大学教育中注重帮助老年人更新与数字化相关的新就业技能,支持老年人从事适应个人知识技能和身体承受能力的工作岗位。据联邦统计局测算,目前每100名就业人员中,超过65岁的大龄劳动者有35人,到2020年将达到49人。

(二)加强和改善就业和社会保障信息管理,为决策提供高效可靠依据

一是做好劳动就业信息管理,为研判就业水平及结构提供可靠参照。德国建立起了独立且完善的就业统计、就业失业登记等信息管理制度。一方面,所有失业人员需依法向联邦劳工局进行失业登记,并以此作为失业保险金和其他保障申领的前提条件,依据全样本登记形成了失业率指标。同时,联邦统计局独立依法开展劳动就业统计,以科学抽样为基础,通过委托调查、调查问卷等多种形式,评估就业市场总体情况,形成调整后失业率。目前,调查前失业率与调查后失业率差值稳定、同向波动,信度较好。此外,联邦劳工局依据就业失业登记数据,定期面向劳动者和用人单位双方反馈包括岗位空缺数量、需求结构、失业人员信息等方面的情况。相关制度一定程度上解决了就业管理信息不准确、就业决策机制不规范和岗位供需不透明问题,为就业指导、企业招工、劳动者求职提供科学的依据。

二是定期开展基本养老保险评估,准确判断制度运行安全性。根据联邦劳工和社会事务部介绍,根据相关法律规定,德国政府有义务定期对基本养老保险财务平衡情况、老年人养老金充足水平、养老金改革政策可行性和社会认可度情况进行信息整理,并出具报

告上报议会，帮助联邦议会准确评估养老基金支付责任规模和制度运行状况，为出台养老金改革法案提供决策参考。目前，定期上报的信息报告包括三项：养老金财务精算报告、老年人生活状况报告和延迟退休改革报告（见表2）。

表2 德国政府对基本养老保险信息报告情况

报告名称	报告频次	报告内容	主要作用
养老保险年度精算报告	每年11月30日	精算基本养老保险下一年支付规模，预估经济和就业形势对制度收入影响	作为确定制度费率调整和财政补助资金规模的主要依据
养老保障报告	每四年进行一次	评估65岁以上老年人生活状态和质量	判断德国基本养老保险、职业养老金、李斯特养老金及其他养老保障制度供给是否充足适度
延迟退休年龄改革报告	每四年进行一次	评估社会对延迟退休年龄的接受认可程度	及时对延迟退休幅度、频次和涉及人群进行微调

（三）积极推进社保参量改革，提升基本保险可持续性

一是渐进式延迟退休，减轻基本养老保险支付责任。在2007年养老金改革法案中，明确从2012年起对新退休人员按照每年提高1个月的渐进式方式延迟法定退休年龄。同时，制定并实施弹性退休政策，对申请提前退休人员给予每年0.003养老金计算基数的“惩罚”，对于自愿延后退休的劳动者在养老金计算基数上给予每年0.005的奖励，鼓励参保人员自愿延后退休。目前，德国男性和

女性实际退休年龄已经分别由2005年的63.2岁和63.1岁，提高到2017年的63.9岁和64.2岁。

二是落实精算平衡，建立养老和医疗风险调整机制。一方面，在基本养老保险待遇给付基数测算中引入精算平衡因子，根据缴费率、基金收支、制度赡养结构等因素确定待遇基数现金价值。同时，建立基本医疗保险风险平准机制，由联邦卫生部统筹提取基本医疗保险保费，并按照基金支付需求精算结果进行分配，平衡不同基本医疗保险机构的人口年龄结构和疾病风险分布差异。

三是优化服务分级评估，规范长期护理基金支付。针对护理保险三级服务体系下带来的资金浪费问题，德国在2015年重新制定护理服务分级机制，以行动能力、认知能力、交流能力以及心理方面等8个方面88条标准为依据，进行五级分级管理，降低轻度、轻中度失能人员的给付标准，规范失能津贴给付标准，并统一机构护理个人自付为580欧元，抑制低等级失能人员过度接受机构护理的动机（见表3）。

表3 德国长期护理保险支付标准 （单位：欧元）

护理等级	1级	2级	3级	4级	5级
护理津贴	—	316	545	728	901
门诊护理	125	689	1 289	1 612	1 995
护理机构	125	770	1 262	1 775	2 005
个人自付	—	约580	约580	约580	约580

（四）依据多方共担原则，合理强化政府和家庭对于应对老龄化的责任

一是发挥财政“最终保险人”作用，对基本保险制度动态兜底。联邦劳动和社会福利事务部对上财年基本养老保险运行情况进行评估，及时确定制度财务状况并调整费率，当财年末基金结算时出现不足部分，政府财政全额兜底。同时，政府对支付孕产期妇女、儿

童、失业人员等无参保能力群体的保费提供直接补助，确保应保尽保目标落实。目前，政府财政对基本养老保险的年补助比例稳定在24%左右。

二是确定企业和个人缴费水平上限，实现老龄化风险多方共担。根据2002年《基本养老保险可持续发展法案》，明确到2020年保险费率稳定在20%以内，到2030年费率不超过22%。在既定费率水平下因人口老龄化带来新增支付需求，由政府财政补助化解，形成了政府、企业和个人共担老龄化风险的格局。

三是建立财政直接补助机制，鼓励发展个人储蓄养老。针对养老第三支柱发展长期滞后、基本养老保险财务责任过重的情况，2001年德国启动了李斯特养老金改革，由联邦财政按照不低于175欧元的水平对建立李斯特个人账户的就业人员进行补助，对于中低收入者，补助资金占比甚至达到总储蓄额的89%，形成了累进的再分配效应。在联邦补助资金引导下，社会自愿储蓄养老需求全面释放。李斯特保单数量已经由2001年的不足200万份快速增长至2017年的约1 600万份，覆盖人数占就业人口的33.8%。

四是建立护理保险家庭津贴机制，鼓励家庭内部互助继续发挥作用。人口老龄化伴随着家庭结构小型化，德国传统大家庭制度也趋于瓦解。为了鼓励不同代家庭成员同住，恢复家庭内部互助机制，并适度减轻社会护理机构服务压力，德国在长期护理保险待遇确定中设置了家庭津贴支付方式，面向照料2级以上失能老年人的家庭成员提供直接现金给付，补助金额从316欧元至901欧元递增。

五、政策建议

我国与德国尽管处于不同的发展阶段，但在人口年龄结构转变方面，面临着相似的风险与挑战。2017年我国60岁以上老年人口已经达到24 090万人，占总人口的17.3%，“渐富快老”矛盾突出，并带来主要社保制度赡养比失衡、基金支付压力加大、高龄失能老年人护理需求增加等问题，对社会保障制度可持续发展提出了更高要求。

当前，中国特色社会主义进入了新时代，我国社会主要矛盾已经转化为人民日益增长的美好生活需要和不平衡不充分的发展之间的矛盾，人民美好生活需要日益广泛，社会政策保障和改善民生任务也更加艰巨。社会保障是社会政策的重要内容。当前和今后一段时期，要以习近平新时代中国特色社会主义思想为指导，全面落实党的十九大精神和十九届二中、三中全会精神，围绕“两个一百年”奋斗目标，按照高质量发展的要求，借鉴德国等各国先进经验，加快推进基本公共服务均等化，按照兜底线、织密网、建机制的要求，全面建成覆盖全民、城乡统筹、权责清晰、保障适度、可持续的多层次社会保障体系，既尽力而为、又量力而行，使人民获得感、幸福感、安全感更加充实、更有保障、更可持续。

（一）开发老年人力资源，降低社保体系抚养压力

一是建立健全老年人再就业市场。大力发展老年人才市场，建设老年人力资源网络咨询服务数据中心，为老年人力资源提供市场信息、帮助供需见面、签订劳动合同等。完善老年人力资源使用和老年人力资源流动制度，规范再就业渠道。**二是**营造老年人和谐公平的就业环境。加快出台相关法律法规，为老年人继续就业提供法律保障，保障其合理的工作时间和工资水平。引导企业转变观念，消除歧视心理，公平录用符合条件的老年人。鼓励用人单位根据自身的特点，制定灵活的聘任制度，吸引有资格的老年人就业。**三是**加强老年人继续教育。大力发展老年人再教育平台，开展终身学习，引导老年人充分利用老年大学、网络课程、老年培训班等各类资源进行再学习，增加自身的知识储备，提升回归社会的能力。

（二）着力建成多层次社保体系

一是扩大企业年金、职业年金覆盖范围。加快推进机关事业单位依法建立职业年金制度，落实税收优惠政策，试点自动加入机制，鼓励更多有能力的企业建立企业年金计划。进一步放开年金市场，切实提升基金管理效率和产品管理水平，切实改善年金制度的保障能力和效率。**二是**更加充地分发挥补充医疗保险在解决基本医保之外需求方面的保障作用。适时提高补充医疗保险税收优惠比例，建立统一的补充医疗产品指引，允许补充医疗保险适度报销特需门诊费用，加强补充医疗保险在便捷挂号、陪同就医、协助护理等方面的保障力度，改善就医体验。**三是**丰富多层次保障产品供给。加快推进个人税收递延型养老保险制度落地，进一步优化税优健康险参保和缴费办法，支持商业保险机构开发更多类型与基本养老和基本医疗保险衔接的商业养老保险、商业健康保险产品，满足个人和家庭在风险保障、财富管理和补充保障等方面的需求。

（三）完善社会保险领域防风险举措

一是推进职工基础养老保险全国统筹。制定并实施中央调剂金方案，逐步提高调剂金提取比例，在全国范围内共担老龄化风险，平衡地区间保障负担。**二是**健全完善待遇确定和调整机制。规范职工基本养老保险待遇调整办法，综合考虑财政负担能力、制度收入情况和过去缴费贡献来确定待遇调整比例。**三是**完善医保支付制度。坚持总额预算管理，重点推进按病种付费，扩大按疾病诊断分组付费和点数法试点范围，构建多元复合式医保支付方式，规范过度医疗行为，联动医疗卫生服务体系改革，切实减轻城乡居民就医的经济压力。**四是**加快形成有可操作性的护理保险制度框架。及时总结护理保险试点经验，汲取先行国家护理保险制度建设经验教训，合理确定筹资标准，规范保障对象范围和支付方式，建立更加科学的失能分级评估和护理成本补偿机制，改善基金支付效率，避免形成“空前绝后”的福利“陷阱”。

参考文献

1. 曹莹：“德国应对人口老龄化的相关政策及启示”，《重庆科技学院学报（社会科学版）》2012 年第 10 期。
2. 陈飞飞：“人口老龄化与德国法定养老保险制度改革”，《德国研究》2006 年第 4 期。
3. 厉以宁：《工业化与制度调整》，商务印书馆 2015 年版。
4. 梅红光：“德国养老护理制度的启示”，《人口与计划生育》2007 年第 11 期。
5. 穆怀中：《社会保障制度国际比较（第三版）》，中国劳动社会保障出版社 2014 年版。
6. 彭嘉琳：“从德国、西班牙人口老龄化现状谈我国应采取的对策”，《中国护理管理》2007 年第 4 期。
7. 苏春红：“德国社会保障制度述评”，《山东社会科学》2005 年第 8 期。
8. 杨绮、米红：“中德两国人口老龄化水平与社会养老保障制度的比较研究”，《人口学刊》1999 年第 6 期。

（韩非池，国家发展和改革委员会；
关博，国家发展和改革委员会宏观经济研究院社会发展研究所）

人口老龄化背景下PPP模式在我国养老服务产业中的应用分析

代　魁

一、人口老龄化带来的养老问题

根据国家统计局最新统计显示，截止到2017年年底，我国60周岁及以上人口总数为24 090万人，占总人口的17.3%，其中65周岁及以上人口总数15 831万人，占总人口的11.4%，远远超过了世界公认的人口老龄化国家60岁以上10%，65岁以上7%的认定标准，我国不仅仅早已进入人口老龄化国家的序列且老龄人口超标严重。按照全国老龄办的估计，到2050年前后，我国老年人口数量将达到 48 700 万人的峰值，占总人口数的 34.9%，人口老龄化程度不断加大已成为必然的趋势，如何解决超过人口总数三分之一的老年人口的养老成为了我国未来无法回避的问题。

就目前来看，我国老年人口的养老方式主要分为居家养老、社区养老和机构养老，居家养老指老年人居住在自己或血缘亲属的家庭中，由其他家庭成员提供养老服务；机构养老指老年人集中居住在特别的养老机构中，养老机构提供专业的医疗及养老服务，但是探望一般不够便利；社区养老指老年人居住在自己家中，由社会提供商业化的养老服务，老年人居住在自己熟悉的环境里，既可以得到适当的照顾，也随时欢迎子女的探望。受中国传统文化的影响，长期以来我国老年人选择机构养老方式的意愿不强，据不完全统计，目前我国老年人居家养老、机构养老和社区养老的比例分别为 96%、3% 和 1%，可见绝大部分老年人选择了居家养老的养老方式。但随着我国人口老龄化程度的不断加大，以及计划生育政策期间产生了大量独生子女，居家养老的供养需求不断增加但供养来源却不断减少，供需出现严重偏离，居家养老方式难以为继，未来我国老年人的养老方式由居家养老向社会养老转变成为了必然的趋势。

社会养老包含了社区养老和机构养老，我国作为一个未富先老的国家，在进入人口老龄化时人均收入仅为 1 000 美元，而美国在进入人口老龄化时的人均收入已超过了 5 000 美元，目前我国正处于经济转型发展期，政府不具备大规模采购社区养老服务及建设养老机构的能力。受此影响，我国社区养老服务和养老机构供给严重不足，服务和设施质量低下已成为了我国社会养老存在的普遍问题。以机构养老为例，随着人民生活水平的不断提高，以及受教育程度的提高，老年人群特别是新步入老年阶段的人群对于机构养老的接受程度也不断增加，据相关抽样调查分析，随着时间的推移，我国老年人口愿意采取机构养老方式养老的比例呈现出不断增加的趋势，抽样范围最广的东三省和全国范围值均在8%左右[1]。如果不考虑2014年至2017年三年间的愿意选择机构养老的比例的增加，按照2017年全国老年人口24 090万估算机构养老床位的需求量为1 927万张，而根据2018年年初民政局的统计数字，我国养老机构床位共计约730万张，养老机构供求矛盾十分突出。

总的来看，我国目前虽然初步建立了以居家为基础、社区为依托、机构为支撑的养老服务体系，但随着人口老龄化程度的不断加深，人民生活水平的不断提高，养老方式将由居家养老向社会养老转变；受限于经济发展水平，政府在养老服务产业上的投入有限，养老服务供需失衡严重。

二、PPP模式与养老服务产业的对接

PPP模式被广泛应用于公共服务及基础设施建设中，养老服务产业包含养老场所建设、医疗服务、生活服务、老年娱乐服务以及相关养老产品的研发等等内容，属于公共服务的一种，具有显著的外部性，这使得PPP模式与养老服务产业对接成为可能。

（一）PPP模式

PPP（Public-Private-Partnership），即政府和民营资本合作，是公共基础设施中的一种项目运作模式。在该模式下，鼓励私营企业、民营资本与政府进行合作，参与公共基础设施的建设。PPP模式通过引入民营资本参与公共事业，一方面有效缓解了政府的财政负担，降低项目总体成本，另一方面推动政府角色的转变，由公共服务的直接提供者转向监管者，从而有效提高公共服务的质量。同时，民营资本能够与政府优势互补，风险共担，形成互利的长期目标，能

[1] 参见王经绫、华龙："PPP机制应用于我国养老机构建设的必要性研究"，《经济研究参考》2014年第52期。

够以最有效的成本为公众提供高质量的服务。PPP模式起源于英国，在欧美国家被广泛应用于医院、学校、机场、铁路等公共基础设施中。

（二）PPP模式应用于养老服务产业的可行性

1. 符合国家政策导向

长期以来国家鼓励民营资本参与养老事业，在近五年国家密集出台了一系列政策措施，特别是2014年9月23日施行的《财政部关于推广运用政府和民营资本合作模式有关问题的通知》（财金〔2014〕76号）中明确肯定了“养老服务设施”属于适宜采用PPP模式的范畴，再到2015年5月19日施行的《国务院办公厅转发财政部发展改革委人民银行关于在公共服务领域推广政府和民营资本合作模式指导意见的通知》（国办发〔2015〕42号）规定鼓励“养老领域”采用PPP模式实施，这进一步扩大了民营资本参与养老事业的深度和广度，并大幅增加了政府支持力度。具体来看，主要包括以下几个方面：

（1）明确民营资本可投资养老领域。除上述文件外，随后发布的一系列规定基本确立了民营资本可参与的养老领域，涵盖居家和社区养老服务、机构养老服务、养老产业、医养融合等。

（2）明确养老领域与民营资本合作的具体方式。在民发〔2015〕33号文等文件中，鼓励民营资本通过独资、合资、合作、联营、参股、租赁等途径，采取PPP等方式参与医疗、养老设施建设和公立机构改革。

（3）投融资政策。在国发〔2015〕35号等文件中提出了如下投融资支持措施：政府通过财政贴息、补助投资、风险补偿、小额贷款等方式支持养老服务业的信贷需求。拓宽信贷抵押担保物范围，允许民办养老机构利用有偿取得的土地使用权、产权明晰的房产等固定资产办理抵押贷款，不动产登记机构要给予办理抵押登记手续。

（4）土地供应政策。国办发〔2017〕21 号等文件将养老领域用地纳入土地利用总体规划、城乡规划和年度用地计划，农用地转用指标、新增用地指标分配要适当倾斜。符合划拨用地目录的，依法可按划拨方式供应。对可以使用划拨用地的项目，在用地者自愿的前提下，鼓励以出让、租赁方式供应土地，支持市、县政府以国有建设用地使用权作价出资或者入股的方式提供土地，与民营资本共同投资建设。

（5）价格管理及税费优惠政策。在发改价格〔2015〕129 号等文件中规定养老机构用电、用水、用气、用热，按居民生活类价格执行。除公立医疗、养老机构提供的基本服务按照政府规定的价格政策执行外，其他医疗、养老服务实行经营者自主定价。对养老机构提供的养护服务免征营业税，对非营利性养老机构自用房产、土地免征房产税、城镇土地使用税，对符合条件的非营利性养老机构按规定免征企业所得税。

总的来看，国家不仅为 PPP 模式应用于养老服务产业提供了准入政策，而且还在投融资、土地使用、税收及定价上提供了全方位的政策支持，将 PPP 模式应用于养老服务产业符合国家政策导向。

2. 业务特点耦合

养老服务产业与 PPP 模式在业务特点上具有很强的耦合性，这决定了 PPP 模式在养老服务产业上的适用性。首先，PPP 模式主要应用于公共服务和基础设施建设领域，而养老服务产业属于公共服务领域，具有明显的外部性。其次，PPP 模式开展的项目具有周期长、投入大、回报慢的特点，养老服务产业前期投资大，收益周期长，两者对接具备一定的基础。最后，PPP 项目虽然周期长、投资大、收益慢，但总体来看在政府的保障下参与其中的民营资本能够获得长期稳定的收益，这个收益虽然不一定是暴利，但却十分稳定。同样地，养老服务产业属于准经营性质的产业，在与政府建立合理的回报机制后，民营资本能够通过提供养老服务获取长期稳定的收益，二者在收益回报上也具备天然的耦合性。

3. 参与主体取长补短

在养老服务产业中开展 PPP 模式,能够让政府和民营资本充分发挥各自优势,取长补短,互利共赢。具体体现在以下几个方面:首先,随着我国老龄化程度的加深,对于养老服务的需求快速增长,养老服务供需矛盾突出,政府财政压力巨大,而同时随着我国经济发展进入"新常态"以及供给侧改革的不断深入,存在大量的社会存量资本,在政策的引导下,将这部分存量资本通过 PPP 模式引入养老服务产业,既缓解了财政压力,又使社会资本获得稳定的收益,形成共赢的局面。第二,虽然我国养老服务市场潜力巨大,但其具有投资大、周期长、风险高的特点,使得众多民营资本不敢独身进入,而 PPP 模式通过政府的参与,由政府兜底,有效解决了民营资本进入的风险问题。第三,民营资本在参与项目的过程中不仅仅提供了资本,还带来了更加经济、科学的管理运营模式以及技术人才,能够有效降低项目成本,提高服务质量。

总的来看,将 PPP 模式应用于我国养老服务产业不仅符合国家政策导向,且在业务特点上具有天然的耦合性,能够有效缓解财政压力,提高养老服务供给效率和质量,对我国养老服务产业的发展以及应对人口结构老龄化有着重要意义。

三、我国养老服务产业 PPP 模式现状及问题

我国养老服务产业 PPP 模式起步较晚,无论是从项目数量还是项目规模上看,均处于起步阶段,虽然近几年在政府大力支持下得到了快速发展,但不得不承认我国在将 PPP 模式应用于养老服务产业的过程中仍然存在着大量的问题。

(一)我国养老服务产业 PPP 模式的应用现状

根据财政部 PPP 项目库的数据显示,近五年来,我国养老服务

产业 PPP 模式的项目呈现出较快增长，累计项目数从 2012 年的 3 个增加到 2017 年的 322 个，其中以山东省、贵州省、河南省的项目数为首，分别为 46、43、31 个，超过总项目数量的三分之一。在发起者方面，政府作为绝大多数项目的发起者，占总项目数的 91%，剩余 9% 的项目由社会资本发起。在回报机制方面，主要采取使用者付费机制，占项目总数的 70%，而政府支付方式的仅占 3%，剩余 27% 为可行性缺口补助。在项目规模方面，我国养老服务产业 PPP 模式的投资规模主要集中在 1 亿—10 亿元之间，该区间的项目占项目总数的 58%，1 亿元以下的占 24%，10 亿元以上的占 18%。从投资年限上看，主要集中在 20—30 年区间段，占项目总数的 62.1%，10 年以内的占 6.9%，10—20 年的占 25.9%，30 年以上的占5.2%。在运作模式方面，以 BOT（建设—运营—移交）模式为主，占总数的 55%，BOO（建设—拥有—运营）模式占 28%，TOT（转让—运营—移交）模式占 5%，其余的占 12%。可见，我国目前养老服务产业 PPP 模式的分布不均，模式相对固化单一，发起者多为政府，回报机制主要依靠使用者付费，投资规模和年限集中在 1 亿—10 亿元和 20—30 年，运作模式主要采用 BOT 模式[1]。

此外，从已有项目的进展情况来看，PPP 项目主要分为识别阶段、准备阶段、采购阶段、执行阶段和移交阶段。识别阶段的任务是选择适用于 PPP 模式的项目；准备阶段包括管理架构组建、实施方案编制、实施方案审核；采购阶段包括资格预审、采购文件编制、响应文件评审、谈判与合同签署；执行阶段包括项目公司成立、融资管理、绩效监测与支付、中期评估；移交阶段包括移交准备、性能测试、资产交割和绩效评价。一般情况下我们认为 PPP 项目完成采购阶段，进入执行阶段才算真正落地。截止到 2017 年年底，我国养老服

〔1〕 由财政部政府与社会资本合作中心公开数据整理得出，http://www.cpppc.org:8086/pppcentral/map/toPPPList.do。

务产业 PPP 模式落地项目总数为 74 个,涉及金额 587.43 亿元,占比约为 10%,识别阶段项目占比约为 61%,准备阶段项目占比约为 19%,采购阶段的项目占比约为 10%,尚未有项目进入移交。可见,养老服务产业 PPP 项目落地占比较低,大部分项目仍然处于项目识别阶段。

(二)我国养老服务产业 PPP 模式存在的问题

1. 区域差距明显,且分布不均

我国养老服务产业 PPP 模式项目回报机制以使用者付费为主,而我国不同地区、城市与农村的老龄人口的收入差距较大,这就造成了我国养老服务产业 PPP 模式向经济发达、人口密集、收入较高的城镇地区聚集,这无疑加剧了欠发达地区与发达地区养老服务产业的差距。此外,基于使用者付费的回报机制导致不同地区养老服务质量的差距加大,发达地区护工与老人的比例是多对一,欠发达地区则是一对多。

2. 运作模式、回报机制单一

我国养老服务产业 PPP 模式中采用 BOT 和 BOO 模式的占项目总数的 83%,而这两种模式在前期需要大量的资本投入,利息偏高,风险偏大,虽然应用广泛,但不是所有的项目都适用。我国不同地区经济发展情况不同,老龄人口的消费习惯、生活习惯、健康状态以及养老需求不尽相同,简单地照搬 BOT、BOO 模式,使项目水土不服,责权不清,资金断裂,最终导致项目搁浅的情况时有发生。另一方面,目前,我国养老服务产业 PPP 模式项目的回报机制只有使用者付费、政府支付以及可行性缺口补助三种,其中以使用者付费为主,这与老龄人口缺乏支付能力相悖,也限制了养老机构获取效益的途径。

3. 绩效考核指标缺失,定价难度大

PPP 模式应用于养老服务产业不仅仅能够缓解财政资金压力,

更重要的是利用民营资本的灵活性、高效性,提高养老供给的效率和质量。但我国许多养老服务 PPP 项目过度关注人均住房面积、娱乐活动场馆、餐厅等硬件设施,而忽略了软件设施。造成这种结果的主要原因是缺乏完善合理的考核指标,没有将老龄人口的精神生活丰富程度、对服务的满意程度等软指标考虑进去。此外,对于养老服务的定价,一方面由于对养老服务的需求是多元化、差异化的,其收费标准也不尽相同,另一方面老龄人口的收入有限,要保障老龄人口能够老有所依老有所养,就需要政府对养老服务的价格进行干预,因此对于养老服务的定价既不能完全市场化也不能全由政府指定。

4. 政府职能有待完善

(1) 政府运营 PPP 项目的能力有待提高。

我国 PPP 项目模式和养老服务产业起步均较晚,目前运营模式相对单一,政府相关主管部门对 PPP 项目识别、准备、执行和监督的能力不足,更缺乏因地制宜灵活运用的能力。

(2) 政府购买服务缺乏科学预算制度。

一方面,目前我国养老服务 PPP 项目中,政府的购买责任不明确,在采购基准、服务绩效评价体系、监测监督标准,以及政府出资责任和购买服务的补偿方式等方面都还有待完善;另一方面我国养老服务 PPP 项目中政府多以按床位一次性补人头的方式进行补偿,而缺乏对于土地、房产、服务供给等的综合性制度安排。

(3) 缺乏有效的管理体制

政府目前尚未设立专门的 PPP 项目管理部门,对于 PPP 政策的制定缺乏长远的谋划,PPP 项目仍采用一般政府投资项目审批流程,多为一事一议,缺乏统筹规划。此外,各地政府乃至中央层面,对于 PPP 项目的相关规定尺度不一,对其推广造成了较大影响。

5. 法律界定模糊

PPP 项目能够顺利执行的前提是各方权益受到法律法规的保

护,特别是作为弱势方的民营资本更加需要法律法规层面的保障。但我国对于 PPP 项目的界定在法律法规中仍然模糊不清。首先,PPP 项目的采购适用于政府采购法还是招投标法,没有明确的界定。其次,PPP 项目最为核心的政府与民营资本的协议,属于民事合同还是一种行政协议目前也仍在争议之中。

四、养老服务产业 PPP 模式的国际借鉴

(一)美国经验

美国作为发达的市场经济体,早在上世纪 60 年代便将 PPP 模式应用在了养老服务产业中,经过几十年的发展,美国养老服务产业 PPP 模式已经十分成熟,对于我国养老服务产业 PPP 模式具有较高的借鉴性。

目前美国的养老模式主要有公寓型养老、社区型养老、护理型养老三种模式。公寓型养老模式类同于机构养老,能够为老年人提供高质量、高标准的服务,但收费往往较高;社区型养老模式具有较高的普遍性,能够满足大部分美国老人的养老需求;护理型养老模式类同于医养结合型养老,主要针对那些有医疗服务需求的老年人。三种养老模式各具特点,基本覆盖了所有养老需求类型。在 PPP 模式方面,现阶段美国养老服务产业主要采用以下三种模式:一是社会资本投资,公共部门运营管理;二是政府投资,社会团体运营管理;三是政府、社会团体、私人共同投资,由社会团体或私人运营管理。无论以何种模式开展的 PPP 养老服务项目,美国政府、社会团体、私人都能够达成良好的协作关系,产生了较高的社会综合效益,究其背后的原因主要有以下几个方面:

1. *健全的法律体系,完善的政策设计*

美国对于养老服务产业的 PPP 模式拥有一套健全的法律体系,早在 20 世纪 60 年代美国政府就出台了《老年法》、《多目标老人中

心方案》等法律法规，一方面保障老年人享受养老服务的权益，一方面鼓励社会资本进入养老服务产业[1]。此外，针对通过 PPP 模式进入养老服务产业的社会资本，政府给予一定的税收优惠政策和财政补贴，有效带动了 PPP 模式在养老服务产业中的应用。

2. 管理结构合理，政府主导作用明显

美国政府十分重视对老年人口的管理与服务，在各级政府中设立了专门的部门来具体负责与养老事业相关的工作。在联邦政府层面有卫生及公共服务部，州政府层面有专门的公共服务部，州以下有老年事业代理机构，且在全国各社区均设有老年服务中心，构建了覆盖全国老龄人口的服务网络。政府在 PPP 项目中起主导作用，是项目的安排者和提供者，一方面通过契约管理的模式，明确政府与社会资本的权利和义务，将市场机制引入养老服务产业，提高养老服务的供给效率和质量；另一方面，美国政府长期以来鼓励引导养老企业的发展，培育出了 NCP 等大型养老企业，有效解决美国养老服务供需平衡问题。

3. 合理的评估兑现体系

美国政府对于养老项目有着极为严格的监管和检查制度，政府对养老项目的运营和质量水平有着苛刻的标准。与此相对应，对于养老服务产业 PPP 项目也有一套严格的评估兑现体系，不仅考量设施等硬件指标，更加注重老年人的精神、幸福指标。这有利于养老企业不断提高自身服务水平，进行经验总结，同时兑现出来的资金能够再次投入到研发或提高服务质量上，形成一个良性的循环。

（二）新加坡经验

新加坡是亚洲地区少有的高福利国家，也是较早将 PPP 模式应

---

[1] 参见许白玲："公私合营（PPP）模式推进中国养老事业发展的路径探析"，《世界农业》2017 年第 6 期。

用于养老服务产业的亚洲国家之一，其在养老服务产业PPP模式方面有着丰富的经验，值得我们研究借鉴。新加坡政府将PPP模式应用于养老服务产业中，有效地将中央财政资金和社会资本进行融合，推动了养老服务产业的快速发展，具体特点有以下两个方面：

1. 多元化融资渠道

新加坡政府利用财政资金作为基础设立了大量地方养老产业基金，通过养老产业基金吸引私人资本、银行、保险公司等金融资本的进入，政府与各类社会金融资本的权利与债务约定均在养老产业基金框架下，有利于PPP养老项目的快速推动。此外，在养老基础设施建设方面，设立PPP项目公司，养老产业基金通过股权投资的方式撬动更多的社会、金融资本进入养老服务产业。

2. 政府引导支持与严格监管

首先，政府十分重视PPP模式在养老服务产业中的推广，成立了专门的人口老龄化研究委员会开展相关方面的研究和指导工作。其次，政府制定了多重优惠政策，对PPP模式中的社会、金融资本进行财政补贴，同时推行“双倍退税”的税收优惠政策，而且还允许该类养老机构面向社会融资。政府在大力推动养老服务产业PPP模式的同时，也设计了严格的监管机制，从多个方面对养老服务PPP项目进行监管，如《老人院法令》对养老机构的建设和管理标准进行了严格的规定，规定了养老机构和服务老人双方的权利义务。

可见，无论是美国还是新加坡的养老服务产业PPP模式，都离不开健全完善的法律法规保障体系，合理的管理体系和税收、财政政策，以及明确的政府主导角色。

五、我国养老服务产业开展PPP模式对策建议

（一）政府能力提升与职能转变

首先，通过上文分析可以看出，养老服务产业PPP模式能否得

到长远的发展，很大程度上取决于政府在 PPP 项目中的职能定位和所发挥的作用。而政府职能定位明晰准确的前提是政府具备很强的 PPP 项目专业能力，尤其是在养老服务产业 PPP 领域的专业能力。只有政府具备过硬的专业能力，才能设计出符合地区经济、人文特点，与实践接轨的引导政策和 PPP 项目。这需要政府主导，引入高校等科研机构和社会资本共同参与，建立养老服务产业 PPP 模式研究长效机制，搭建市场化的研究平台。并利用该平台宣传普及养老服务产业 PPP 模式的概念、运营方式，让各方特别是政府官员对该模式有更加深入的了解，帮助政府提高专业能力，设计优化项目模式，制定相关政策，推动政府职能转变。

其次，建立完善的监管体系。在养老服务产业 PPP 项目中，政府由原来的直接服务提供者，转变为引导者和监管者，政府如何对社会资本在项目的各个阶段进行有效的监管，同时又给予社会资本一定的空间，从而充分发挥其灵活优势，是养老服务产业 PPP 项目能否顺利推广的关键。对于养老服务产业 PPP 项目的监管主要涉及两个具体问题，一是评价指标体系的建立，二是定价模式的建立。在评价指标体系建设上，应该强调综合性，不仅包括设施情况等硬件指标，还应该包括老年人满意度、幸福指数等软指标，综合指标评价体系的建立有助于提高养老服务的质量，也有助于政府对养老服务产业 PPP 项目进行有效的监管和评估。在定价模式上，养老机构费用收取主要包含其运营成本和投资收益两部分，运营成本相对单一固定，比较好核算，难点在于投资收益的确定，这也是养老服务 PPP 项目的关键。过高的投资回报率，不仅会扰乱产业市场秩序，还会出现过度分配增加财政负担，而过低的投资回报率则会打击社会资本积极性，增加项目融资难度。比较合理的方法是委托专业第三方审计机构采用加权平均资本成本法（WACC）对项目的投资回报率进行估算，得出相对真实可行的投资回报率，双方以此为基础根据具体情况确定投资回报率。

最后,捋顺管理体系,加强政府部门之间的协调机制。明确财政部、发改委、民政部以及相关政府管理机构在养老服务PPP项目中的职责分工,建立从项目识别阶段到项目移交阶段标准化的养老服务PPP项目执行流程,明确政府各部门在各个阶段和流程中的职责。此外,建立政府部门之间、政府与社会资本之间的沟通协调机制,为项目的顺利执行提供必要的保障。

(二)多元化的融资模式

养老服务PPP项目具有公开、透明、规范化的特点,这有利于其采用多元化的融资方式。养老服务PPP项目多元化融资从横向上看,一是由政府创投引导基金或养老产业基金,通过阶段参股、跟进投资的方式吸引社会资本的进入,此外还能广泛吸收金融资本的投入。二是信托方式,信托一方面作为间接融资的平台,金融机构能够以理财产品的形式借助信托平台将资金发放到养老项目,另一方面可以成立SPV,进行结构性融资,为养老项目筹集资金。三是发行养老债券,养老服务PPP项目公司可以面向社会发行企业债券,用于养老设施的建设、养老服务的提供以及收购现有的养老设施等。四是互联网金融融资,一方面通过P2P设定固定收益类的金融产品实现P2P与PPP相结合,获得高效、低成本的债务融资,另一方面利用众筹与PPP相结合的方式,众筹融资投资人多、单笔投资小,具有投资风险小、投资渠道便捷的特点。养老服务PPP项目通过互联网展示自身优势与品质,通过众筹方式融资,能够获取低成本、快速的资金支持。

养老服务PPP项目多元化融资从纵向上看,项目不同阶段的资金需求、承担风险和现金流情况不同,对于资本结构、债务结构的需求也就不同。在项目执行过程中应该根据项目所处阶段采取不同的融资方式,如项目发起阶段可采用股权融资,项目建设阶段更多地使用银团贷款、夹层、信托、证券等融资工具,在项目运营阶段多采用资产证券化、IPO、股权转让以及专业投资基金长期持有等。

（三）健全法律法规

将 PPP 模式应用于养老服务产业并取得卓越成效的国家无一例外均有一套健全的法律体系，对养老服务产业及 PPP 模式有着详尽的规定，做到了政府与社会资本在养老服务 PPP 项目中产权清晰，责权明确。可见，健全的法律法规体系是养老服务产业 PPP 模式发展的重要基础。这需要我们在对现有相关法律法规进行梳理的基础上，结合我国经济文化特点，总结养老服务产业 PPP 模式在我国运行的经验，制定出统一的法律法规用来规范养老服务产业 PPP 项目的运营。此外，建议将 PPP 模式的立法定位于民商法，兼顾实体法和程序法，凸显政府与社会资本之间的平等合作关系。

参考文献

1. 班晓娜、葛稣："国外发展养老服务产业的做法及其启示"，《大连海事大学学报（社会科学版）》2013 年第 12 期。
2. 郝涛、徐宏、岳乾月、张淑钢："PPP 模式下养老服务有效供给与实现路径研究"，《经济与管理评论》2017 年第 33 期。
3. 胡改蓉："PPP 模式中公私利益的冲突与协调"，《法学》2015 年第 11 期。
4. 黄易、谢中欧、李玙璠："PPP 模式在养老产业中的应用前景分析"，《科教导刊（中旬刊）》2017 年第 9 期。
5. 蔺鹏、孟娜娜："供给侧结构性改革下中国养老产业的发展路径研究"，《海南金融》2016 年第 11 期。
6. 刘薇："PPP 模式理论阐释及其现实例证"，《改革》2015 年第 1 期。

（代魁，北京大学光华管理学院）

英国养老模式的启示和中国多元化养老模式的探索

孙珮　加雷斯·D. 迈尔斯（Gareth Myles）　赵祚翔

世界卫生组织的报告指出，根据人口结构的变化（图1），中国人口老龄化的问题日益突出。而中国人口老龄化速度的加快造成了养老服务需求的持续增加。

预计到2020年，中国60岁以上老年人口将增加到2.55亿人左右，占总人口比重17.8%左右；而高龄老年人将增加到2 900万人左右，独居和空巢老年人的数量将增加到1.18亿人左右。图2显示，到2050年中国60岁以上的老人，即需要养老服务的人口数量占总人口数量的比重将达到59.7%，比2010年的33.2%增长了26个百分点。

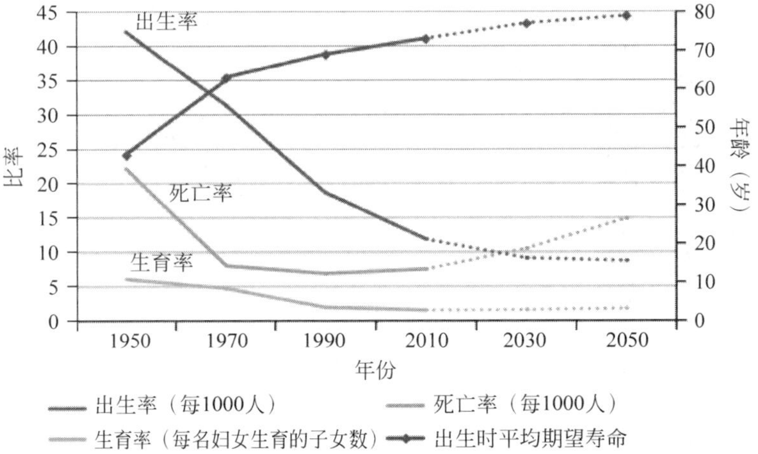

图1　1950—2050年中国人口变化特征

数据来源：UN DESA，2013；世界卫生组织，2016。

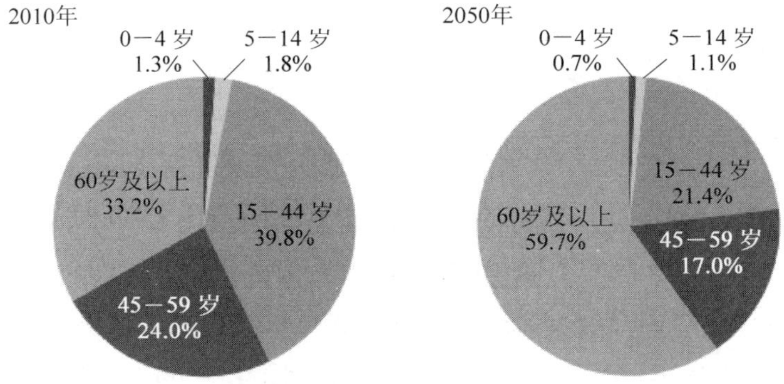

图2　2010年与2050年不同年龄段需要照护人数占总人口的比例

数据来源：世界卫生组织，2016年。

随着养老服务的需求增加，中国在老年人权益保障和养老服务业发展等方面的法规政策不断完善；基本养老、基本医疗保障覆盖面不断扩大，保障水平逐年提高，《中国老龄事业发展"十二五"规划》和《社会养老服务体系建设规划（2011—2015年）》所确定的目标任务也已基本完成。可以说，中国的老龄事业发展和养老体系建设已经取得了明显的进步。然而,从目前的情形来看,中国的老龄事业和养老体系建设还面临诸多挑战。《"十三五"国家老龄事业发展和养老体系建设规划》指出了中国养老产业目前面临的一些短板。比如,涉老法规政策的系统性、协调性、针对性、可操作性有待增强;城乡、区域老龄事业发展和养老体系建设不均衡问题突出;养老服务有效供给不足,质量效益不高,人才队伍短缺;老年用品市场供需矛盾比较突出;老龄工作体制机制不健全,社会参与不充分,基层基础比较薄弱等。因此,持续建设可持续性的养老体系显得尤为重要。本文将以英国的养老模式为参考,探索和讨论在建设中国特色多元化养老模式的过程中可能存在的问题和对策。

一、中国目前的养老模式及问题

中国目前的养老模式是以居家养老为基础,社区养老为依托,机构养老为补充的多元化养老模式。多元化养老模式的形成主要有四个方面的原因。首先,中国老龄人口的多层次和多类型结构导致了不同的老年人消费群体对养老需求差异化程度的提升,而多元化的养老服务供给可以促使养老资源的使用效率实现最大化。其次,政府在提高公共养老资源的规划和配置的过程中起到了良好的向导作用,政策支持力度比较大、政策覆盖领域相对广泛,这也推动了多元化养老模式的发展。第三,伴随着中国经济社会的发展,中国家庭的结构和功能的演变促进了多元化养老模式的形成。随着居民消费和个人生活方式的逐渐改变,传统的家庭养老被不断弱化。多元化养老模式的出现弥补与替代了部分传统家庭养老。而近年来,城镇化过程中凸显的空巢老人和留守老人现象也催生了在部分农村地区利用公共资源建立互助性养老机构的模式。另外,养老产品与服务技术的创新也在一定程度上拉动了针对养老产业的新的市场需求,给多元化的养老模式发展提供了新动力。

虽然多元化的养老模式在中国已经初步形成，但是，从大部分地区推行建设的养老形式的比例来看，目前这三种养老形式存在比较明显的比例失衡。其中，家庭养老的比率达到90%，占据核心地位，社区养老和机构养老的比率分别为3%和7%。具体来说，居家养老主要通过老年人的自我照料、家庭成员照料和社会化的居家服务来实现。虽然居家养老可以充分利用家庭的住房资源，而且更容易使老人得到亲情的慰藉和精神的满足，但是，对于中国大部分的小规模家庭而言，当老人自理能力减退甚至不能自理时，雇佣长期看护人员会造成一定的经济负担。而没有能力支付长期看护的家庭，则会由家庭成员承担起照料的责任，这也对家庭成员的事业和生活造成了很大的影响。机构养老的模式可以解决家庭养老模式中家庭成员照料精力不足的问题。养老机构致力于提供专业规范和个性化的服务，使不同健康状况的老人得到照料和护理。同时，老年人也有机会参与丰富的文娱生活和集体活动，保持一定的社会互动。然而，依赖养老机构为老人提供长期照料会对个人和家庭造成较大的经济负担。老年人在养老机构中，也面临着重新适应环境与重建社交关系的挑战。另一方面，中国目前养老机构的发展还不够专业化，一些地区对于患有慢性疾病的老人和失能老人的入住存在限制，并不能满足全部老年人的需求。社区养老可以让老年人在自己的家中受到照料，方便和子女亲人的相处，也能使健康状况不佳的老年人享受到有针对性的护理服务。然而，现阶段社区养老机构由于缺乏专业的护理人员和受场地限制等因素，所提供的服务品种和品质还十分有限。并且，社区养老一般会深入到老年人所居住的社区内部，老年人的个人隐私和家庭信息相对比较透明，邻里之间的家庭观念可能会因此受到挑战。

因此，中国的不同养老模式之间还未完全形成一个互相补充、互相扶持的完整体系。尤其是具有很大发展潜力的社区养老模式还处于发展的初期阶段。并且，针对大量存在的私人养老机构也还没有出台统一的管理体系、服务标准、收费标准、扶持标准和监管制度。因此，中国特色多元化养老体系的发展需要协调三种养老模式的积极互动，让个人、社区、企业和政府明确各自的角色并共同秉持美好信念承担养老责任。而在这一方面，英美等西方发达国家比中国更早进入到老龄社会，在逐渐探索养老体系建设的过程中已经形成比较成熟的社会模式。面对中国养老体系建设中存在的具体问题，借鉴西方发达国家的经验，并结合中国自身的实际情况，可以对完善中国特色的多元化养老体系起到促进作用。

二、英国养老模式的特点

英国的养老模式已成为由政府为主导、由社会机构和民众广泛参与的较成熟的养老体系。在医疗层面，英国于 1948 年推行国民健康保险制度（NHS），可以让居民免费使用大部分医疗服务或者医疗护理服务，然而在养老服务上，并不能实现免费的全民覆盖。资料显示，约 85% 的不同程度行为不便的老人依然是由其家人或者亲属在家照料。但对于空巢老人或者行为不便程度较为严重、收入水平较低的老年人，在养老方面政府也有比较完善的应对措施。从国家层面上来看，残疾程度比较严重、缺乏自理能力、满足申请资格的老人可以申请“伤残生活津贴”和“护理津贴”。而在地方层面，地方政府也设有专项资金负责开展社区养老项目。但要获得免费养老服务的老人必须经过严格的入息审查，即政府对老人的财产和经济状况进行调查。现阶段，只有财产总和低于 14 250 英镑的居民才能免费获得所需要的养老服务，财产总和处于 14 250 英镑和 23 250 英镑的居民可以免费获得部分所需的养老服务，而财产状况高于 23 250 英镑的居民则需要自己支付养老服务。

英国在公共社区养老模式上的优势是极为突出的。英国的社区养老不仅有完善的评估、管理和监督体系，在服务内容上更是有多样化和全面化的特点,加上社会参与度很高,可以给中国社区养老模式的发展提供很好的借鉴。

(一) 英国政府的法律基础和监督管理体系

英国的公共养老服务体系有着很好的法律基础。在1990年英国政府颁布了《国民医疗服务和社区照顾法》,把养老责任制度化和法制化,系统化地把健康机构和政府机构有机结合在一起,确定了社区养老的结构和框架,促使英国初步形成了一个良性的社区照料体系。此法案规定了国家社会保障部门的直接责任,确立了地方政府在社区养老中起主导作用,同时也保存并且突出了市场的作用。此法案把社区服务的建设重点从"机构能提供什么样的服务"转移到"居民需要什么样的服务"。政府通过对社区养老服务进行评估,确立居民的养老需求,统筹规划并且资助公共养老项目,委托专门的机构来提供服务。而这些资金,一部分来源于中央政府的拨款,另一部分来自于地方税收。在具体实施过程中,政府对希望获得专项资金的专业机构采取项目管理模式,对项目的申报、审查、执行以及监督,都有细化的步骤和完整程序。需要强调的是,在审查和选择合适的专业机构承接项目时,政府确保各机构一起参与竞争和评选。

对于已经获得提供社区养老服务资格的机构,政府的后续监管主要集中在专业人员培训情况、机构内的设施配置、服务标准和服务价格等几个方面。对于养老服务质量的监督主要是来自成立于2008年的"英国护理质量委员会",新的护理质量委员会合并了之前的"社会服务监督委员会"和"卫生保健委员会"的部分职能,旨在全面规范英国护理监督体系和提高英国的护理服务质量。而对新的专业护理机构进行注册和审查工作也是由这个委员会进行。随后,英国政府又出台了《关于护理服务的全国最低标准》,具体细化了针对老年人看护机构的服务标准,并逐步形成了根据护理结果来评估护理服务的体系，为护理质量委员会对专业服务机构进行服务水平检测和表现性评价提供了可靠依据。具体评估的依据包括：(1)对专业护理机构员工的面试；(2)专业机构或服务方定期对管理机构的汇报信息；(3)被服务用户的调查问卷；(4)被服务用户的家属和其他与此服务相关的专业人士提供的信息；(5)对专业机构和服务方无预告情况下进行的关键性视察；(6)专业机构和服务方的历史信息。而最终，英国护理委员会根据评估结果会对专业机构和服务方进行星级评定。

对于如何给予民众他们所需要的个性化养老服务，英国政府也有自己的操作流程。地方政府的社会保障部门负责对有养老需求的老人进行评估，对老人的养老需求与能提供的服务项目进行匹配，并秉持"尽量帮助最需要帮助的人"的原则来进行服务的分配。老人可以选择接受或者拒绝服务或者部分服务。评估过后，有资格获得服务的老人需要进行入息审查来决定服务是否免费。

（二）英国的社区服务体系

英国政府为了优化家庭养老模式，改善社区养老模式，积极开展建设老年公寓，出台了商品化兼福利化的住房保障政策。老年人可以选择租住或者购买老年公寓，老年公寓低于市场价值，一般只允许年龄高于55或者60岁以上的人拥有和居住。老年人可以向政府申请进入等待名单获得免费入住老年公寓的资格。也可以购买和租住由开发商承办的老年公寓。项目管理方负责老年公寓的工作人员和物业管理。一般来讲，老年公寓配有值班人员可以为老人提供一些帮助，在老人房内配有警报系统以防老人需要紧急服务。老年公寓还有公共活动区域和花园，一些老年公寓还对老年人进行开放式的院舍照顾，使他们在熟悉的环境中获得供养和服务。

除了老年公寓，英国政府对社区养老的改良还包括建立日间活动中心，这是由英国地方政府出资或者是由政府提供支持的非营利性组织兴办的、具有综合性功能的社区服务机构，为本社区内的老人提供一个娱乐和社交的场所。值得一提的是，在政府的监督鼓励之下，英国的很多社区养老机构也衍生出了日托服务和暂托服务，即如果被看护老年人希望临时改善自己的生活环境也可以选择这种服务。

从服务内容上看，英国的社区服务有着全面化、多样化和多层次的特点。其中，社区照料服务包括对老年人的生活照料和个人照料。生活照料主要指饮食起居的照顾，包括打扫卫生、家务劳动、代为购物做饭等。个人照料则包括帮老人穿衣、换衣和洗澡等。另外，英国的社区服务还有对老人的物质支持，这包括提供食物、提供拐杖轮椅、安装便利设施等。更重要的是，英国的社区养老服务注重对老人生活其他方面的支持，包括配备专门的人员为老年人提供咨询服务。比如，英国政府支持的非营利性机构“住房改善机构”会对老年人，尤其是一些失能残疾者或有其他障碍的老年人，提供关于更好适应住宅生活的建议、支持和帮助。住房改善机构的工作人员会进行入户访问，并且提供一些相关信息、建议和支持，主要包括：财产问题、房屋选择问题、合法权利及其他可实现的服务支持等。他们还会给予老年人一些有关金融理财选择的建议，提供一些实质上的资金援助，这包括：获得独立财务权利的建议；使用慈善基金的情况；保险理赔和储蓄存款的信息等。除此之外，英国地方政府还会给予老人关于充分享受生活和健康生活的建议，引导老人发展自己的兴趣爱好。这样的服务不仅充分调动了社会资源使用效率，也提高了养老服务的质量水平。

除了养老社区外，英国也存在大量以盈利为目的的商业性开发商或私人养老机构，来弥补公共养老服务的不足。除此之外，大量的非营利性的慈善组织通过鼓励捐款、建立慈善商店、组织志愿者活动等形式充分调动普通民众对社会养老问题的重视。因此，这些商业性养老院和非营利性组织也为英国养老事业的稳定发展发挥了重要的作用。表1展示了现有的英国养老院的产权所有情况,私人拥有的养老院的百分比高达73.6%,其中大型的老牌连锁企业占主导优势。

表1 英国不同产权的养老院所占比例

所有权	占养老院总数量的百分比
私人拥有	73.6%
地方政府	6.1%
志愿组织	18%
英国国家医疗服务系统	0.9%
其他	1.4%

数据来源:《英国社会保障报告2009》,英国社会服务监督委员会。

在家庭养老方面,政府也起了一定的支持作用。对于需要承担照顾责任的家庭成员,在满足相应条件的情况下,比如收入过低、照顾时间过长等,有机会申请政府提供的"照顾者津贴"。另外,社区养老中提到的一些"日托所"服务或者一些非营利性机构,也有对应支持家庭养老的扶持政策。比如,组织有相同经验的家庭内部看护者互相交流倾诉,有针对性地提供专业的居家看护建议和生活建议等。

由此可见,英国政府除了在家庭养老和社区养老相结合方面有着成熟的发展,在机构养老上也充分发挥了市场的作用。不仅充分做到了家庭养老、社区养老、机构养老的互相补充,也促进了政府、非营利性机构、营利性机构和个人看护的相互协调,使多元化养老模式得到了良性有机的发展。

三、英国养老模式对中国养老事业的经验启示

英国养老模式的逐渐完善,养老服务的不断细化和深化得益于其成熟的市场经济体制和不断发展的健康产业技术。另外,政府在养老问题上所发挥的主导作用,对引导和推动养老市场的发展,建

立和完善相关法律法规，深化管理体系，建立社区养老模式起到了关键作用。具体来说，英国的养老模式对于中国建立多元化的养老体系有以下几点经验启示：

（一）重视并且完善养老服务的法律法规

1990 年，英国政府推行了《国民医疗服务和社区照顾法》，把社区照顾的责任写进法律，奠定了英国社区养老服务的基本形态。随着养老服务的发展，为促进养老服务模式的改进，英国政府从 2001 年开始推行《健康与社会保障法案》，规划和调整医疗养老服务的体系，并于 2008、2012 和 2015 年不断更新该法案，这使得养老服务的管理层面资源更加集中，从而促进了养老产业的发展和社会资源效率的提高。另外，与养老服务关系紧密的法案还有 2014 年英国政府出台的《照顾法案》，此法案加强了政府对养老服务的监管，促进服务更加全面化。现阶段，英国对于养老体系的法律已经非常细化。比如说，前文提到，要想从地方政府处获得免费的养老服务，受照顾者的资产必须低于 14 250 英镑等。与此同时，法律还规定，如果为了获得此福利，受照顾者将房产或者财产赠予子女或者亲属，会被视为故意减少财产的行为，不仅不能获得免费服务，还要给予一定的处罚。政府还通过法律不断细化地方政府和各专业机构的责任，比如 2014 年《照顾法案》规定，家庭中给予照顾者的身心健康要由政府负责。对于养老服务的发展，英国政府在法律层面层层推进，不断完善，这为整个行业的发展不断地及时提供方向并且填补漏洞，建立了英国养老服务体系的框架，也为其发展提供了基础。

为了促进中国养老产业的快速发展和养老体系的快速建立、提高各层面的政策设计、促进各方的管理规范化，中国急需出台与养老服务相关的法律，比如《老年人照顾法》等，从法律层面来明确个人、社会、专业机构和政府的责任，形成完备的养老体系。在此基础上，再具体规范行业的进入许可、服务类型、业务规定、行政管理、财政支持和监督体系等具体法律法规。逐步解决养老行业内部服务标准不统一、服务类型参差不齐、收费标准各异等问题。逐步统筹协调中国不同地区、各级政府和有关部门建立统一的养老体系。同时,也要推动家庭、社会和政府形成有机的一体。要使养老行业做到法律法规逐步完善,做到有法可依、有法必依、执法必严。

(二)充分发挥政府的主导作用

英国社区老年服务的发展与政府的作用是密不可分的。政府的主导作用不仅体现在了法律法规的制定、养老体系的顶层设计规划、养老服务的持续的监管评估上,还体现在了政府在财力物力方面的大力支持。政府的主导作用可以使养老行业内的资源被充分调动和使用,促进养老体系的快速形成和养老行业的迅速发展。另外,英国政府在建立良好的养老产业环境、保障老年人合法权益、保障护工和家庭内给予照顾者的合法权益、构建安全可持续的社会保障体系等方面起了重要作用。

中国政府应该继续持续发挥政府的主导作用,加强政府在养老体系建设中的宏观指导。增强对各种资源的整合和利用,增加财政的支出,发挥居委会、街道办事处、社区管理中心等基层组织在社区养老服务中的中心作用,建立可持续发展的养老体系。值得指出的是,英国政府在养老体系的发展中所发挥的作用并不是直接介入养老产业领域,而是通过相关政策的构建,整体设计养老产业,作为养老服务提供者和接受者的中间人,监督调控整个体系的发展,并为养老服务的发展构建良好的环境。与此同时,政府也应该注重保障老年人的合法权益,注重对老年人的人身和财产安全的保护,维护老年人自尊、自主和独立的人格,提倡老年人开展丰富多彩的晚年生活。

（三）注重专业人才的培养

与英国社区养老服务相比，中国社区老年服务起步晚、起点低，不仅老年服务的基础设施薄弱，从事社区老年服务的专业人才也严重短缺。目前中国社区服务的工作人员大都没有接受过专业训练，一般凭经验去解决问题，专业素质较低。社区老年服务只是在表面的层次上发展，缺少专业的社工人员用社会工作的理念，去帮助那些需要帮助的人。所以，为了提高社区对老年人的综合服务水平，中国必须尽快建立专业的社工人才队伍。一方面，要尽快建立健全科学合理的社会工作人才培养体系和评价体系、完善的人才使用机制、有效的激励机制；另一方面，对已确定的社会工作岗位，应研究其职业标准、资格标准及继续教育标准，扩展其工作内容，明确其职权和责任，提高职业化水平。此外，对原有的非专业社区工作人员要进行培训，确保所有的社区老年服务提供者掌握必要的老人病学知识和专业的社工知识。

（四）增强对家庭照顾人员的支持

家庭对于老人的照顾也是不能忽视的一个要素。社区养老服务可以直接以老人为服务对象，也可以把老人所在的家庭作为一个整体，通过向家庭提供全方位的服务，维持家庭的照顾能力，以达到照顾老人的目的。而家庭照顾者是家庭中对老人进行照顾的主要成员，承受着沉重的经济负担和精神压力，英国政府采取各种措施支持家庭照顾者的相关政策可以作为一个很好的参考。在中国，由于受传统文化与亲情观念的影响，家庭在对老人的照顾方面更是发挥着不可替代的功能。而且中国的经济发展水平和发达国家相比还很落后，因此，将老人完全推出家庭，由社会来养老也是不现实的。所以，中国进行社区养老服务的改革并不意味着家庭就可以废弃其责任，相反应该更加鼓励家庭成员积极参与到对老年人的照顾服务中去,譬如通过社区养老机构提供家务助理服务、日托和暂托服务、照顾者支持小组等等,让社区养老和家庭养老相结合,达到更好地照顾老人的目的。

(五)培育和发展社会的参与度

英国非营利性组织的发展程度很高,这些由民间自发形成的非营利性组织在英国的养老体系中承担了重要的责任。虽然非营利性组织的发展得益于政府的支持,但他们主要采取统筹社会资金和调动志愿者的方式来运营和发展。英国形成的专业的服务于养老事业的非营利性组织还会进行大量的社会调查和研究,进行管理和服务创新,以老年人的需求为出发点,为他们提供公益性的服务。通过大量发动民间志愿者,调动社会民众的爱心和慈善精神,统筹社会的力量,为养老服务的发展提供了大量人力物力。这种形式不仅能优化社会的价值观念,提高养老服务水平,促进养老体系的完善和发展,也减轻了国家的财政负担。

而中国普遍存在对民间组织的作用不够重视的情况,且现阶段缺乏对全社会资源的整合。政府部门间、政府与企业间、政府与民间组织之间以及民间组织与社会群众之间缺乏信任和协作意识,都导致非营利性组织的发展缓慢。因此,政府一方面可以加强对非营利性组织的政策倾斜,培育其进入公共领域的渠道和机制;另一方面,要加大监督力度,设立和统一对非营利性组织的管理标准,并完善其内在管理机制,建立科学化、规范化的管理体制。同时也要建立融资的激励机制,引导民间财力合理流向非营利组织。充分利用社会公益性组织的力量和优势,培养民众对其的信任感,并宣传个人参与养老服务的重要性和基本的看护知识等,充分调动养老社会资源的优化配置。

参考文献

1. 世界卫生组织:《中国老龄化与健康国家评估报告》,2016 年。
2. 中共中央国务院:《中国老龄事业发展“十二五”规划》,2011 年。
3. 中共中央国务院:《“十三五”国家老龄事业发展和养老体系建设规划》,2017 年。
4. Comas-Herrera, A., Pickard, L., Wittenberg, R., Malley, J. and D. King, “The Long-term Care for the Elderly in England”, European Network of Economic Policy Research Institutes Working Paper, 2010.
5. Hancock, R., Wittenberg, R., Hu, B., Morciano, M. and A. Comas-Herrera, “Long-term Care Funding in England: An Analysis of the Costs and Distributional Effects of Potential Reforms”, Personal Social Services Research Unit Working Paper, 2013.
6. OECD, “Health at a Glance 2015: OECD Indicators”, OECD Publishing Working Paper, Paris, 2015.
7. United Nations Department of Economic and Social Affairs (UN DESA), *World population prospects: The 2012 revision*, *Volume II: Demographic profiles*, New York (NY): UN DESA, Population Division, 2013.

（孙珮,英国伦敦卫生与热带医学院;
加雷斯 · D. 迈尔斯[Gareth Myles],澳大利亚阿德莱德大学;
赵祚翔,北京大学国家发展研究院）

私募股权基金与人口老龄化

李成明 黄 嵩

金融是经济的皇冠，私募股权基金被称为皇冠上的明珠。私募股权市场是多层次资本市场体系的重要组成部分，且私募股权基金是提升企业效率、助推产业升级的重要推手，尤其在中国经济由高速增长向高质量发展转变的新时代，大力发展私募股权基金也是创新驱动发展战略下的内在要求。

当前，虽然中国正处于人口老龄化的初期阶段，但人口老龄化对中国的劳动力、消费、储蓄、养老等的影响已经显现，老龄化问题已经成为值得关注的现实问题。在人口老龄化大背景下，产业结构调整、消费升级、社会保障体系完善、金融体系变化等都为中国私募股权行业带来了新的机遇和挑战。面对人口老龄化，一方面要分析人口老龄化会给中国经济社会带来的压力，但另一方面也要寻找有效的对策变被动为主动，而不可错过人口老龄化所提供的机会[1]。

本文首先通过分析中国私募股权基金发展历史与现状以了解其所处的发展阶段与行业特点，然后分析人口老龄化对私募股权基金市场的作用机制，进而阐述私募股权基金所面临的机遇与挑战，并提出相关政策建议。

一、中国私募股权基金的发展历程

私募股权是指非公开发行和交易的股权，私募股权基金类似于证券投资基金，主要投资方向是私募股权。狭义私募股权基金主要指并购基金或者是杠杆收购基金，广义概念上包含创业投资基金在内的私募股权基金，本文所指私募股权基金是广义上的概念。由中国政策环境和投资情况变化来看，中国私募股权基金大致经历了四个阶段：

（一）起步阶段（1985—1996 年）

1985 年中共中央首次引入了“创业投资”的提法[2]，同年 9 月国务院正式批准成立了中创公司（CVIC）[3]，标志着风险投资公司的诞生。在之后的 10 年内，国务院又陆续颁布了一些政策法规，旨在探索风险投资基金在中国的发展。

在这一阶段，由于无任何经验可循，公司治理中多政府行政干预，出台的政策针对性与可行性不强，这一阶段经济的不稳定也使

---

〔1〕 参见厉以宁为本书撰写的序言。

〔2〕 参见《关于科学技术体制改革的决定》。

〔3〕 即中国新技术创业投资公司。

外资缺乏投资信心。因此,在探索阶段总体上发展相当缓慢。

(二) 早期阶段(1997—2004 年)

从 1997 年开始,国际风险投资机构开始活跃,信息技术的爆发式成长使得互联网企业成为投资的主要对象,亚信和搜狐等的海外上市刺激了行业发展。但从 2001 年开始,飞速发展的风险投资业因互联网泡沫的破灭陷入了低谷。这期间,中创公司经营失败,政府开始重视理论与实践的结合,这为接下来相关法规制度的出台奠定了基础。

在这一阶段,一些不健全的制度弱点在快速扩张中暴露出来,政府在此期间的新制度和政府的积极态度,为互联网泡沫后处于低谷的风险投资业带来了积极的影响。

(三) 快速发展阶段(2004—2011 年)

2004 年开始,随着美国和香港等海外资本市场的复苏,中国企业掀起海外上市融资的热潮,中国的私募股权基金进入快速发展阶段。2005 年出台的《创业投资企业管理暂行办法》使得私募股权投资基金在国内的退出方式和渠道得到了政策和法律方面的认可。2005 年以后,由于中国资本市场股权分置改革不断推进,国有股和法人股逐步进入全流通阶段,且私募股权投资驱动和参与的企业在海外资本市场上市,财富效应和广告效应显现,中国的私募股权投资基金这一概念才变得甚嚣尘上。2007 年修订的《合伙企业法》明确了私募股权投资基金采用合伙人的组织形式,从而使得双重纳税问题得到解决。2007 年 6 月,在天津举行了第一次以私募股权投资基金为主题的国际企业融资洽谈会。2009 年,中国的创业板市场正式在深圳启动,由于私募股权投资基金对公司的筛选标准基本与创业板主要支持自主创新能力强、符合国家产业政策并且具有高成长性的企业上市的规则一致,创业板的相关规定及产业政策对国内私募股权投资基金市场的投资类别、投资模式和迅速发展起到重要作用。

在这一阶段，中国政府和各界开始重视私募股权投资基金的引导和发展，逐步认识到要想发展创新型国家，需要通过获得产业重组主导权来发挥国际产业分工比较优势和提高国际市场竞争力，必须重点发展私募股权投资基金。

（四）平稳发展阶段（2011 年至今）

2012 年新修订《证券投资基金法》，意味着私募基金的法律地位得以确立，成为正规军纳入监管。2014 年，中国证券投资基金业协会制定并发布了《私募投资基金管理人登记和基金备案办法（试行）》，明确了私募投资基金管理人登记和私募基金备案的程序和要求，开启了私募基金备案制度。同年 6 月证监会审议通过《私募投资基金监督管理暂行办法》，进一步对包括阳光私募在内的私募基金的监管做出了全方位的规定。2018 年四部门联合印发了《关于规范金融机构资产管理业务的指导意见》，此次正式稿明确了将私募基金也纳入监管范围。

在这一阶段，政府有针对性地出台了一系列政策办法，规范了行业制度，这些政策的设计和制定不断完善私募股权投资基金市场的机制。目前，中国私募股权市场依然处于成长期，未来存在较为广阔的发展空间，监管机构和有关组织需要继续出台具有针对性的法律法规和激励性政策措施，促进私募股权市场的进一步健康发展。

二、中国私募股权市场现状

在过去十几年，中国的私募股权基金发展迅速，尤其近年来通过监管改革、登记备案等一系列措施，中国私募股权投资基金在资金募集、投资环节、管理与退出机制方面都取得了长足的进步。

(一) 市场总体概况[1]

截至 2017 年 12 月,中国境内共有 13 000 多家私募股权投资,市场活动逐年增加,机构间竞争加剧。按照规模来算,私募股权投资在中国大陆的管理资本总额超过了 8.7 万亿元,私募基金管理人员达到 23.83 万人,中国已成为全球第二大股权投资市场。[2] 随着中国资本市场开放度的不断提高和金融市场的不断完善,中国逐步成为全球私募股权投资基金的重要目标市场,同时本土私募股权投资基金也显示出了巨大的活力和较大的发展潜力,为中国企业的成长与“走出去”起到重要推动作用。私募股权投资基金在世界各地资本市场的不断发展和合作,势必对全球资源配置、国家金融安全、金融市场稳定和投资者资产管理都形成较大影响。

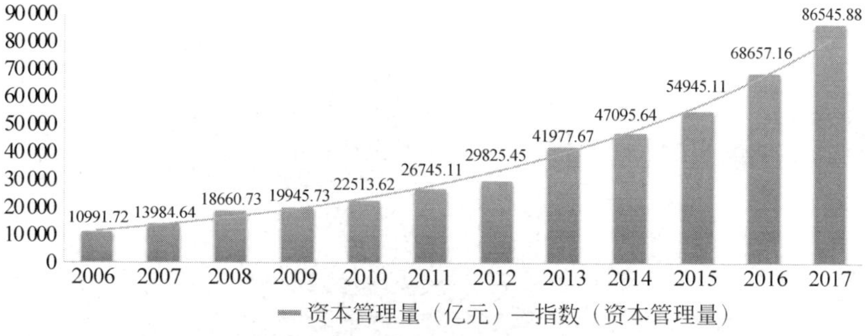

图 1　中国股权投资市场资本管理量

(二) 年度变化情况

2017 年,中国股票投资市场新增募集资金 3574 笔,已募集完成近 1.8 万亿元,同比增长分别达到 30.5%、46.6%。在投资方面,

[1] 数据来自清科研究中心《2017 年中国股权投资市场回顾与展望》。

[2] 数据来自基金业协会。

2017年中国股票投资市场共投资10144起，投资总额为1.2万亿元，同比分别增长11.2%、62.6%。随着近年来中国私募股权投资市场规模的扩大，其对中国国内生产总值的总投资比重不断上升，对实体经济的支撑作用正在逐步显现。2017年，中国股票投资市场投资总额占中国GDP的1.5%，较2016年增长0.5%，创历史新高。在退出方面，2017年中国股权投资基金退出案例数达到3 409起，其中IPO退出案件数量为1 069起，占总数的31.4%，受到加速IPO审核的影响，私募股权市场IPO总量同比增长94.0%。

表1　2017年中国股权投资规模现状

概况	基金数量	募资总额	投资数量	投资总额
数据	3 574只	1.8万亿	10 144起	1.2万亿
同比增长	30.5%	46.6%	11.2%	62.6%

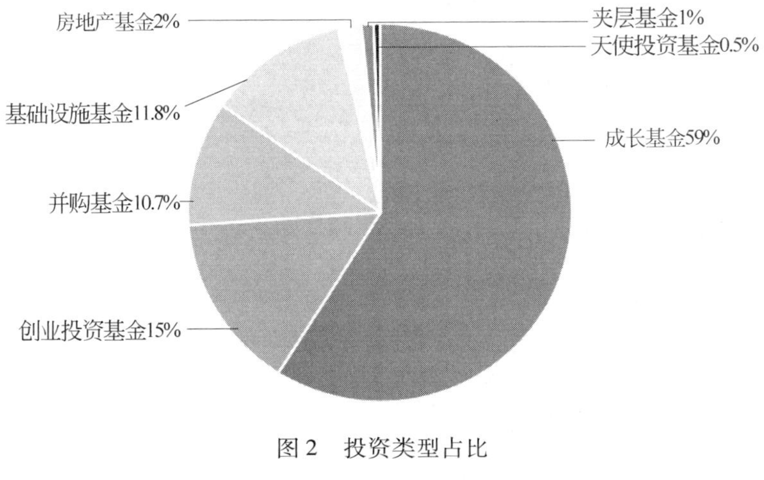

图2　投资类型占比

（三）投资类型分布情况

在投资类型方面，中国私募股权市场主要以成长基金为主，一般投资处于高速成长阶段企业的未上市股权，一般不以控股为目标，占总额高达59%；其次是创业投资基金，占总额的15%，一般投资于创立初期的企业或者高科技企业；基础设施基金和并购基金占比都在10%以上，前者主要合理引导民间资本进入能源和基础设施领域，后者主要投向成熟企业上市或未上市的股权，通过获得目标企业的控制权，以整合产业链与企业资源，提升竞争优势和企业价值；随后是房地产基金、夹层基金、不良债权基金和天使投资基金。

（四）发展趋势

2015年股灾以来A股市场整体较为低迷，债券市场由于信用风险的逐渐积聚和暴露，让部分市场上的投资机构更加谨慎，同时期货市场虽然出现了一些投资机会，但由于市场价格的剧烈波动也增加了投资难度和风险。在这种情况下，一些投资者开始转向私募股权投资基金的投资，发挥私募股权投资基金的优势，通过长期投资来获取一个相对稳定的资本回报。由于私募基金规模爆发式增长，已成为资管行业的重要力量，而且随着监管趋严，行业由乱而治，将不断走上规范发展道路。无论从规模还是发展速度看，私募股权基金都高于证券类私募基金，未来将会在中国资本市场的发展过程中发挥支柱性作用。

资本市场是中国经济实现转型升级的助推器，无论是在地区经济转型、产业结构升级、供给侧改革等方面，还是从金融行业去杠杆的角度看，资本市场都发挥了不可替代的作用。随着人口老龄化不断深化，在资本市场新阶段里，私募股权投资起到的作用是非常积极、友善的。

三、人口老龄化对中国私募股权市场的作用机制分析

从全球视角看中国人口老龄化的不断深化趋势，国际货币基金组织指出，人口老龄化特征不仅体现在一个国家总体人口增长率放

缓，更反映在劳动力的负增长和老龄劳动力比例的急剧增加。尤其对于中国来说，短期内中国进入老龄化的速度将趋于加快，接近转折点的间隔时间缩短，财政和养老金负担将加重，人口老龄化的加剧对社会和经济的各个方面将产生深远的影响。

本文阐述人口老龄化对私募股权市场发展的作用机制，其路径主要通过改变金融市场格局和提高产业投资机会达到，具体如下：人口老龄化会降低居民储蓄，产生资本溢出效应，扩大消费能力，带动相关产业发展，投资机会的提高助推私募股权市场的发展；人口老龄化"倒逼"企业通过技术进步应对劳动力成本上升，技术进步提高单位劳动力产出，促进了产业结构升级，释放所在产业投资机会；人口老龄化改变现有金融格局，使得银行储蓄降低而基金投向提升，使得股权投资占比进一步扩大，为私募股权市场带来新机遇；人口老龄化还将改变现有的经济环境，改变现有的宏观经济政策，并释放改革红利。

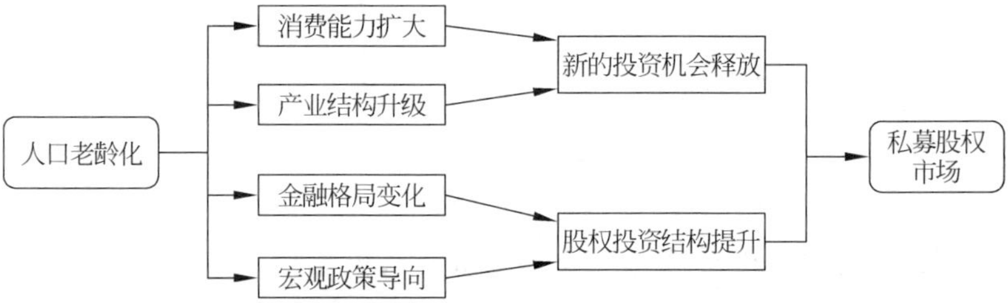

图3　人口老龄化影响私募股权市场的机制图

(一) 人口老龄化与居民储蓄：扩大消费能力

人口的年龄结构是影响储蓄率的重要因素之一，居民储蓄主要来自年轻人群，老年人不仅不继续提供储蓄，反而会取出以往储蓄用于生活支出。陈彦斌等(2014)研究发现，在未来人口老龄化是拉低中国国民储蓄率的最主要因素。简永军等(2011)研究得出结论，资本会由人口快速老龄化地区流向老龄化速度相对较慢地区,意味着中国人口的快速老龄化将使中国由“资本输入”型国家逐步转变为“资本输出”大国。随着“人口红利”逐渐消失和“刘易斯拐点”的到来,人口老龄化会显著降低中国的储蓄率,并导致资本输出不断减少。针对人口老龄化背景下,延迟退休政策是否会带来二次人口红利的问题,耿志祥、孙祁祥(2017)研究发现,延迟退休对总产出的影响取决于理性人减少储蓄所导致的储蓄效应和增加劳动力供给以增加产出的优势和劣势。从生命周期的角度看,老年人口的消费结构体现在医疗费用、公共物品等消费品支出增加,房地产、交通、通讯等消费需求减少。中国金融业过往一直是为生产者服务的,是生产者金融,未来随着储蓄率下降、消费率上升,更应该为消费者服务,转向消费者金融。

(二)人口老龄化与产业结构调整:医药等行业快速成长

中国当前面临不断加剧的人口老龄化与产业结构转型升级两大挑战,汪伟等(2015)研究发现,人口老龄化不仅促进了中国产业间结构的优化,还促进了二三产业内部技术结构的优化。人口老龄化对中国产业结构升级的净效应是积极的,并建议中国应充分利用老龄化引导产业结构调整,推动产业结构高级化。刘玉飞、彭冬冬(2016)从供给和需求角度、利用中国 1993—2013 年的省级面板数据构建空间计量模型,实证研究了人口老龄化与产业结构转型间的关系,得出结论:中国的产业结构转型和人口老龄化均表现出较强的空间正相关,老龄化可以促进产业结构向更高层次的转变,但产业结构升级对人口老龄化的影响在不同地区存在较大差异。

随着我国医疗改革的不断深入,2016 年境内医院并购交易数量及金额均创历史新高,交易数量增至 106 宗,交易金额高达 161 亿元人民币。民间资本进入医疗领域,在私募股权投资基金参与下完成多笔对医疗管理集团和大型连锁专科医院的并购,其交易总额大幅升至人民币52亿元,较2015年增长4.3倍。大型医疗管理公司和医疗产业整合未来在私募股权投资领域具有广阔的发展空间。根据政府的政策引导和行业的发展趋势,私募投资机构青睐于医疗健康产业的投资机会,这为推动医疗健康行业投资并购和重组整合提供持续的发展动力。

2014年,国务院出台了《关于创新重点领域投融资机制鼓励社会投资的指导意见》,着重在于激发市场主体活力和发展潜力,对于民间资本通过私募股权投资基金的形式进入重点领域和产业提供了重要促进作用,推动私募股权投资基金更好地发挥在调结构、惠民生方面的积极作用。根据政府的政策引导,对交通设施、市政基础设施与能源等7个重点领域提出了降低民间资本市场准入门槛,促进政府与社会资本合作的措施。这些领域关系到社会公共产品和服务,甚至关系到公共安全,在经济社会发展中处于薄弱环节。在最近的实践中,我国各地方政府通过私募股权投资基金的交易模式汇集社会各方面资本,同时吸引社会优秀创业企业、战略性新兴产业落户,助力当地产业结构调整和区域经济转型升级。

(三)人口老龄化与金融机构的格局:股权投资占比提升

中国金融体系一直以来以银行为主导,但未来由银行和机构投资者共同主导金融体系将成为趋势。以保险投资为例,从2006年年末至2016年10月,中国保险投资结构中银行存款占比从30.32%下降到18.00%。债券投资由18.46%上升至33.66%;股票和基金投资由9.26%上升至14.42%;其他投资当前占比33.93%。保险机构由于资金规模大、投资周期长等特点,在全球私募股权投资基金市场扮演着越来越重要的角色。中国原有金融体系主要服务于年轻人,但随着老龄人口的增加,养老保险等为老年人服务的金融产品将快速发展。

新三板市场的不断完善、国企混合所有制改革的不断推进以及股权分散的地产、金融以及商业并购等方面的深化，都将为私募股权投资基金市场带来广阔的发展空间。随着国有资本运营公司和国有资本投资公司的建立，特别是国有资本管理方式的转变，不断向市场化方向探索，产业整合、股权并购将有很大成长潜力。私募股权投资基金在具体应用层面有灵活性大、可控性强、操作便利的突出优势。私募股权投资基金和战略性投资者的投入对推动企业向混合所有制方向发展，完善企业现代公司治理结构起到积极的推动作用，同时，在企业快速壮大的过程中使得国有资本和社会资本获得丰厚的资本回报。

（四）人口老龄化与宏观经济政策：改变原有政策方向

随着中国人口老龄化的加深，老龄化不可避免地会对宏观经济政策的实施产生影响，成为金融创新的重要因素。在货币政策方面，刘枭等（2014）通过实证分析发现，中国人口老龄化对货币政策信贷传导机制有效。中国的货币政策信贷传导机制是货币政策传导的重要渠道。在财政政策方面，现行养老金制度下的养老金收支差距继续扩大，老龄化的过程意味着政府赤字的上升，也意味着财政体制需要改变。在经济发展方面，林山君、孙祁祥（2015）从现收现付制经济效应的角度研究了人口老龄化对中国跨越中等收入陷阱的影响，人口老龄化程度越高，以现收现付制为特征的养老保险制度对经济的负面影响就越大，这将增加中国陷入“中等收入陷阱”的风险。王志宝等（2013）通过各省区人口老龄化的演变过程及其与本地区经济发展的相关程度变化，判断出人口老龄化并没有妨碍经济发展，这符合全球人口老龄化演化的一般规律。

由于人口老龄化的到来，中国开始探索建立个人养老金账户制度，目前尚处于制度设计的关键期。根据全球经验和中国实际，通过建立个人养老账户，可以运用专业化、集约化、多元化的投资优势，利用多层次资本市场提高养老金的保值增值能力。在这个过程中,私募股权基金不仅能通过承担风险获取回报,大大降低实体经济高杠杆和金融系统性风险,而且在推动长期资本形成、提高资本回报和配置效率方面具有突出优势和重要价值。积极推动个人账户养老金制度的落地和不断完善,通过制度设计、政策引导和税收激励,一方面可以为私募股权资本形成提供长期稳定的资金来源,另一方面可以提高养老资金的配置效率和资本回报率。

四、人口老龄化背景下私募股权行业面临的机遇与挑战

(一)新时代为私募股权提供新机遇

中国市场的消费升级是下一个主要的投资主题。在医疗保健领域,人口老龄化问题非常紧迫,市场对医疗卫生公司未来发展的乐观情绪使得这些公司在退出时有更高的估值。世界500强中制药企业占比超过40%,美国医药消费平均占GDP的17%,中国占不到7%。目前,中国的药品比同期国外还要多100倍以上,是"财富第五波"。医药保健行业有其行业特殊性,从研发到技术商业化以及等待更好的退出机会所需的时间都相对较长。同时,技术优势通常会给竞争带来很高的障碍,并提供良好的利润水平。在人口老龄化和实施新的医疗改革政策的背景下,在国家引入政策支持和指导的同时,继续引进现金、技术、人才和设备,所有这些将进一步推动生物技术和医疗行业的持续快速增长,从而提高行业的投资回报。更重要的是,中国经济正在去杠杆,深化结构性改革,未来10年将迎来股权投资的黄金期,这为私募股权市场带来了发展新机遇。

(二)现阶段私募股权基金依然存在新挑战

中国私募股权市场仍处于成长期,具有高速发展的潜力和空间,但是由于面临人口老龄化,整个行业在投资者结构、退出渠道、人才储备和培育方面存在准备不足问题,私募监管机制也有待进一

步完善。从投资者结构看,中国私募市场的投资者以金融机构和民间资本为主,社保基金与养老基金的参与度有限,而在美国等发达国家机构投资者是主体,特别是公共养老金。如果放开养老金投资范围的法律法规限制,进行合理的政策引导,私募股权基金的资金来源有可以增长的巨大空间。从退出机制来看,其机制畅通和完善与否直接决定了私募股权的投资活跃程度。当前中国私募市场退出渠道依旧比较狭窄,市场间的转板机制尚未形成,新三板市场吸引力有待进一步提升;而并购市场是私募股权基金的另一重要退出渠道,目前在打破地方保护主义、提高并购审核效率、健全制度保障体系、丰富并购融资等方面仍存在较大改善空间。在管理及人才队伍方面,目前与国外私募机构相比,在公司治理、管理经验与国际知名度等方面仍有很长的路要走,而且随着国内私募股权投资市场的爆发式增长,合格的投资管理人才队伍仍非常紧缺。

五、总结与政策建议

人口老龄化问题本质上是金融问题。中国应对人口老龄化挑战,最重要的准备不足除了思想认识、物质基础、制度安排等方面的不足之外,金融准备不足是最严峻的问题,私募股权市场必将在应对人口老龄化过程中扮演重要角色。如何更好地促进私募股权市场完善发展,笔者有如下政策建议:

(一)优化机制拓宽募资渠道

私募股权基金以投资周期长为特点,长期稳定的资金是私募股权市场发展的源头活水,而养老基金、社保基金也具有追求长期回报的特点,并且资金规模巨大,尤其在人口老龄化背景下,其资金体量将进一步提升。但现有制度对社保基金、养老基金投资私募股权市场存在严重限制,相关部门未来应对各自归口的基金制定规则,进一步简政放权减少机制约束,拓宽私募股权基金的募资渠道。

(二) 完善多层次资本市场体系建设

中国多层次资本市场体系建设仍有很长的路要走,市场结构、完善基础板块制度建设仍有优化空间。当前“新三板”与区域股权市场等的市场容量和活跃度都有待提高,在新三板挂牌的公司被主板或创业板上市公司收购是一种趋势,建议构建合理的升降级通道,充分利用转板制度来连通协调各层次市场的有序发展,激发各级市场的活力。同时,加大私募股权基金二级市场的开发力度,降低风险,提高流动性。

积极促进放宽民间投资市场准入,逐步扫清私募股权投资的发展障碍,鼓励社会各方面资本设立私募股权投资基金,同时政府采取投资补助、资金注入、设立基金等办法,引导社会资本和国有资本参与多层次资本市场,充分发挥全国股份转让系统和区域股权交易所的作用,为创新创业企业、高新技术企业以及具有高成长潜力的小微企业提供融资服务,更好地完善我国多层次资本市场体系,更好地发挥金融促进经济结构转型升级、服务实体经济的作用。

(三) 进一步健全私募市场监管机制

在保障私募股权基金发展的法律依据上,中国目前已初步形成体系。但法律的相应实施细则和具体条款等方面有待优化、补充和完善。建议进一步加强对系统性风险的防范和对投资者利益的保护,在适度监管的基础上,将监管视野扩大到基金的信息披露、资产托管、投资运作等更多环节,以信息披露为主,降低监管成本。与此同时,建议完善知识产权保护,进一步激发创新活力,为私募股权基金的运作提供更好的经济环境。

在私募股权投资基金的监管方面,增强合规性监管,充分发挥证券基金协会的作用,使得私募投资基金的投资行为正规化、阳光化。随着中国经济进入中国特色社会主义新时代,在经济转型升级的重要时期,政府监管部门在市场中发挥弥补市场失灵和规范市场健康发展的重要作用,承担着引导社会资本参与国家产业结构升级和混合所有制改革的重要责任。

(四)科学激励,吸引培育人才

优秀的投资机构和基金管理团队是实现私募股权市场最佳发展的重要"软件",但是中国的金融体系发展普遍滞后,解决人才的稀缺问题迫在眉睫。建议引入竞争机制,建立科学的激励机制和约束机制,严格规范从业人员从业标准与考核制度,完善投资基金评价方法以及项目评估标准等,同时吸引国外优质人才回流并带动行业规范化与国际化。

参考文献

1. 陈彦斌、郭豫媚、姚一旻:"人口老龄化对中国高储蓄的影响",《金融研究》2014 年第 1 期。
2. 耿志祥、孙祁祥:"人口老龄化、延迟退休与二次人口红利",《金融研究》2017 年第 1 期。
3. 简永军、周继忠:"人口老龄化、推迟退休年龄对资本流动的影响",《国际金融研究》2011 年第 2 期。
4. 林山君、孙祁祥:"人口老龄化、现收现付制与中等收入陷阱",《金融研究》2015 年第 6 期。
5. 刘枭、李雪、郑棣:"人口老龄化对中国货币政策传导机制的影响",《财经科学》2014 年第 9 期。
6. 刘玉飞、彭冬冬:"人口老龄化会阻碍产业结构升级吗——基于中国省级面板数据的空间计量研究",《山西财经大学学报》2016 年第 3 期。
7. 王颢:"保险资金私募股权投资研究",《国际经贸探索》2016 年第 9 期。
8. 汪伟、刘玉飞、彭冬冬:"人口老龄化的产业结构升级效应研究",《中国工业经济》2015 年第 11 期。
9. 王志宝、孙铁山、李国平:"近 20 年来中国人口老龄化的区域差异及其演化",《人口研究》2013 年第 1 期。

(李成明,北京大学经济学院;黄嵩,北京大学软件与微电子学院)

资源型城市人口老龄化与经济转型发展——以山西大同为例

李泽宇　毛志峰　张吉福

资源型城市（地区）是指以本地区矿产、森林等自然资源的开采、加工为主导产业的城市，其主要功能是向社会提供矿产品及其加工品等资源型产品。依据发改委《全国资源型城市可持续发展规划（2013—2020年）》，规划范围包括262个资源型城市，其中地级行政区（包括地级市、地区、自治州、盟等）126个，县级市62个，县（包括自治县、林区等）58个，市辖区（开发区、管理区）16个。按矿产资源的类型，大体可以分为石油资源型城市和煤炭资源型城市，石油资源型城市比较典型的有黑龙江大庆等，煤炭资源型城市如山西大同等。纵观世界资源型城市发展,无一例外都会面对经济转型发展的问题,有的转型成功,城市获得新生,走向可持续发展;也有的转型失败,最终导致“矿竭城衰”。本文以山西省大同市为例,主要针对资源型城市面临的人口老龄化与经济转型发展问题进行分析,并提出相应的政策建议。

一、人口老龄化:现状及特征

(一) 人口老龄化现状

老龄化指总人口中年轻人比例降低而老年人比例上升的态势。国际上,通常认为当一个国家或地区 60 岁以上老年人口占人口总数的 10%,或者 65 岁以上老年人口占人口总数的 7%,这个国家或地区将进入老龄化社会。根据 2011 年公布的第六次全国人口普查结果,“全国 60 岁及以上人口占比 13.26%,比 2000 年人口普查上升 2.93 个百分点,其中 65 岁及以上人口占 8.87%”,这表明我国已步入老龄化社会。人口老龄化对社会经济发展影响重大,党的十九大报告明确提出“积极应对人口老龄化,构建养老、孝老、敬老政策体系和社会环境,推进医养结合,加快老龄事业和产业发展”的要求。

就山西省而言,人口抽样调查数据显示,2015 年全省 60 岁及以上人口达 530 万人,占总人口的 14.45%,比 2014 年上升了 0.66 个百分点;65 岁及以上人口达到 333 万人,占总人口比重为 9.1%,比 2014 年上升了 0.42 个百分点。山西省自 2003 年迈入老龄化社会后,老龄化进程不断加快。2003 年到 2015 年的 12 年间,老年人口绝对规模增加了 96 万左右。同时,山西省 20 世纪五六十年代出生的人口陆续进入老年,未来 25 年将是老年人口增长最快的时期。

大同市是新中国成立后迅速发展起来的资源型工业城市,也是老龄人口发展较快的城市之一。新中国初期,大同市非农业人口仅有 11.17 万人,"一五"、"二五"期间,随着大批厂矿相继投产,数十万产业工人及其家属陆续来到大同,随后又产生了成倍的新生人口。到六十年代末,城市人口增长至 40.44 万人。2010 年以后,随着这些新生人口进入老龄人口行列,全市人口老龄化的速度和老龄人口的比例要大大高于全国水平。根据山西省第六次全国人口普查资料显示,大同市总人口338 万,其中 60 岁以上老年人近 44 万人,占全市总人口的 13%,可以说已经提前进入了老龄化社会,而且这个趋势越来越突出。而预计到 2040 年,大同市老年人口将突破百万,三个人中就有一个老人,也就是说,老龄人口或将成为城市主流人口。

(二)人口老龄化特征

第一是人口绝对老龄化。也就是老年人口老龄化,包括了老年人口长寿化和新增人口老龄化两种力量,人口学根据人口年龄结构变化称之为"顶部老龄化"。前者是说长寿老人越来越多,过去是人生七十古来稀,现在是人生九十不稀奇,进入老年期的老年人余寿更长,老年人口的平均存活期更长。后者是说每年进入老年的人口有增加的趋势,这是过去出生高峰的后续效应(包括了人口增长的队列效应和时期效应的叠加)显化,变成了现在的老年人口增长高峰。假定 60 岁为老年的起始年龄,2013 年进入老年的新增人口是 1953 年前出生的,预计 1960 年代前期大量的新生人口今后将逐渐演变为老年人口增长高峰。绝对老龄化的人口主体出生于 60 年前,与开始于 1973 年的计划生育无关,更与 1980 年后提倡一胎化的强制计生无关。2033 年特别是 2044 年以后,计划生育对人口绝对老龄化的遏制削弱作用通过老年人口增量的相对减少得以显化。

第二是人口相对老龄化。也就是通常说的总人口老龄化。快速的人口转变情势下出现的少子老龄化、独子老龄化、无子老龄化与计划生育导致的出生人口减少有关,人口学称为"底部老龄化"。

与不推行计划生育比较,计划生育使得中国在过去三十多年里少生了上亿人口,换言之,本来作为分母的总人口要多这上亿人口,现在分母人口减少了这么多,但作为分子的老年人口却在60年前就已经出生了,所以计划生育相对提升了人口老龄化的比重和程度,相对增加了年轻人口对于老年人口总体上的赡养—照料负担。计划生育放大了"宏观老龄化"的经济压力和养老压力,这是不争的事实。在微观层面上,家庭视角下的少子老龄化、独子老龄化和无子老龄化都与计划生育密不可分。最具有挑战性的就是独子老龄化和无子老龄化,两种"微观老龄化"的风险和代价都很明显,例如上百万的失独家庭,更多的空巢孤独家庭。这两种情况的人口老龄化都存在着人力支撑不足的问题,而这个问题的出现与计划生育背景下的一胎化政策和持续的低生育率是天然相关的。严格的人口控制、生育的少子化到一定时候和某个拐点,利好就变成了弊端,走向我们良好愿望的反面。

以上两点是全国范围内人口老龄化所表现出来的特征,而对于大同市这样的典型资源型城市而言,还有第三个特征——人口移出老龄化。在区域开放人口的假定下,我们可以根据人口年龄金字塔的变化称之为"腰部老龄化"。人口移出老龄化即人口迁徙老龄化,就是年轻人口外流导致父母空巢的代际人口离散老龄化,这与计划生育也有一定的关系。自1980年代以来,中国出现了快速、持续、大面积的少子老龄化和独子老龄化的趋势,所以能陪伴父母身边的子女数急剧减少。可以想见,多数一到两个孩子的家庭,一旦孩子成人外出,父母一般就会变成空巢老人,所以代际人口离散导致的赡养脱离和照料脱离会严重影响空巢父母的养老支持,他们很可能沦为老无所养、老无所依甚至老无善终的"最弱势群体"。"父母在不远游"的古训有了强烈的现实意义,但这样做也可能会牺牲某些年轻人的前程,从而成为计划生育时代的两难选择。

二、大同市经济发展历程:成也煤矿,败也煤矿

大同市地处晋北黄土高原,介于内外长城之间。全市总面积14 127平方公里,人口338万,辖四区六县。大同是我国重要的煤炭型矿业城市,地理区位优越,是晋北中心城市,属晋、冀、陕、蒙省区边界区,处于全部复线电气化的京包、同蒲铁路的交会处,与国际线二连相通,为全国第一条重载单元铁路大(同)秦(皇岛)线的起点,是华北地区重要交通枢纽。大同历史上曾因地理区位特殊而成为“战都”、“佛都”和“商都”,近代又因煤炭资源丰富而成为举世闻名的“煤都”,因其丰富多样的古迹而成为国家首批公布的24个历史文化名城之一。

丰富的煤炭资源是大同市经济发展的最大优势,大同煤田总面积1 827平方公里,有侏罗纪和石炭二叠纪两个煤系,煤炭总资源量718亿吨。其中大同市境内含煤面积632平方公里,煤炭资源量451.5亿吨,已勘探控制储量375.7亿吨,占大同市煤炭资源量的83%。大同市煤炭探明储量163.94亿吨,占全市资源量的36.3%;保有储量151.67亿吨,占已控制储量的40.4%。其中被称为“大同煤”的侏罗系煤,具有低灰、低硫、发热量高等特点,为优质动力煤,探明储量达65亿吨。

改革开放的前二十年,随着经济工作的全面振兴,大同市涌现了很多的工业门类,并且产业规模和产品质量都领先于周边地市。除煤、电之外,全市工业门类曾发展到32个,其中机械、冶金、化工、食品、建材、医药等工业被列为全市重点产业。生铁、钢材、机车、柴油机、硅铁、截齿、轴承、变速箱、电力电缆、电石、石墨电极、合成橡胶、煤气、烧碱、化肥、化学医药、酒、食糖、肉制品、水泥、卫生陶瓷、艺术陶瓷等工业产品,都形成了相当规模的生产能力,一大批工业产品获得国优、部优、省优称号,酒、药品等产品还荣获国际金奖。

全市涌现出 49 个特优企业和 23 个利税超千万元的工业大户，工业基础相当雄厚。

但从九十年代中后期开始，经济总量一直位于全省第二位的大同，经济开始滑落，在全省的地位和排名也迅速下降。到了 2000 年左右，中国经济进入繁荣时期，对于煤炭的需求因而狂涨。煤价攀升，山西迎来了煤炭发展的黄金十年，“一煤独大”的经济格局由此开始形成。当“一煤独大”的经济格局逐渐形成后，大同地区对其他非煤产业越发缺乏重视，即使政府鼓励完成原始积累的煤老板们进行多元化的发展，也无济于事。充满暴利的煤炭产业将人力和资源牢牢吸引，其他行业被忽视，使得产业发展不平衡，城市建设滞后。

在改革发展的进程中，大同市的机械制造、建材、轻纺、医药、食品类名优品牌渐次消失，大同农牧机械厂、水泥厂、碳素厂、云冈瓷厂、化纤纺织厂、糖厂、肉制品厂、酒厂、树脂厂等一些曾经创造出全省乃至全国名优品牌产品的工业企业也已经破产关停或被兼并收购，成为了干部群众念念不忘的过去，而新的优质品牌却创立不多。同煤机电有一大批与煤矿结合紧密的先进工艺技术，有 200 多个品种的产品，但过多地依靠同煤市场，企业生产销售仍处于起步阶段，技术、市场、人才等各方面的积累不够，没有创立行业领先品牌，虽然生产能力达到了规划要求，但各子公司依然存在“吃不饱”现象。大同机车厂并入中车集团，虽然仍是国家大功率电力机车的主要生产基地，但机车制造已经不占优势，辉煌不再，企业准备开发的城市轻型轨道和立体停车项目在行业内部竞争力不强。山柴公司抱着军工企业的牌子不放，“只求活着，不求更好”，不能主动融入地方经济发展当中，没有走出企业产品军民融合的新路子，更不可能创出好的民用品牌。医药行业目前发展较好，但“吃老本”的问题还有存在，近年来很少研发创造出新的品牌药，并且产品大多集中在原料药等初级产品上，等等。

三、人口老龄化：机遇与挑战并存

关于人口老龄化如何影响经济转型发展与产业升级这一话题的探讨，国内外研究主要分为两种观点：一种观点认为，人口老龄化对产业结构升级有阻碍作用，主要理由是产业结构升级需要与之匹配的人口结构，高素质、高技能劳动力是产业结构升级的重要动力源泉。中国的现实是一方面劳动年龄人口日益老龄化，另一方面现存劳动力的人力资本水平与技能水平又普遍偏低，难以适应产业结构升级的需要。另一种观点认为，人口老龄化对产业结构升级具有促进作用，其主要理由是随着低劳动力成本的丧失，人口老龄化会促使企业通过更多的研发投入来提升竞争力（陈彦斌，2014），人口老龄化带来的资金供给面的紧张有利于未来有限的储蓄进入到优势产业和淘汰落后产能（汪伟、艾春荣，2015）；人口老龄化会催生与老龄人口需求相适应的第三产业发展，有利于产业结构升级（杨中新，2005）。

资源型城市因资源而兴，可以短时间聚集大量的外来年轻人口，带动地区的经济发展，也会因资源而衰，导致年轻人口的大量外流，高端人才大面积流失，加重城市人口老龄化问题，短期阻碍经济转型发展和产业结构升级；长期如能采取合理措施，则可以倒逼经济转型发展和产业结构升级。

大同市因煤而兴，建国以后，全国各地的众多产业工人集聚大同。到上个世纪 80 年代初期，大同市的工业经济长足发展，总体格局呈现出百业俱兴、百舸争流的大好局面，成为山西省能源中心、重要工业城市，在带动区域发展和支持国家经济建设上发挥了举足轻重的作用。1952—1960 年大同市经济年均增长 72.4%，1960 年全市工业总产值达到 14.6 亿元，占全国（1 650 亿元）的 0.88%，占山西省（49.89 亿元）的 29.3%。十年动乱前后到改革开放前，大同市工业发展也进入调整期，增速回落，但工业经济的规模和布局仍然没有改变。改革开放初期,大同市的工业经济得到了恢复性的增长,特别是煤炭产业,呈现出了“一枝独秀”的特点,1993 年全市年工业总产值达到 109.6 亿元,年均递增 8.7%,其中煤炭产值达到 48 亿元,原煤产量达 8 300 万吨,居全国产煤城市之首,占全省的四分之一、全国的十六分之一,年外运量达 6 500 万吨,供应全国 27 个省、市、自治区的 3 000 多家大中型企业,远销欧、亚、美 20 多个国家和地区;同为能源产业支柱的电力产业也凸显优势,电力生产成为华北地区重要基地,年发电量 78.9 亿千瓦时,占全省的 18.9%,占全国的 0.9%,年外输电量 70 多亿千瓦时。强大的工业经济为城市位次提供了有力支撑,大同因之成为 1984 年国务院首批公布的全国十三个较大城市之一,名列全省第二大城市。

改革开放初期,我国经济迅猛发展,煤炭作为不可取代的一次性能源,供不应求的矛盾特别突出。1983 年国务院批转煤炭工业部《关于加快发展小煤矿八项措施的报告》后,大同市地方煤矿遍地开花,在煤炭产业“有水快流”的冲击下,大同市工业产业的整体布局开始失守,煤炭产业高额利润驱动下的虚假繁荣完全掩盖了地方工业体系即将垮塌的悲哀,产业粗放单一的危险隐患不受重视。从 20 世纪九十年代中期开始,煤炭市场开始出现供大于求的局面,但由于以往十多年来经济对煤炭产业的过度依赖已是积重难返,直到今天煤炭产业仍是大同市整个国民经济的晴雨表,成为长期困扰转型发展的主要问题。

大同过分依赖煤炭资源的经济发展模式和后期“一煤独大”的不合理产业结构,导致高端人才与大量年轻人口大面积流出到少数大城市与东部沿海经济发达地区,加剧了人口老龄化问题,老龄化程度加剧后,适龄劳动力比重就会减少,对经济增长产生的影响是负效应的。创造财富的人的比重在减少,消耗消费社会财富的人的比重增加,对社会保障制度的负担大大加剧,阻碍了经济的转型发展和产业结构升级。

大同市的资源、人口与经济发展现状是挑战,也是机遇。在大同市新一届领导班子的努力下,高举“对外开放”与“能源革命”的旗帜,树立“工业立市、人才强市”的战略思想,2017 年大同市地区生产总值完成 1 121.8 亿元、增长 6.5%,在全省排名由末位上升到第 7 位。规模工业增加值完成 285.9 亿元、增长 5.7%,排名由全省末位上升到第 7 位。产业结构得到优化,以非煤产业为主攻方向,聚焦新兴工业和高科技工业,大力发展实体经济,新增规模企业 66 家,其中 41 家为战略性新兴企业,全年非煤产业增加值完成 157.1 亿元,同比增长 14.5%,占大同市规模工业增加值比重达到 54.9%,拉动工业经济增长 9 个百分点。同时下大气力推进经济转型发展和产业重点转移,战略性新兴产业增加值完成 27.8 亿元,同比增长 18.4%,占比提高 9.7 个百分点。高技术产业增加值完成 19.5 亿元,同比增长 1.3%,占比提高 6.8 个百分点。

四、发展对策与实践

(一)大力实施人才发展战略

大同市全方位实施人才强市战略。大同要在区域竞争中脱颖而出,必须大力实施人才强市战略,打造资源型城市崛起的人才高地。

一是高瞻远瞩,制定人才战略规划。大同市委大刀阔斧改革,破旧立新建制,出台“凤凰人才”三年发展规划和系列引才优惠政策,向基层放权,为人才松绑,向科技让利,大力实施本土人才振兴等十大人才工程。以百名博士研究生引进工程为突破口,将在三年内为全市企事业单位引进 300 名博士研究生,以优化干部队伍专业结构,缓解各行业领域高层次人才不足、创新驱动乏力等发展难题。

二是因产制宜,实现产业和人才的共同成长。以平台建设为抓手,紧紧围绕产业吸引人才、留住人才、服务人才,产业因人才而兴盛,人才依产业而卓越,实现产业发展和人才技能水平提升的良性互动。

（二）主动进行产业结构调整

第一，顺应人口年龄结构变化趋势，大力发展老龄产业，提高老年人的消费能力，推动产业结构升级。人口老龄化可催生“银发经济”，促进产业结构升级。未来二三十年，中国将进入老龄化的深度发展期，老龄人口数量将急剧上升，未来庞大的老年群体将形成日益增长的潜在消费市场，会为老龄产业的发展与创新提供广阔的市场空间。老龄化的产业升级的消费需求效应的发挥需要有消费能力的老年群体以及完善的社会保障体系的支撑，而这恰好是当前中国所欠缺的。因此，资源型城市应抓住老龄化带来的产业结构升级机遇。针对人口老龄化，结合大同优越的环境资源，大力发展康养产业。大同市提出“要把健康养生（或称大健康）产业作为重要产业，把它纳入‘十三五’规划重要内容”。2017 年大同市康养产业园区被纳入《山西省“十三五”养老服务业发展规划》之中，并作为产业发展“1310”工程（即到 2030 年，培育 1 个省级康养示范园区［大同］、3 个省级康养园区［晋中、晋城、忻州］、10 个特产康养小镇）中的首要工程。

第二，充分利用中国大国经济优势和人口年龄结构的区域梯度差异，推动产业的区域转移与升级。人口老龄化的产业升级效应在中国各区域存在差异，中西部地区强于东部地区，这意味着人口老龄化有助于中西部地区追赶东部地区产业结构升级的步伐。中国经济具有大国经济特征，这使得资本、劳动力等生产要素在区域与产业间具有较大的转移和优化配置空间。中国区域产业结构的调整与优化升级，一方面需要立足于各自的比较优势，另一方面也需要充分考虑各区域人口老龄化的现存状况、未来发展趋势以及人口跨地区迁移的综合影响。在制定产业发展政策时，因地制宜，形成符合区域特点的比较优势和适应人口结构的产业梯度。

第三，加快推进创新驱动发展战略，提高区域创新能力，“撬动"人口老龄化的产业结构升级效应。研究表明区域创新的杠杆作用是显著的,提升创新能力能削弱人口老龄化对产业结构的负面影响,促进人口老龄化发挥产业结构升级效应。因此,在人口老龄化加剧的情况下,要进一步扩大对外开放,通过招商引资等方式积极引进先进技术和管理经验。此外,地方政府要为创新主体提供必要的政策保障,完善制度供给,优化创新环境,继续加大创新投入,提高高校和科研机构研发人员的补助津贴,设立科研奖励基金,激励科研人员从事技术创新活动,通过减免税收或加大研发补贴等方式激励企业进行研发活动。同时,也要注意到对于资源型城市而言,创新的杠杆作用是非线性的,过度的创新投入以及创新关注度甚至会对消费型服务业产生一定的"挤出效应",不利于人口老龄化通过驱动消费性服务业来促进产业结构升级,因此,对于资源型城市而言,要因地制宜地实施政策组合,既要通过扩大对外开放、优化创新环境、加大创新投入来提升自我创新能力,又要充分关注老龄化对消费型服务业的驱动作用,为老年产业创造良好的发展环境,从而实现创新的杠杆作用最大化。

参考文献

1. 蔡昉、王美艳:"中国人力资本现状管窥——人口红利消失后如何开发增长新源泉",《人民论坛·学术前沿》2012 年第 4 期。
2. 陈彦斌:《人口老龄化对中国宏观经济的影响》,科学出版社 2014 年版。
3. 汪伟、艾春荣:"人口老龄化与中国储蓄率的动态演化",《管理世界》2015 年第 6 期。
4. 杨中新:《中国人口老龄化与区域产业结构调整研究》,社会科学文献出版社 2005 年版。

(李泽宇,北京大学环境科学与工程学院;
毛志峰,北京大学环境科学与工程学院;
张吉福,中共山西省大同市委)

图书在版编目(CIP)数据

中国道路与人口老龄化/厉以宁主编. —北京:商务印书馆,2018
(中国道路丛书)
ISBN 978-7-100-16637-9

Ⅰ. ①中… Ⅱ. ①厉… Ⅲ. ①人口老龄化—研究—中国 Ⅳ. ①C924.24

中国版本图书馆 CIP 数据核字(2018)第 215199 号

中国道路丛书
中国道路与人口老龄化
厉以宁 主编
程志强 副主编
赵秋运 主编助理

商 务 印 书 馆 出 版
(北京王府井大街 36 号 邮政编码 100710)
商 务 印 书 馆 发 行
北 京 冠 中 印 刷 厂 印 刷
ISBN 978-7-100-16637-9

2018 年 11 月第 1 版　　开本 787×960 1/16
2018 年 11 月北京第 1 次印刷　　印张 28¼

定价:68.00 元